民大记忆丛编
民族调查系列

行走在西南田野上的"文成公主"
——冯敏先生学术访谈录

访谈者：高源　张龙翔
校订整理：高源
中央民族大学民族博物馆　编

学苑出版社

图书在版编目（CIP）数据

行走在西南田野上的"文成公主"/高源整理．—北京：学苑出版社，2024.1

ISBN 978-7-5077-6903-6

Ⅰ.①行… Ⅱ.①高… Ⅲ.①民族社会学—中国—文集 Ⅳ.① C95-53

中国国家版本馆 CIP 数据核字（2024）第 042183 号

出 版 人：洪文雄
责任编辑：周　鼎
出版发行：学苑出版社
社　　址：北京市丰台区南方庄 2 号院 1 号楼
邮政编码：100079
网　　址：www.book001.com
电子信箱：xueyuanpress@163.com
联系电话：010-67601101（营销部）、010-67603091（总编室）
印 刷 厂：廊坊市印艺阁数字科技有限公司
开本尺寸：787 mm×1092 mm　1/16
印　　张：21.5
字　　数：375 千字
版　　次：2024 年 1 月第 1 版
印　　次：2024 年 1 月第 1 次印刷
定　　价：360.00 元

冯敏简介

冯敏，女，1945年10月生，四川成都人。初中就读于成都市第三十三中①，高中就读于成都市第二十中②。1964年考入中央民族学院少数民族语文系藏语专业（五年制）。1965年夏，受"四清运动"影响，仅在学校学习一年，便前往西藏拉萨，随后在山南地区泽当区③琼结县④实习，后返回拉萨继续学习。1968年12月，受"文化大革命"影响，提前一年毕业，根据当时"面向农村、面向边疆、面向工厂、面向基层计划"的大学生毕业就业政策，被分配到四川省西昌地区⑤大营农场劳动锻炼，前后约三年。其间，与毕业于东北林学院（1985年8月更名为东北林业大学）并分配至同一农场劳动锻炼的司宇田先生相识相知，组建了家庭。

1971年结束劳动锻炼，被分配至西昌地区博物馆⑥工作，参与筹备《凉山彝族农奴社会博物展（1982）》等重要活动，并作为"凉山彝族奴隶社会博物馆筹建组"成员，为博物馆的建成做了大量工作。1983年9月，到武汉参加由中国民族学研究会⑦和中南民族学院合办的第一期"民族学讲习班"，自此踏上民族学研究之路。1986年，经李绍明先生等推荐，调入四川省民族研究所工作，1990年获正高职称。

冯敏教授勤奋耕耘，已出版独著、合著16部，论文及调研报告近百篇，研究领域覆盖西南民族研究的多个方向：其一是彝族志、扎巴藏族志资料的收集和编写；

---

① 成都市第三十三中：始建于1928年4月，前身为树德中学女子部；1956年，更名为成都市第三十三中。
② 成都市第二十中：始建于1930年，前身为成都私立大同中学；1956年，更名为成都市第二十中学。
③ 1959年，泽当区建立。1987年，改为泽当镇。2019年8月，泽当镇撤销，改设泽当街道办事处。
④ 1959年，设立琼结县，属南山区专管。
⑤ 西昌地区于1978年划入凉山彝族自治州。
⑥ 1978年，更名为四川省凉山彝族自治州博物馆。
⑦ 1980年成立，1991年更名为中国民族学学会。中国民族学学会历史沿革，详见：中国社会科学院民族学与人类学研究所网站，http://103.247.176.245/iea/depts-27.htm。

其二是凉山彝族物质文化研究，包括服饰、漆器装饰艺术、民居建筑艺术等研究；其三是凉山彝族、羌族妇女问题研究，包括凉山彝族妇女婚权问题研究，凉山彝族、羌族居室环境、妇女健康与发展研究等；其四是川藏地区其他少数民族物质文化的研究，包括苗族、白马藏族、羌族、土家族等民族服饰文化研究，川藏饮食文化研究，藏族、羌族碉楼文化研究，以及四川旅游经济发展研究等。冯敏教授在扎巴藏族婚姻家庭及亲属制度研究方面做出了开创性贡献，其著作《扎巴藏族——21世纪人类学母系制社会田野调查》，首次系统地向世人展现了扎巴藏族的历史、社会、经济、婚姻家庭、亲属称谓、宗教、习俗等，特别是对扎巴藏族母系制婚姻家庭及亲属制度的研究，为人类学婚姻家庭发展史提供了新的资料和认知空间，此书荣获四川省第十五次哲学社会科学优秀成果三等奖。另有其他科研成果五次荣获省哲学社会科学优秀成果三等奖。

目 录

第一章　短暂的校园生活……………………………………………1

一、高考前夕 ……………………………………………………1

二、初到民院 ……………………………………………………3

三、学习藏语 ……………………………………………………4

四、民院的先生们 ………………………………………………8

五、学校生活的别样经历 ……………………………………13

六、手刻油印的珍贵教材 ……………………………………15

七、在西藏参加社会实践和语言实习 ………………………18

　　（一）初到拉萨 …………………………………………18

　　（二）参加"三教"运动和语言实习 …………………21

第二章　从大营农场到西昌地区博物馆………………………27

一、用非所学的工作分配 ……………………………………27

二、大营农场的劳动与生活 …………………………………29

三、在西昌地区博物馆 ………………………………………35

　　（一）初期的业务 ………………………………………35

　　（二）借用至州文化局 …………………………………37

　　（三）征集革命文物 ……………………………………38

（四）说说镇馆之宝"中国夷民红军沽鸡支队"队旗 ……………… 40

四、参与筹建凉山彝族奴隶社会博物馆 ……………………………… 46
　　（一）展览文本的准备 ………………………………………………… 46
　　（二）实物的征集 ……………………………………………………… 52
　　（三）展馆的展陈 ……………………………………………………… 56
　　（四）重建水普什惹旧居 ……………………………………………… 58
　　（五）我所知道的彝族土司杨代蒂及岭光电先生 …………………… 59

第三章　进入四川省民族研究所 …………………………………… 64

一、民族研究的学习与成果 ……………………………………………… 64
二、参加全国第一届民族学讲习班 ……………………………………… 67
三、民族研究的渐次展开 ………………………………………………… 70
　　（一）十年磨一剑：彝族志的撰写 …………………………………… 70
　　（二）民族服饰研究 …………………………………………………… 75
　　（三）饮食文化研究 …………………………………………………… 88
四、感念学术恩师李绍明先生 …………………………………………… 93
　　（一）李绍明先生其人 ………………………………………………… 93
　　（二）先生对后学晚辈的提携 ………………………………………… 95
　　（三）从先生那里领会了观察的重要性 ……………………………… 98
　　（四）先生的"好吃"与"爱书" …………………………………… 102
　　（五）指导我做扎巴藏族研究 ………………………………………… 103
　　（六）缅怀恩师 ………………………………………………………… 108
　　（七）村志《成都东山客家太平村》的写作 ………………………… 109

第四章　彝族妇女问题研究 ………………………………………… 116

一、我国少数民族妇女研究的兴起 ……………………………………… 116
二、凉山彝族妇女问题研究 ……………………………………………… 117

　　　　（一）婚权研究的开展 …………………………………… 117
　　　　（二）妇女在婚姻家庭中的地位 ………………………… 119
　　　　（三）婚权问题的长期存在 ……………………………… 120

　　三、制约彝族妇女婚权的外因与内因 ……………………………… 123
　　　　（一）顽固的"等级内婚制" …………………………… 123
　　　　（二）普遍存在的"身价钱" …………………………… 127
　　　　（三）无法摆脱的"家支势力" ………………………… 131
　　　　（四）亟待提高的现代文明素质 ………………………… 135

　　四、凉山彝族婚姻家庭的时代变迁 ………………………… 137

第五章　少数民族妇女居住环境、健康与发展研究 …………… 142

　　一、与少数民族妇女健康与发展研究结缘 ………………………… 142
　　　　（一）海外中华妇女学会与四川妇女研究 …………… 142
　　　　（二）"妇女、环境与可持续发展"项目 ……………… 144
　　　　（三）居住环境、健康与贫困 ………………………… 145

　　二、彝族妇女居住环境、健康与可持续发展研究 ………… 146
　　　　（一）传统生活方式、文化习俗与妇女常见病 ……… 146
　　　　（二）"因病致贫"与"形象扶贫"的文化阻力 …… 150
　　　　（三）改善居室及环境卫生的成效 …………………… 155
　　　　（四）彝族乡村的"人畜饮水工程"与"光明工程" … 159
　　　　（五）"形象扶贫"的区域性差异 ……………………… 160
　　　　（六）"形象扶贫"区域差异的对策思考 ……………… 163

　　三、羌族妇女健康与发展研究 ………………………………… 166
　　　　（一）开启羌族妇女健康与发展研究 …………………… 166
　　　　（二）羌族居室环境卫生与妇女常见病 ………………… 170
　　　　（三）羌族在"反贫困"过程中体现的民族特征 ……… 176

第六章　世界物质文化遗产申报与旅游资源考察……179

一、世界物质文化遗产申报……179
　　（一）丹巴县古碉群……179
　　（二）德格印经院……187

二、道孚县旅游及文化资源考察……196
　　（一）道孚县旅游文化资源调查的背景……196
　　（二）考察道孚民居……198
　　（三）扎巴藏族母系制婚姻探析……201

第七章　对扎巴藏族的田野调查……203

一、深入研究扎巴藏族母系制社会的原因……203

二、调查生存在大峡谷中的族群……205
　　（一）人口、分布与语言……205
　　（二）生计方式……206
　　（三）饮食文化……210
　　（四）织造与制陶……214
　　（五）科学技术与天文历法……224
　　（六）绘画与歌舞艺术……231
　　（七）扎巴文学中的"走婚"……232

三、扎巴藏族母系制的家庭……235
　　（一）"到女孩子那里去住"……235
　　（二）扎巴的"婚姻契约"……238
　　（三）扎巴藏族家庭的特点……244
　　（四）扎巴藏族的母系制亲属称谓……251
　　（五）扎巴藏族母系制与摩梭母系制的比较……254
　　（六）经济因素对扎巴藏族和凉山彝族婚姻的不同影响……258
　　（七）《婚姻法》、婚姻契约与经济关系……263

（八）特殊的家庭结构与群体和谐 ·················· 268

　四、在扎坝做田野工作的经验、方法与思考 ············ 271
　　（一）田野调查的基本情况 ·························· 271
　　（二）访谈提纲 ···································· 273
　　（三）掌握调查对象语言的重要性 ···················· 282
　　（四）审慎对待田野资料及调查对象 ·················· 284
　　（五）关注田野中的各种细节 ························ 289
　　（六）对于民族志写作的思考 ························ 291
　　（七）今后研究的设想 ······························ 294

附录一：2007年田野日记（节选） ················· **296**

附录二：冯敏研究成果目录 ························ **328**

第一章　短暂的校园生活

一、高考前夕

张龙翔（以下简称"张"）：当初您为什么考入中央民族学院，事前您对它有所了解吗？

冯敏（以下简称"冯"）当初我考入中央民族学院，是因为高考填写报考院校时，一门心思地渴望到北京上大学。当时我并不了解中央民院，只是因为中央民院在北京，就填写了，完全是无意识的。但有一件事还真的与咱们民大有缘，是我和藏族结缘的事儿，比较有趣。从我的求学经历来看，我学习一直比较好。我是在成都第三十三中读的初中，当时就很受班主任、任课老师和校长的喜欢。那时候，我长得白白胖胖的，校长就给我取了一个名字，叫"文成公主"。当时我对这个没有什么感觉，因为不知道文成公主是什么人，只觉得"公主"挺好的，是赞美我。后来，我才了解了文成公主的故事，但记不起是在历史课本中，还是其他地方知晓的。当我考入中央民族学院少数民族语言文学系藏语专业时，一下子就想到了这个事，觉着挺有缘分的。

在成都市第二十中上高三时，我也是学校里学习比较好，但不是特别拔尖，成绩在全年级排第十几名。可我内心深处却雄心勃勃，一心想要去北京上大学，我想去看看天安门，去看看毛主席居住的地方，还想去我非常向往和仰慕的北京大学和清华大学。

在我的记忆中，读初中和高中时，老师们都比较喜欢我。读初中期间，朱德总司令一行曾到成都，我曾被选去参加欢迎仪式和献花，那时这种活动还很少。初三毕业时，班主任和任课老师都送我照片留念，有的照片背后，还有老师写的祝词。我的政治老师吴庆熙是个转业军人，在他的军装照后面写着"好好听党的话，做一个优秀学生"。班主任宋邦穗、语文老师程俊益也都送给我她们最美的照片。高中毕业时，历史老师李国康送了我一张照片，背面写着"一定做坚强的革命后代"。这些照片，我都珍藏至今，那是老师对学生的爱和祝愿，也是我对老师由衷地尊敬和纪念，这份感情一直深深地珍藏在我心底。

张：一种朴素的感情和积极向上的心态。

冯：是，是一种积极向上的心态。我在学习上争强好胜，但又非常幼稚无知，填高考志愿的时候，我很可笑地把十个志愿都填上了北京的学校。当时我的确是不知天高地厚，认为自己学习比较好，所以前几个志愿填的都是北大等特别好的学校，我们班主任建议我填一个川大，我都不愿意，一心一意要去北京上大学。十个志愿中有一个就是中央民院，就是这样一个机缘。但是我高考并不理想，因为在考历史时我晕场了。平时我的历史考卷是作为范本在班上给同学讲的，所以对考历史信心满满。没想到当我看到历史卷子的时候，发现全是我会的，极度兴奋之下脑子一片空白，加上极度紧张和着急，严重影响了答题，没考好。当时教历史课的李国康老师就在考场外面等我，我没考好，没脸见我的历史老师，就躲开老师一边哭一边跑了，历史老师也没找到我。为这事，我一直非常非常歉疚，觉得太对不起信任我的老师了。我一直保存着毕业时李老师和其他老师送我的照片，每当我看见照片，脑海里总会浮现高考考场外老师等待学生的场面。从初中到高中，老师们对我的种种好，使我在心里充满了对老师的感激和尊敬。

高考没考好，我想这下完了，考不上大学了，但我仍旧抱着一丝希望，并在心中暗暗祈祷菩萨保佑我能考上大学。那段时间特别煎熬，在希望与失望中等待着是否能收到录取通知书。有一天，邮局送来了一封信，打开一看，竟是中央民族学院的录取通知书！我高兴极了，能上大学了，能到北京上大学了！那几天我兴奋至极，头也是晕乎乎的，像做梦一样。

后来我想起一件事，在高考前，咱们学校有个招生的老师到过我就读的成都二十中，好像是和我们老师沟通过，不知是不是李竹青老师，可能就提前或是高考后录取了我。

张：当时有提前录取吗？

冯：不知道有没有提前录取，反正这个事儿，我知道一点点，好像是李竹青老师吧，后来知道他是四川人。我依稀记得在第二十中的时候，有一天老师和一个人站在不远处望着我说着什么，后来我到中央民院后，李竹青老师还笑眯眯地与我打过招呼，他怎么会认识我呢？我感觉我历史考得那么差，也不知达到分数线没有，是不是李老师在高考前或高考后，因为在高中母校了解过我，才录取我的。反正我被民院录取了，还挺高兴。但是说实话，当时我对民族学院一无所知，对少数民族更不了解。因为那个年代，我们学生都特别单纯，知识面很窄，特别是我，对学校和课本以外的社会知识啊，生活常识啊，都特别缺乏。不像现在的孩子，知识面特广，能提前对自己报考的学校做一个了解，清清楚楚。

张：书本以外的知识少之又少。

冯：对，特别缺乏，只会学校课本上讲的知识，除开书本，什么也不知道，特别傻。而且我们那个年代，父母一般也不会插手子女的学习和升学问题，考什么学校，考得上考不上，全都是顺其自然，只在生活上照顾得多一些。临近高考那段时间，我妈每天早上都给我煮一个鸡蛋增加营养，这在当时算是普通百姓家比较奢侈的了。

二、初到民院

张：您还记得您当时是怎么到北京的吗？

冯：我记得当时我们填报志愿，只填学校，没有具体的系和专业，接到录取通知书之后才知道是民语系藏语专业。按通知书上的报到时间，我从成都坐火车到了北京。记得在北京火车站，密密麻麻站着各个学校的接站人，大家都高举着有各院校校名的牌子。我使劲找，一个一个牌子看，终于看到中央民院的牌子了，赶快上前说明。两个高年级的同学把我带引上车，到了咱们学校就把我交给民语系高年级的同学，他们把我带领到寝室。当时寝室里是三个上下铺，六个人一间。这样就算是入学了。

我们64级藏语专业共有20位同学，分别来自四川、青海、云南和贵州四省，有汉族、藏族、回族、白族和土家族，汉族同学居多。班主任是孟作亭老师，他管理我们学习之外的一切事务。开学后，并没有直接上课，而是由孟老师带我们全班同学在北京参观。同学们都是第一次来首都北京，对北京充满了向往。我们参观了天安门、长城、颐和园、故宫等名胜古迹，大家十分兴奋。

张：终于看到天安门了。

冯：是，我实现了自己的梦想，看到了天安门，还有长城、颐和园这些名胜古迹，以前只在书本上看到过，能够亲临其境，很兴奋，很陶醉，也很满足。

正式上课前是军训、学"九评"①等，负责军训的老师是武装部的陈连生，负责思想学习的老师是四川人李竹青。学校对我们进行思想教育，除了学习当时的"九评"，还讲学校的纪律，其中一条是大学生不准谈恋爱。记得这条是因为有一件事我印象比较深。一天晚上，老师让我们新生去民语系的一间教室参加一个会，教室里人很多，只见有的同学在交头接耳，我们也不知道晚上还要开什么会，结果是有两个即将毕业的满语班同学因谈恋爱接受批判，他们是同班同学。会上让他们做检讨，只记得当时那位女同学满脸通红，男同学高高瘦瘦的，他们说了些什么，我记不清了。这是现身说法，警示刚入学的新生要专心学习，不能谈恋爱。此后，才正式步入上课学习。

三、学习藏语

张：刚接触藏语有什么难忘的事情吗？

冯：有，当时给我们上第一堂课的老师是王天习。我现在还记得特别清楚。刚上课的时候，他就说："我们先不讲课，大家先来学习一句藏语'毛主席万岁'！"尽管当时我们还没学一个拼音、单词或句子，但同学们依然兴奋地跟着老师的发音和语调依葫芦画瓢式地学着。半个多世纪过去了，最初学习的藏语，我基本上都忘记了，但这第一句藏语，到现在还一直铭刻在我脑中，终生难忘。这是我大学的第一堂课，学习的第一句藏语，所以印象特别深刻。进入教学之后，首先是对语系和语种的简单介绍。王老师反复强调汉语和藏语同属一个语系，叫"汉藏语系"，我们的藏语言学知识由此启蒙。

还有一些难忘的人和事，比如我们的老师、教材和学习中的困难。我们当时学习的是藏语三大方言中的卫藏方言，即作为标准藏语的拉萨话。按照当时口语教学的进度，应该是先学汉语拼音，再过渡到藏语拼音，然后是口语会话，继而学习藏文。我们系藏语有教学规定，口语教学要藏、汉教师配合，每个专业都要配备一位藏族教师和一位汉族教师，藏族教师主要教藏语发音和会话，聘请的是以该方言为母语的藏族学者，汉族教师主要教汉语拼音和语法。我们班是王天习老师教汉语拼

---

① 指"中共九评苏共"，即1963年9月至1964年7月，中共中央以《人民日报》和《红旗》编辑部的名义，相继发表的9篇评论苏共中央公开信的文章。

音；土登旺布老师教藏语发音和会话，我们都习惯称他"土旺老师"，讲一口纯正的拉萨话。后来，我听说土旺老师以前是噶厦政府的七品官员。

在我的印象中，当时王天习老师30多岁，中等个子，白白胖胖的，对同学态度很和蔼，一说话满脸笑意，与同学们相处十分融洽。最先是他给我们上汉语拼音与藏语拼音课，我们的作业也是由他批改，其后又随我们进藏实习，他是与我们接触最多的老师。土旺老师40来岁，个子比较瘦小，肤色黝黑，满脸慈祥，他教我们藏语的口语发音。记忆中，开学后的上半年，他与同学们相处的时间不太多，进入第一学年下学期，汉语拼音学习完后，开始学习藏语拼音时，他来上课的时间多些，其后也随我们进藏实习。记忆较深的，是他给我们班每个同学都取了一个藏族名字，我的名字叫"的吉措姆"，意为"幸福的海洋"，我很喜欢这个名字，以后老用这个藏文名字签字。

我们学习的专业是藏语言文字，按照藏语言文字学习的规律与特点，应该先学习口语，然后再学习文字，这样会事半功倍，我们自然也是从口语开始学习的。最初的口语基础是从汉语拼音学起，我们按教学进程，先学习了汉语拼音，再过渡到藏语拼音以及拉萨话声、韵、调的分析，我们在这里获得了最初的藏语启蒙和口语训练。于道泉先生根据拉萨话的语音系统，设计了一个效果良好的藏语拉丁化拼音方案。藏语拉丁拼音与汉语拼音方案基本一致，字母的顺序也和汉语拼音方案相同，所以学习起来比较容易，但也有困难，就是发音问题。

张：首先要克服发音的困难。

冯：是的，我们学习的口语是拉萨话，印象最深的是王老师讲解"拉萨"这个词语的含意。他在黑板上用藏文写了"拉萨"二字，并请土登旺布老师用标准的口语发"拉萨"二字的音，为了发好这一个音，还真是费了点功夫。我们班一共是20个学生，分别来自四川、云南和青海。我是四川人，四川人说话大多没有卷舌音和鼻音，所以有很多卷舌音和鼻音发音都不准确。藏语里有弹音，那个弹音也是难点，总发不出来。当时全班同学里，只有云南迪庆的一位藏族同学发音较正确，其他同学都不得要领，王老师和土登老师反复示范也收效甚微，但这一发音是藏语口语中的难点和重点，类似音很多，必须掌握。我记得王老师特别负责，为了让同学们掌握好发音技巧，王老师对我们循循善诱地说："藏文拉萨的'萨'，与汉语'萨'字的发音无异，可是藏语的'拉'与汉语的'拉'发音就迥然不同了。"因为"拉"带弹音，我们就是发不准，王老师就想了很多办法来解决这一难题。后来，王老师了解到班上大部分同学高中时学的外语是俄语，因为当时中苏关系特别好，我们的外语就规定学习俄语，俄语里就有弹音。为了鼓励大家克服畏难情绪，王老师启发我们说："俄文字母里有个弹音，按这个弹音的发音方法来发藏语'拉萨'的'拉'就对了。"于是我们就按这一方法，反复地琢磨、练习，终于比较准确地掌握了"拉"字的藏语发音，也为以后的类似发音排除了障碍。老师对教学的认真负责和良苦用心可见一斑。

张：您这一年语言学习学得怎么样？

冯：因为我们是一年级，当时的课本教材，我觉得还是比较浅显的，我自己认为学习还是比较轻松愉快的。那时候老师布置作业，后面的内容还没讲，我就在作业上做了，王老师还给我批了个"好"字。实际上，一看题就可以举一反三，我的文字思维还可以，但我口语表达就差多了。

张：您是科研型的人物。

冯：我是不太善于语言表达的，口语上反应不是很快，属于中等，但做文字作业没有丝毫困难。而且因为学得不多，也没觉得有什么难度，我的学习不是班上最好的。我想如果当时的藏语学习有像现在英语学习训练听力的工具，对学习可能会更有帮助，但当时的教育发展还没有达到这种水平，学习工具也不可能这么完善。我的听力不如文字，这是我一贯的学习状况。

张：您知道自己的长处和短处，这个很难得。

冯：我一度觉得我不应该学语言，如果我去学历史，可能学习起来会更得心应手一些，但我觉得既然学了这个，就要把它学好。当时我们只学了一学年，还没学多少藏语，全国就开展"四清"运动了。那时西藏不叫"四清"，叫"三教"，我们都被派过去了。去了大约一年的时间，"文革"开始，我们又回到学校。

我现在还保留着1965年7月2日我在中央民院上学时，写给母亲和姨妈的一封家信，信上基本能反映出我们去西藏实习前学校的一些情况。

  现在，我们已经结束了各门功课的进程而进入复习阶段了。这期我们考试两科和考查三科：民族语文（藏语）和党史是考试，英语、写作和体育是考查，下星期就进入考试。7月19日开始放假。这个假期本来有很多同学打算回家，他们已作了一些准备。但是，6月30日系党支部召集干部开会告诉我们说，准备在8月要下去四清，月底或月初尚未确定。地点大概是广西少数民族地区，现在就待院党委正式通知。本来只三年级的才去，因为据一年多来的社教运动经验,"四清"必须提前结束,所以我们二年级和三年级的一块去。我们听了,高兴得快跳起来了,(准备)回家的同学都写信回去告诉他们的父母不回去了,我们都热切地等待着在阶级斗争的风浪中去锻炼自己。

这次我校五年级的同学在四川凉山搞社教运动,受到了很大的锻炼,他们回来给我们做报告,使我们深受感动。真的,不去亲身参加一下劳动,不去和贫苦的劳动人民同甘共苦,就不知道社会的真实,不知道还有多少劳动人民还过着异常落后的生活,还等待着我们去帮助他们建设,去改变他们的落后面貌。从五年级同学的报告中,我们知道了凉山彝族人民的生活确实够苦了,他们一天吃两顿饭,从早上吃一顿饭后就去劳动直到晚上收工回家才又吃一顿饭,而且吃的是洋芋、红薯、荞麦,根本没有大米吃。开始我校同学去都不习惯,他们分别住到老乡家和他们同吃同住同劳动。彝族人民一年四季不洗脸,不洗手,锅灶、碗等都不洗,这一顿饭吃了下一顿又吃,还要用手搓粑粑,所以那些同学看见这些,根本吃不下饭。他们的住处下面是猪圈、牛圈,臭得他们睡不着觉。但是他们忍耐了一切,因为他们清楚地懂得,这是万恶的农奴制(注:凉山是奴隶制,西藏才是农奴制)所造成的,他们的任务就是要改变这种落后的面貌。他们在和彝族人民共吃共住的过程中,逐渐同彝族人民建立了深厚的阶级感情,非常同情他们悲惨的过去,彝族人民对他们也由不信任到信任,最后把他们当亲生儿女看待。最后,他们让彝族人民也每天和他们一块洗脸了,并有洗锅灶的习惯了,改变了一些过去那种不讲卫生的旧习惯,并培养了一批新干部。

根据上次"四清"经验,放假后,我们马上就要进行学习,掌握一些工作方法,充分作好思想准备,经受起严峻的考验。

这封信展现了当时我和同学们在民院的学习、生活、思想状况,社会的时代背景和那个年代凉山彝族人民的生活状貌,同时折射出我们这一代大学生无条件响应国家号召、纯真的积极向上的精神境界。这应该是我们那一代人整体的时代镜像。而信中所反映出的凉山彝族地区的生活状貌,与我后来所做的凉山彝族环境与健康课题内容前后对应,在学长的讲述后,时隔20多年,我见证并调研了这些不良生活环境和生活习惯的改革。

四、民院的先生们

张：当时教您的老师主要就是王天习和土登旺布？

冯：对，教我们课的就他们两位老师。我们还知道很多老先生，如于道泉老先生、潘光旦老先生，但我们都是听说过名字，没见过本人。另外还有王尧、陈践践老师，后来我接触较多的是罗秉芬、黄布凡老师。在学习期间，我对这些老师的印象都特别好，王天习老师教我们藏语拼音，他和我们接触得最多，我觉得他特别和善，总是笑眯眯的，对我们特别好，和我们学生打成一片。

张：没有老师的架子。

冯：对，没有老师的架子。王老师平易近人，我们都很喜欢他，同学都到他家里去做过客。土登旺布老师也很好，满脸慈祥，现在我都能回忆出来他笑眯眯的样子。我在拉萨实习的时候，有一天我自己在升火炉……

张：那时候你们是自己煮饭？

冯：我们当时是在老乡家里吃住，因为要"三同"，就是同吃同住同劳动。平时都是主人生火炉，记不清那天为什么是我自己生火炉，好像是主人不在家，炉子火熄了，老点不燃。过去我在家里从来不做家务，回家就是做作业，捧着书看，什么活儿都不会干，再说我们南方做饭不生火炉，是烧灶，所以我从来没生过火炉。

张：现在要自己做了。

冯：那是我第一次生炉子，我根本不会，那个烟熏得我呀！眼泪直流。这时土旺老师就来了，他说了句"拧杰呀"（音），藏语的意思是"可怜啊"，所以这句藏语我也记得特别牢。他就来帮我生火，一边吹一边扇，一下子就生好了。这是后来在西藏实习的事情。孟作亭老师就是一个标准的学校政治工作者，他按照学校布置的政治任务管理学生的思想和生活，尽职尽责。

张：比较正规化的一位老同志。

冯：还有陈践践老师，她没有教过我们，只在进藏实习的时候随同，在十几天的路途中，我们的接触比较多。有一天的午餐，我们同桌，饭后她对我说："你吃饭时很谦让。"此后我们的接触就多了些，她很儒雅，但有些忧郁。进藏后，我们被分散安排在老乡家参加"三教"运动，我就再没见到过她。回校以后，因为她是红卫兵组织"东方红"的，而我是"抗大"的，就再也没有接触。另外就是罗秉芬老师和黄布凡老师，我们从西藏回校参加"文化大革命"，因同在"抗大"的资料组，所以接触比较多。

张：现在听说黄布凡老师已经失去记忆了，就好比说，你给她打开电视，她就看，要是没人管，她就一直看，没有什么其他的意识。

冯：阿尔茨海默病，老年痴呆，是吧？

张：对。

冯：我和罗秉芬老师，还有黄布凡老师，在"文革"期间是资料组的。在"文革"期间，学生都要参加"文革"组织。

张：不是"东方红"，就是"抗大"的。

冯：对，如果你不参加组织，就会认为你不革命。

张："逍遥派"。

冯："逍遥派"当时会被人看不起。我这个人从小就比较向上，觉得什么都不能落后，于是就参加了"抗大"。当时我们班除了一位同学在"东方红"，其他的都在"抗大"，我和两位老师，我们三个参加了"抗大"，主要负责管理一些资料，工作量也不大，平时空闲的时候还聊聊天。罗老师是藏语教研室的，黄布凡老师是羌语教研室的，这两位老师虽然没有教过我，但在民语系里，除了教我们的那两位老师外，我和她们就算是接触多的了。后来，黄老师搞调研或者开学术会到成都来，到我们家做客，大家都非常高兴和亲近。

我工作以后，我记得是在1984年5月，我在西昌博物馆，当时为了筹备奴隶社会博物馆到北京出差，特地回民院去看望我的这些老师，有王天习、罗秉芬、黄布凡、陈践践等，这些都是我在学校认识、与我接触较多的几位老师。另外，在民语系虽没教过我们，但知道又印象较深的，还有于道泉先生和系主任马学良先生。

张：这是你们的祖师爷。

冯：对，我们的祖师爷，祖师爷特别好，性格也很特别。于道泉先生在生活上有很多有趣的事情在学生中流传着，我久闻其名，听说过他很多传奇的故事，比如说他是高干的亲戚，但是他从来不和别人说这个。都说他学问非常高深，《藏学辞典》熟记于心，若问他某一个单词，他会把这个单词在辞典哪一部分、哪一页、第几行都清清楚楚地说出来。还说他治学非常严谨，一丝不苟；还说他性格比较古怪，平时少言寡语，很少和人打交道；还说他想发明什么语言机器，以方便学生学习；另外，还听说他经常牵着一只狗。这些都是我没见他之前耳闻的趣事。

有一天，我忘了是和黄布凡老师还是罗秉芬老师到教师宿舍大院去，记得当时从学校后门出去，有条小路通向大院，在离大院不远的小路右边有一棵树，树不粗大，树干细长，树的枝叶也不多，我看见树下站着一个比较清瘦的老人，但是非常精神。当时他穿着一件旧的灰白衣服，牵着一条狗，狗也比较瘦。我和老师看看他，他也看了看我们，这时我脑子里一下子有了反应：高瘦老人，牵着狗，这可能是于道泉先生！这时老师轻轻地给我说："这个是于道泉老师。"当时也没打招呼，就走过去了。这个画面给我留下的印象特别深刻。

张：终于见到了。

冯：对，当时我也是比较好奇地看了看他，我和老师也只是礼貌地对他笑了一下，也没问好，也没说什么，但是这个画面就深深地印在了我的脑海里边。

此外，我对系主任马学良先生也留有一点印象。马学良先生是民语系的主任，他的办公室就在民语系大楼的走廊右边，我们经常路过，有时会碰见他。马先生当时50来岁，长得帅气，皮肤白净，双眼深邃，有点像新疆人，给人文质彬彬、气度不凡的感觉。他看见我们，总是面带微笑，有时点点头，态度非常和蔼，但从未说过话。我还去过马先生家里，是在罗秉芬老师的带领下，不知为了什么事去过他家一次。他家客厅不大，东西较多，显得有点拥挤。他夫人很热情，打开放在桌上的糖果盒，说这是俄国还是哪国的糖果，请我们吃。

后来在北京开过一次学术研讨会，晚上有个小会，在小会上有一位外国学者发言，马先生让他的一个学生做翻译，并给大家说："这是我的学生，外语很好。"我感觉马先生很青睐这个学生，对这个学生很关照，这件事也给我留下了比较深刻的印象。

张：留下了很难忘的印象。

冯：我再补充一点我对黄布凡老师和罗秉芬老师的印象。我对这两位老师的突出印象是她们非常和蔼可亲、平易近人。平时我们聊天的时候，她们也都是非常随和、平等，没有一点儿老师的架子，和她们相处，我感到轻松愉快，她们是典型的有修养的知识分子。

张：这两位老师也很了不得，她们都是1950年考进北大的，同班同学，于道泉先生是她们两个的导师。

冯：从平时的言谈中，我感觉得出来她们的学问很好，但是没教过我们。那个时候，我还是个低年级的学生，她们和我相处没有师生隔阂，很融洽。闲谈时，什么生活杂事都和我谈，很知心，也很接地气。这对于我一个低年级的学生来说，内心就会有种亲切感，觉得老师对我真好。

张：老师并没有因为您是低年级的而把您当孩子看，平等地待您。

冯：对，还有一件事给我的印象特别深，罗秉芬老师对同学特别关心。我曾经听她讲过，有个别同学毕业的时候经济特别困难，连回家的路费都没有，这些同学很需要钱。她知道后就主动借钱给他们，让他们工作以后再还，当时全国的工资水平都较低，老师们的工资自然也不高。当时谈这个话题的起因是民院有一个老师的小孩得急病了，但是没钱上医院，她不好意思向人借，这个小孩儿就夭折了。她和黄老师谈到这个事情时非常感慨，觉得她应该说一说，同事之间借一点钱去给小孩儿看病，没什么关系的。通过这件事情，我就觉得罗老师心地特别善良，对学生是真的好。罗老师好像"文革"前也是我们系的一个书记。

张：她是藏语教研室主任，是于道泉先生的接班人。

冯：我觉得她特别平易近人，特别和蔼可亲，说话的时候都特别轻声细语，很有涵养。

张：特别有文人气息。

冯：是的。我对黄布凡老师的印象，主要是在"文革"时我们在一起整理资料，存放资料，她工作时特别认真仔细，罗老师也一样。当时她女儿非常小，只有三四岁，天资很高，听大人背"毛主席语录"，自己就会背了，而且对着"毛主席语录"认识了很多字。黄老师给她女儿织毛衣，设计了两种菱形花纹图案，用几种色线织，色线粗细排比不同，有不同的效果，她还问我用哪种图案好看些。

张：人也好，手也巧。

冯：那个时候，我傻乎乎的，因为熟识了，也不懂谦虚，马上就指着其中的一种说："这种好看。"黄老师就说："那行，就织这种。"于是就按我说的织了，我心里还有一丝高兴和得意。从这些点滴小事就看出两位老师特别平易近人，没有一点儿老师架子。

我毕业工作后，某年的夏天，黄老师到成都来开学术会，我们相遇后非常高兴。我请她到我家做客，由于天气很热，进门后应泡茶解渴，我平时很少做家务，在生活上是个傻子，也很少喝咖啡，因为当时咖啡比茶时髦，为了表示盛情和尊重，我在杯子里放了比平时多两勺的咖啡粉，泡成了一杯浓浓的咖啡。待咖啡稍凉，就催促黄老师快喝解暑，我看见老师喝了一口，不自觉地停了停，我马上意识到咖啡放多了，肯定很苦，但黄老师很有修养地一口气喝了。

在"文革"时期，我还有一件印象最深刻的事，就是路遇潘光旦老先生，现在一想起他当时的背影，我心里都特别难受。"文革"期间，学校停课闹革命，正常的学习生活被打乱了，除了各派组织的活动和开批斗大会外，多数时间我们都无所事事。有一天，我不记得是上午还是下午了，我走在学校的马路上，马路上没有什么行人，我低着头边走边想事，不经意间，我看见前面有一只鞋，至今我还记得是一只旧布鞋，横在大马路上特别显眼。我当时很诧异，这马路上怎么有鞋啊？我就抬起头往前看，一个只有一条腿的老人拄着两支拐杖一瘸一瘸地走着，在空旷的马路上发出有节奏的"嗒嗒"声。看背影，老人身材不高，但显得魁梧。啊，这是潘光旦教授！虽然我平时只知其名，没看见过他本人，但听人讲过，独腿是他的身体特征，我看见他的右腿膝盖以下截肢了。不知道潘先生遇到了什么样的事情，连仅穿的一只鞋子掉了也懒得去捡，用一只光脚走在马路上。我猜测潘光旦先生可能是刚被批斗完，或许是遇到了什么让他痛苦的事，我突然心里非常难过、想哭，这可是大名鼎鼎的教授啊！我从小就非常尊敬老师，对教授更加仰望，可就是这么一个有名望的大教授，却遭受如此待遇。我不敢想别的，只觉得这样做是错误的，起码在我内心深处，我是反感的。但是在那种大形势下，我也不敢说什么，只是出于对老师尊敬的本能，对老师的热爱，我就觉得怎么能这样呢？这样做太过分了。我想帮他把鞋捡起来，送给他，但他已经走远了。

我望了望那只鞋，已经落在后面了，我犹豫了一下，也没回头去捡，只下意识地快走了几步，默默地跟在他身后，那条马路当时仿佛很长很长。我不知道他会到哪里去，只是这么盲目地隔着一段距离地跟着，自己没有做什么，也不知道自己应该做什么，最后看见潘光旦老师远远地消失在前面的拐弯处，我就停下来，没再跟过去。我在原地愣了一会儿，回转身沿原路走回宿舍，奇怪的是当时这条宽敞的马路上一直没有其他的路人。

老师在我心里一直都是很伟大的，不仅教我们知识，而且就像父母亲一样，对我们有无私的关怀，所以我对老师非常崇敬。当看到潘光旦老师这样一种状态，我非常难受，这样一位有名望的教授遭受如此的景况，我觉得心里难过。后来，我又看到批斗系里的朱主任，我看到她的头发被抓得很乱，一脸难受的表情，当时我心里也是很难受的。那天看见潘光旦老先生的时候，我当时很想把那只鞋子捡起来送给他，但是，唉……

张：但是没这个勇气。

冯：我犹豫了一下，他已经走得比较远了。这就是在那个特殊的年代，我在学校唯一一次有幸见到潘光旦先生，却是他的背影，而且是这样一番令人唏嘘的景况，这一画面同样让我终生难忘。后来我在一次学术会的休息间隙，看见一群人围着一个清瘦的50来岁的女老师，她正伏在桌上写着什么，有个人给我讲，这是潘光旦先生的女儿潘乃穆，当时我脑海里马上想起了这个场景。

在第一学年上学期，还有一件印象深刻的事。我体检时查出了肺结核，可能是高考的时候比较累的原因，检查出来之后，学校就让我去小灶吃饭。当时中央民院的学生在生活上是很受照顾的，伙食是免费的，不用交一分钱，而且我们的伙食很好，学生都不吃粗粮。当时整个中国的粮食供应都是需要粮票的，而且搭配粗粮，北京还发窝窝头票，但是咱们民院都是细粮。我们主食吃白米饭和面条，不限量，荤菜也比较多，同学们最爱吃的是肉菜混合的新疆手抓饭，食堂生活反映出党和国家对少数民族学生的爱护和关照。我去吃小灶的时候，小灶的人不多，只有我和一个满语班的高年级同学，叫沈微，她像大姐姐般地关心我，让我吃这样、吃那样，后来我们成了很好的朋友。小灶的伙食比食堂还好，品种较多，天天变化，营养丰富，我在小灶吃了一段时间病就好了。

五、学校生活的别样经历

冯：另外，在"文革"中还发生了这么一件事，我曾当过"东方红"的俘虏，这也是一种别样的校园经历。当时全国都在武斗，一片乌烟瘴气，"抗大"和"东方红"也发生了武斗，但不太厉害，两派在学校里各占一定的地盘，我们的宿舍楼被"东方红"占了。当时我要回宿舍去取东西，同学说你们的宿舍那边被"东方红"占领了，不要去。我觉得虽然宿舍区被他们占领了，但不至于不让我回去取东西吧，于是固执地不听劝阻，结果在半路上就被"东方红"抓了，成了"东方红"的俘虏。同时被抓的还有三个人，一个是民语系61级维吾尔语班的王戈柳，她应该66年毕业，因为"文革"没有离校；另一个是一位老师，还有一个好像是预科班的同学，我们四个女的被关在学校图书馆二层。当时我们非常气愤，要求"东方红"放了我们，但他们不理睬。后来那位女老师的爱人从湖北过来探亲，是个军人，"东方红"不准他们见。我们出于气愤和义气进行绝食，"东方红"就赶快把她转走了，也不知放了没有。他们以为没有了那位老师，我们就不会绝食了，没想到我们依然不变。那时候我们坚定地认为，我们"抗大"才是捍卫毛主席革命路线的，"东方红"不是，所以我们对"东方红"很敌视，认为我们是在用实际行动捍卫毛主席的革命路线，因此绝不能屈服。"用鲜血和生命捍卫毛主席，捍卫毛主席的革命路线"这是当时最激情的口号。我跟戈柳商量说："他们不放我们回'抗大'，我们就绝食。"当时特别纯朴，没有丝毫杂念，是那么想也是那么做的。此后，我和戈柳成了最好的朋友，直到现在我们还保持着联系。去年她上四川来看我，我们说起这件事，还十分感叹。

张：敌我矛盾和同志间深厚的感情。

冯：是的，完全敌对，那个时候就是这么想的。我们开始绝食后，第一天熬过去了，第二天感觉非常饿，预科的那个胖同学在那位女老师转走后，熬不下去了，不绝食了，看守送来的饭菜吃得蛮香，后来出去上了趟厕所就再没回来，投降了。于是只剩下我和王戈柳，我们仍然坚持着。到第三天的时候，"东方红"的头头郭翠琴还来劝过我们吃饭，我们就不吃，那时候我已经感觉不到饿了，浑身没劲。戈柳是北京人，当时她弟弟得阑尾炎住院了，她父亲到民院找她去医院看弟弟，到民院一问，才知道女儿被"东方红"抓了。她父亲当时参加的革命组织和"东方红"都属北京的"地派"，"东方红"想让她父亲劝说我们吃饭，允许他来看我们。王戈柳在她父亲要走时，偷偷塞了一张纸条到她父亲手里，让她父亲去"抗大"报信，于是"抗大"知道我们被抓了并且在绝食，后来听说"抗大"也去抓了"东方红"的俘虏。

张：她比你们高两届，是61级的?

冯：是，她比我高两届，五年制，66年毕业。我是64级的，提前一年于68年毕业。好在当时北京武斗还不厉害，对待俘虏也比较温和，他们怕我们饿出事来，就在开水瓶里灌上红糖水让我们喝。我喝到开水是甜的，知道里面加了糖，立马就不喝了，当时就那么倔。到第三天下午，由于王戈柳的父亲已把信息传到了"抗大"，我们突然听到"抗大"的高音喇叭广播："还我'抗大'战友！还我'抗大'战友！她们的生命在垂危！"我们听到后特别激动。第二天，就是我们绝食的第五天，因为当时北京武斗还没死过人，"东方红"也怕把事情闹大，于是"抗大"和"东方红"就协商交换俘虏，就把我们交换回去了。

回到"抗大"地盘，战友们夹道欢迎，还拉了标语，内容记得是"你们是抗大的骄傲""向你们致敬"之类的。记得当时我那个感动啊，就像见到亲人，回到亲人的怀抱。我的同班好友张永秀也在，看到她眼里噙着泪花，我的眼泪一下就流了出来，我在"东方红"时可从来没掉过一滴眼泪，这个画面在我脑子里留下的印象很深。回到临时宿舍，61级藏语专业的王桂珍等几个高年级同学，把我当成伤病员似的，让我躺在床上，马上给我喂糖水，我一下感到特别饥饿，说："我自己喝。"端过碗来喝得很急，桂珍姐连忙说："慢慢喝，别呛着。"同时还叮嘱我先别吃干饭，先喝稀粥等。那个年代，同学们的思想都非常单纯，而且血气方刚，就是要誓死捍卫毛主席的革命路线，誓死捍卫毛主席。这是我用实际行动双捍卫的具体表现。不过从这之后，我的脾胃就不太好了。

张：没有其他的想法，就是参加"文化大革命"保卫毛主席，一种很朴实的无产阶级革命情感。

冯：对，就是这样的。当时我们作为红卫兵，无一例外地也积极投入"文化大革命"。在"文革"中，我们班参加过两次批斗大会。有一次好像是在北京体育场，批斗北大的彭珮云，当时只有她一个女同志，其余是两个年龄较大的男同志。我看见她双手被反捆在背，腰躬得很低，头埋下，头下面的地上有一片水渍，是流的汗水。另一次是批斗我们系的朱书记。我平时只见过朱书记两三次面，她总是对学生笑眯眯的，很和蔼可亲，我没跟她说过话，但对她印象很好。当时她被斗时，头发很乱，好像被人按过头，也是双手被反捆在背，腰躬得很低，我看见她这样心里很难过。在全国各地进行革命大串联的热潮中，我们班也曾分成几个小分队，到井冈山、延安等地受教育。我们这个小队也准备到延安，但路经兰考停留了一下，走到武汉接到通知就回校了。

六、手刻油印的珍贵教材

张：您能谈一下当时你们用的藏语教材吗？

冯：当时发到我们手上的藏语口语教材，不像现在是铅印的，课本全是油印的，而且纸质粗糙，褐黄色，装订也简陋。我就觉得怎么还不如我们高中的课本啊？高中课本毕竟是铅印的。一开始我就是这种感觉。但看了课本的具体内容，我的想法就变了，这套课本的内容全是老师用手刻的，是手刻油印本，由汉藏字体写得漂亮的汉族老师和藏族老师承担，他们将教材刻成蜡版，然后交印刷厂印刷装订。这套课本刻写得非常认真，无论是拼音字母，还是汉文、藏文，一撇一捺都十分周正清楚。

我们这几本教材是十分宝贵的，它的创始者是藏语言学大家于道泉先生，是他亲自精心设计并与当时班禅的助手李春先及后来的藏族学者格桑居冕共同编写的。于道泉先生还根据拉萨话的语音系统，设计了效果良好的藏语拉丁化拼音方案。这套藏语的音标体系，奠定了我们口语学习的基础，也是非常有用的工具。此后教材都做了与时俱进的完善与补充，每年都更新，由藏语教研室的藏族老师承担补充、修改、作注和编写的工作。这几本一年级时发的教材，去年我都捐献给咱们民大博物馆了。

张：就是说全国没有一个完整的教材，因为我们又是第一个班，所以多年来一直处于摸索阶段。

冯：我们不是第一个班。据了解，民院1950年初创时，学校设在国子监内，当时民语系第一个民族班就是藏语专业。我在校时，前面还有61级、63级藏语专业，应该说这是一套不同年级递进学习的教材。民语系从1950年到1966年"文化大革命"前，一共办了10个班级，分别是50级、51级、52级、54级、55级、59级、60级、61级、63级、64级，我们是最后一届藏语专业。"文化大革命"后，听说1976年又开始招收工农兵大学生了。现在想起来，限于当时各个时期全国的经济发展水平、教育发展水平，中央民院又是全国第一所民族院校，成立了第一个藏语言系，还没有成熟的一套课本教材，一切都靠不断摸索着前行。这么多届学生的教材，都是老师白手起家，摸着石头过河，寻找最佳路径，教材的内容也在与时俱进，不断融入新的内容，不断完善。每年要重新刻板油印，他们要花多少时间和精力啊。

我们这套教材在内容设计上是很科学的，一开始是从最平常、最简单的词语和常用会话入手，以问答的形式循序渐进地扩展单词、句子、语法、敬语、感叹语等内容，让同学们全面掌握藏语口语的基础知识。比如，课本中有"吃过饭了吗""吃过饭了""谢谢，不吃""不要紧，吃一点，尝尝味道""请吃这个，不要客气！"等，我们在课本的一问一答中得到了生动的藏语知识，而且这些对话朗朗上口，便于记诵。另外，课本中也很注重日常交往中的礼貌用语，比如"您好！您一个人在家吗？""老大娘，今天打扰您了！""请进来！请坐！""请喝茶！""请像家人一样随便歇歇吧！"等。后来我们去西藏参加"三教"运动和口语实习，在与藏族老乡共同生活的过程中发现，这些贴近生活的问答，亲切的礼貌用语是听得懂、答得上，使用率最高、熟悉得最快的，这迅速拉近了我们与藏族群众的距离，使我们很快地与藏族群众建立了友好关系，进而又使我们更好地掌握了藏语口语。实践证明，我们所学的教材将课本知识与实践锻炼中的情况相结合，让我们较快地掌握了藏语言的应用，同时也再次印证了藏语口语教材的工具性与咱们学校重视口语实践的科学性。

张：上次您把这套教材寄给我们之后，我就去找了这位老师[①]。您可能不认识他，他当初被打成右派了，那些蜡版都是他刻的。他说："哎哟，你从哪儿找到的这个东西啊？"我说："这是成都的一个学姐寄来的。"他说："当年我被打成右派了，还有一个叫庄晶的。"

冯：庄晶老师，我知道，在学校见过，我还依稀记得他那时的样子。庄晶老师个子不高，比较瘦，肤色白净，斯斯文文的，那时我们隐隐约约听说他是右派，俄语特别好，但我不知道我们的教材就是他刻写的。我记得他参加的是"东方红"，我们毕业离校后就再没见过了。后来看见中国藏学出版社出版的《六世达赖喇嘛仓央嘉措情诗》，就是庄晶老师翻译的，我才知道庄晶老师学问很好，是于道泉先生的得意门生，真是可惜了！当时的政治背景就那样，埋没了不少人才。没想到我们的教材就是他们刻写的，真的很感谢这两位老师。

张：他说有一本教材是他刻的，一本是庄晶刻的，没有想到现在还有这个东西。因为当时不许他们教学，只能刻蜡版，老先生看到当年亲手刻印的教材非常感动。

冯：是的，当时我也觉得我们老师非常不容易，对教育的热诚、敬业精神，还有那种辛苦可想而知。这几本看似不起眼的教材是非常宝贵的，它是我们民语系的一笔财富，是中央民族大学少数民族语文系藏语专业教学的珍贵实物，见证了中央民族大学藏语言文字教学的发展史。这些教材充满了老师们的智慧，凝聚着老师们的心血，沉淀着老师们的辛劳。在那个艰苦的年代，中央民院自力更生，少数民族语言系从无到有，老师们筚路蓝缕，为民族教育事业无私地奉献了一生，这种高尚的精神和赤诚情怀，为我们撑起了一片学习的蓝天。现在我们这些学生应以这几本陈旧的教材，致敬我们的这些老师！

张：这些老师在我国的藏学发展上可以说是功不可没。他们培养了一大批学生，虽然说有些搞这个专业，有些没搞这个专业，但是通过这些教材，他们培养出了一大批国家需要的人才。所以说20世纪80年代以后，你们成了中国藏学研究的主力，这就是他们最可贵的贡献呀！

[①] 赵康（1932— ），河北无极县人，1951年考入我校第一期藏语专业，1953年应届留校，在政治系西藏干部训练班参加工作，后因和庄晶先生在校内张贴大字报，成为我校第一个"学生右派"，运动中被下放到我校缮印室（后与印刷厂合并）工作长达18年，至1978年回归教学岗，先后在预科和语文系工作至退休。

七、在西藏参加社会实践和语言实习

（一）初到拉萨

张：刚才您说咱们学校很重视口语实践，我知道你们这一届也去西藏实习了，咱们接下来谈谈这方面的内容吧。

冯：根据民语系语言教学的经验和传统，同学们学习完口语后，就要去西藏进行语言的实践学习。于道泉先生认为，语言的学习离不开母语的生长环境，必须与母语地区的群众生活在一起，从生活中去学习、锻炼和体会，只有这样，才能克服社交时的语言障碍。所以咱们学校每一届藏语专业都要组织学生到藏区进行语言训练，熟悉藏族人民的生活，培养与藏族人民的感情。在实践中掌握地道的藏语文，这已成为我们民语系教学的根本方法之一，我们这一届也遵循了这个教学方法。我们是1964年9月入学的，1965年8月到西藏去搞"三教"运动就顺带进行了口语实习，1966年5月"文化大革命"开始，我们7月回校参加"文革"，这样算下来实际我们在学校的正规学习还不到一年的时间，这其中还包括拼音的学习。

张：您是在西藏什么地方实习的？

冯：进藏后，我们先是在拉萨进行了短暂的停留休整，然后去了山南的泽当县搞"三教"运动，再回到拉萨是做纯语言的学习并进行藏语口语实习。

张：您到西藏是哪一年啊？

冯：1965年8月。

张：当时的领队是谁啊？

冯：领队是孟作亭。

张：班主任亲自带队。

冯：对，班主任带队，他管我们的思想与生活。

张：西藏这段，请您再讲讲，你们当时主要是社会调查，还是实习呢？

冯：我们是参加政治运动顺带实习，如果按照民语系的教学传统和惯例，学生应该在学完两学年之后，到大三时才进藏进行口语实习，但我们只学习了不到一年的口语。1965年8月，为了贯彻中央指示"阶级斗争是一门主课"，民院在校的大学本科生全部都要去参加社会主义教育运动。除了我们系，其他系的本科同学都去广西参加"四清"运动了。我们系64级和63级藏语专业是到西藏，当时西藏不叫"四清"运动,叫"三教"运动,即"阶级斗争教育、社会主义教育和爱国主义教育",计划总共去一年时间,最后三个月进行口语实习。

张: "三教"就是咱们内地的"四清"?

冯: 是的。当时民院除了我们民语系藏语专业,全部到广西三江搞"四清"。按规定,我们民语系藏语专业的学生应该是在学校学习两年的藏语口语知识,有了一定的口语、单词和句法积累后,才能到西藏进行口语实习,但因为全国性的"四清"政治运动,学校就把参加运动和实习合二为一了,所以我们只学了一年就提前进藏实习了。我们当时是和63级藏语专业一起进藏的,他们已经学了两年了,我们这届提前了。

当时,我班同学在孟作亭、王天习、土登旺布、陈践践四位老师的带领下,赶赴西藏。63级藏语专业是其他老师带队。我们进藏走的是青藏公路,从北京出发乘火车至甘肃兰州,在兰州停留休整了两三天,黄河从兰州城里面穿流而过,那是我第一次看见黄河,河水又黄又浑浊。之后我们又乘火车到柳园,再换乘班车,那时候柳园是青藏公路的起点。

张: 从柳园、格尔木、羊八井这么走。

冯: 对。我们途经敦煌的时候,还去参观了敦煌壁画,当时的情景还历历在目。那时的敦煌壁画还是原生态,没有整修,洞壁有的地方较暗,地上不平整,坑坑洼洼的。工作人员还带上手电筒,领我们到石窟里面去。在几个窟壁上,有受损坏的痕迹,墙壁上还有一些星星点点的白色方块,讲解员指着一个白色方块对我们说:"你们看,这个就是外国人偷我们壁画留下的,是按壁画大小用方块布粘贴,把这些壁画给粘贴走了,就留下这样一块一块的痕迹。"另外,我对格尔木的印象较深,记得当时只做短暂停留,下车时天色较晚,灯光昏暗,泛着黄光,路旁的一根电线杆上挂着一个写有"格尔木"三个大字的木牌,算是路标和地名。那时候格尔木刚刚开始兴建,在一个规模不很大的空地上,到处都在搞修建,就像一个大工地,大卡车、吊车、木材乱七八糟,堆得满地都是,在寂静的山峦环抱中显得孤零零的。然后从柳园开始,我们就坐汽车了。

张: 是轿子车,还是卡车?

冯: 班车,是一人一座的车子。

张: 那还行,条件还可以。

冯: 从柳园到敦煌后,当晚住在敦煌县城,第二天我们参观了莫高窟的壁画与石刻。第三天从敦煌至格尔木,第四天翻越唐古拉山,入住黑河镇,第五天经羊八井到达拉萨,路上一共用了半个月的时间。

张:当时您有高原反应吗?

冯:到唐古拉山的时候有一点。

张:您的身体素质不错呀。

冯:年轻啊,那个时候才20来岁,学校也备了药,还有氧气。我们路经海拔五千多米的唐古拉山时,还下车照相留念了。我们到达拉萨后,在拉萨住了几天进行休整,国家民委主任刘春还到招待所看望了同学们。那几天我们参观了布达拉宫、大昭寺、小昭寺和蜇蚌寺等几个著名宫殿和寺庙,我感到布达拉宫这些寺庙都很雄伟。在哲蚌寺前,我看见有几个藏民排队在寺庙前磕长头,还有一步一磕头,一直磕到寺庙里的,很是惊奇。我印象最深的还有我们晚上出去逛街,当时拉萨城的居民住的全部都是那种小土坯房,比较矮小,一座挨一座,就是现在有些寺庙周围的僧侣住的那种房子。当时街上还没有电灯,在朦胧的月光下,也看得见路和人,我看见好多老头、老太太手里拿着转经筒,边转边念念有词,那个场景就像在梦中一样,我感觉我们到了一个陌生的异域,一个完全不同于汉地的藏文化地方。

1965年8月,去西藏实习,翻越唐古拉山

张： 他们对待宗教非常虔诚。

冯： 对，对我们这些对藏文化还一点都不了解的人来说，一切都是那么新奇，简直让人惊异。随后我们就去了山南的穷结县①（后改为"琼结县"）搞"三教"运动。在穷结县，张国华、阿沛也来看望过大家，还讲了话。

（二）参加"三教"运动和语言实习

张： 自治区的领导当时也很重视。

冯： 在山南的时候，我们被分在了三个乡村参加"三教"运动并实践口语，当时要求必须把我们分配到最贫苦的农奴家，一个人住在一个贫苦农奴的家里。我去的是山南地区泽当县穷结乡，有的同学是去琼结县亚桑乡，还有一个乡不记得叫什么了。当时就把我们单个人放到藏族家庭里与老乡独自相处。

张： 住农奴家，扎根。

冯： 那个时候为了在语言环境中摔打，我们每个同学基本上是一人一户，住在最贫苦的翻身农奴家里，与他们同吃、同住、同劳动，一个是要培养阶级感情，另外就是要跟他们学习语言，一个人，没有说汉语的条件与环境，只有说藏语，让我们独自在纯藏语的环境中得到锻炼。这个家，我现在回忆起来，印象还比较深。

第一次到主人家时，心里也很好奇，不知道这个家是怎么一个状况。我依稀记得我住的那个村，路都是土路，房屋依地势而建。从山坡上稍宽的一条泥土路往下走不远，再拐到下坡处的一条羊肠小路，小路上铺着不规则的大小石板，缓缓地斜下去的左边，在一个低洼的平地上建了一个小小的土石房。这所房子的墙壁是石片与泥土砌成的，门矮小，朝着小路。一进门就能感觉到这家很穷，除了睡的床和简陋的火炉，什么家具也没有。房子中间一个火塘，火塘周围垫了点羊皮啊什么的，火塘的左边靠墙处还有一张矮小的床，火塘的右边搭有一个小木板楼层，像一个上铺似的，他们用来放些杂物什么的，我来了之后就住在那上面，这就是我对那个房子的记忆。我家主人就只有一个老阿爸和他女儿，老阿爸双眼基本失明，是个瞎子，但还可以模模糊糊看见一点，女儿很憨厚。他们特别慈祥善良，对我很好，他们平时都吃糌粑，记忆中没有酥油茶。

张： 您吃得惯吗？

---

① 1959年，琼结县设立，属南山区专管。

冯：刚开始的时候吃不惯，从吃米饭到吃糌粑有一个适应过程，开始我闻不惯酥油味儿，不吃酥油，只吃干糌粑。有一个笑话，因为吃糌粑屁多，而我们在下乡实习之前，当地干部给我们讲过，藏族有一大禁忌就是在众人面前放屁，他们认为这是非常羞耻的，我们就非常注意这一点，特别是我们每次开会的时候，肚子一感觉不对就赶快往厕所跑，生怕来不及了。更好笑的是，厕所中经常站着好些人，让肚子轻松，大家会意地嘻嘻哈哈地笑着，然后又赶快回去开会。当然，时间久了，肠胃也慢慢地适应了。后来我也习惯吃酥油了，觉得糌粑里放上酥油，比干糌粑好吃，这种情况又要好许多。

张：您的身体适应能力很强。

冯：那个时候一个是年轻，身体适应得快，再一个是也必须适应。当时非常缺蔬菜，一日三餐都是糌粑，肉也很少。我看见藏族老乡把生在岩缝里的汉族叫"霍麻"（荨麻草）的植物用夹子拔下煮在糌粑糊糊中当菜吃，这种植物在汉族地区有，叶子上长满了细毛刺，手一接触就会起大包，又痒又疼，小时候我被刺过，印象很深。当时我怀疑这种东西也吃得？后来也试着采了一些煮在糌粑糊中，"霍麻"经煮后，叶上的毛刺就没有了，有股清香，还挺好吃的。当时因为我们在老乡家吃住，工作组要发给我们的口粮，开始只是酥油、糌粑，后来还发了大米，我都拿回阿爸家了。

张：阿爸一定很高兴。

冯：对，他们很高兴。有两件事，我至今记忆犹深，但有一件事，我犯了一个大忌讳。一件事是我第一次把工作组分配的大米拿回家时，他们指着大米问："这是什么？"我说："是大米啊。"阿爸女儿以为是雀儿屎，因为他们这辈子从没见过大米，我十分惊讶，他们竟未见过大米！我就给他们讲："这不是雀儿屎，是大米，加水煮成米饭，我们汉人就是以这个为主食，就像我们现在吃的糌粑。"我让他们第一次吃了米饭，他们高兴，我也特别高兴。另一件事是藏区生态环境特别好，小溪里的水清澈见底，水质特好。有一天工作组的同事们路过一条小溪，看见里边满满的游动着好多大大小小的鱼，伸手可捉，于是我跟着大家拿了两三条回去，还挺高兴的。回家用清水洗净煮好后夹了一条让他们跟我一起分享。他们也说从来没吃过，我说："你们尝一尝，很鲜的，很好吃的。"他们不吃。我那时对藏族的宗教习俗一点都不了解，信奉藏传佛教的藏民是忌食鱼的，学校的课本上也还没讲过藏族的饮食禁忌，工作组也没给我们讲到这一点，否则我们会记住的，不会犯这样的错误。所以他们不吃时，我还坚持地说："很好吃的！那就尝一点呵！"他们拗不过我，就尝了一点。

张：你的初衷是好的。

冯：那时真是无知，我硬要人家吃一点，他们就尝了一点儿，我还问人家好不好吃，纯朴的老阿爸自然要说好吃。那时的我，感觉能让他们平生第一次吃到大米和鱼还特别高兴和自豪。后来我们才知道，特别是我搞了民族学研究之后才了解到藏族是禁食鱼的，我犯了大忌。

张：人家习俗上是不吃的。

冯：是呀，我这是犯忌啊！当时我还特别开心，觉得自己让他们第一次吃了大米，第一次吃了鱼，这都是美食。当时我心里美滋滋的，特别骄傲，所以说当时特别幼稚，特别无知可笑。

张：年轻嘛。

冯：当时我很是浅薄，懂得太少太少了，对藏族的习俗和禁忌更不了解，这是我在实习中的一件糗事。

在西藏实习，还有一件让我悲伤的事，我父亲在我进藏后不久就去世了。当时我收到家里发来的电报，得知父亲去世的消息，我很悲痛，没去处悲泣，自己爬上了房顶，坐靠在一个墙边上，悄悄地哭了一阵，想到临上北京读书时和病床上的父亲告别的情景，我还清楚地记得当时父亲虽然对我微笑着，但我明显地看到他眼里噙着泪花。没想到，这竟是与父亲的最后诀别。

再说回到当时的生活，那时的确是比较艰苦，我们住在贫苦的翻身农奴家里，平时除了主食，没有肉食，没有蔬菜，学校和工作组考虑到我们是学生，在这儿实习，所以特意定期给我们改善伙食。到一定时候就把全班同学都集中在一块儿，说是开会整顿，老师讲点总结工作或者注意事项什么的，然后大吃一顿。我记得最清楚的一次，是当时在一个有点黑的厨房里，有一口特别大的铁锅煮了满满一锅牛羊肉，热气腾腾地滚着，冒着泡，汤有点浑。吃饭的时候，一个长条桌上摆着三四个洗脸盆大的盆子，每个盆中盛着冒尖的牛羊肉，香气扑鼻，但还是没有蔬菜，只有肉。开饭后，我们也不用筷子，每个人用手撕下一块就那么啃，吃得津津有味。记得有个同学看见我吃得少，还让我多吃点，这个记忆特别深。

张：借开会的名义，打个牙祭。

冯：对，改善生活。因为学校考虑到学生的营养需要，在生活上做了一些必要的调整与补充。除此之外，就没人再管我们了，大家都是一个人孤孤单单地在老乡家里，所以必须说藏语。

张：对，要不然，没法儿沟通和交流。

冯：你没有说汉语的对象和机会，跟老乡交谈只有说藏语才行。

张：要不然，他也听不懂。

冯：没法交流，你就什么也干不成，所以我必须把学校学的藏语知识应用起来，不懂的和不会说的就必须学。于是我就尽量把课本上学的口语单词和句子用上，跟父女俩交谈，一有机会就讲，每天都讲，感觉口语能力得到了明显的提高。不过刚开始的时候，有的单词发音不太准，句子说的连贯性差，毕竟在课堂上学习的口语与在实践中应用的口语还有较大差别，所以我说得不流利，他们也听得比较吃力。后来因为天天说，重复说，说多了，进步也就快了，我说得顺溜了，他们听起来也不吃力了。我在与老乡交谈时，还刻意在感叹词啊，句啊，语气语调上啊，模仿藏族的口气，礼貌用语也是常常要用到的，所以这些贴近生活的语言都得到了较好的应用与巩固。经过一段时间的锻炼，生活上的交流是没有什么问题了，我甚至还学习了一些课本以外的，或者是我们还没有学到的东西，但是其他的还不行。

因为我们实习提前了一年。说实话，我们一年级也没学多少东西，第一学期在学习时间之外还有各种活动，像我前面说的政治学习、军训、外事活动等就占用不少时间，所以学习掌握的单词、语法和句子并不多，就是最基础的知识。好在我们学的单词和会话基本都是从日常生活最简单的吃饭等内容学起的，所以日常生活的交谈基本上没有问题。但除了课本上学过的，再深入一点或复杂一点的内容，对大家来说还是很困难的。很多社会生活的和政治经济的，很多都还没有学，就是学过一点的，我觉得也不是很扎实。尤其是听力，他们平时说话语速很快，就是单词你学了，要连贯起来，再加上语法什么的，你基本上很难听懂，比如参加"三教"运动时，要开斗争会，斗争西山农奴主呵，什么反革命分子的。

张：要你们喊口号？

冯：不，我们就是在那儿听，可是我们学过的就是最基本的口语知识，我们的词汇积累有限。参加"三教"会议时，先由主持人讲话，然后被批斗的藏胞交代问题，交代些什么，我基本上是没听懂过。其他同学的情况，我就不知道了，因为后来我知道有些同学的学习方法很好，自己也很努力，他们可能听得懂的多一些。好在当时工作组有好些从各个单位抽调来的汉族，记得我们组的组长是个汉族的转业军人，还有一个西藏歌舞团的姓冯的干部，他们都不懂藏语，所以开会都配有翻译，我们也就勉为其难了，但开这些大会对我们的学习帮助不大。

张：有翻译就省事儿多了。

冯：对，有汉语翻译，因为工作组有好些从各个单位抽调来的汉族同志，他们也听不懂，这样就为我们解决了很多困难，我们就听翻译的内容。只能说亲临现场，受到了一点"阶级斗争教育"。我们在进藏前，学校组织同学们去北京民族宫看《百万农奴站起来》展览，展览图片上的农奴主都是衣着光鲜、面目凶狠、体肥身胖，过着奢侈的生活，翻身农奴则衣不蔽体、满脸惶恐、瘦骨嶙峋，过着悲惨的、猪狗不如的生活。奴隶主对奴隶极尽剥削压榨，奴隶若有反抗，就被砍头、剜眼，有的奴隶还戴着脚镣手铐……批斗会上，我特别想看看台上被批斗的奴隶主是啥样的，是不是我在展览图片上看到的那样，结果看到的奴隶主穿得也很一般，衣服旧、不肥胖，躬着腰站着，接受发言者的批判。我想，这个是小奴隶主，展览图片上的是大奴隶主吧，因为要达到特定的目的，展览上可能特意夸张了些。

不过，我们有些同学就学得比较好。"三教"运动结束后，大概是1966年藏历年后（可能是4月），我们被集中到拉萨郊区的达孜县县府驻地德庆进行口语实习。这时我们与63级藏语专业的同学有短暂的会合。会合期间，我们班绝大部分同学都恢复了用汉语讲话的习惯，但我发现63级藏语专业的同学与藏族老乡交谈时，仍然在说藏语，而且非常流利，有些内容我都听不懂了，这说明他们经过两年的在校学习和几个月的实践学习，掌握的单词和语句远远胜过我们，效果也比我们好。印象中，63级藏语专业学习好的，有杨恩洪、古怡华。古怡华是四川人。我当时觉得她们好厉害，也好生羡慕。同时，我们班有几个同学也很不错，比如说王达人，他实习时就很用心，也很勤奋，他一开始在生活上和劳作中也有很多话听不懂，但他把听不懂的词句拿个本子用拼音记下来，工作组开会时他就请教会汉语的藏族干部。所以一些书本上没有的词汇，他就在这样的语言环境里得以学习、运用并牢记，口语进步很快。当然这也得益于我们从教学课本中学到的口语拼音，在实践中拼音的帮助很大。这是我在捐赠64级藏语教材被邀约作序后与他交流时得知的。还有一个是夏先钊同学，他把我们在学校仅学的一点藏文拼音知识用到了极致，会合时我看见他拿着一个竖立翻页的小记事本，里面全是用藏文书写的，嗬，很惊异，我觉得他太有心了，自己在这方面远不如他。还有一位喇秉德同学，他的口语也快速地得到了提高。后来据王达人和喇秉德说，他们都能独立开展工作，完成了参加政治运动和宣传政策的双重任务。

张：到这个水平了啊？

冯：是呀！实习以后，我们都有一个共识，学习语言一定要有语言环境，一个人在浓厚的藏语环境中生活、劳动、开展工作，口语自然就进步得很快，很多课本上没学到的，在生活和劳动中用到的词汇，只有在这样的环境里才学得到。看到这些同学的进步，深感他们的用心，学习方法也很好，他们在语言文字上的进步比我大，我自愧不如，暗暗下决心回校学习时一定要努力弥补上，不能落后。后来在民族研究所工作，我在申报正高职称学习日语时，就是向夏先钊学习，有了初步的单词和语法积累后，每天的日记就用日语写，当然都是比较简单的叙事，尽量将学的单词和语法用上，一直坚持，这样学的知识比较扎实，毕业考试成绩是90多分，不过我现在再翻看这些日记，已经看不懂了。可惜我在实习时没有这么做，真是脑子不够用。

这段专门进行口语实习的时间并不长，印象中我也没什么特别的进步，基本的生活用语，我在参加"三教"运动时就比较熟悉了，更深的有关藏族社会生产、社交、商业和政治等方面的单词、语句及相关知识，由于没有学习到位，基本功根基不够，就提前进入了实习，所以在这方面很陌生。记忆中专业实习的时间也很短暂，至于怎么进行专门实习学习的，可能因为收获不大，所以我没什么印象。

通过实习的实践证明，咱们民语系制订的教材和整个学习计划是合理的、科学的。学生在校学习两年后，有了一定的口语知识积累，再去实践中巩固和再学习，就能事半功倍，63级藏语专业即是如此。而我们因为执行上级指示，配合运动的需要，提前一年进藏实习，所以除了少数同学达到了目标外，大部分同学应该是并不理想的，这个结论，我是有些依据的。我在被邀约为捐赠的教材写序时，曾与我们班学习较好的学习委员赵丽天沟通过，她与我有同感。当时在藏区实习的大概情况就是这些。

后来还没到实习结束，"文化大革命"就开始了，1966年8月我们匆匆结束了在西藏的口语实习，赶回北京参加"文革"运动。到1968年8月，藏语专业由原来的五年制改为四年制，我们被要求提前毕业，这意味着我们对藏语言文字的继续学习与深造被中断了，宝贵的学习生涯戛然而止，这不能不说是我人生中最大的一件憾事。"文革"也改变了我们的从业方向，我们班的20名同学毕业后基本都从事了与藏语言没有直接关联的各种工作。然而，短短一年的学习与一年的实习，仍然是我人生的一个里程碑，在这段难忘的大学经历中，我不仅有幸拜识了令人敬仰的藏语大师于道泉先生和我们的系主任语言学家马学良先生，也为我此后走上民族学研究之路种下少数民族情结的种子。

第二章 从大营农场到西昌地区博物馆

一、用非所学的工作分配

张：你们分配工作的时候正处于"文革"时期，大家都分配到哪儿了？

冯：我们1964年入学，1968年就毕业了，提前了一年，分配是在1968年底的时候。我们班除了个别同学，基本都回到了自己原来的省份。四川来的有两个同学自愿到了青海，一个是夏先钊，自己单枪匹马地跑到青海去了，另一个是李安芝，

1968年10月，与好友在中央民族学院校门外合影

因为与另一个青海同学是恋爱关系，也自愿到了青海。

我们班的 20 个同学基本上没有搞语言工作的，有从政的，有当老师的，有去工厂当干部的，有的同学随着社会的变化换了几个职业。总的来说，从政的和当老师的占多数。我退休前，只知道有我和喇秉德在从事民族工作，我在搞民族学研究，他在青海省民族学院从事民族政策和民族理论研究，也属于民族学范畴，但都与藏语言文字无直接关系。

张：王达人呢？

冯：王达人也没有搞与藏语相关的工作。他是云南人，在学校的时候是"抗大"的头头之一，能说会道，是"抗大"的辩手之一，当时大名鼎鼎啊。他毕业后的经历比较复杂，听说当过中专的校长，曾考过马学良先生的研究生，未果。退休前的职业是律师。我们好些同学毕业后的经历都很简单，从学校毕业分配到农场劳动锻炼，然后再分配工作，就一直在那里干到退休了。

张：喇秉德也是汉族？

冯：他是回族，就我们两个算是与民族工作有关。还有一个朱亮才，他是我们班唯一一个藏族，就是发"拉萨"音准确的那个同学，听说他后来在云南省迪庆县民委工作，好些年前就已经去世了。

张：你们这一届基本都跟这个专业脱离了。

冯：对，基本上跟这个没什么关系了。

张：这也是时代造成的。

冯：对呀，"文化大革命"改变了我们这一代人的命运，不能说学无所成吧，但我们没有学完我们应该学习的知识。另一个就是由于当时的社会背景，大家的工作要么是服从分配，要么是跟随社会潮流，离开了语言环境，把我们原来学的一点点专业也全丢了。虽然我和喇秉德从事了与民族相关的工作，但是藏语一点都不会了，彻底还给老师了。如果没有"文化大革命"，我们继续学习深造，我相信我们班，还有 61 级、63 级藏语专业，都会出一些藏语文研究的后继者，可以为国家培养出不少优秀的专业人才。有句话叫"我们和祖国的命运相连"，小时候不理解，为什么个人的命运与国家的命运相连呢？亲历"文革"后，我深切地理解了这句话。

张：您当初从学校毕业分配到哪儿了？

冯：1968 年底，我从学校毕业的时候，大家响应党的号召"到农村去，到基层去，到边疆去，到祖国最需要的地方去"，当时还有四个"面向"："面向农村、面向工厂、面向基层、面向边疆"。那时候，所有的大学毕业生基本上都是先分配到农场劳动锻炼，有的是到解放军的军垦农场，名曰"接受工农兵的'再教育'"，然后再分配到基层的工厂、学校和各个单位。我和同班好友张永秀被分配到四川省原西昌地区大营农场劳动锻炼，后来张永秀的爱人将他调走了。

张：哦，您跑西昌去了。

冯：对，就是现在的凉山彝族自治州，当时是西昌专区，后来叫西昌地区，1978年西昌地区和凉山彝族自治州合并了，统称凉山彝族自治州。我们那时候算是"面向基层"，接受工农"再教育"，我在大营农场待了将近三年。

二、大营农场的劳动与生活

张：您在农场里待了将近三年？

冯：从1968年底到1971年，就是两年多，将近三年的时间。

张：您这三年主要都干些什么呢？

冯：这三年主要就是当农场工人，每天下地劳动。上班就和农场工人一块儿干活，吹哨就下班。

张：还要下田里干活儿？

冯：在农场就要干活嘛，农场的各种工作都要做，有什么活儿就干什么活儿，插秧啊，薅苞谷啊，还有种蔬菜啊，喂猪啊，这些活儿学生都要干。我们女同志不插秧，男同志插秧，但其他杂活，我们都要干，农场的工人队长安排什么活儿就干什么活儿。当时觉得很艰苦，毕业的时候还不到23岁，是青春最美好的时期，但当时大形势就是那样的。

我和张永秀到大营农场报到，是从西昌城步行到大营农场的。当时从西昌市到大营农场还没有公交车，有七八公里。出了西昌城，先看到田野，然后公路两边是长满杂草的小山坡，路上也没什么行人。我们走啊，走啊，越走越荒凉，前面根本看不到房屋和人烟，真是越走心情越沉重，越走脚步越拖沓，我们走得非常疲乏，越走越不知道前面还有多长的路才能到达。从北京到成都，再到西昌，再到郊区的农村，这个反差挺大的。幸好我们是两个人，有伴儿，否则真不知道那个时候有多难受。后来好不容易远远看到前面右边转弯处的山坡顶上耸立着一片高大的房屋，真像见到了希望，一下就兴奋起来了。走到跟前，山坡上有一个大门，门牌上写着

"西昌化工厂"几个大字，一打听，大营农场还在前面，但不远了。我们又走了十多分钟，终于到了目的地。当时这里方圆十多里都是荒郊野岭，只有大营农场和西昌化工厂两个单位有人烟，西昌化工厂是一个比较大的单位，还有医务室，农场的工人病了，都是去化工厂的医务室看病拿药。

到了大营农场，我俩先去场部报到，一个工人把我们领到住处。在场部下面挨着水塘边有一排干打垒的土坯房，土坯房被横隔成前后两排，每排又竖隔成多间房屋，房子很小。分给我们的那间，背靠的是一个农场工人家庭，隔壁是农场的赤脚医生林兴华，她丈夫是县农牧局技术员。

张：那时候在你们农场有几个大学生？

冯：当时中央民院就我们俩，但还有其他院校的大学生，北京林学院有5个，东北林学院有3个，另外还有川农、川师的，有10多个大学生，分散在各个生产队。后来，有个大学生对我说："你们来那天，我们看见了，你们两人一前一后走在来农场的小路上，你梳着两个小辫，穿着一套洗得发白的黄色军装，脚上是一双旧的解放军黄色胶鞋。我们说，又来了两个大学生。"

张：都到那儿改造去了。

冯：对。白天我们就是跟着农场工人到田里去干农活，晚上也没有电视看。

张：有电吗？

冯：有电，但电力不足，灯光很昏暗。我们当时觉得生活非常枯燥，千篇一律，很不习惯，每天早晨8点出工，工间休息十来分钟，12点收工，下午两点半出工，工间休息十来分钟，到五点半收工。我们每天一出工就盼着工间休息的吹哨音，然后就盼着下班，下午也是那样的。

张：反正就是这样来回转。

冯：是，就是这么枯燥，就是那样循环，我就想这日子什么时候是个头啊？加上起初我不知道劳动工具的重要性，锄头是我们最主要的劳动工具，用得最多，我们分配工具时，他们随意分给我一把大锄头，我个子小，光是把锄头拿起来都很费劲，更不要说干活了，十分吃力。后来我看到工友王守惠的锄头又小又轻，锄口光亮锋利，挖地锄草时可比我轻松多了，很是羡慕，但那个时候都是"一人一锄""锄跟主人"，没有地方可换，我只能干笨活，每天都很累。

在农场的生活也非常艰苦，那时候全国的工资水平都很低，毕业后我们大学生的工资是每月42元5角，农场工人的工资是每月23元或26元，他们还要养活一大家人。当时实行粮食供给制，农场的工作属于重体力劳动，工人和我们都是每月32斤粮食，学生和单身工人基本上都是在食堂买饭菜票吃饭，拖家带口的工人一般是自己做饭。食堂的伙食很单调，每天都是一个菜或两个菜，没什么油荤，凉拌菜算是好菜了，因为有辣椒、花椒、味精等作料，好吃一些。要是能吃一次蒜苗熬锅肉（回锅肉）加肉汤煮萝卜，就是打牙祭了。平常的汤是免费的，通常是一锅清汤中有点菜叶。在那种生活条件下，吃顿面条，我们也觉得很享受。

我们屋子的背面住的是工人毛云美家，夫妻俩人养了四个孩子，生活很困难，是农场的困难户，因为是近邻，她家孩子多、生活困难的状况我都看在眼里了。当时我们大学生的工资算高的，在农场住的时间久了，有时就自己改善一下伙食，比如偶尔进城，总要买点吃的带回来，也买几把干面条和所需的作料放在家里以备不时之需。那时候，吃碗香辣红油面条是仅次于吃顿回锅肉的美食，我们还用面条当菜下饭。记得有一次，我们也是难得煮了一顿面条当午餐，想到毛云美家的孩子也难得吃一次面条，就特意给他们也下了一大碗，作料放得多多的，香气扑鼻。正值午饭时间，他们正要吃饭，我赶快端过去，说给娃娃吃点，孩子们围上来，毛云美连忙道谢，把那一大碗面放在桌子中间当一碗菜，全家分享。当然，有的农场工人虽然工资低，但孩子少，又很会持家，很会生活，星期天就做点可口的菜肴改善一下。工友王守惠跟我很要好，她爱人是农场开拖拉机的邱师傅，他们有两个孩子，夫妻俩都很能干，所以家里虽然不富裕，日子倒也过得不错。他们家有空的时候就自己磨点豆花，有一次硬要拉上我去他们家吃豆花，四川人吃豆花很重视作料的麻辣香鲜，原材料大多也产自自家的房前屋后，他家的作料兑得非常好吃，是久违的成都味道，我美美地吃了一顿豆花，真是大快朵颐的幸福时刻。

在这种生活状态下，我的内心非常苦恼，觉得前途渺茫，进大学时的美好愿望全都化为了泡影。记得进民院时，我听说过我们以后的分配方向，那时精通汉藏双语的民族干部和藏族专家还比较稀缺，我们培养的目标是搞研究或当翻译，绝大多数毕业生都留在北京的出版社、翻译局或者留校，其次是去国家民委或去拉萨的各个政府部门。现在这样日复一日地陷在农场，我不知道我的前程在何方。

张：感觉人生了无生趣。

冯：觉得非常灰心，不知道我们的前途在哪里，当时内心一直有这么个问号。

张：但是也不敢讲。

冯：哪敢讲啊，我们在大营农场的时候，全国还在打武斗，当时四川打得特别激烈，农场领导怕蔓延到农场，就给我们放假了，让我们各自回家。那时候正值四川攀枝花搞三线建设，给攀枝花运送物资的五大汽车公司的货车川流不息，司机大都是东北人，他们看到我们都是学生，很同情我们，很热情地叫我们搭他们的车，于是我们就搭乘五大公司的汽车，先回到成都，再分别回自己的老家，我的老家在成都，是最近的。后来中央号召停止武斗、"抓革命、促生产"，我们就又回到农场继续劳动锻炼。直到1971年，新上任的西昌地委书记杨新关注到我们这批大学生，我们才再次进行了分配。

也许是姻缘使然吧，我在大营农场遇到了我的先生。他是哈尔滨东北林学院（今东北林业大学）毕业的，比我高一届。毕业后，他从大东北分到了大西南，他们东北林大分了三个人到大营农场，我们俩刚好在一个生产队劳动。我从小就很少做家务事，平时除了学习，什么都不会，劳动能力很差，加上个子矮小，力气也小，平时劳动很不行，他给了我很多帮助。记得有一次，女同志分工薅苞谷地里的杂草，每个人一垄。当时那个苞谷长得粗壮高大，我个子矮，一进苞谷地就被淹没了。由于我体力不行，干活不利落，薅得很慢，所有人都薅到前面去了，我在后面掉了一大截。中午他在食堂打饭时没见到我，就问和我们一起劳动的人，然后就赶快到地里找我，边走边喊我的名字，我听见后应声，看见我还在那儿薅着草，他就接过我的锄头，男同志力气大，干活麻利，三下五除二就帮我薅完了，然后我们一块儿去吃饭，那会儿食堂的人都要吃完走光了。后来凡是我们分配在一起劳动，他就跟我搭档，我省了不少劲。还有一次，两人一组点种苞谷，打窝、撒种、覆盖，每垄地6行，1行6个窝，他5行，我1行，他干得很快，我跟不上，越落越远，他干完后，又返回来帮我，这样我才跟得上大家的进度。

张：你们是在劳动中建立的感情。

冯：对，还有一件特别让我感动的事。那时候我经常闹胃病，痛起来非常厉害，大汗淋漓，浑身发冷。每当这个时候，他就赶快去隔壁的化工厂医务室给我找医生开药。有一天晚上已比较晚了，我突然犯病了，找人通知他，那个时候根本没有路灯，屋子外黑灯瞎火，有月亮时可以借月光看路，没月亮时伸手不见五指。到化工厂的田埂小路弯弯拐拐，上坡下坎，他就拿着一个手电筒照明去给我去拿药，回来时跑得满头大汗。那时候粮食是供给制，男生每月32斤，女生30斤，但他饭量大，我饭量小，我就支援他，我们关系好了之后就不分彼此，合用饭菜票了。

人还是挺顽强的，在这么艰苦的生活条件中，我们自得其乐，也有难忘的快乐时光，比如一起上山捡野菌，爬泸山，到邛海看他游泳。他是大连人，在海边长大，游泳很好，他在邛海中给我表演翻筋斗，一会儿头冒出来，一会儿脚朝天伸出水面，一会儿在水下很久都不见人影，我正着急时，他又冲出水面，向我招手致意，逗得我哈哈大笑。他说，他一辈子都忘不了我当时的灿烂笑容。我们是在当时那种特殊的社会背景下相遇的，在艰苦的农场生活中，我们相互照顾，彼此帮衬，后来我们俩就正式好了。两年后，考虑到年龄也大了，为了方便相互照顾，他见过我父母后，我们就在农场结婚了。我怀孕后就更艰苦了，劳动分工上没有照顾，每天还是要跟大伙儿一块儿去田里干活。农场伙食差，我营养不良，干活又累，经常回到家就趴在床上不想动弹，好在怀孕后不久就再次分配了。

张：终于结束了三年的劳动。

冯：终于结束了这三年的劳动生活。有一件事我觉得值得一提，我在西昌工作后，也许是因为离得太近，也许是忙于工作，那时一个星期只休息一天，闲暇时间很少，我们只回大营农场看望过王守惠夫妇一次，工人的生活状态没怎么变，他们还是非常能干，自己盖了一个带套间的茅草房，冬暖夏凉，特别舒服。后来我们退休了，有闲暇时间重回西昌，旧地重游，还特意去大营农场看望了昔日的老工友。

现在大营农场已经通公交了，我们在大营农场站下车，原来的道路已经面目全非了，路边立着一排排原来未曾种植的葡萄架。我们一打听，老工人只剩下王守惠夫妇和少数几个人了，他们住在奶牛场后面的平房里，奶牛场搬到了农场的一侧。我们沿着大马路往前走了十来分钟，拐进一条小路，又走了好一阵，穿过一个养鸡场才找到地方。通过门检，还要蹚两个消毒坑给鞋子消毒，以防将细菌带进去。当时我感慨："啊，现代化了！"往里走，一排排高大的奶牛房完全是现代化管理，房内有很多管子、机械箱和一两个大桶，不知是干什么用的。奶牛房尽头有一排房屋和一小块一小块菜地，我们找到了王守惠夫妇家。他们住的平房宽大，一套二，有客厅、卧室，里边是厨房，还有一个储藏间，梁上挂满了自制的腊肉、香肠、排骨，足有一头猪的肉量。屋内有自来水，用水很方便。房屋陈设虽然简朴，但收拾得干干净净，东西摆放得有章有序，说明老两口仍然是那么精明能干。房屋门前种着树，树枝上的南瓜藤结了两个可爱的、滚圆的嫩南瓜，我还是第一次看见南瓜吊在树上长。房子周边都是小畦菜地。大家多年不见，分外亲热，王守惠连忙拿出水果招待我们，夫妻俩都快八十了，身体还健朗，思维也清晰。邱师傅说他们城里也买房子了，让儿子住着，老两口在农场住惯了，这里比城里清静，空气新鲜，再说也舍不得这一小块自种地。接着他们带我们出去指给我们看，说新鲜蔬菜没上化肥农药，比城里市场卖得好。回到屋中，我们又摆起家常，她告诉我们，他们有老年公交卡，坐车不花钱，想回城里，随时都可以回去，到附近黄连镇赶场也很方便，早上他们才刚刚赶完场回来。我们问奶牛房中那么多管子是干什么用的，邱师傅说现在已经不用人工挤奶了，机器挤奶挤出的奶直接进入管子流到储备桶中，再进行消毒、分装，全部机械化了。我说："啊哟，全部机械化了，没工人挤奶了，真好！"我想起我在农场时，去奶牛场看过给奶牛挤奶的情景，工人一天挤两次奶，早上一次，下午一次，上班时穿着短雨靴，围个塑料围裙，提个装牛奶的铁皮桶，去给奶牛挤奶，一个人要负责好几头奶牛，很辛苦。现在社会真是进步了，一切都机械化了，养牛也是科学的方法了。我们又问了他们几个熟识的老工友的情况，杂七杂八聊了一两个小时。我们告辞时，他们硬要留我们吃饭，我们婉言说回去还有事，认了门，以后有机会再来。告辞出来，他们送我们到公交站，叮嘱一定要再来耍，然后相互留了电话。

　　农场工人的生活真是今非昔比，有了翻天覆地的变化。他们大多数退休后就搬到西昌市的单元公寓居住了，少数留在农场的也住在新盖的楼房里，过去的土坯房早已不见踪影。农场的工人们还经常在西昌的旅游地邛海公园聚会，我们去参加过一次他们的团聚日，知道我们来，西昌的人都去了，王守惠夫妇来了，毛云美夫妇来了，昔日的众多老朋友、老邻居、老熟人都来了！大家见面，很是感慨和高兴，感叹岁月匆匆，我们都老了，又高兴大家还能在几十年后再见面。这些在我印象中的亦工亦农的人，他们在穿着和气质上，与退休的干部、职工、城市居民已经完全没有区别了。他们肤色健康，衣着时尚，打扮光鲜，精神抖擞。在他们的脸上，我看到了发自内心的愉悦笑容和满足。聚会结束时，他们都热诚地邀请我们去家里做客，想让我们看看他们现在住的房子和他们幸福的老年生活。我深深感受到，从农场工人的经济生活和精神面貌的变化看社会的变化，就像通过一滴水看阳光的多彩，他们是我们国家从贫穷走向富裕的一个缩影，这是我真真切切亲历亲见的。

　　1971年，告别了生活近三年的大营农场，我被再分配到西昌地区博物馆[①]工作，我的老伴被分配到西昌地区粮油茶叶土产进出口公司工作。

---

① 西昌地区博物馆，于1978年更名为四川省凉山彝族自治州博物馆。

三、在西昌地区博物馆

（一）初期的业务

张：再分配以后，您的工作变了，但没离开西昌。

冯：因为当时一般都是就地分配，我们在西昌一待就是18年。

张：西昌博物馆的工作和农场大不相同吧？

冯：和农场比，那当然是一个天上一个地下啦。当时博物馆是个两重院，外面一个大院子，里面一个小院子，院子周边是一圈房屋，两个院子中间也有一排房屋，两边留有过道。院子里面宽宽大大、干干净净、松柏成荫，摆着石桌石凳，有些古色古香的味道。我进去以后的第一感觉就是："嚯，是这样一个幽静环境！"

张：感觉像到了天堂。

冯：当时我正怀着女儿，报到的第二天上班。一进院子，我就看见一个面容姣好的女同志在扫地，我说："我来扫吧。"那位同事说："哎呀，不行不行，你还大着肚子，赶快去休息！"后来知道这位同事以前是西昌地区文工团的演员，转业到了博物馆。那段时间也没干什么正经工作，就打打杂，做点小事情，算是干一点坐办公室的事吧，我感觉博物馆的工作真是太轻松了。那时候政治学习、开会传达多，实际工作少，加上我是孕妇，单位对我特别照顾。当时觉得自己太幸福了，不用在地里干活了，有了自己的工作，特别高兴。我去的时候，博物馆还没有专业分组，当时就是有啥做啥，回想起来，我在博物馆做了很多种工作，如参加考古发掘、修复文物、收集文物、做田野调查、举办展览、写解说词等，我还有一张修复文物的照片呢。

张：但这些工作和您的专业都不搭边。

冯：对，都不搭边，可以说是与专业完全不相干，因为"文革"期间，各行各业基本都停止了正常运转，没有专业对口分配的条件，只能大致按专业所属文、理、工科分配单位，我是文科，就分配到西昌地区博物馆了。后来，西昌博物馆的工作分为考古和近代两部分，我被分在近代组，近代组的主要工作是征集红军长征和少数民族文物，举办相关的展览。这些工作虽然与民族和民族文物有关，但与民族语言无关。当时的西昌地区一共有10个县，是一个典型的以汉族为主，同时聚居、杂散居着多个少数民族的地区。其中马边、峨边为彝族自治县，木里为藏族自治县，西昌、德昌、盐源杂居或散居着回、傈僳、纳西等多个少数民族。因为我毕业于民

在西昌博物馆做文物修复工作

　　族院校，与少数民族结缘，又基于博物馆的工作性质，所以在工作中也开始做一些收集少数民族文物和整理相关资料的工作。有的工作对于博物馆来说，可以说是开创性的，比如征集红军长征过彝区的文物、彝族文物的收集与研究等。

　　那个时候，博物馆的工作很杂，最主要的工作是围绕党和国家的大事件举办各种应时的展览，比如《毛主席逝世一周年摄影图片展览》，我们也多次下县巡展，我还调查过朱德总司令1922年路经西昌时的革命活动。专题性展览，我们办得较多，比如《丁佑君事迹展览》《红军长征过西昌革命文物展览》等。当时有一套办展流程，从收集文物，到写解说词、布展、开馆、值班、闭馆、拆馆，最后再清点文物入库。开展前的一段时间，大家要做好相关的功课，比如，办《丁佑君事迹展览》前，我先是查阅和摘抄了丁佑君的相关资料，然后到丁佑君生前工作和牺牲的地方进行了补充调查，写了《丁佑君大事记101天》《丁佑君工作、牺牲的事迹》等资料，这都是为展览做的准备。我的这些笔记、卡片和写的丁佑君事迹的文字资料一直保存着，今年9月才辗转托人请原成都纺织学校的周一华老师带回丁佑君的家乡，交给四川乐山五通桥丁佑君博物馆保存。

　　当年红一方面军长征时路经西昌，历时20多天，经过会理、德昌、西昌、冕宁、宁南五县。毛主席也在这里指挥过红军巧渡金沙江，主持召开过会理会议，部署红军顺利通过彝区。一路上，红军帮助群众建立了会理县通安革命委员会、彰冠县分配委员会、冕宁县苏维埃革命委员会等,留下了许多重要的遗址、遗迹和遗物。许多老红军家属和革命群众冒着生命危险保存下来的这些长征文物,是珍贵的历史见证。我们筹办的《红军长征过西昌革命文物展览》是一个大型展,投入的时间很长。我们先去当年红军路经的五个县进行实地调查,收集红军长征文物。为了确认红军长征过会理时召开会理会议的地址,我们还特地请了吴升开副司令员和范金标副司令员两位首长确认会址,他们长征时还是小红军呢。我在会理调查红军渡金沙江的情况时,访谈了好些还健在的船工,做了卡片,上面有访谈时间、地点、被访人和红军渡江的情况,都是田野调查的第一手资料,现在看来非常珍贵,整个展览的解说词都是由我执笔撰写的。那时还没有博物馆学,对博物馆的管理还不够科学,基层博物馆的规章制度也不太完善,一般是重文物、轻文字,所以办展后实物、照片归档,但调查的原始文字资料,在用于解说词后,没有上交存档的规定,但我也一直保留着,几次搬家也没舍得扔掉。这批资料也是今年才请已经退休的博物馆老同事陈霁虹回西昌时带回去的,都一一送给相应的博物馆了。我自己年龄越来越大了,我觉得如果不早点让这些珍贵的资料物归其所,以后儿孙辈不会理解它们的价值,万一当废纸一样扔了,岂不是太可惜了。我把它们都送出去,也是为了避免这种遗憾。

(二)借用至州文化局

此外,我在西昌博物馆工作时还做了很多杂事,比如接收州公安局敌伪时期的文物和书籍,将它们造册、入库;参加文化系统的图书调查,清理西昌地区的文物资源等工作;我还被抽调去州文化局"落实冤假错案"办公室工作。我认为这是对我的信任,很珍惜这些工作机会,当时也暗下决心一定要努力把工作搞好。

说到参加"平反、落实冤假错案"的工作,我感触挺深的,当时的一些情景我现在还记得。我被州文化局抽调去的时候是 1978 年底到 1979 年底,"平反、落实冤假错案办公室"的负责人是州文工团的团长马兵,我们的工作主要是针对本地区的右派、"文革"中的冤假错案、"四清"中错划错定的干部,对他们的资料进行查阅清理,做小型调查,写复查报告等。我主要负责看材料,写复查报告。我的工作日记有记载,当时划成右派的,应更正的有 15 人,我执笔写了 6 个人的复查报告;"文革"中的冤假错案共涉及 84 人,除口头平反的 49 人外,做文字平反的有 35 人,其中我执笔写了 21 个人的文字平反报告;还有涉及错案的有 6 人,我执笔写了 3 人的平反报告。此外，我还清理了一大堆待处理的材料。现在材料中涉及的具体的事实我已经记不清了，但我印象很深的是，当时明显感觉他们是被冤枉的，比如有些右派，就说了几句并没有什么大错的话，就被无限上纲，定为右派；还有什么反革命、坏分子，有些都是莫须有的罪名，一旦被定罪，他们的处境就变得很悲惨。在看材料的过程中，我对他们产生了深深的同情，所以在写复查报告时，我都在实事求是的基础上，尽量突出他们的冤情，希望这一份复查报告能对洗清他们的冤情起点作用，让他们平反，所以这段工作我也特别认真积极。

那时一周只有星期日一天休息，有一次平反小组在星期六下午开了一个工作总结会，我负责会议记录，会后我利用晚上的时间整理了会议内容，形成了文字报告。说来也巧，星期一刚上班就通知组长马兵去州上汇报，这时我马上把整理好的材料交给马组长，我看到他眼神中满意的神色。平反工作结束后，组长给每个人都写了工作评语，博物馆馆长张昌林跟我说，我的工作表现得到了好评。后来我调到四川省民族研究所，在审批入党的时候，研究所专门派副所长马明和我的入党介绍人之一喻忠猷老师到西昌博物馆了解我的情况，评价是"工作一贯积极、认真、努力"。记得后来在一次评年度优秀党员的会上，喻老师重复讲了这件事，还强调了"一贯"两个字的意义。

说远了，咱们回到正题，我们当时每个展览在筹备的时候，最重要的前期工作就是到基层去收集文物。

（三）征集革命文物

张：您说的收集文物是到基层去收集文物，具体是到什么地方呢？

冯：走村串寨，到老百姓家去收集，比如刚才说的红军长征经过西昌，我们就去老百姓家收集革命文物。

张：革命文物好征集吗？

冯：好征集，那时候的人很纯朴，不是什么都要钱，只要是上面来人办公事，都会积极支持。我们说是收集，实际上是征集。凡是红军经过的地方，我们都要去，会理、宁南、德昌、西昌、越西等县，重点是在会理一带收集红军长征的文物，因为红军在这里渡过金沙江，留下的传说故事、实物比较多。

张：哦，就是出石榴的那个地方吧？

冯：对对，就是那个地方，当初不是还在会理开了"会理会议"吗。反正凡是红军走过的地方，我们就去找，当时还有帮助红军渡江的老船工，我们也找了。有些老乡家还有保存完好的红军标语，能拿走的，我们就都收到博物馆保存了，有的标语在墙上，当时没有剥离技术，就保留在原地了。

张：这是哪年的事情？

冯：20世纪70年代末到80年代初，因为要办长征展览，我们一直都在收集文物，《红军长征过西昌革命文物展览》是在1977年4月开展的，这个展览是西昌地区博物馆举办的一个大型展览。后来到1978年，西昌和凉山合并后，我们就开始筹备凉山彝族奴隶社会博物馆，因为红军长征也路经凉山彝族地区，增加这部分内容后，我们又去红军所经之地收集革命文物，展名也改为《红军长征过凉山革命文物展览》。

张：你们当时征集文物是有偿还是无偿？

冯：基本上是无偿。我们一开始征集红军留下的遗物时就跟他们讲了征集文物和办展览的意义，当时老乡认为国家有需要，上交是天经地义的，再说那时候也没人听说过征集还有经费。但到了20世纪80年代后，就逐渐变成有偿的了，当然这也是极少数，给一点钱主要是象征性或鼓励性的。

张：您还记得您都收集了什么文物吗？

冯：多了，最多的是红军标语和红军留下的遗物。

张：红军贴的标语都是什么标语啊？

冯：红军经过汉彝杂居区或彝族聚居区时，针对不同的情况会刷写不同内容的标语。标语的内容很丰富，最多的是宣传红军方针政策、纪律和动员老百姓参军等方面的，有些我印象挺深的，比如"组织起来，一致对外，抗日救国！""红军是工农自己的军队！""红军是维护工农利益的！"，还有什么"红军是工农的子弟兵，不拉夫，不扰民""打倒土豪劣绅！打倒贪官污吏！抗捐抗税！""拥护为民谋福的红军！"，还有"打倒国民党！打倒四川军阀刘文辉！""打倒刘家军，取消一切苛捐杂税！"。由于西昌和凉山都有少数民族，针对他们的特点，还有相应的标语，比如"实行民族平等，回夷的事由自己管理！""红军要帮助回夷谋解放！""红军帮助回夷不缴一切捐款！""反对刘文辉屠杀回夷！""回夷同汉族的干人去分汉族绅粮的东西！"，这个"干人"是当地的方言，意思是穷人。

另外，动员当地百姓参加红军的标语也不少，比如"不当挨打挨饿的白军，大家当红军去！"等。由于红军的大力宣传，加上他们的实际行动，赢得了汉彝群众的拥戴，红军与当地各族百姓建立了很好的关系。当年在红军的感召下，仅越西县参军的群众就有700多人，其中彝族有百余人，单独编成了一个彝民连。这些标语在冕宁县泸沽地区比较多，标语是红军不同的部队写的，所以落款有"红军教党宣""红赤教宣"等。

张：这些宣传标语是写在纸上的吗？

冯：写在墙上和房屋木板上的比较多，如果是写在墙上的，我们就把它拍下来；如果写在木板上的，能取下来的就取下来拿走。还有一些标语是写在碉楼内的，如"打倒修碉楼的土豪！""活捉龙云！"，这两条标语是1935年5月红军长征到云南的东川，抢渡金沙江到了四川会东县的新田，占领了敌人的碉楼后写在碉楼内的。另外，我们还收集红军留下来的一些遗物，比如红军送给老乡的衣服、水壶等。

张：他们也愿意拿出来吧？

冯：愿意。

张：那很好，没有那种金钱感。

冯：对，特别纯朴。

（四）说说镇馆之宝"中国夷民红军沽鸡支队"队旗

张：文物交给国家，也算是找到一个归宿了。

冯：对，我们开始就要做这种思想工作。老乡们都很纯朴，他们认为是这个理，你要，他就送给你了。我记得，后来在两家老红军的家属那儿收集到的遗物，非常珍贵。一个叫果基约旦[①]，他是西昌冕宁县的，一个叫王海民（彝族），他是凉山昭觉的，我们到他们家里去收集文物时的情景现在都记得起来。果基小约旦是冕宁县彝海子的彝族头人，红军长征时要路经他的地盘，刘伯承司令员带领红军先遣队在前面开路。为了使红军顺利通过彝区，刘伯承司令员和果基约旦在彝海边相见，当时冕宁以北的拖乌地区是彝族的聚居地，有果基、罗洪、倮伍三个家支，各占地盘，经常相互械斗。由于国民党和地方军阀的长期压迫，汉彝两个民族之间的隔阂很深，有强烈的敌对情绪，这就给红军通过彝区带来很大困难。据说当时是肖华的小分队打头阵，首先出来与红军谈判的是小约旦的四叔小约达，肖华给小约达讲了红军是

[①] 果基约旦（1894—1942），又称"小叶丹"，男，彝族，四川省冕宁县（今彝海镇）人。1935年，与刘伯承彝海结盟，建立了第一支少数民族地方红色武装——红军果基支队，坚持与国民党斗争五年之久，誓死捍卫红军授予他的"中国夷（彝）民红军沽鸡（果基）支队"旗帜。

为穷人打天下的，红军经过此地只是借路而过，根据彝族十分重义气的特点，肖华说刘伯承司令愿意与彝族头人小约旦结为兄弟。小约旦见红军纪律严明，也对红军产生了好感，消除了疑虑，于是答应与红军结盟。肖华向刘伯承报告后，刘伯承便骑马来到彝海子与果基小约旦见面。那个时候彝族与汉族语言不通，交流靠彝区的翻译，叫通司。小约旦带着管家和通司来到海子边，刘伯承非常礼遇，说明红军部队要借路经过，并讲了共产党的民族平等政策，说彝汉平等，是一家人，自己人不打自己人，以后红军回来，大家过好日子，等等。刘伯承为了表达诚意与感谢，送给小约旦10支步枪，并在海子边按彝族习俗，杀鸡共喝一碗鸡血，盟誓结为兄弟。随后，小约旦派了彝民向导给红军带路，护送红军先遣队和大队人马到石棉岔罗，说我们只能送到这儿了，过了岔罗，就不是我们的地盘了。就这样，红军顺利通过这一大片彝族地区，这为抢渡大渡河，突破国民党的封锁赢得了时间。在红军与小约旦结盟的同时，也建立了红军果基支队，刘伯承送了他一面旗帜，上面用汉字写着"中国夷民红军沽鸡支队"，还有一个五角星。

  刘伯承元帅与果基小约旦在红军长征中歃血为盟和成立沽鸡支队的事，是长征史上的一段民族政策和民族团结的佳话。但新中国成立后，社会上曾一度流传果基小约旦在红军大部队走后，反过来打尾部红军和抗捐军的传言，因此对小约旦的这段历史功绩有争议，小约旦的形象和对他的评价也受到影响。此后，众说纷纭，莫衷一是。我在《凉山彝族自治州文史资料选辑》第一辑中撰写《红军长征过凉山纪实》发表后，原凉山州第一任老州长瓦渣木基（1913年生，四川冕宁县人，1949年参加革命工作，历任各级政府领导多职，1988年离休，2006年逝世，享年93岁）看了以后，在1985年5月7日下午约见我，对我讲述了他在1935年亲见亲闻的有关红军长征过凉山的一些情况，其中特别对一直持有争议的上述问题谈了他所亲历与了解的事实和看法，非常令人信服，从侧面澄清了历史真相，还了事件本来面目，这对正确评价小约旦对革命的贡献从而结束争议是大有裨益的。我将老州长的谈话进行了记录整理，于1987年5月写了《为果基小约旦曾打抗捐军之说释疑正名》一文，又请老州长瓦渣木基看了，他看得很认真仔细，并在我的纸稿上增删更正一些模糊或有误之处，使史实更加翔实。这份整理和信件至今我还保存着。

  瓦渣木基当时主要谈了谈以下这些事：

  红军先头部队是1935年阴历四月十七日晚进入冕宁，我17日去城里赶场，听人说昨晚西昌邛海上空有飞机、地下有地雷爆炸，红军过了一晚上。鸡叫时，红军到达冕宁。红军过了7天，阴历二十四才过完，下午邓秀廷的部队就到了冕宁。红军走后，抗捐军在黄应龙的领导下，刚到俄瓦地带，就被罗洪家、倮伍家的人抢了。邓秀廷率部队赶到大桥时，黄应龙和一些抗捐军被当时伪区长李绍周抓去，交给了邓秀廷。据我所了解的情况和分析，这事不是小约旦干的。因为：（1）抗捐军是在罗洪家的地盘被抓的。（2）小约旦与刘伯承吃血酒才几天，根据彝族的信仰和习惯，彝族很迷信吃血酒的起誓，不敢反悔，现在农村中依然如此，即使平时耍无赖的二流子，喝了血酒的那段时间也不敢干坏事。所以小约旦马上反红军是违背彝人习惯的，不可能那样做。（3）后来听小约旦家的人出来摆谈，说小约旦死前，对家人说："黄司令没有被救出，很遗憾。"一直觉得有歉意。（4）参加抢红军的人很杂，很难说当时没有果基家的人，但与小约旦无任何关系，不应该把责任加在小约旦的头上，说成是小约旦抢抗捐军。（5）小约旦死后，他们家被整得很惨。他家的人说："邓秀廷整得我们家破人亡，但我们只要保存好这面红旗（'中国彝民红军沽鸡支队'队旗），刘伯伯回来就有办法。"

为什么后来又会有果基家打红军的说法呢？我认为：第一，由于上述中第4条原因，但是不应归罪小约旦。第二，红军走后，罗洪、果基两家冤家械斗频繁，当时一见面就打，有时每月至少打一次，多至几次。1942年，小约旦被罗洪家打死。1943年，果基家为报仇，袭击了大村罗洪家，罗洪合都的独子罗洪略布也被打死，所以他们深恶痛绝，仇恨很深。（注：彝人最忌惮的是无子嗣）我与果基家无亲戚关系，而与罗洪家是近亲。罗洪合都的母亲是我父亲的亲姐姐。新中国成立后，我当冕宁县副县长时，罗洪合都曾对我说："你们不要把果基家抬得那么高，他们打死了我的独儿子。你去北京见到毛主席，就说是小约旦打红军（指抗捐军），把他们家灭了。"我回答说："要实事求是，不能乱说。"后来他还骂过我几次，说我同果基家的人吃饭，不要脸等，因为彝人的习俗，是彝族被杀之家的人与杀家仇人见面不能说话，不能同桌吃饭。可见小约旦打抗捐军之说，是由于罗洪家出于冤家械斗所结下的私仇，为报复而散布的一种舆论，并无事实依据。特别是有人造谣说小约旦与罗洪作叶子二人在山上互相抢黄应龙等的事，更是没有的事。

瓦渣木基还谈及，新中国成立后，中央首长十分关心小约旦和他的家属，不忘他们在红军长征途中对革命所做的贡献。他说："1951年，我在北京参加中央统战部和国家民委召开的民族工作会议，后去上海等地参观。路过南京时，刘伯承元帅来看望我们，一来便问：'有四川的没有？'当时四川代表有天宝、我和其他同志。有人介绍说我是彝族。刘帅问我是哪家的？我回答是瓦渣家的。还问罗洪与果基、倮伍三家还在打冤家没有，小约旦还在不等。我回答小约旦被罗洪家打死了，刘帅嘱咐要照顾好他的家属。"

"1956年6月，在怀仁堂开第一届全国人大第三次人民代表大会，休会时，邓颖超和康克清同志来了，伍文才与她们打招呼，她们问有无冕宁县的代表，于是找到了王海民（老红军阿尔木呷）和我。邓、康两位大姐叫我们三人等一等，她们去找刘帅。刘帅来后，第一句话就问：'小约旦对革命有功劳，你们懂不懂？如果不是他，我们再推迟三天，大渡河和泸定桥被敌人先占据，我们的损失有多大，你们懂不懂？'又再叮嘱：'民主改革不要把小约旦按奴隶主来看待。'又说：'给冕宁县委说，我说的，人家有什么困难，政府要给解决！'"

我是征集"中国夷民红军沽鸡支队"队旗的亲历者之一，是哪一年，记不起了。当年我们到了冕宁彝区小约旦家，当时小约旦的妻子和儿子都在，他们将旗帜拿出来给我们看了，旗帜有些脏了，旗帜的面料是当时四川叫作"铺盖面子"的，就是床单，五角星是用一块红布剪的，彝族的"彝"用的"夷"字，因为当时对少数民族的统称是"夷"，彝族叫"倮倮"，现在这个"彝"字是新中国成立后毛主席给改的。"沽鸡"是"果基"的同音，是小约旦的家支名称。当时我心里还想，用的是这个"夷"字。在我们的一番思想工作之后，小约旦的妻子就把这面旗帜捐赠给我们博物馆了。

我在征集红军文物的同时，还对当时的一些亲历者进行过访谈，有整理出来的资料，这应该是红军长征过西昌最早的调查记录了。与红军长征相关的重要事件，大多我都写进了解说词中，有些资料还保留在凉山州博物馆资料室。因为我要写口述史，我还找到一些当时保留下来的资料，比如我曾经在哪里看过一篇写果基小约旦事迹的综合文章，其中有一个名叫黑居母勒的彝族的口述，讲述他当时在红军经过彝村雀儿窝时的见闻和感受，这个资料就是我当时记录的访谈资料。黑居母勒口述的大意是：我们村雀儿窝当时只有16户人家，红军经过时，彝族老乡都以为是国民党的军队来了，全村的老小都跑光了，藏在山沟沟里。当晚有些红军就驻在雀儿窝，红军在他家里做饭，烧了点柴，红军离开时，在锅庄边上放了20多个铜圆，除此之外，一丝一毫都没有动过。大家才知道来的是红军，都说共产党和红军太好了，16户人都回来欢迎之后陆陆续续路过的红军。此外，还有一些红军遗物的来历和红军经过时发生的感人故事。

张：这面旗帜后来被中国历史革命博物馆拿到北京去了？

冯：对。1977年4月，我馆展出了《红军长征过西昌革命文物展览》之后，就把这面旗帜收藏起来，后来被中国历史革命博物馆征集走了。现在的相关资料，包括网上撰写小约旦事迹的文章，普遍认为这面旗帜是1950年春由小约旦夫人献给政府的，这根本不是事实，而是臆想或推理。关于"沽鸡夷民支队"旗帜，是我亲自参加收集的，同行的是有一个还是两个是原西昌地区博物馆的老同事，是霍登成还是廖文煜，我记不得了，但他们都去世了。霍登成当时在馆里担任照相工作，但如果这张唯一的"献旗照"是当时留下的，那么就应该是霍登成照的。另外，我当时有三个较深的印象：

一是当时果基家房屋的样子我还依稀记得，屋子不大，很一般，房前有一个院坝，屋子里面也没有什么像样的家具。我当时还想："奴隶主的房子也不怎么样嘛，跟一般彝民的房屋没什么区别。"果基小约旦妻子穿的衣服也是旧旧的。当时去他家时，只有果基小约旦妻子和他的儿子两个人在家，也没请我们进屋，就站在房子门外交谈。二是这面旗帜是果基小约旦妻子从左边的里屋中拿出来的，她说她一直藏在背兜的夹层里保护着。此前我们到各地征集文物，包括红军留下的各种革命遗物，据我征集文物的经历，一般人家都是将这些革命文物藏在墙壁中、柜子里、楼上或家中最隐秘的地方，藏在背兜的夹层里，放在比较显眼的地方，我还是第一次听到，所以印象很深。第三个我印象特别深，因为我当时对民族史了解甚少，打开这面旗子后，看到"沽鸡""夷民"几个字，很是奇怪，以为红军写了错别字。后来我学习了民族史才了解，其实这几个字并没有错误，"沽鸡"是彝族家支名称，也是彝语的译音，是用同音字代替，以后才普遍用"果基"。同理，果基家头人"小约旦"，又称为"小约达""小叶丹"，都是如此。而"夷民"是历史上对少数民族的统称，史籍上称他们为"夷"，也有认为是对少数民族不敬的称谓。"彝"是新中国成立后毛主席给彝族改的新名，有"米"有"丝"，即有吃有穿过上幸福生活之意。由于自己当时学识浅薄，产生了错误的认识，所以印象很深。

张：你对这个历史史实很慎重，第一次访谈后还在努力回忆还原当时的情景。

冯：是的，因为这涉及这一事件的真实性。后来我又回忆起一个细节：果基小约旦妻子手握"沽鸡支队"旗子的照片，应该是霍登成照的。霍登成是博物馆建馆时的老同志，管文物的负责人。当时他是我馆唯一掌管相机并专门负责拍照文物的。记得当时我们都站在屋外的院子里（从进院的方向，果基小约旦的妻子和儿子手里拿着旗子站在院子的左边，我们三人站在他们的对面，略呈圆弧形），果基小约旦妻子和他的儿子把沽鸡支队旗子打开展示给我们看。又说了一会儿话，果基小约旦妻子同意把旗子捐献给博物馆。当时霍登成手里一直拿着一个有点大的相机，这时他让果基小约旦妻子拿着旗子，说："来，给你照一张照片。"于是这张照片成了永久的纪念。这张照片应该是霍登成同志当时拍照的。那个年代的相机是老牌子的120海鸥，一个馆就这么一部相机。一卷只有16张底片，胶卷也很宝贵，印象中当时也就照了这么一张。通过不断的点滴回忆，可以确定，博物馆当年去征集文物的，应该是我和霍登成、廖文煜三个人，因为那时馆里的老同志就只有那么几个人，可惜他们两位男同志早已过世。

为了慎重起见，第一次访谈后，我还特地打电话给博物馆的几个老同志，请他们帮助回忆此事。根据老馆员熊玉久回忆，这面旗帜征集回馆后，杨庆捷还激动地说过："这是博物馆的镇馆之宝。"凉山州博物馆的老同志王兆琪也说过："果基小约旦家的沽鸡支队旗子，有印象，是我馆收的。西昌地区博物馆在办《红军长征过西昌革命文物展览》时，展览过这面旗帜，后来被北京征收。"但当时还有谁去征集过，霍登成、廖文煜是否去过，他们也记不得了，只记得上述这些。

我的印象是，大概20世纪80年代初，在中国革命历史博物馆工作的宋兆麟老师一行到云南泸沽湖、四川西昌等地做纳西摩梭母系制调查，返回北京时到过西昌地区博物馆，参观了我馆的馆藏文物，事后我还向他请教过一些问题。他知道我们馆有这面旗帜后，可能是他报告了中国革命历史博物馆，后来中国革命历史博物馆就将这面旗帜征集走了，还承诺复制一面一模一样的复制品给我们，记得拖了很长一段时间，我们不断追问，他们说是旗帜的布料一直没找到，找到后马上复制。后来就给西昌博物馆送来了一面非常逼真的复制品。这个事情应该可以在中国革命历史博物馆查到，查看他们的文物入档记录就行了。所以，网上的资料说果基小约旦解放初就上交了旗帜是没有根据的臆断，不是历史事实。

张：你们当时去的地方不少啊。

冯：当时西昌地区和凉山凡是红军长征经过的地方，我们都去了，都是当地的各县，也不是很远，就陆陆续续这么收集。而且一说是公家需要，征集文物也不难，也没有什么经费，彝族老乡都特别纯朴，特别友好，那个时候也没有金钱概念，不是什么都与钱挂钩。我们去老红军王海民家收集过他的东西，给了一点钱。

张：他是回乡了吗？

冯：他是回乡老红军，回凉山后就在本地当干部。王海民也是彝族，他的彝名叫阿尔木呷，是老凉山州越西县人。当年红军长征过西昌和凉山彝区时，很多汉族青年参加了红军，也有很多彝族青年报名参加了红军，有100多人，王海民就是其中之一。他当时是第一次使用汉族名字王海民，被编入了彝民连。新中国成立后，中国人民解放军凉山分区组建了西康军区彝民团，第一任团长就是王海民，他之后还当过凉山州临时军政委员会副主席、州委副书记、民委副主任、州党校校长、四川省政协常委委员。他是1982年去世的。我们筹办凉山彝族奴隶社会博物馆的时候，去他家收集过他的遗物，我记得他有一套呢子军服，算是文物，愿意捐给国家，我们给了他夫人600块钱。

张：这点钱现在看来微乎其微了。

冯：对，也叫奖金吧，象征性地奖励一下。但是他爱人还哭了，说："不要让别人说我们把老头子的东西卖了。"1978年，西昌地区和凉山彝族自治州合并成凉山彝族自治州，凸显了彝族主体，考虑到凉山彝族奴隶制社会形态是我国社会发展阶段的一个活化石，加上当时阶级斗争和阶级教育是政治工作的重点，所以当时新成立的州文化局就准备筹建一个以凉山彝族奴隶制社会为主题的专题性展馆。

张：这个馆叫什么名字？

冯：凉山彝族奴隶社会博物馆。

四、参与筹建凉山彝族奴隶社会博物馆

（一）展览文本的准备

张：筹建一个新馆需要做很多准备工作吧。

冯：对，新建一个博物馆并非易事，凉山彝族奴隶博物馆的建立，投入了大量人力、财力、物力和时间，筹备了好几年。

凉山彝族奴隶社会博物馆是我国的第一个奴隶制社会专题博物馆，意义重大。在筹建过程中可以说得到了从中央到地方各级政府部门和学者专家的鼎力支持。这一工程是1980年7月召开的筹建会议，8月开始正式启动的，由凉山州文化局罗汉文（彝族）局长负责筹建。报告报经州政府，转呈省政府，再转呈国家民委。当年10月国家民委主任杨静仁同志接见了州局领导，听完汇报后，代表国家民委表示支持。1982年7月，我们陈列提纲组到北京征求意见时，国家民委副主任任英又接见

了我们，对凉山奴隶社会博物馆的兴建意义和影响，给予了高度肯定，认为建立凉山奴隶社会博物馆意义重大，特色强，将是我国唯一的，世界上也很少见的博物馆，这是搞好这个馆陈列的得天独厚的条件，如果搞好了，不仅在我国，而且在世界上都会产生重大影响。要总结好"民改"，这是党的民族政策的体现。

凉山奴隶社会博物馆于1981年正式开始筹建。从实施基建、撰写陈列提纲和征集文物三个方面进行。1982年5月20日破土动工开始修建，选址在西昌著名风景区邛海之滨的泸山半山上，请西南设计建筑院担任设计，要求建筑的景观具有彝族风味，盖成平房，跟周边的邛海、泸山风景相和谐。与此同时，要展开征集工作。

我记得我们是1980年7月开的筹建会议，会后分工把我分到了文字组，主要担任撰写陈列提纲和此后的解说词。这一工作持续时间最久。

陈列提纲的基本框架拟定后，1982年5月，提纲编写组在罗汉文局长带领下，到成都、西安、上海、北京参观学习，主要是参观各地博物馆的陈列布置的方式、内容和方法，包括版面文字和解说词，学习取经。

陈列工作要以提纲为蓝本，提纲的撰写也被提上议事日程。首要工作就是撰写陈列提纲。

当时由罗汉文、陈万全、蒋道伦、熊玉久和我五个同志负责分工撰写，前言部分由罗汉文同志负责。我们提纲组从初稿开始，召开了若干次讨论会，每一次讨论会后都要根据领导和专家学者提出的意见进行修改，大的修改前后经过六次。基本框架分三大部分：第一部分是凉山概貌和彝族族源；第二部分是凉山彝族奴隶制社会，这部分是核心和重点；第三部分是民主改革。

到成都和北京主要是开座谈会听取专家学者对提纲的修改意见。我们征求意见最先从本地专家开始，然后是本省，最后到北京各个相关部门，如国家民委、中央民族学院、中国社会科学院民族研究所等。主要形式是开座谈会。座谈会邀请人员主要是三方面的人士：第一是请彝族的专家、知名人士，比如刘尧汉先生、彝族文化资深学者岭光电、普格县副县长罗拉火等；第二是长期在凉山工作的汉族同志和参加领导过凉山重大活动的领导；第三是长期从事彝族研究的专家如林耀华、马学良、李民、吴恒等先生。也去了个别专家学者家里拜访。每次征求意见回来，根据座谈会的合理建议，我们都要马上进行修改调整、补充完善，重新撰写提纲文本，这样的大修改共进行了六次，最终才形成敲定的布展陈列提纲。当时的座谈会都是由我担任记录，在两本薄小的笔记本上记着每次会议的时间、地点、参加人员以及发言纪要。还有中国历史博物馆的史树青先生、中国革命历史博物馆的杨义中先生，他们都在陈列和布展方面给予了重大帮助。我认为这两小本记录是修建我国唯一的凉山彝族奴隶制社会专题博物馆过程的重要历史见证，可以说，很多当时在本地的相关知名人士和彝汉专家学者都参加了这一工程，他们的名字在这两个小本子上赫然在目。现在绝大部分当时参与这项工作的人都已经故去了，如果丢了就太可惜了，以后再想了解这段历史就很难了，所以就没舍得丢，都还留着，破旧的地方，我还用透明胶纸粘贴做了一点保护。

1982年5月底，我们先到成都，分别邀请了四川省民委、四川省民族研究所、西南民族学院、四川省博物馆等相关专家学者座谈，座谈会由省民委副主任孙自强（彝族）主持，参加座谈的有四川省民委文教处处长陈叔乾，彝族专家学者如四川省民族研究所所长周锡银、副所长马明（彝族），贵州省民族研究所所长余宏模、彝族学者朱德奇、罗德华，四川省博物馆研究员陈占明、王家佑、李复华等，还有西南民院教授赵宇光，原凉山日报社社长、当时任省委《民族》杂志主编的李柳荪，另有交大分校的常德贵、喜德县副县长罗拉火、提纲组的罗汉文局长、熊玉久和我，一共有18人。

参加会议的人基本上都作了发言，针对提纲的指导思想、结构需要做哪些调整、内容中还存在哪些问题、陈列手法的运用等，都发表了很详细的建议。总的来说，在指导思想上，提出了：整个展览要把握历史的真实性和科学性，既要揭露奴隶社会的黑暗，又要用历史唯物主义的观点看它的历史作用，不是越落后越好，有反动黑暗的一面，也有生存发展、文明进步的一面，应该用历史唯物主义的观点再现凉山彝族奴隶社会的面貌，实事求是，对历史负责，经得起推敲。在表现上要准确、完整、典型，要透过现象看本质，突出自己的地方特点、社会特点和民族特点。展览不是罗列性的，不能停留在阶级教育上。奴隶社会博物馆的建立，除了政治上的意义，在学术上也有科学的意义，应该把博物馆展览办成既是进行社会发展史教育的陈列，也是提供研究的场地。又比如，在陈列手法上，应该注意表现见物、见事、见人、见议，见物要有东西，无物要搞辅助手段；见事要有重要事件介绍；见人要有正反两方面的人物、地方人物出现涉及评价，应慎重；见议是用一样东西说明什么问题。用典型说话，用事实说话，用文物说话，不要搞成图片展览。这些意见，我们都认真听取，此后落实在陈列提纲的修改完善上。

紧接着6月初上北京，分别邀请了中国社会科学院民族研究所、国家民委、中央民大的彝汉专家学者参加的几次大型座谈会，林耀华、马学良、刘尧汉、冷光电、宁哈、沈嘎嘎、李民、杨树瑶、王有福、祁庆富、吴恒、邵献书、赵树勋、詹承绪、严汝娴、宋兆麟等专家学者都参加了，我们还专门到刘尧汉、严汝娴夫妇家拜访，当时宋兆麟先生也在。各位专家都针对陈列提纲的具体问题和已有的研究思考，从不同的视角都谈了各自的意见，非常中肯。

内容大约有这么几个部分：

一是建立凉山彝族奴隶社会博物馆的指导思想。认为应该用马列主义、历史唯物主义的观点客观地再现凉山彝族奴隶社会的本来面貌，宏观地去看奴隶社会，奴隶社会本身有黑暗的一面，但不是黑得一团糟，可以将它放到历史的发展阶段去看，它比原始社会进步，其中要突出奴隶创造了光辉的文化，推动了社会的前进。要一分为二地表现，强调奴隶社会博物馆既要尊重其本来面目，又要以民主改革实施方案为准。后一部分民主改革要加强，突出党的民族政策，并且从经济基础到上层建筑都要围绕奴隶制的中心，集中说明奴隶制的东西，提供更多的实物，形象的东西来体现。

二是针对提纲内容的意见。这部分内容是意见提得最多的。

记得各级会议，对博物馆馆名的讨论是集思广益的一个话题。与会专家学者各自发表想法，从不同的视角提出建议的馆名有"彝族社会博物馆""凉山彝族历史博物馆""凉山彝族奴隶社会博物馆""民族学博物馆"，推敲它们之间的界定与区别，更多地认为"凉山彝族奴隶社会博物馆"更好些。总之，馆名要具有特殊性、民族性、地方性，以区别一般的展览。最后，敲定为"凉山彝族奴隶社会博物馆"，以体现它的地方性、民族性、唯一性和社会性等综合的特点。现在根据当时的会议纪要，归纳录入主要内容，反映了当时学者们各抒己见、百家争鸣的会议气氛。

林耀华先生针对征求意见的主题谈了四点非常中肯的总结意见。他首先讲了建立民族博物馆的重要性，说北京原打算搞一个民族博物馆，已初步定在民族宫对面，但由于国家困难而取消了。建立凉山彝族奴隶社会博物馆也是一个少有的机会。二是建立博物馆的目的、馆名问题，今天讨论有不同的意见。但是，有三方面的内容都得装进去：历史地理背景、奴隶社会、"民改"的民族政策。历史地理背景应广些。总的来说，提纲静态多、动态少。三是搞什么样的博物馆。办展览和博物馆不同。四是博物馆建设要适合展览的需要，盖的博物馆应有其特点。

诸位专家学者还针对提纲的结构、内容等也提出不少意见。比如，等级称谓和界定问题，彝族学者也都纷纷发表了自己的看法。在其他方面，冷光电先生从本民族学者的角度，发言较多。他多从对凉山彝族历史文化的研究的视角，强调对凉山彝族的诸多事情要一分为二，客观反映，不能片面偏颇。比如表现苛捐杂税类目，黑彝有婚丧，娃子要送礼；娃子的婚丧，黑彝也要给东西，有互相帮助的意思。再比如彝族家支的作用，彝人好勇斗，内部冤家械斗很多，但也有对外来民族压迫的反抗，在反抗斗争中，黑彝起了很大作用，这部分也应有所反映。当彝族头人是有条件的，要办事公正；唱歌懂知识、谚语；善于协助调解等。我这里解释一下：歌，是指凉山彝族一些诗歌、谚语。"唱歌"指能背诵彝族称为"尔比尔吉"的谚语诗，里面包含了丰富的内容，是凉山彝族对知识口头传承的主要方式。头人要具备这一技能，用谚语中的道理来调解纠纷。同时认为彝族的食具很有特色，这样的传统文化应多表现。应该说，当时我们在拟撰陈列提纲时，受阶级斗争观点的影响还是很深的，在内容的表述上缺乏客观辩证，冷光电先生的发言就是"奴隶社会不是一团漆黑，也有先进的、光明的一面"。

宋兆麟先生主要是从博物馆展览注意的要领的方面给予了指导，如序言、单元、陈列范围，以文物为主，重点文物要有说明，还有图表、布景箱等。他还特意告诫我们，博物馆的语言是以人物、事件来摆设的，抓住主要事物、主要人物，大事件分几组，有争论的摆一个公认的。展览虽然是奴隶社会，但要含蓄婉转一些，要表现民族自豪感，提高民族自信心，但又不能掩盖阶级矛盾，突出贡献，表现彝族人民对中国的贡献。

参加这几次大的座谈会讨论的都是研究彝族的专家学者，他们针对博物馆的提纲作了非常具体的指导，大到提纲结构，中到内容的取舍，小到每个用词的准确性，都认真审阅后一一提出建议。总的精神是，博物馆是历史的见证，一定要采取历史唯物主义的态度，实事求是，不能有假的东西，文字说明也是这样。从经济基础到上层建筑都要围绕以奴隶制为中心。诸如此类，专家学者们非常认真地提了很多宝贵意见，我们当时的知识视野和学术素养都很有限，这些意见让我们受益匪浅，在认识水平上得到很大提高。

在筹建凉山彝族奴隶社会博物馆过程中，我们除了上成都、北京请教学习外，专家学者还亲自到西昌来，为奴隶社会博物馆的筹建献计献策，传授知识。中央民院的林耀华先生和吴恒先生不仅参加了北京的座谈会，作为研究凉山彝族的资深学者，他们还三上凉山西昌，对博物馆的筹建进行指导。陈列提纲的最后审定，把关的就是林先生。

还有，对博物馆筹建帮助比较大的，还有中国历史博物馆的史树青先生，他在奴博馆筹建中对陈列文物复制和传授馆藏知识方面给我们的帮助最多。无论是在我们 1982 年上北京请教提纲修改，还是 1984 年再上北京去他们馆复制文物展出文物，他都非常热情友好地对待我们。给我印象特别深的是，当时他就是历史博物馆的研究员了。1983 年元月下旬，他还以高龄远道而来西昌，用了一天的时间专门谈了对陈列提纲的意见，此后又用了一整天的时间给我们上博物馆知识的课，系统详细地讲解了博物馆有关文物类别、征集、鉴定、保管、陈列等知识，大类小目，一清二楚。他在讲解中，有理论有实例，生动细腻，内容丰厚全面，给我们上了一套系统生动的博物馆学的专业知识课，可谓我们博物馆学知识的启蒙老师，使我们这些初入博物馆的新生力量增加了很多新知识，了解到从征集文物到布展的全过程的实施要点，真是受益匪浅。这个讲课在我的笔记本中也有详细记录。至今我还记得史树青先生的相貌：个子不高，白白胖胖，满脸慈祥，一说话就笑眯眯的，说话也很风趣，是一个慈祥的老专家，跟他相处没有一点压力。记得 1984 年时还是粮票制，我第二次去历史博物馆找他帮助复制历史博物馆的文物，中午赶不回家，他就让我在历博吃饭，用他的饭票给我买饭，我给他粮票，他也不要。他利用中午工作休息时间，还热情地带我参观历史博物馆，我就跟着他在历博馆内当时并不宽敞也不明亮的过道中穿来穿去，边走边给我当解说员，说这是干什么的，那是干什么的。当时有的工作人员看着我们，还笑着说了一句"这老头"！

杨义中先生是当时中国军事博物馆的陈列设计专家，他是国家民委任英副主任开会时亲自点名，让他帮助我们策划总体设计的大将。他也很热诚支持，尽心尽力，在设计和布展上给我们出过很多适用美观又省钱的好主意。1982 年 5 月底他就到过西昌帮助进行"奴博馆"的总体设计，在西昌开座谈会他也参加过一次，提出过建议。后来正式布展时他又来过西昌进行指导，他当时是瘦高个，我有印象。由于我在文字组，与布展接触不多，没接待过他，具体的印象就不怎么深了。

凉山彝族奴隶社会博物馆的建立，凝聚了众多专家学者的智慧和付出，这在凉山彝族奴隶社会博物馆建立的历史记忆中，应该不能忘记他们。

当时为了办好这个奴隶社会博物馆，州、局领导都很重视，州文化局彝族局长罗汉文亲自挂帅，不仅带领我们外出参观学习，还请了一些专家学者来凉山指导，给我们讲课。1981 年的 6 月底，中央民院林耀华先生和吴恒教授来到西昌，其后的一天上午，我去看望了两位老师，下午听了林先生的课。讲的什么，我现在记不起来了，应该是与奴隶社会相关的内容。我们还请过美国加州大学的杨人济教授来讲课。那个年代领导作风还是很不错的，我记得有一次我生病在家，陈列提纲赶得紧，罗汉文局长和陈万全就上我家来一起讨论提纲的修改问题，没有一点领导架子，平易近人。

由于文字组的工作贯穿于陈列的整个过程，持续的时间最久，自始至终就是不断地反复修改陈列提纲，其后是版面文字。那时还没有电脑，全靠手写，工作效率慢，每一稿都要先用手改几遍，然后用圆珠笔复写几份，分送审查。这个过程中涉及的所有知识，对我来说都是新知识，都要从头学起，我要到档案馆或图书馆查资料、做卡片，学习充电，做读书笔记，不断提高自己来完成好工作任务。工作效率慢还有一个原因是会议和政治学习特别多，我有写工作日记的习惯，后来我统计了一下，我们一个月的政治学习和开会天数最多时竟占到了一半。当时任务紧、杂事多，我平时几乎没有时间做家务，家务事都由我老伴包揽了，孩子也放在成都，晚上我就在办公室加班或学习。那时候我们是单位和宿舍混杂在一个大院里，办公室与宿舍是两排相对的小平房，院里有一个公用洗衣台，有时候博物馆的同事一看见我在洗衣服，就问我："老司出差啦？"因为邻居都知道，只有我老伴出差了，我才做家务事。

展览文本基本确定了，重点就是征集实物了。原来的凉山州有一个作为阶段性斗争教育的奴隶社会展览，所以有一定的实物基础，我参观过。但是要上升为博物馆，内容必须系统完整，所以原先的展馆从内容到实物都还远远不够。我们工作的重头戏，除了构建提纲和撰写文字外，最主要的是要充实展出的实物、图表和照片，还要制作一些背景画、景箱、浮雕等辅助展出的设施。

（二）实物的征集

张：征集工作，您也参加了吗？

冯：参加了。到凉山彝族奴隶社会博物馆陈列展出前，已征集到能展出的文物一千多件。这些文物主要来源于三个方面：一是原来西昌地区博物馆留下的和原来凉山州昭觉县阶级教育展览馆的；二是凉山西昌合并后征集的；三是州人民政府下文要求各县文化馆对筹建奴隶社会博物馆进行支援，分别从美姑、布拖、金阳、马边、雷波等县征集了一部分，这部分数量不大，但质量好。比如，我们从马边县征集的彝族古代银质五嘴饮酒壶，就是那时征集来的。到开馆时，总共大概汇集了5000余件文物。

其实，此前在凉山和西昌合并后，西昌地区博物馆就成立了文物征集组，开始收集彝族文物了，当时大部分同志都参加了这一工作，我也是其中一员。我们到各县去收集文物，我还记得我们到彝族腹心地区的昭觉、美姑等地收集彝族文物时，跳蚤特别多，咬得一身大疱。

我在凉山工作了18年，几乎把凉山州的18个县都跑遍了，除了会东和木里两个县，西昌、德昌、会理、米易、宁南、盐边、马边、峨边、昭觉、甘洛、喜德、越西、普格、美姑、布拖、金阳这16个县我都去过。木里没去是因为那边太山高路远了，道路特别崎岖危险，进去要骑马。再说当时展览的重点是彝族社会，工作任务中没有藏族的展览，所以没去过木里，我们的重心还是有彝族居住的县和乡村。

张：到凉山去征集文物应该很艰苦吧，您谈谈这一段经历。

冯：这次征集文物，到凉山各县去收集文物，对我来说最辛苦的是我特别晕车，每次坐车都吐得翻江倒海的。

张：这是最可怕的毛病。

冯：我晕车特别厉害，大家都知道，我这是家族遗传。以前下乡做田野调查时，没有准备晕车药的概念，止晕的知识也很缺乏，就是采用一点民间的土办法。比如有人说泡姜能止晕车呕吐，我每次出差坐长途班车时就带一个小玻璃瓶子，里面装上自己泡的泡姜，以备不时之需。我最害怕去凉山的昭觉县，这条路上有个叫解放沟的地方，上下坡连转几道急弯，每次我都晕车呕吐，吃泡姜也不管用，到了昭觉县城还是晕的。

其次就是当时彝区的卫生条件很差。我们不在彝族老乡家住宿，因为彝族那时的习惯是全家围在火塘四周席地而睡，加上彝族家支械斗频繁，牲畜家禽都关在屋中，苍蝇也多。所以我们下乡都是住县招待所的，每天早出晚归走村串寨到彝族百姓家去收集文物。对女同志来说还有一个困难就是上厕所很不方便。在那个年代，彝区根本没有公共厕所，就算是住招待所，厕所往往也是在离住处较远的僻静处，灯光很暗，我这人胆小，出差时如果只有我一个女同志，晚上上厕所就要叫上男同事陪我去，在外面等，方便完后，再一起回住处。

张：在彝区收集文物的时候，有没有让您印象特别深的事情？

冯：有几次挺惊险的，我印象比较深刻。一次是我和熊玉久还有几个同事到冕宁县下乡调查，住在县招待所。彝族人喜欢喝酒，酗酒的人不少。当时我住在招待所一楼，熊玉久几个男同事住在二楼，我有晚上整理白天调查记录的习惯，那天我正在房间埋头写调查材料，一个衣服脏烂喝醉了酒的彝族男子突然闯进我的房间，倒头就睡在我床上，吓得我大叫起来，服务员和同事们闻声赶来，费了好大劲，才把呼呼大睡的当地叫"酒疯子"的人拉出去，又给我重新换了床单，这一次惊吓不小。还有一次是我们到马边、美姑、昭觉等地收集民族器物并做调查，同行的有熊玉久、陈万全、刘晓红、邹麟、王兆琪和拉果，陈万全、刘晓红、拉果是彝族同事。当晚我们在马边县招待所住，当天晚上大雨滂沱，招待所后边有条河，河水咆哮如雷，轰隆隆地震耳欲聋，把我们几个女同志吓惨了。招待所门口的水沟也溢满了，路面全淹了。招待所的同志半夜把我们叫起来，让我们穿好衣服以防不测。还有一次也是有惊无险，凉山有大凉山和小凉山之分，有句民谚叫"大凉山不大，小凉山不小"，意思是说大凉山虽大，但山势平缓，小凉山虽小，却山势险峻。我们经常去马边县收集民族文物，马边就属于小凉山，有一次我们坐长途班车从马边回西昌，从马边一开出来就有一段崎岖的盘山公路，一边是陡壁，一边是深沟，还有几个连着的"之"字形陡坡急转弯。过一个急转弯时，司机没有把控好转弯速度，汽车往前直冲出去，撞到路边的一棵树上，被树挡住了，汽车屁股悬在公路外边。大家赶紧轻轻地下车，这样车轻了，司机就能将空车开出来了。下车后，我们往下一看，底下虽然不是悬崖，但也是一个大深沟，如果汽车掉下去，十有八九是要出人命的。所有人都惊叹："哇，好险呀，太吓人了！"

后来我和刘晓红在甘洛县征集文物时还遇见了中国铁路史上由于自然灾害造成旅客伤亡最惨重的一次大事故。当时是1981年夏天，我和刘晓红去甘洛县了解甘洛土司的情况，住在县招待所。一天凌晨三四点钟，突然响起了号声，我们被惊醒了，听见外面乱哄哄的一片，晓红紧张地说："是不是暴乱了？"我们出门一看，外面停着几辆大卡车，人员进进出出的，好多人被担架从卡车上抬进招待所，放在院子里。一打听，原来是火车在乌斯河地段遇见了泥石流，一座大桥被冲断，有几节车厢冲下了河，死伤了好多人。被抬进来的人有的满脸是血，有的腿断了，有的手臂折了，好可怜！重伤员被送到县医院，轻伤员被送到招待所暂住。招待所的人也参加了救护工作，我和晓红也在其中，晓红年轻、个子高，平时看上去有些瘦弱斯文，这时她不知哪来的力气，积极帮着背抬下车的伤员，我个子小，背不动，就在旁边搀扶。后来我看报道才知道，这次火车事故发生在1981年7月8日凌晨一二点钟，甘洛县乌斯河地段的大渡河支流利子依达沟暴发了罕见的特大泥石流，把利子依达大桥冲得断成了三截，电信系统也冲毁了，所以成昆铁路 442 直快列车没收到警示，钻出隧道驶向利子依达大桥时，直接冲进了大渡河，翻下去好几节车厢，幸亏司机紧急刹车，后面的车厢才在断桥的桥墩上停下了。车上的乘客由于猛烈冲撞，很多人受伤，死者近百人，司机和几名副司机、乘务员也牺牲了。

张：都是惊险的事情。

冯：也不全是惊险，我们在外出征求意见和学习布展经验期间，还发生了一件特别有趣的事。当时是罗汉文局长带队，成员有喜德县的副县长罗拉伙和陈万全，他们三个是彝族，我和熊玉久是汉族，一共五个人。罗拉伙是喜德县洪马人，他是当地彝族的头人，威信很高，他对民俗文化和民族文物很了解，在收集文物方面经验也很丰富，是我们请的顾问之一。他长期居住在凉山，与外界接触较少，汉语说得不太好，汉族戏称这样的彝族为"老彝胞"。虽然我和罗拉伙接触不多，但我感觉到他对人很真诚、友善，我对他印象很好。陈万全好像是彝族中少有的大学生，汉字写得漂亮。当时依旧是供应制，出差的时候，罗拉伙特背了一大口袋洋芋上火车，可能他担心一日三餐吃米饭粮票不够，或是不习惯吃汉族的饭菜饿肚子。那时候我们坐的是绿皮火车，烧开水用煤炭，管理也不怎么严，他就把土豆放在开水炉旁的炭火中烤，一会儿就去看看给土豆翻身，来回跑了好多趟，烧好后分给大家吃，还挺香的。后来到了西安住招待所，他也是去招待所的茶炉中烘烤土豆，他就用这种办法把土豆全吃完了。后来到了最远的目的地北京，大家参观了民族文化宫的少数民族展，到国家民委找在北京工作的彝族专家征求意见。有一天，罗局长、陈万全和我去国家民委，记不清是国家民委副主任伍精华（彝族）接待我们，还是去民委办事，留下罗拉伙和老熊两人。罗拉伙对老熊说他想去天津看看大轮船，他俩就商量好背个行李包前往天津。到了天津一问，要看大轮船，必须去塘沽，于是他们又坐车赶往塘沽，好不容易找到码头，结果停泊轮船的码头不开放，在栏杆外面根本无法看到轮船，码头上有一道进入港口的门，门口有门卫守着。老熊就对罗拉伙说："你在这里等着，看着行李包包，我去前面问问。"老熊跟门卫说："我们是从内地来的，想来看看大轮船，能不能进去看一下？"门卫好心地说："你们把行李放在一边，大摇大摆地进去就可以了。"老熊探路回来，罗拉伙却不见了，这下可把老熊急坏了，要是他走丢了，怎么办啊！然后老熊就在四周边走边扯开嗓门儿大声呼叫："罗拉伙！罗拉伙！"这时有一个屋子里传来了罗拉伙的声音，老熊走过去一看，是码头的值班室,他进屋后又把来意说了一次,说他是个彝族,还是我们凉山州喜德县的副县长,他没见过大轮船,想来天津看看大轮船。值班室的同志笑了,说:"我们看见这个同志手上拿着一个地图,一边看地图一边往里边望,问他,他又支支吾吾说不清楚。"老熊说:"他汉话不好,天津话更听不懂。"误解排除后,值班室的同志还专门派人带他们俩进港口去逛了一圈,尽情地把大轮船看了个够。后来西昌博物馆退休的老同事在成都聚会时,熊玉久还绘声绘色地描述当时的情景,学着罗拉伙说半生不熟的"彝腔汉话",大家都捧腹大笑。

张: 你们去征集文物,当地人可以听懂汉语吗?

冯: 在一般平坝地区或彝汉杂居地区,他们的汉语还是可以的,但在半山和高山地区,他们的汉语就不行了。这跟语言环境相关,平坝与汉族接触多,半山和高山与汉族接触比较少或很少,特别是妇女,一年也难得下山一次,有的一辈子也没下过山,她们没接触过汉语。所以当时我到彝区征集文物或搞调查时,很少独自一人,一般都有彝族同事一起,如果没有彝族同事,县上或乡上会派一个会双语的干部陪同当翻译。一些半山或高山的彝族家庭中也有会说汉语的男同志,虽然不怎么流利,但意思都能明白,因为是收集文物嘛,不需要高深的对话交流。我当时和刘晓红一起下乡征集文物的时间最多,晓红是个彝族姑娘,身材高挑、长相俊美,她的父母都是彝族干部,从小在县城机关长大,能听懂和会说简单的日常彝语,到高、半山深入彝寨调查时生活上的交流没有问题。

(三)展馆的展陈

张: 文物征集工作结束后,这个博物馆就筹备得差不多了吧?

冯: 到1982年的时候,这些工作就进行得差不多了,然后博物馆就开始动工了。我记得博物馆是1982年5月20日破土动工的,到1985年8月4日落成剪彩,从筹备到建成用了4年多的时间。

张: 这个博物馆的规模大吗?

冯: 凉山彝族奴隶社会博物馆是咱们国家第一个专题性的奴隶制社会博物馆,就当时来说这个博物馆的规模还是很大的,总共建了七个展厅和一个电影录像放映厅,陈列面积将近2000平方米。陈列内容由三部分组成,第一部分是凉山的自然概貌和凉山彝族简要的历史沿革;第二部分是民主改革前的凉山彝族奴隶社会,这部分是陈列的主体,从社会生产力、等级、家支、习惯法、婚姻、宗教和习俗七个方面向观众展现凉山彝族奴隶社会的原貌；第三部分是奴隶的反抗斗争和民主改革。因为当时的时代背景是以阶级斗争为纲，所以展览的核心思想是揭露奴隶制社会的野蛮、黑暗和落后，讴歌奴隶们的智慧和创造力，反映人民推动历史前进的伟大真理。

这个馆的展览品都是我们陆陆续续征集来的，其中有几件很特别的文物。比如土司展柜展出的土司服装，也就是清代的官服，还有一顶水晶珠顶子（五品）的官帽，一件前胸后背的补子都是狮子纹饰（二品）的黑绸外褂，由于年代久远，已经有点腐朽了，这是20世纪50年代政府从甘洛县田坝暖带密土司岭邦正家收来的。据说这件官服是岭承恩的，他在清朝同治年间围剿太平军石达开有功，朝廷为了奖励他，把他的土千户变成了土都司加总兵衔，官职从正五品晋升到从二品，这就是他那时的官服。还有一件绿色长袖的上衣是甘洛勿雷黑彝头人曲哈莫的衣服，她是土司岭光电的发妻，另外一件粉红色绸缎背心和百褶裙，是她二女儿的。这些衣物是"文革"时被造反派没收来的，后来这套土司服装成了凉山彝族奴隶社会博物馆的重要展品。

此外，还展示了凉山彝族地区各方言区的服饰、生活生产、宗教用品，都是过去从彝族农村收集的。

展品中的凉山彝族漆器很有特色，是凉山彝族的文化遗产，也是彝族传统物质文化的代表。

张：一种非物质文化遗产。

冯：对。漆器是凉山彝族的传统用品和工艺品。木胎漆器是他们的传统用具，木质、皮质、竹质器物几乎涵盖了他们的各个生活层面。由于过去凉山彝族生产力低下，彝族家庭普遍比较贫困，生活简单，用器很少，一个家庭用餐只需要几个餐具就够了。他们吃饭不用碗筷，主粮是荞粑、土豆，无菜蔬，用手抓食。喝汤全家用一个长柄勺轮流使用。使用时，勺不沾唇，从口外抛进嘴里，十分准确。由于凉山彝族是奴隶制，等级森严，各个等级使用的物品差别很大，漆器也有精美与简陋之分。

凉山彝族制造漆器的历史悠久，在明清时代的史籍上就有记载了。凉山彝族漆器的原料，全部是就地取材。他们以木、竹、皮、角作为漆器的胎骨，制造了生活中各种所需要的物品，比如餐具类的有木碗、木盘、木钵、木盆等，餐具多为高圈足，保持了古代"豆"的造型特点；酒器类的有木胎酒杯、鹰爪杯、牛角杯、银质五嘴酒壶等；械斗类的有护身铠甲、盾牌、护肘、马鞍、箭筒等。漆器的纹饰的特点是自然写实。这些纹样都是来自他们熟悉的大自然和生活中的实物，如日月、水波、牛眼、羊角、马齿、蕨芽等。漆器的色彩是红、黄、黑三色，没有中间色和混合色，表现了它的原始性。凉山彝族漆器以古朴厚重的造型、自然写实的纹饰、鲜艳明快的色彩、防潮耐腐蚀的特点，成为凉山彝族显著的文化符号。

（四）重建水普什惹旧居

冯： 当时在馆厅外的林区里还修建了一座露天彝寨，各等级的住宅基本都按照原貌呈现出来了，如竹笆间隔的房屋格局，木、石、皮、竹等家用什物等，这样参观者就能对凉山彝族的等级生活原貌一目了然了。园中还复制了诺伙（黑彝）美姑县维其沟区斯干普乡黑彝水普什惹的原房，这栋民居已经有100多年的历史了，是彝族工匠智慧和创造力的集中体现，是我在凉山彝族地区看到的建筑水平最高的彝族建筑。但由于年久失修，这栋房子无法拆迁，所以我们特地请了当年修建这栋房屋的带班工匠的子孙，87岁的彝族老人阿西拉颇，带着他的七个儿子和几个徒弟，用祖传的技艺，花了一年多的时间，按原建筑的平面布置、结构原理、几何尺寸、装饰浮雕等复制重建了这栋民居。这栋民居属传统样式的长方形单栋建筑，可圈可点的地方很多，整栋民居全长21.3米，宽近11米，高7.65米，建筑面积有261.93平方米，占地面积925.76平方米。调查时远看它独踞山头，气势很雄伟，近看四周有高大的围墙，围墙四角还有防御用的碉楼，门前是结实的木栅门，围墙碉楼的修建，反映了奴隶制森严的等级差异和频繁的家支械斗的社会特点。

就建筑本身来说，这栋民居的木构架非常有创意。房屋是用穿斗结构，有2700多个部件，整个构架都是用榫卯穿插搭接，纵横交错、梁架露明。在当时的奴隶社会，为了解决中空宽达11米的结构跨度，彝族工匠非常聪明地利用了杠杆平衡的原理，用特殊的悬挑拱架结构，从8个方向向正中层层出挑，这种悬挑式构架有点像斗拱，这样就合理地加大了室内结构的跨度，使层面的荷载可以通过垂柱传递给层层的牛角挑，最后传递给落地支柱，并分布给基底，这样设计的效果是大大地减少了室内落地支柱，扩大了空间，既节约木材，又极大地丰富了内部空间的层次，太令人叹服了！特别令我惊叹的是，在众多的节点中，没有一根铁钉、铁件，可见结构的严密性和科学性，表现了彝族工匠的智慧才干。

张： 还有什么民族特色的地方？

冯：还有就是这栋民居中的民族特色非常浓郁，比如民居的梁柱装饰，是具有浓郁民族特色的牛角形木雕，在粗犷简洁的悬拱垂柱浮雕上刻有日月、闪电、云彩，使整个建筑显得活泼、生动而又壮观。在调查中，我观察到，彝族的住宅不开窗，或只开一两个小窗，但这栋建筑不仅在屋檐下的板壁上开了7个窗，而且形状各异，有的用棂拼成几何图案，有的呈连续的半圆形或菱形，窗户的主要作用不是采光，而是通风、瞭望和装饰。另外，由于凉山彝族信奉原始宗教，在这栋建筑的层檐挑拱、垂花柱和锅庄上都刻画有日月鸟兽，它们象征着大自然的神灵，寄托着主人对美好生活的追求与向往。

还有最奇特又令人折服的，就是修建的这栋老民居，这么大的建筑竟然没有施工图，那位老工匠的身高、手间长、指间宽，就是这栋建筑两千多件构件的几何尺寸和节点尺寸，最后组装这些部件的时候分毫不差！当时凉山彝族奴隶社会生产力那么低下，他们能通过原始的劳动方式创造出如此辉煌的物质文化，这栋民居不愧是凉山彝族民居中最富创造性、最具民族特色的杰作。

（五）我所知道的彝族土司杨代蒂及岭光电先生

张：我听说你们当年在筹建这个博物馆的时候，曾经向杰出彝族人士岭光电先生和杨代蒂女士征求过意见，您对他们还有印象吗？

冯：是的，在撰写展览提纲和解说词时，我们找过一些彝族知名专家进行访谈，彝族土司杨代蒂和岭光电也是其中之一。杨代蒂很有名，她是凉山四大土司之一，而且是女土司，是雷波阿卓家（也叫雷波千万贯土司）家的末代土司，她2岁时父亲就去世了，土司府的一切事务都是她母亲和姨妈管理。后来她在成都读初中时，她姨妈生病了，所以她读完初中就回家接任了土司，担起了土司辖地的大小事务。新中国成立初期，她很拥护共产党和解放军，对解放大凉山做出了很大的贡献，是凉山彝族上层中的爱国人士。所以新中国成立后，被选为雷波县副县长，之后还担任过凉山彝族自治州副州长、四川省政协副主席。当年我和彝族同事刘晓红一起到成都省政协去杨代蒂家找过她，她在家中热情地接待了我们。我印象中杨代蒂个子很高，五官端正，轮廓分明，给人一种有身份的感觉。杨代蒂从小就在成都读书，能说一口流利的成都话，当时的访谈内容，我记不清了，大致是关于她的身世以及有关土司家的一些情况，她还送了我们一张她穿着土司服装的照片。

岭光电也是凉山四大土司之一，我和岭光电先生接触的次数比较多，我对他的印象还挺深的。岭先生是凉山甘洛县人,身兼行政官员与学者的双重身份,长相英俊,说话轻声细语,语速平缓,温文尔雅,待人礼貌,很有修养。岭光电先生的发妻叫曲哈莫,1923年生于甘洛勿雷黑彝头人家庭,这个家族既不属于政府管辖,也不受土司辖制,而是因与土司开亲而闻名于凉山的"什普觉各必者拉久"勿雷黑彝支头。她是1939年冬嫁给岭光电先生的,他们一共生了七个子女,但第一个儿子和女儿都早逝了,剩下的五个子女分别是二女阿呷,汉名岭琼芳,1944年生;二儿乌各什争,又叫岭福英,是夫夷的汉写,1946年生;三儿乌哈什解,汉名岭福祥,1947年生;三女阿支,汉名岭福生,1948年生;小儿子尔布什哈,又叫侯应,1953年生。尔布什哈曾经担任过凉山彝族博物馆馆长,现在已经退休了。后来岭光电先生又与杨代蒂结婚,生了一个儿子。新中国成立后,实行一夫一妻制,他就和杨代蒂离婚了。曲哈莫当时是甘洛县第一届副县长,后来又当了县政协副主席,到2009年去世。

岭光电先生可以说是一位传奇人物了,他参过军、从过政,又著书立说,身份多样,他的经历比较复杂。在中华人民共和国成立前的社会活动中,岭光电先生是民国政府的官员,到中华人民共和国成立前夕,被委任为27军副军长。当时他人脉很广,结交了一些进步人士和共产党人,他办的学校中就有地下党员,出于民族感情、朋友义气,他还营救并掩护过这些人。而且他在彝族中的名望也很高,所以到新中国成立后,他就被任命为四川省政协委员了。岭光电先生对家乡和彝族社会的进步贡献非常大,可以说是利在当时、功在千秋。早年从军校毕业回到家乡,军阀羊仁安曾对他说过:"无知识的土司,都要受连长的欺侮。"由于他的民族感情和文化意识很强,他看到了当时彝民在文化知识、习俗等方面都很落后,就决定要兴办彝民学校,他以斯补暖带土司的身份要求辖区内的适龄儿童到学校学习,还在自己家的院子里办起了"私立斯补边民小学",还专门聘请了汉族老师来教书。岭先生的思想很开明,凡是来上学的学生,在他这里是不分等级的,一视同仁,而且不收学费,他还利用电影、模型、图片和彝族的传统文化,从多方面教育百姓。这个小学一办就是13年,培养了200多个学生,其中有的升了中学,有的还上了大学,对学习好送到外地深造的学生,他还资助他们食宿费用。这批学生中很多人后来都成了解放凉山的骨干,他们也是彝族最早的一批学术人才。

岭光电先生在从军、从政期间也常常回家,把自己在外面所学所见的进步文化带回家乡。比如,他提倡医药治病,为了破除彝族过去因缺医少药流行的请鬼魂、跳神治病，他在中华人民共和国成立前夕建了一个小型的斯补医院。他同时提倡体育锻炼，采取就地取材，利用本地留下的古器械进行操练。他还鼓励农耕、兴修水堰，想改变当地彝民不积人粪、厩肥的习惯，这一点我在凉山彝区调查时感受很深。此外，他还改进了落后的耕作和育种技术，奖励植树，把嫁接梨树的技术也带去了他的家乡。岭光电先生自己率先种了上百亩桐树，引进了生长快的桉树，这种树五六年就能成材，我们在西昌工作时，就发现桉树特别多。在习俗方面，他也试着改变当地彝人不开窗、不见亮的传统习惯，还禁止家支械斗、抢劫；严禁吸食鸦片，禁止酗酒闹事等。为了减轻百姓的负担，他要求祭祀时减少杀牲，不准杀牛宰羊招待土司及其亲信，同时减少办案费，限额收婚嫁彩礼钱。在20世纪30年代，凉山彝区还处在奴隶社会制度下，岭光电先生能够率先在凉山倡导和实践这些变革，可以说是件很了不起的事情。他的思想开放，目光长远，因此才做出了这些能促使社会进步的善举，特别是兴办教育这一点，他培养了一批彝族知识青年，给凉山彝族社会带来了深远的影响。据我所知，新中国成立后，凡是识字的彝族干部，大家都会不约而同地推测他是甘洛人，是岭光电先生的学生。

除此之外，岭光电先生在彝族文化方面的贡献也是巨大的，这里我想重点谈一下。岭光电先生在从军、从政时就对彝族文化进行了深入的研究，他在1942年发表过《倮情经典选译》《倮倮怅恨歌》等译述，就是后来大家熟悉的《尔比》《妈妈的女儿》之类的译著。这一年，他还整理了12篇彝族历史文化故事，编成了《倮情概述》一书，引起了朱光潜、马长寿、马学良等学者的重视，后来他们之间建立了友情，在学术上常有联系。在1986年11月，李有义先生和马学良先生到西昌调研，那时我已经调到省民族研究所了，回西昌去做彝族志方面的资料收集和调查。我得知消息后，作为学生，就前去拜望两位先生，当时岭光电先生也在，他是专程从成都回到西昌前去看望他们的，他们之间的友谊很深厚。

岭光电先生在"文革"中也受到了冲击，1978年平反后，他调到了四川省民委的彝文组工作，从事彝族文化的整理、研究和出版工作。1981年，他到北京参加全国少数民族古籍编目整理，其间还被聘到咱们民院的彝文专修班任过教。他整理、编写了大量古彝文经典书籍，比如《雪族》《古侯传》《玛嬷特依》《教育经》《彝族尔比尔吉》《凉山彝族习俗》，这些书都是我到省民族研究所后，做彝族文化研究的工具书，我经常引用这些书上的内容。

我有幸曾多次向岭光电先生讨教。最开始是在凉山彝族奴隶社会博物馆陈列提纲征求意见的数次座谈会上，在省上和北京的座谈会上岭光电先生都参加了并发表了意见。此后我几次登门拜访，从摆谈中他讲述了自己的一些经历。岭先生知识渊博，是个"彝族通"，他对凉山彝族的政治、经济、文化简直无所不知，对我提出的问题都一一作了详细解答，使我受益匪浅。在我心目中，他是一位不可多得的令人敬佩的彝族学者。他送了我一本他写的书，叫《凉山彝族习俗点滴》，是刻写油印本，配有插图，这本油印本后来成为我学习、研究凉山彝族的必读书，可以说这本书是我对凉山彝族民俗知识的启蒙之作。虽然新中国成立前，不少老一辈的学者到凉山调查过，对彝族的风俗习惯也有描述，但都较零散，没那么详细。我后来萌生要写一些有关凉山彝族的文章的想法，也是受岭先生这本民俗油印本的启发。一方面，我在他的叙事基础上，把自己的亲历感受进行了细化，并把这些习俗的时代变迁给展示出来了；另一方面，我在田野调查中发现彝族的一些文化因子是岭先生这本油印本中没有的，或已经演进了的，比如我在调查中访谈记录的漆器和服饰图案的原始纹义，我觉得整理出来也是挺有意义的，于是这些想法就促成了这两本图谱的出版。

除向凉山彝族学者老前辈请教外，也向年轻的彝族学者学习。我到四川省民族研究所工作后，经常到凉山州做调查，调查过程中注意向年轻的学者学习请教，如凉山州民族研究所的马尔子、巴且日火、勒格扬日等学者。随着学术研究的提高和深入，在北京学习和工作的凉山彝族巴莫阿依、巴莫曲布哈，还有中央民大的一批年轻的彝族学者成长起来，他们是彝学研究的后起之秀，是凉山彝族新一代的专家学者，在彝学研究上都卓有成就，他们的文章，我都关注、阅读、学习，了解他们的研究成果，从中获知彝族研究当时的最新研究动态。

在西昌博物馆工作时期，"书山有路勤为径，学海无涯苦作舟"是我当时的座右铭，"笨鸟先飞""梅花香自苦寒来"是当时的自勉动力。那时没什么学术参考书，我把馆里收藏的"凉山彝族奴隶制讨论记录"借来全文抄录，在小日记本上抄了70多页，作为基础资料保存。这里面都是各个领域中的资深专家，如历史所的周远廉、张政烺、尹达、陈可畏等；考古所的夏鼐；历史所的李学勤、王遗民、齐文心等；中央民院的林耀华、宋蜀华、马学良、陈永龄、吴恒等；民族所的秋浦、翁独健、陈士林、詹承绪、王晓义等；北大的俞伟超、马克尧；历史博物馆的洪廷彦、石光明；近代史所的蔡美彪、廖老师；经济所的陈元吉、朱老师，此外还有中华书局、《人民日报》《光明日报》等单位的老师参加。他们都各自发表了自己的高见，是我需要学习的。现在看来，这也是一份历史的记录。此外，我还抄录了毕摩曲比索莫手写的彝文的资料目录作为参考导引，以及一些彝文翻译成汉语的经书内容。当时这些资料是研究凉山彝族的基础资料，我认为很有用，而且独此一份，就用这样的笨办法进行积累。

在民族研究所工作后期，我的研究视野拓展到藏族、羌族和其他少数民族，就没太关注岭光电先生后来出版的著述和彝学研究的状况了。退休后，我知道岭先生的小儿子尔布什哈做了一件特别有意义的事，将他父亲发表过的文章整理成书了，其中还有一些未刊过的手稿，我觉得他这么做是对彝族文化的一种贡献。

第三章　进入四川省民族研究所

一、民族研究的学习与成果

高源（以下简称"高"）：您是什么时候到四川省民族研究所的？

冯：我是1986年3月正式到四川省民族研究所报到上班的，因为我先生要调到四川省粮油食品进出口公司，我属于随调。我1968年分配到西昌，1986年离开，在西昌整整待了18年。

高：18年。

冯：大营农场劳动3年，博物馆15年。

高：除了随调这个理由外，是什么机缘让您选择了四川省研究所呢？或者说研究所选择您的原因是什么呢？

冯：说到这个，其实在我调到成都前，还有一个小插曲，当时凉山州文化局已经准备把我调到局里去工作了。有一天，我们馆长张昌龄笑眯眯地来找我谈话，说文化局要调我去，问我愿不愿意。我当时想都没想，马上就说："不愿意。"张馆长问我为什么，我说不喜欢行政工作，认为自己不适合。我这个人喜欢业务性质的工作，觉得搞业务工作比较单纯，所以愿意留在博物馆。张馆长是位慈善的长者，对人很好，我听说他以前是原西昌地区宣传部的干事，后来调到博物馆任馆长。他见我这样回答，也不好再说什么，点了点头，站起来看着我，又笑着摇了摇头，走了。现在想起来，如果我当时同意调到文化局工作，可能我的人生轨迹又是另外一番样子了。

后来我能调到四川省民族研究所，除了博物馆给我写的工作评语比较好之外，还有两个原因：一是我在博物馆工作期间发表了一些小文章。我在博物馆工作期间，经常要下乡收集民族文物，主要是彝族文物，为了写解说词，我还做了不少与彝族历史文化相关的调查。因为在民主改革前，凉山彝族当时还处于奴隶制社会，物质文化方面留存着一些原始文化的遗迹，我觉得很有意思，就顺便做了进一步的调查了解，一个是漆器，一个是服装，它们的图案纹义都是来自大自然和动植物的，或是生产生活中的用品，命名也直截了当。有了一定的民俗知识积累，我们就搞了这两个彝族图谱。因为民族文物是馆内同志一起出差收集的，这两本图谱的署名都是以"凉山彝族自治州博物馆编绘"的名义，由四川民族出版社出版。这两本图谱的绘图都是王兆琪画的，文字都是我写的，后来还得了凉山彝族自治州优秀文艺作品出版奖，又评为四川省民委、民工委"民族科学研究优秀成果"。这也为我以后比较注重少数民族的物质文化研究开了一个头。

尤其是凉山彝族的漆器很有特色，是凉山彝族的文化遗产，也是彝族传统物质文化的代表。

高： 一种非物质文化遗产。

冯： 对，漆器是凉山彝族的传统用品，也是工艺品，也是凉山彝族显著的文化符号。凉山彝族制造漆器的历史悠久，明清时代的史籍上就有记载了，漆器的原料全是就地取材，他们用木、竹、皮、角为漆器的胎骨制造生活中各种所需的物品，前面的奴隶社会博物馆陈列中讲了，餐具主要是木头制作，有木碗、木盘、木钵、木盆等，餐具造型多为高圈足，保持了古代的"豆"形特点，原因是与凉山彝族一直保持席地而坐的进食习惯有关。酒器用各种质材，除木胎酒杯外，还有用鹰爪为座做的杯子、用牛角做的牛角杯等。械斗器械用的质材主要是牛皮，如护身的铠甲、盾牌、护肘、箭筒、马鞍等。凉山彝族漆器的纹饰很有特点，都是自然写实，纹饰大概可分为自然纹样、动物纹样、植物纹样、生活纹样和人文纹样，这些纹样都来自他们熟悉的大自然和生活中的实物，比如日月、水波、牛眼、羊角、马齿、蕨芽等。漆器的色彩只有红、黄、黑三种，没有中间色和混合色，红色与凉山彝族崇尚鲜血、火焰、太阳的原始崇拜有关；黄色与他们的审美有关，他们认为黄色是美丽、光明、富贵的象征；黑色与他们崇拜黑虎的古老图腾崇拜有关，彝族漆器三色搭配，鲜艳夺目，很有视觉冲击力。

高： 凉山的彝族都会制作漆器吗？

冯： 不不，会制作的人很少，只有专门制作漆器的工匠会做，有的家庭是世代相传的。因为凉山彝族的祖先是游牧民族，他们不制陶，也不使用陶器，加上过去凉山彝族生产力低下，彝族家庭普遍比较贫困，生活简单，用器很少。比如说一个家庭日常生活不需要太多碗筷，因为他们的主粮是荞粑和土豆，没有菜蔬，用手抓食就行了，喝汤的时候也是全家共用一个长柄勺轮流舀汤，从嘴外抛进嘴里，熟练而卫生。另外，凉山彝族是奴隶制，等级非常森严，不同等级使用的物品差别很大，所以漆器也有精美与简陋之分。

高： 什么人才能用这个东西呢？

冯： 土司、奴隶主和老百姓都可以用，不同等级使用的漆器只是精致和粗糙的区别。彝族先民定居农耕后，使用的物品基本上还是用木、竹、石制造，这一文化传统与他们所处的生态环境相适应，因为凉山森林资源丰富，又出产土漆，方便就地取材，经济实用。

高： 因为漆器有这么多民族文化特点，所以您就想到要将这些东西写下来。

冯： 我当时有想法要写一些小文章，是因为在七八十年代的时候，对少数民族物质文化的专事研究还比较少，特别是对凉山彝族，除了老一辈民族学家有少量的专题调查和零星记载外，就是彝族土司岭光电早年的著述了。对于凉山彝族物质文化的细微研究，我感觉当时还没有人做过，我有那么多第一手资料放在这儿，如果说弃之不用就可惜了，还是应该把它整理成成果，当时我就是这样想的。另一个原因是我当时已经开始接触和关注到学术层面了，我们出去参观了一些东西，同时在撰写展览提纲时也查阅学习了相关的资料，包括相关著作。后来我就想，我们收集的实物，下乡调查的资料中漆器和服装的资料最丰富，这么好的现成东西放在这儿，不把它整理出来，实在是可惜了，于是萌发了整理图谱的想法。可以说，我们这两本图谱是对凉山彝族漆器和服饰图案、纹义最早的专题调查、记录和整理。当时民族文物是馆内同志一起出差收集的，所以这两本图谱的署名都是"凉山彝族自治州博物馆编绘"，四川民族出版社出版，但实际上这两本图谱的文字部分都是我写的，对图案纹义的解释都是我一个一个地去问老乡，然后用草图记录下来，绘图部分都是王兆琪画的，绘画是她的业余爱好，她很有耐心，画得很不错。后来，这两本图谱获得了凉山彝族自治州优秀文艺作品出版奖，还被四川省民委、民工委评为"民族科学研究优秀成果"，这成为我后来注重少数民族的物质文化研究的开端。

高： 一是因为别人接触不到这个东西，一是因为您是有心人，愿意花工夫去整理。

冯： 也可以这么说吧，因为当时我参与的调查是最多的，所以从20世纪80年代初开始我就在工作之余写点小文章发表，比如《凉山彝族妇女的换裙仪式》《凉山彝族的"抢亲"习俗》《在凉山彝家做客》《彝家风情》等，都是这一时期在《历史知识》《民族文化》等刊物上发表，那时我觉得自己不是搞民族学专业的，还不太好意思用真名，有的是用笔名"寒梅""美文"发表。

高：您这是一发不可收拾，搞起来了。

冯：当时就是写写小文章，往外面投稿，可能因为都是第一手资料，也可能是这些小文章的内容以前没人写过，所以都顺利地发表了，这给了我很大的鼓励。正因为这些文章，我也算是在民族文化的调查整理上有了一点小成果，当然这都是一些介绍性的内容，谈不上什么研究。可能也是因为这个，四川省民族研究所就要了我，让我过去工作。还有另一个原因，我曾经去中国民族学会举办的"全国第一届民族学讲习班"学习了三个月。

二、参加全国第一届民族学讲习班

高：您谈谈这个讲习班的情况。

冯：事情是这样的，1981年7月，中国民族学研究会（简称中国民族学会）在昆明举行座谈会的时候，提议由中国民族学研究会和中南民族学院联合举办一个民族学讲习班。1982年的时候，这个事情就敲定下来了，决定由中国民族学会和中南民族学院联合承办。当年办这个班的宗旨是：有计划地培训民族学研究或教学的专业队伍，为"四个现代化"建设做出学科应有的贡献。当时招生也是有条件的，要求大专及以上学历，有一定的研究工作能力和研究水平，参加过少数民族研究调查，有志于从事民族学研究工作，而且年龄要在25—40周岁，身体得健康。

高：还有年龄限制。

冯：对，得经过审批才能入学。当时我38岁，其他条件也勉强符合。我觉得我虽然是民族院校毕业的，但我对民族学、人类学理论的相关知识可以说一无所知，只是在博物馆的工作中，接触到一些民族文物和民族文化，自己去学习了一点东西，但都是很盲目的，所以我很想去学习。于是就给当时中国民族学会的副会长、秘书长詹承绪先生写了一封信。在我的学术生涯中，我遇到了两个贵人，他们是我走上民族学研究的引路人和恩师，詹承绪先生就是其中之一。我在信中向他表达了我的愿望，然后做了自我简介，询问他以我的条件可不可以参加这个讲习班。后来我荣幸地收到了录取通知书，从此走进了民族学研究的殿堂，走进一个全新的世界，这对我来说是一次人生的升华。詹承绪先生夫妇是研究纳西摩梭母系制的资深前辈,在学业上也给予我诸多支持,我非常感恩他们。

高:这个讲习班上了多长时间?

冯:三个月。我们是1983年9月15日正式开学的,地点在中南民族学院,学时三个月。

高:去学习的人多吗?

冯:当时讲习班的同学有四五十名,来自四面八方,北京、四川、广西、湖北、云南、青海、内蒙古、西藏都有,都是少数民族比较多的省份。来的学员也都是做民族工作的,有的是省市民委的,有的是民族院校的,有的是民族研究所的,还有北京来的两位同学是因工作需要专门来学习民族学知识的。我属于毕业于民族院校,在民族地区工作,需要学习民族学知识的。当时班里面中央民院毕业的同学就有好几个。

高:谁给你们上的课?

冯:当时给我们上课的老师有中国社会科学院民族研究所的专家、中央民族学院的教授、中南民族学院的教授,还有在民族学某一研究领域卓有成绩的学者。可

1983年,与中国民族学讲习班第一期部分学员合照

以说是荟萃了当时知名、资深的学者、教授和专家，由他们来为我们这些民族学水平参差不齐的学员上课，从启蒙到普及，到逐渐深化。他们讲的内容非常丰富，有民族学概论、世界民族现状、民族学各流派、前资本主义诸社会形态，还有一些专题讲座以及民族学的调查方法等。

高： 哦，课程很丰富。

冯： 我就像进入了一个民族学的知识宝库，全方位地吸收着营养，感觉自己面前的窗户一扇扇地打开，看到了里面的精彩世界。我清楚地记得，是吴泽霖先生给我们上的第一节课，我还记得先生的开场白是这样说的："同学们，当你们走在北京大街上的时候，会看到与我们中国人肤色不同的人，我们中国人是黄皮肤、黑眼珠、黑头发，而他们有的皮肤比我们白，有的呢，皮肤很黑很黑；眼珠有黑色的、褐黄色的，还有蓝色的；有的头发是黄色的，有的头发却是棕色的，有头发又是金色的……怎么都跟我们中国人不一样呢？怎么有这么大的区别呢？这是什么原因呢？这就是今天我要给同学们讲的体质人类学。"吴先生声音抑扬顿挫，加上手势，讲得那么深入浅出、生动有趣，使我终生难忘。这段开场白给我们开启了人类学的知识之窗。在这个班中，各个专业领域的专家教授给我们授课，循序渐进地讲解各门学科知识及理论，填补了我民族学知识的空白，让我了解到民族学知识的概貌，为我日后从事民族学研究打下了基础。

到毕业的时候，讲习班的每个学员都要写一个学习心得，对自己这三个月的学习进行简要的总结，写出自己最深的感受和体会。我写了《我的学习收获》，这篇文章后来收录在中国民族学研究会编的《民族学通讯》第33期上（1984年1月15日）。

高： 请您简要谈谈您的学习心得。

冯： 学习心得主要有四点吧。第一是认识到民族学在学术研究中的重要地位。过去我认为民族学虽然重要，但是一个冷门学科，较之其他社会科学，它算是边缘和次要的。经过这次学习，我发现要解决其他学科的某些难点，打破某些禁区，必须依靠民族学材料。比如揭开一些考古之谜，就必须配合民族学知识，否则有很多问题没办法得到合理的解释，而用民族学的"活证"去探索与佐证，更易打开迷宫。再如社会学的婚姻家庭问题，也需要用民族学的知识去了解人类社会演变中的各种婚姻形式；还有原始艺术问题，文学和其他多学科莫不如此，民族学能使这些问题别开生面，取得意想不到的结果。第二是我对民族学的基础理论有了必要的了解。因为是刚跨进民族学大门，我对民族学和其他学科的基础知识是陌生的，讲习班内容丰富全面的专题讲授，使我对国内外的民族学概况有了比较系统的了解。比如学习了民族博物学后，我对如何搞好民族博物工作，以物质文化作为民族学的研究对象有了进一步的认识，对怎样搞好陈列展览也有了比较深刻的理解。三是对我未来该做什么课题给了启示。我发现了自己的工作领域内还有很多值得去开垦的荒地。比如学习了《原始宗教》这门课后，我就联想到凉山彝族的一些原始崇拜；学习了《原始艺术》后，我就联想到彝族漆器上的纹样与释义是否能为探索出美术界尚系哑谜的几何图案的起源提供启示，如此等等。四是懂得了最佳的学习和研究方法。在讲习班里，老师给我们传授了很多学习和研究的方法，我感受最深的是进行综合学科的研究，这是当今科研工作的最佳方法，单一的学科研究，很难找到解开某些问题的钥匙，不容易得到理想的成果。如果进行学科综合研究，就能打开思路、左右逢源，使证据充足、层层深入，从而攻克一个或跨多个领域的难题。

现在看来，我当时的这些收获在我后来的工作中都起了非常大的作用。我能做好对少数民族物质文化的研究，对少数民族婚姻家庭的研究，这离不开我在这个讲习班奠定的基础。

高：时间不长，收获不小，从一个专业走向了另一个专业。

冯：这三个月对于我来说无比珍贵，它奠定了我后半生的从业方向。所以，1986年我随老伴调往成都时，我首选的就是四川省民族研究所。这里我还要感谢我的另一位恩师，当时身为四川省民族研究所原业务第一副所长、研究员李绍明先生。1986年我拟调四川省民族研究所的时候，也需要两位推荐人，我的两位推荐人是民研所的李绍明先生和韩兴邦书记。

三、民族研究的渐次展开

（一）十年磨一剑：彝族志的撰写

高：到民族研究所，恐怕工作性质就不同于博物馆了吧，您当时的研究方向和课题是什么呢？

冯：我到民族研究所以后，主要是跟着所里的科研需要走。我们那时候搞科研，基本上是所里有什么课题就做什么，领导牵头，工作分配给个人，自己去完成分配的任务。我到的时候，刚好是周锡银所长在主持撰写四川省民族志，因为我从凉山州博物馆调来，比较熟悉彝区情况，所以让我承担彝族志的撰写任务。彝族在四川是个比较大的民族，分量重，所以挺长一段时间，我都在埋头干这个工作。这是一个大工程，而且写民族志又是另一套学问，写作的体例、方法、要求、用词、语句、表述方式等，都有自己的一套规则，我从来没有接触过，需要从头学起。我参加了相关的讨论会，学习了相关知识，拟定了彝族志的提纲，然后根据提纲草拟了调查细目。可以说从撰志的体例，到从撰志的角度去收集方方面面的材料，对我来说完全是新的开始，和之前在博物馆的工作完全不一样，是另一套知识体系。而且民族志是方方面面的，更系统化、更详细，所以我又是查档案资料，又是与田野调查相结合，用了很长时间，连续写了好几年。

高：您到研究所的第一个任务就持续了好几年，很辛苦啊。

冯：因为是刚到研究所接受的第一份工作嘛，所以我特别认真努力，学习了写志的基本要领后，就决心一定要把彝族志写好，必须符合要求。志体写作要求内容上要翔实可靠，于是我就先在翔实上下功夫，先从彝族的人口入手。咱们国家人口普查是从1953年开始的，1982年是第三次，我写彝族志是1986年，距第三次人口普查已经过了四年，我觉得此时凉山彝族的人口显然已经不准确了，我准备彝族志从这里开始，所以雄心勃勃地准备重新进行统计，想尽量准确地统计凉山彝族的户数、人口以及相关的家庭资料。现成的表格栏目不够用，我自己用纸画表格，往里面填装调查内容。我去买了画表格的专用纸，拟定了统计细目，20世纪80年代初凉山州各县成立的地名办陆续都出版了各县的地名录，包括行政区划、自然村名称、各公社概况、户数和人口，上面有比较详细的相关资料，我就以这个为基础，一家一户、一村一乡地登记统计。现在想来，这种想法和动机虽好，但太幼稚了，不仅没必要，又谈何容易。我记不清楚后来是什么原因停止了这一统计，可能是彝族志的撰写时间很长，一直延续到20世纪90年代，这时候第四次全国人口普查的数据已经出来了，比我统计的更科学、更翔实，于是我就放弃了，我当时用的是最笨的方法。

高：除了人口情况，其他方面，您也进行了很多调查吧？

冯：民族志有个特点，要"麻雀虽小，肝胆俱全"，所以从历史到经济，从文化到教育，从农业到林牧，从交通到气象，从卫生到计划生育，方方面面的内容都要涉及，必须一应俱全。不仅要查阅出版资料，而且通过大量的田野调查来体现民族地区的发展轨迹。为了写彝族志，我又多次回到凉山，到州府西昌和凉山各县去收集资料，每到一个地方，我都要把当地政府的资料室、档案馆、文化馆、农业局、林业局、卫生局、教育局、气象局、妇联、广播电视局、防疫办等各个单位跑个遍。我对资料的收集可以说是大包大揽，见者全取，然后回去再作整理；否则，撰写时，说不准什么地方又需要这些放弃的资料了。

高：那您收集来的资料数量相当庞大呀！

冯：这个是有规范的。由于开始的计划是每个民族志出单行本，彝族是四川的第一大少数民族，所以我调查比较详细全面，第一稿的字数约35万字，一般要求民族志使用的资料应占收集资料总数的15%～30%。比方说要出版一个100万字的民族志，那收集的资料至少也要达到150万～300万字以上，否则就会影响内容的丰厚度和纵写的连贯性。就是说方志是从规定的起始年代写到终止年代，竖向的年代发展情况，横向的各行各业都要有，史志要结合，内容要丰厚、连贯、清晰，如果资料欠缺，是很难写好的。我们当时要求的下限是1990年。

高：在巨量资料里面做筛选和整合不是件容易事，您在写作彝族志的过程中有什么经验可以谈一谈吗？

冯：我当时手握那么多资料，原以为会比较好写，实际确实是不容易。除了框架和段落要严格按照要求撰写外，给我感受最深的有两点。第一，方志的行文要求平铺直叙，修辞要求严谨，用词要准确，撰写时，一个词、一句话都要修辞恰当，精准无误，并且不能使用口语。比如时间、空间概念的表述要准确具体，指代要明确，如近期的事，不能用"近年来""目前""现在""至今""当前"；过去了的事，不能用"过去""旧时""历史上""后来"等我们写论文时常用的词，到底是哪一时段，哪一年，必须非常明确，不能含糊，似是而非和不确切的词都不能用。即使是原资料上用了这些词，我们撰写的时候也要进行时态的转换和明确。这一点说起来简单，做起来却非常烦琐费劲，需要耐心和细致。再比如写少数民族的分布时，写到他们是聚居、杂居还是散居，就首先要弄清楚聚居、杂居或散居分别指代哪些行政范围，这些理论概念问题都要弄清楚，确定你写的少数民族居地在哪一级行政范围，是属于聚居、杂居、散居或是散杂居，不能有知识性、概念性错误。

第二，纵述史实时，要实，忌空。要实，就是要以史实为基础，志的每节内容的记述都要扣紧历史阶段来写，用事实依据来表述其发展、变化和进步的新内容。这里面的难点是中间的变化不能有断缺或空白，导致历史发展的轨迹断裂。但一些久远的资料的确很难找到，这就要花较大力气去查找，有时要进行多次补充调查。

当然，也要实事求是，客观地反映每一时期的状况，有发展就写发展，无发展就给出交代。有时候资料有限，不可能逐年收齐，因此记述上时间的跳跃是不可避免的，但要有过渡性的文字加以衔接，这样就可以让读者理解，而且也为未来的续志留下伏笔。所以我才养成了对资料大包大揽的习惯，尽量不遗漏，宁多勿少，然后回来再根据需要逐一整理、提取和精练，形成文字。方志看似简单，好像就是资料的剪裁取舍，但它不是记流水账，它要求文约事丰，要有足够的信息量，使记述有厚重感，总的来说，难度还是很高的。

另外，在撰志时，除了文字，影像资料也十分重要。志中一般要配上照片和图表，加强对文字的解释和说明，表现社会进步的量变和质变。所以在收集文字资料的同时，还要收集有代表性的、高质量的照片，这也很费事。总之，这些细微的规定，都要牢记并应用在撰写中，稍不注意，就会犯忌。我在撰稿时，都是认真地按照志的写作规则，尽量做到符合这些要求，反复斟酌，不断地补充、修改、完善，费了很多功夫。

高：虽然花了很多功夫，但功夫不负有心人，我记得这部书获得过四川省社科成果奖。

冯：这本书出版后，得了个四川省社会科学优秀成果三等奖。但我认为并不理想，有诸多遗憾。整个过程坎坷多变，我们是从1986年开始写《四川省志·民族志》的，前后历时十多年，几经周折，直到2000年12月才出版。我们一开始的计划是每个民族的民族志都出一个单行本，所以我第一稿的字数大约是35万字，后来因为字限，要求我压缩到25万字。再后来又因为各种原因，单行本出不了了，变成四川各少数民族出一个综合本，彝族志、藏族志压缩成了"彝族篇""藏族篇"，这下又要求我把字数压缩到15万字左右，但我这部分内容还是字数最多的，排在书的第一部分。结果眼看要出版了，字数还是超了，还要压缩，最后成书只有7.5万多字，不足定稿的三分之一，也就是说以前大量的调查资料和我的辛勤劳动都被浪费了！压缩得我都只能摇头叹气了。其他的民族篇出版时字数更少，简直就是一个提纲式的简述。

高：压缩得您都有点心疼了。

冯：是的，非常心疼。不仅大量劳动成果被浪费了，主要是志的质量并不理想。其实到25万字时，已经是我35万字的基础上浓缩出来的了，然后再砍掉十几万字，除了浪费那么多辛苦不说，关键是撰志的要求和规定都打了折扣，很多丰富的血肉都砍掉了，只有骨头连着筋，"文约"达到了，而"事丰"没有达到。幸好我在写民族志的同时，也在做了一些研究。那个时候公派的课题比较少，其余时间我就利用在凉山彝族博物馆时调查的一些原始资料，以及后来在民研所下去调查彝族志时收集的一些补充资料，撰写一些论文。有的是把原来的小文章经过充实内容、分析论证，提升为研究论文，也算是最大限度地利用资料了。

高： 您的原稿现在还在吗？

冯： 原稿应该在吧，因为我习惯留稿，因为延续时间太长，后来就是电子稿了。只记得画表格的那些还有印象。

之前说的在西昌、凉山地区博物馆收集的红军长征资料、丁佑君烈士的资料，我都托人把它们送到了凉山州博物馆、丁佑君博物馆，这些资料弃之可惜，物有所归，也就心安了。

高： 您是有心之人呐。

冯： 还有我在彝族地区、羌族地区做的妇女问题田野调查，当时一家一户做的调查问卷，这些我都没舍得丢，所以彝族志可能是在的，我没丢。虽然彝族志主要是收集来的资料，调查资料较少。当时人口统计这部分做得特别细，就害怕有误，就刻意把数字统计得更精确一些，好像也没做完，因为下限到1990年，到时又过期比较久了。表格统计好像还在。

高： 您的田野调查工作做得可细了。

冯： 对，所以好些资料稿我都舍不得丢，几次搬家都跟着我走。那些资料好像都放在成都的家里面。

高： 如果您能找到的话，我们也希望得到您的珍贵手稿。咱们民大丰台校区2021年底就要投入使用了，新的校史馆有2000多平方米。我们在访谈中征集的著作、手稿和照片，都会用来充实我们的校史馆。咱们学校新中国成立后培养了大批人才，我觉得很多东西都是很珍贵的。中央民族大学有自己得天独厚的地方，有自己的特长，不像有些人说的可有可无，她在众多她擅长的学科领域都做出了贡献。

冯： 老照片和"文化大革命"期间的资料，抗大红卫兵的资料，还有我当时戴的袖标，《鲁迅语录》和毛主席的诗词，这些都是咱们学校的，不是社会上收的。我不仅留存有前面讲的彝族志的资料，还有我下乡搞课题调查时的问卷，包括彝族、羌族、扎巴藏族的问卷。

高： 您这些都是"原生态"呀，最好能都给我们。

冯：好的，好的。这是它们最好的归宿。它们大多是第一手资料。有一家一户的问卷，然后全部统计梳理的问题数据什么的。前不久有一天我还在想，这些资料我今后可能都用不着了，就找个时间把它们都处理了吧。

高：这可不能丢。吴泽霖先生的遗稿是我们出的第一本书，王锺翰先生的日记、周季文先生的日记摘编，还有我们去采访韩镜清先生家人的时候，他女儿拿出来了一本1936年韩镜清在北大听胡适之、傅斯年、钱穆等大家讲课的听课笔记，因为年代久了，我们的一个博士生用了一年半才整理出来。这些都在我们的征集范围里，都是几十年前的东西了，要是现在去做田野，也没有这些东西了，所以说这些民族学的调查资料格外珍贵。

冯：对，民族学注重田野，我的东西基本都是田野中获得的，第一手资料比较多。以田野调查为基础，然后进行理论分析，再去读其他的文献，学习其他的文章。

高：您这不是小转行，是大转行。您本来是语言学专业，因为方方面面的原因，包括社会的需要，转向了民族学，还转得这么成功，取得了这么大的成就。您在四川省民族研究所工作了多少年呢？

冯：哦，太褒奖了！谈不上取得了成就，只是工作比较努力而已。我从1986年调到四川省民研所，一直工作到2005年退休，没挪动过。退休后有的课题还没做完，退而未休，实际上到《扎巴藏族》一书出版后，才算真正退休。

（二）民族服饰研究

高：又是20年。您前前后后发表了100多篇文章，也就是说在民研所期间，除了撰写彝族志外，您还做了很多其他研究。

冯：是的，因为研究单位要求出成果，彝族志完稿后，反复修改，等待出版也拖了很长时间。我在写彝族志的同时也做了一些研究。那时候公派的课题也比较少，写彝族志以外的时间，我就利用在凉山彝族博物馆时调查的一些原始资料以及后来在民研所为准备撰写彝族志下去调查时收集的一些补充资料，撰写一些关于凉山彝族物质文化方面的论文，其中一些是把原来的小文章经过充实和分析论证，提升为研究论文。刚到民族研究所的前三年，1986年、1987年和1988年，我研究的是凉山彝族服饰，这段时期发表了好些论文和调研报告，我记得大概是4篇论文和2篇一般性文章。大丰收是在1990年，这一年我在《民族研究》《中央民族学院学报》《贵州民族研究》《思想战线》《民族艺术》《西南民族学院院报》《中国纺织美术》等刊物上发表了9篇论文，还在《民族论丛》等刊物上发表了4篇调研报告。除了一两篇外，我的研究对象都是凉山彝族，而且大都是物质文化研究，这都是得益于以前田野调查资料积累的基础。

高：您在这之前就发表过关于彝族漆器和服饰图案、纹义的图谱，这些文章就是在这个基础上深化出来的。

冯：对，我最先深入研究的就是凉山彝族的服饰，我围绕服饰进行了多层面、多视角研究，这在我的研究成果中可见一斑。在凉山彝族服饰研究方面，我算是比较早的，研究成果后来被很多人参考引用，起到了抛砖引玉的作用。

高：您简单谈谈您对这方面的研究。

冯：民族服饰可以说是一个民族最外在的表征，我国各民族的服饰艺术都蕴藏着时代和地域的烙印，它们传递着民族文化的信息，折射出各民族的审美观，还体现了各民族的民族性格，是穿在身上的史书，穿在身上的艺术，穿在身上的文化，是中华民族灿烂文化中的一块瑰宝。四川是一个少数民族众多的省份，各民族的服饰文化历史悠久、积淀丰厚、多姿多彩，它们表现出各民族的历史发展轨迹、社会变迁、宗教信仰、审美情趣和创造才能，这些我在研究中体会很深。比如服饰记录历史、反映历史，特别是那些无文字的民族，为了纪念、矢志，会把历史上发生过的重大事件，采用一种特殊的符号，也就是图案，绘于服装上，用来教育子孙，世代相传。在阶级社会中，民族服饰还具有鲜明的等级分野，这点在凉山彝族和藏族服饰上表现特别鲜明。在等级社会中，服饰是一个人身份地位的外在标志，越是等级森严的社会，服饰的等级特征越鲜明。另外，地域、支系、年龄、宗教信仰对民族服饰的影响也极为深远。凉山彝族服饰所表现的内涵特别丰富也在这些方面。

高：以前没有从方言的角度进行过这些细微的区分吗？

冯：我们到北京参观全国彝族服饰展，展览中彝族服饰就是以方言区划分的，四川、云南、贵州和广西的彝族服饰，地域文化特征鲜明，当然也有交叉。另外，性别、年龄，结婚还是没有结婚，区分都是比较详细的。应该说这是一种研究思路，一种分类的方法。同一个民族的服饰因居住地域不同而特色各异，这在苗、彝、藏、侗、蒙古等诸多民族中的体现都比较充分，可以说这是切合少数民族服饰的特点的，后来很多研究民族服饰的学者都学习应用了这一分类方法。我在进一步论述凉山彝族服饰时，也借鉴了这种分类方法，将凉山彝族服饰以方言区界分，把服装的差别作为各方言区的标志。凉山彝族习惯把义诺、圣乍、所地三大方言区的男子裤脚的宽窄，作为各方言区的代号，俗称大、中、小裤脚区，而且这三个方言区的头饰、衣饰都有区别，所以我就从这些方面入手进行分析，完成了论文《凉山彝族服饰》，比较全面地进行了介绍和分析，这篇文章发表在《民族研究》1990年的第1期上。

凉山彝族服饰的研究非常有意思，它是一种综合性的文化遗产，有鲜明的历史特征、民族特征和习俗特征。我在这篇论文中除了介绍凉山彝族服饰的款式和风貌，还分析了凉山彝族服饰的社会特点、审美意识和民俗特征。比如社会特点有区域特点、等级特点、年龄特点和自然经济特点，是多种社会特点集于一体的，凉山彝族的服饰就像一个人的身份证，对于凉山的彝人和了解他们风俗的人来说，一看穿戴就知道这个人的居住地域、等级身份、大致年龄和妇女婚育等情况。在凉山彝族服饰的审美意识方面，我分析了凉山彝族服饰的颜色象征、纹样图案，这些是一个民族服饰审美最鲜明的印记。凉山彝族在服饰上的审美意识，体现在他们的头饰、佩饰、服装款式、纹饰、色彩上，这些都是在世代传承的习尚和文化传统发展中形成的，构成了凉山彝族服饰不同于其他地域彝族服饰的鲜明艺术风格和地方特色。

另外，凉山彝族服饰所表现出来的种种民俗特征，突出地反映了彝族的文化传统、宗教信仰和社会习俗，我在这篇文章中列举了天菩萨之尊与英雄髻之寓、赛富、崇武、尚黑、拜虎、图案纹样的蕴义以及换裙等习俗，内容丰富多彩。总的来说，作为一种物质文化，凉山彝族服装的款式、图案和色彩，蕴含了区域风貌、社会特点、审美意识、民俗特征等丰厚的内容，反映了彝族在美学、宗教、习俗等方面形成的传统观念和心理素质，是彝族文化的重要组成部分，我认为做这方面的研究很有意义。

后来，我又参加了一些相关的课题，对羌族、白马藏族、苗族、土家族等民族的服饰艺术进行了调研，也写了一些文章。再后来，我又参加了一些民族服饰的研讨会和表演活动，对我国民族服饰博大精深、绚丽多姿、内涵丰富、积淀厚实的文化底蕴有了更进一步的了解。我发觉在四川及西南少数民族的服饰中，既可以窥视到原始宗教中至今承续的自然崇拜和动植物崇拜，又可以看到近现代宗教文化对服饰的直接影响，最突出的是色彩和纹饰，以及宗教文化本身所包含的宗教服饰，例如凉山彝族的毕摩帽，羌族巫师"许"作法时的专用金丝猴皮帽，而纳西族巫师东巴，作法时也要头戴"五福冠"，藏族男女胸前佩戴的佛珠和"嘎乌"，以及卍纹在服饰上的应用。另外，服饰又与各民族不同时代的物质文明与精神文明相联系，反映出各族人民物质生活水平的提高和文化素养的进步。现在，随着社会的发展，物质

参与白马藏族服饰调查

生活日益丰足，各民族间的文化交流逐渐加深，时代风格也起到了一定的影响作用，加上各民族审美情趣的变化和对服饰美的创造力的增加，民族服饰的质地越来越高档，图案纹样越来越丰富，款式也越来越多样，呈现在我们面前的是彝族服饰更加美观、大方、优雅和实用，而且鲜明的民族特色、浓郁的乡土气息和时代风貌仍蕴含其中。

此外，我还从不同视角研究了凉山彝族服饰的装饰手法、凉山彝族服饰纹样的原始特征和民俗特征、凉山彝族图案纹义探源、原始印染方法、古老的炼染技术、原始的纺织技术、凉山彝族文身等，并且都撰写成文，一一发表了。后来我的研究又延伸到其他的物质文化，比如凉山彝族漆器的装饰艺术、凉山彝族奴隶制民居的建筑艺术等。1990年至1992年，我参加了四川省重点软科学研究项目《西南地区少数民族服饰图案资源开发与应用》，对西南地区的彝族、羌族、苗族、土家族等民族的服饰、纺织等进行了调研，最终成果形成了调研报告集，还应用到了初步的产品开发中，这是作为在服饰文化基础研究上的应用研究。我还撰写了关于土家族织锦和挑绣工艺的开发、四川土家族服饰调查及开发应用报告、贵州扎染工艺和四川扎染工艺开发应用调研报告等，并在《凉山民族研究》的创刊号（1992）上发表了《凉山彝族服饰图案的开发与应用》,事后又在此基础上就服饰艺术撰写了《川苗服饰艺术》《土家织锦艺术》。再后来,我的研究方向转向了其他领域,关于服饰方面的研究只写了《四川少数民族服饰文化论要》《论民族服饰与非物质文化遗产保护》《中国少数民族服饰研究发展历程及几点思考》等几篇综合性论文。

高:您谈的这个话题让我想起了1956年的中国少数民族社会历史调查,我觉得您填补了早期调查中的一些空缺,当年的调查关心的是生产力和生产关系,关于少数民族物质文化的调查做得比较粗糙,没有那么细致。您在将近30年后,把他们没做的工作给弥补上了,对于学科来说是功德无量的。

冯:可不敢这么说。因为以前的少数民族调查是在当时的社会背景下进行的,自然是比较注重历史、社会和经济状况,文化也有,只是在物质文化方面调查得比较简略。

高:我采访过不少做过这次少数民族社会历史调查的老先生,他们当时的工作重心确实是没有放在这儿。

冯:他们注重的多是社会经济结构,后来我在学习这些历史调查和相关成果时,也注意到了在少数民族物质文化研究方面,成果是比较少的,所以我初到民族研究所时,根据自己的积累,把研究的重心放在了民族文化研究上。另外就是妇女研究,妇女研究在我国也比较滞后,这方面我做的研究比较多,当然也有其他方面的应用研究,都是随课题申报而为,但重点就是这两个方面。

高:您做少数民族服饰研究的时候还用做田野调查吗?

冯:要做,那时候正是跑得最勤、跑得最欢的时候。

高:也是您学术上升最快的时候。

冯:对,那个时候上升得很快,我记得那段时间每次出差回来都有收获,都能出一个或几个成果。

高:那非常厉害啊,效率很高。

冯:因为我在民族地区和博物馆待过,在这方面就有了一定基础,这是我的有利条件,所以每次下田野都是有目的性、方向性的,我会特别注重物质文化这一块,所以我在凉山彝族的服饰、漆器、图案、印染、银器等方面的研究上比较得心应手。另外,我在调查中比较注重细节,每一个比较细微的东西我都要关注到,比如在研究凉山彝族漆器的时候,我很关注木胎漆胚胚胎的制作过程,是分成若干步成型的,这对于原始制作来说很重要。于是让师傅将逐步展现制作过程状态的皱形、剜成的凹形、半成型、全成型的一套系列样品，买下带回博物馆，在展览中展出，这样可以让观众一目了然地了解凉山彝族漆器木胚胎用简陋工具刀劈凿挖的原始制造过程。

再比如，对妇女头饰和梳妆过程的研究。因为头饰是人体装饰的重要组成部分，包括发饰、头巾、珠宝佩物等，特别是女性头饰，往往代表某个民族的标识和民族内部的等级身份，盛装头饰更是财富和地位的体现。凉山彝族妇女和男子的头饰区域性很强，一看就能知道他（她）的居住地和等级，从妇女头饰上还能判断她是否已婚，而出嫁这天的头饰则是专制的。这些发饰的梳法，头巾的包法，我都进行过详细的调查和记录，以备失传后可以复制。

扎巴藏族妇女有一种盛装头饰极其复杂，据说是仿照格萨尔爱妃珠牡的头饰制作的，这是对英雄格萨尔的崇拜心理反映在服饰上。我专程去下扎坝调查过这一服饰。盛装打扮最复杂的是头部，她们梳头的程序很烦琐，盛装穿好后非常雍容华贵。去之前就听说过穿戴过程很费时间，所以我特地计了下时间，光梳头就花了一个半小时，头梳完毕，穿戴好衣饰已经两个小时了。如果这些细节不记录下来，以后想还原复制是很困难的，我认为这种保护性记录很重要，当这些物质文化的创造过程被历史车轮的烟尘淹没，这些记录对还原和研究这些消失的民俗还是非常有帮助的。另外，凉山彝族的建筑、漆器也是很有特色的，这些方面我都进行了仔细的观察和了解，然后写成了文章。

高：您有没有做过即将失传的服饰的记录和研究。

冯：当时我接触到的少数民族服饰中，还没有濒临失传的，只是有的民族手工制作的传统服饰保留得很少了，有些即便是保留了传统服饰的基本样式和制作方式，但面料的材质和佩饰等都已经是用现代的东西了。整体而言，少数民族保持穿戴民族服饰的习惯已经减弱和淡化了，这与居住环境、经济发展、文化交流和现代化对他们的影响都有密切的关系，这些现象在凉山彝族、羌族、苗族等少数民族中都有表现。比如凉山彝族，在我们调查的那个年代，保持穿传统服饰的人还是比较多的，但也与居住环境的开放或封闭密切相关。一般来说，平坝地区相对开放，彝民跟汉族接触较多，在机关单位工作的彝族干部也比较多，因此受汉文化影响较大，服饰穿戴的变化比较快，年轻人和男子基本上不再穿民族服装而多穿时装，但婚丧嫁娶的时候还是会穿民族服装。半山的彝族，受汉文化影响也多一些，他们下山的机会多，赶场、购物、男子的社交活动都在山下，由于与外界接触较多，所以他们普遍的穿戴是上半身穿彝族的服装，头饰也是传统打扮，但裤子和百褶裙换成了汉裤。

高山彝族会说汉语的很少，有的妇女一辈子也没下过山，还生活在传统的社会氛围中，所以服饰也基本保持传统。另外，彝族传统上是不穿鞋的，后来都普遍穿鞋了，这也是一个变化。

高：所以说彝族服饰变化的主要原因就是民族间的文化交流。

冯：服装变化的原因很多，文化交流是一个主要原因，另外还有出于实用的原因，用简单取代繁杂。以前的民族服装从衣料到染织，再到缝制，都是手工操作，费工费时，一套服装从头到脚缝制下来要花几个月的时间，成本也高。现在的民族服装改用现代布料和机器缝纫，省事又省时。汉装穿戴简单、经济实惠、品类众多、购买随意，给生活提供了很大方便。当然，这与经济发展和观念变化也有很大关系，随着彝族百姓生活水平的提高，对传统服装的需求也不再是一年一套服装或两三套服装，他们基本是四季不同款，有很多套服装，因此传统服饰的款式和品种也出现多样化的发展。由于需求量增大，还产生了专门制作和出售彝族服装的店铺，他们使用的也都是现代面料和缝纫机。

高：我去凉山的时候就看到过有一条街，全是专门卖民族服饰的。以前的彝族社会等级森严，民族上层的服饰和一般百姓的有哪些明显区别呢？

冯：在凉山彝族还处于奴隶制社会时，服装上的等级区别是很明显的。凉山彝族分为土司、黑彝、曲诺（白彝）和娃子（奴隶）四个等级，其中土司和黑彝是统治等级，曲诺和娃子是被统治等级。由于等级森严和贫富悬殊，服饰在质料和款式上的等级特点都十分鲜明，路人相遇，族人一眼看去就知这个人等级的高低或身份的尊卑。比如土司等级，他们穿汉区买进的细布、绸缎、毛料、丝边做的衣服，黑彝等级穿上等全毛、棉布的服装，还佩戴金银首饰，白彝等级一般穿自制的羊毛或麻料衣裙，而锅庄奴隶则披破麻布，穿粗制衣服。不仅如此，即便是同等富裕的黑彝和白彝，在服装的色彩款式上也有差异，比如一般黑彝妇女的头帕和上衣不会用鲜艳的颜色做装饰，而是素衣宽饰，或装饰一点从汉区买来的丝织花边。年轻的黑彝姑娘虽然会用红色，但只作一些小点缀，不会大面积使用，领子一般用呢料。这是因为彝族尚黑，以黑为贵，所以服装多用黑色，认为花哨的颜色和装饰不够庄重，不符合等级身份。而白彝妇女的衣服则是五颜六色、鲜艳夺目。

等级区别在女子的头饰上有明显的体现，比如以诺地区的黑彝女子头帕比白彝女子层数多；圣乍地区的白彝女子头帕花哨艳丽，黑彝女子头帕素净而没有装饰；所地地区白彝女子的头帕顶端直立不卷，发辫在帕上盘绕，头帕绕到脑后要打个结，还要刚好够，不能吊起；而黑彝女子的帕顶不直立，向后卷下，衬发袋子软小并卷在头发之中，头帕打结后要吊垂一节。另外，在特殊或很隆重的场合，比如婚嫁时，黑彝女子的套头必须是青薄细呢，上面插白色鹰毛以示高贵，而白彝女子的套头则是用彩色绸缎制作的。凉山彝族妇女结婚生孩子后，头帕要换成帽子，这里面也有等级区别，黑彝妇女比白彝妇女的帽盘要大。还有凉山彝族妇女的百褶裙，黑彝妇女的衣裙要长，百褶要多，裙底边镶贴的黑布条要宽，而且等级越高越富有的褶就越多。一般来说，土司、黑彝妇女裙长及地，脚趾不外露，行动起来曳地有声、尘土飞扬、威风凛凛，而白彝妇女则裙不过踝，主要是为了便于劳作。这一明显特征在史籍中有记载，根据唐《蛮书》记载，彝族先民乌蛮"妇人以黑缯为衣，其长曳地"，白蛮"丈夫妇人，以白缯为衣，下不过膝"。在历史变迁的过程中，乌蛮和白蛮各自发展为黑彝和白彝，其服饰特点也一直承继延续。

张：虽然是比较落后的地区，等级划分还是很严格的。

冯：是的，在凉山彝族奴隶社会中，除了妇女，男子的服装也有明确的等级区别。比如黑彝男子的头巾要缠得规整，左耳珠穗向后，朝上系于头巾上，大人和小孩儿都要穿一身黑表示稳重，白彝就相对随便些。所地地区的裤脚窄小，白彝允许在裤脚开衩并钉一个扣子，黑彝则不允许，而且黑彝不能穿麻布材质的服装，只能穿羊毛织品和棉布。

高：您对彝族服饰的研究从调查开始到成熟完成，一共用了多长时间？

冯：如果从我在凉山地区工作算起，陆陆续续调查，积累资料到分析思考，再到写成文章发表，大概有好几年吧，当然不是一篇文章而是多篇。这些文章基本都不是有目的地去调查，然后回来写成文章的那种一次性完成的，而是在主体工作之余，利用积累的资料，厚积薄发，构思成熟后就完成一篇。比如《凉山彝族服饰》1990年发表在《民族研究》上，但调查就早得多了，可以说从1981年我们为了撰写《凉山彝族文物图谱·服饰》[①] 收集调查服饰图案、纹义开始，到1982年我参加凉山彝族奴隶社会博物馆筹建组，又去北京参观了民族文化宫举办的彝族服饰展览，受这个展览方言分类的影响，下乡调查时又有目的地全面调查了各方言区的彝族服饰状貌及文化内涵，因此我积累了很多第一手调查资料。之后，我就把展览中没有用到的资料写成了多篇文章，最后又在这些文章的基础上进行提炼，形成了论文。

---

① 凉山彝族自治州博物馆编绘：《凉山彝族文物图谱·服饰》，成都：四川民族出版社，1985年。

现在回忆起来，少数民族服饰研究的文章我写得不少，应该说我是在中国少数民族服饰研究及其发展历程的大背景下，逐步深入的。我在民族服饰发展和研究最鼎盛的时期，做了较多的研究。

高：刚好赶上了这么一个时期。既然说到这里了，您就介绍一下咱们国家民族服饰研究的发展过程吧。

冯：好的。如果梳理一下中国少数民族服饰研究的发展历程就会发现，对民族服饰的研究基本是从中华人民共和国成立以后开始的，之前基本上属于空白。专题的服饰研究只有江应樑先生1937年在《民俗》（季刊）上发表的《广东瑶人之衣饰》[1]，其他有关少数民族服饰的介绍，都包含在整体文章中，作为文章的一个部分，比如吴泽霖先生的《贵州短裙黑苗的概况》(1939)[2]，里面对服饰的介绍就只是一节的内容。新中国成立后，少数民族服饰研究才得到逐步发展。

20世纪五六十年代的时候，各民族的社会历史调查报告中都涉及服饰这一物质文化，但仅放在"衣食住行"这一部分中做简要介绍。从50年代到70年代这一阶段，1965年沈从文先生的《中国古代服饰研究》[3]可以说是填补了我国古代服饰研究的空白，在中国服装史研究上拥有开山地位，也为少数民族服饰研究开创了新篇。因为沈老的《中国古代服饰研究》不仅包含了汉族的服饰史，也包含了历史上各朝代的少数民族服饰研究。到了80年代，少数民族服饰研究有了较大发展，这一时期的高潮是民族文化宫举办的两次大型民族服饰展览，第一次是1985年举办的《中国苗族服饰展览》，第二次是1987年举办的《中国彝族服饰展览》，两次展览后分别出版了《中国苗族服饰》(1985)[4]和《中国彝族服饰》(1990)[5]，作为新中国成立后规模最大的两次少数民族服饰展览，其影响可想而知。我当时在凉山彝族奴隶社会博物馆筹建组工作，有幸去北京参观了这两个展览，这两个展览对我后来的服饰文化研究有很大影响。另外一个对我影响较大的是1986年四川人民出版社和香港和平图书公司联合出版的大型画册《中国民族服饰》[6]，这本画册在国内外都产生了巨大反响，它

---

[1] 江应樑：《广东瑶人之衣饰》，《民俗（季刊）》，1937年第1卷第3期。
[2] 现收录于：吴泽霖：《吴泽霖民族研究文集》，北京：民族出版社，1991年。
[3] 沈从文：《中国古代服饰研究》，香港：香港商务印书馆，1980年。此书原名《中国古代服饰资料选辑》，原定于1964年由北京中华书局印刷出版，但受"文化大革命"影响，被批为"未出笼的大毒草"，一直拖延至1980年。
[4] 民族文化宫：《中国苗族服饰》，北京：民族出版社，1985年。
[5] 中国彝族服饰画册编写组编：《中国彝族服饰》，北京：北京工艺美术出版社，1990年。
[6] 王辅世：《中国民族服饰》，成都：四川人民出版社，1986年。

是以画为主，兼有介绍性文字，后来被译成了英、德、日等文字版本。这本画册在香港举行首发式时，附带展出了 56 个民族的服饰，参加的人都大为惊叹，踊跃争购，而且还有老师领着小学生们前来参观，让他们领略中国服饰文化的宏博多彩。但是应该看到，1990 年以前出版的画册或图集，虽然图文兼备，但大多是以展示各民族的服饰美为主，所以图片是主要的，文字仅限于很简单的描述。除了画册外，90 年代对少数民族服饰的专题研究也有较大发展，记得这一时期几乎每年都有相关研究问世，比如《丰富多彩的我国少数民族服饰》（1981）、《清水江流域的苗族妇女服饰》（1982）、《略论云南少数民族的服饰与头饰》（1982）、《理县地区羌族的服饰》（1983）、《滇人和白族的发式服饰比较研究》（1985）、《云南古代民族的衣着文化》（1987）、《藏族服饰艺术》（1988）等一大批著述。

从 90 年代到 21 世纪伊始，少数民族服饰文化研究成为各民族物质文化研究的一个热点，形成第三次少数民族服饰研究的高潮，一批论文和专著先后问世。一些学者在《民族研究》、《中央民族学院学报》（1994 年更名为《中央民族大学学报》）和各核心刊物上发表了相当数量的论文[1]，我在这一时期也发表了多篇研究民族服饰的论文。此外，还有一些专著[2]，其中杨源编著的《中国民族服饰文化图典》[3]收集了全国数十个民族的珍贵图片，图文并茂地展现了中国少数民族服饰文化的悠久与风采。

另外，这一时期的研究对象也涵盖了西南、西北、东北、中国台湾等省区的绝大多数少数民族，研究领域大大拓展，不仅有服饰史、服饰文化、服饰工艺、服饰美学、服饰礼仪，还有跨时空、跨文化的比较研究，比如杨鹓的《苗族服饰与楚国服饰的比较研究》（1993），戴平的《论中国古代民族服饰的跨文化传通》（1990）。从论文到专著，都能看出学者们正在从宏观、中观和微观三个不同层面以不同视角进行中国各民族服饰和服饰工艺的专题研究，形成了对少数民族服饰从民族志描述到服饰文化研究的第三个热潮。

---

[1] 如郭殿忱：《女真服饰史论》，《黑龙江民族丛刊》1993（2）；罗荣：《藏族服饰刍议》，《中央民族学院学报》1993（3）；玉时阶：《瑶族服饰图案纹样的文化内涵》，《广西民族学院学报（哲学社会科学版）》1994（1）；陈晓红：《云贵高原民族服饰习俗文化类征》，《民俗研究》1995（1）；傅安辉：《侗族的织绣艺术》，《民俗研究》1995（1）；等等。

[2] 如邓启耀：《民族服饰：一种文化符号》（1991，人民出版社）、《中国西部少数民族服饰》（1993，四川教育出版社）；韦荣慧：《中华民族服饰文化》（1992，纺织工业出版社）；四川少数民族服饰图案与开发组：《四川少数民族服饰艺术》（1992，电子科技大学出版社）；刘军：《中国少数民族服饰》（1999，中央民族大学出版社）；等等。

[3] 杨源：《中国民族服饰文化图典》，北京：大众文艺出版社，1999 年。

2000年以后，少数民族服饰研究由基础研究向应用研究发展，标志是2000年7月在云南昆明召开的"首届中国民族服装服饰博览会"，博展会通过服饰的展示、展演、时装大赛和学术研讨等活动，全方位、多层次地展示了中国各民族的服饰文化艺术，这次服饰展兼具了全面性、系统性、珍贵性和学术性。这次召开的民族服饰文化研讨会，组织了国内外50多位服饰研究领域的专家学者进行学术交流，仅国内专家的论文内容就覆盖了祖国西南、西北、东北、中南和台湾地区，涉及汉、藏、回、瑶、苗、彝、羌、佤、满、畲、壮、黎、水、侗、白、傣、蒙古、布依、纳西、哈尼、裕固、东乡、保安、撒拉、朝鲜、傈僳等民族，以及台湾高山族中的泰雅、阿美等群体，中国台湾学者和韩国学者也提交了论文，作了发言。而且专家学者讨论的广度和深度都有了进展。可以说，内容从中国民族服饰文化的历史渊源、文化内涵等传统视角出发的研究，拓展到服装设计、工艺特色、发展前景和中国民族服饰的产业化、现代化、国际化和市场化，特别是民族服饰与旅游、民族服饰与生态环境等议题也被提出来了。学者们都一致地肯定了系统挖掘、研究、整理和开发传统的民族服饰文化，有着十分重要的现实意义和应用价值。

为了配合这次服博会的召开，会前云南方面出版了《云南民族服饰文化学术论文集（2000），会后又出版了《新世纪的彩霞》论文集（2003）。在这次会议的推动下，少数民族服饰研究又形成了一个新高潮，相继出版了一批论文和专著，比如戴平的《中国民族服饰文化研究》（2000），中国民族博物馆编的《中国民族服饰研究》论文集（2003）。但是我感觉这一时期服饰研究呈现出不平衡性，即北方研究较少而南方则较多。

进入21世纪后，少数民族服饰研究又有了新的方向，表现在对珍贵服饰的抢救和收藏上。其中最突出的是以中央民族大学博物馆和北京服装学院博物馆为代表的一批博物馆，抢救收藏了全国各民族的一批珍贵服饰文物，在此基础上进行研究。我也为珍贵民族服饰的抢救性收藏，做过一点小小的贡献。

高：我听说我们博物馆里白马藏人的服饰就是您帮着找来的。

冯：是的，说起来也是缘分。有一次开民族服饰研讨会，我碰上了咱们博物馆的马晓华，之后时不时联系一下。后来我在北京开学术研讨会时，回母校参观博物馆，看见展出的56个民族的服饰，其中藏族各支系和各地区的服饰丰富多彩，但缺少白马藏人的。白马藏人在四川省绵阳市平武县有分布，他们的服饰非常有特色，但到20世纪中叶时，已经不太容易找到完整的全套盛装了。所以我在参观时就建议中央民大博物馆着手收集白马藏族的服饰，我觉得白马藏人鲜为人知，服饰也独具特色，比较稀有也比较珍贵，中央民大博物馆应该收藏和展出。咱们博物馆听完我的建议之后还挺重视的，2005年11月我们研究所正好在绵阳市平武县开学术讨论会，马晓华就委托我帮馆里收集白马藏人的服饰。我找了参会的平武县民宗局来自白马支系的羿副局长，请他帮着牵线搭桥，在木座乡一位83岁老人木秀娃家和另外两家征集了男女两套完整的白马藏人传统服饰，当时这种传统服饰保留下来的已经非常稀少了。我这次征集到的套装里，除了女装的围腰是现代产品外，其余都是手工制作的，特别是男装火麻衣和羊毛捆带，全都是用他们自己种的火麻捻成线织成的，这种制法在当时早都弃用了。这套女装是那位83岁老人过去的盛装，也全是手工缝制的，腰带的材质是羊毛，而且是用原始腰机织的，这种腰带的材质现在基本都用绒线代替了，饰物也都是珍贵的家传之物。总之，这套服饰的制作时间是20世纪40年代，无论服装用料或是制作，民族传统特色都十分浓厚，现在看来十分珍贵。

还有一件事，我在四川做土家族调查时，买了一床土家织锦双人特大床单，这个床单是蓝白线织成的几何花纹，棉纱细腻、织法紧密、图案典雅，很具民族特色，我一看就十分喜欢，而且当时土家织锦工艺品中，这种床单还不多见。后来有一位喜欢民族工艺的美术师要我卖给他，我拒绝了。到2005年9月，中国民族学学会与北京服装学院共同主办了"中国民族服饰研究会成立大会暨首届中国民族服饰学术研讨会"，同时还举办了《民族服饰博物馆馆藏珍品展》，我就把这个床单送给了北京服装学院博物馆，我认为自己留下不如放在博物馆更有价值，也更长久。

高：这个中国民族服饰研究会的成立，对推动民族服饰研究也有助力吧。

冯：中国民族服饰研究会是在北京服装学院挂牌成立的，它也算是少数民族服饰研究发展的里程碑，而且还是一个起点。也就是说从此以后少数民族服饰研究要开始进行学科建设了，从而使民族服饰研究步入专业学科领域，并在各地区有组织、有计划地推进少数民族服饰文化基础研究与应用发展。

这一时期，造成民族服饰文化研究新飞跃的另一个原因是咱们国家把服饰文化中的传统手工艺技能纳入了非物质文化遗产保护的范畴，并给予了高度重视。有的学者开始注重抢救性的田野考察和影视图像资料拍摄，不失时机地为中国民族服饰领域留下了珍贵的历史遗产。比如对渔猎民族赫哲族的鱼皮衣、海南黎族的树皮衣、云南哈尼族的树皮衣等进行的记录和研究，都是弥足珍贵的，这也是对中国民族服饰文化保护的一个质的飞跃。

后来随着时间的推移，我在研究中发现各民族服饰也在不断地改革与创新，这点也是我后期在服饰研究上的侧重点之一。民族服饰在传统风格的基础上增添了时代美，质地、款式和色彩等都有了较大的改进，既有本民族的传统风韵，又有时代的风范。但我在研究民族服饰创新的过程中也发现了一些不好的现象，比如过分热衷款式的新颖、色彩的斑斓、图案的创新，还有通过服饰的豪华来赛富、炫富，却忽略了民族服饰自身的表征，忽视了民族特色和地方特色。在成都温江区举办的"首届非物质文化遗产展览"上，我参观凉山片区时，进门的一壁墙上是几个凉山彝族妇女的大幅半身彩照，让我惊异的是她们的头饰竟然变成了酷似苗族妇女的银冠头饰了！

这就是借鉴不当的表现，失去了本民族的表征，使人混淆凉山彝族妇女头饰和苗族妇女头饰。后来我还对我们研究所的彝族同事说起过这件事，也在撰文时指出了这个问题。在此之后，凉山彝族妇女头饰的创新就比较符合本民族的特点了。因为服饰的表征作用是对身份的说明与确认，民族服饰如果不能成为一个民族独有的身份标识，那它的表征意义就消失了，所以对于这种民族标识应该保护和传承。同时，我也在那次展览上看到一张以诺地区彝族妇女的服饰照，就创新得十分有品位，这位妇女头戴多层折叠头帕，将传统的黑色换成了绛红色，上面交叉点缀了少许现代珠饰，与上衣的款式和饰花相得益彰，既保留了民族服饰文化自身的外在特色，又在自身特色的基础上点缀了现代元素，使彝族传统服饰与现代审美追求相结合，高雅华丽，又不失传统特色，非常与时俱进。

我还发现羌族服饰也存在机械模仿藏族服饰的现象，把自己原本的服饰特色都淡隐了，有一些服饰表演也存在类似问题。后来，我在一篇论文中专门针对这些现象提出了批评与建议，我的大意是：民族服饰与世流变、与时俱进是发展趋势，也是规律，我们不能把传统民族服饰定格在某一历史时期，但是服饰的改革与创新不应失去民族特征，应注意坚守民族特色和地方特色，坚守自己的文化底蕴。因为民族特色是民族文化的根脉所在，地方特色反映出一个民族或同一民族不同支系、不同迁徙定居地的生存样态，是不同的历史发展的结果。借鉴与创新要万变不离其宗，服务于本源和根脉，也就是说要在自己传统的基础上"变"。

2011年后，非物质遗产保护成为民族文化研究的重点，民族服饰作为物质文化和精神文化的结晶，也形成热议。这期间我写了《论民族服饰与非物质文化遗产保护——以凉山彝族服饰为例》①等论文之后，就转向其他研究了，对民族服饰的关注就很少了。

（三）饮食文化研究

高：这之后您对少数民族物质文化的研究就少了？

冯：2011年之后，我在物质文化方面还是有研究的，主要是一些少数民族饮食文化方面的，少数民族饮食文化也是物质文化的一个组成部分。以前我到民族地区做调查时，都会了解该民族的饮食文化特色，比如凉山彝族的坨坨肉、藏族的风干肉、扎巴藏族的臭猪肉、羌族的竿竿酒（杆杆酒）、摩梭人的猪膘肉和苗族的酸菜鱼等，我都写过介绍性文章，但分析不多，少有论文。

在饮食文化研究中，我完成的最大工程是对《中国饮食文化史·西南地区卷》②的撰写。这本书讲的主要是汉族饮食文化史，又包含少数民族的饮食文化。由于多种原因，这部书稿在写作过程中也是坎坷不断，易稿十数次，历经十几年才完成，最后做成了国家级精品图书。这部书的总策划是中国饮食大家赵荣光先生，由中国轻工业出版社出版，副总编是马静，责任编辑是方程。刚开始是邀请由我承担四川省饮食史的撰写任务，那是1990年。因为四川是一个饮食文化大省，川菜是中国最早的四大菜系之一，历史悠久、内容丰厚、涉及面极广，所以饮食文化史不仅是写横切面的"吃"，而且要写纵向的"史"。这涉及历代社会的相关食业发展及政策，如盐茶的国家管制政策、盐茶发展史以及各民族文化层面上的饮食习俗等方方面面，实际上是史、志、论结合，任务繁重，对我又是一个挑战。一开始，我觉得内容宽泛，难度不大，实际上是定位不准，只停留在饮食文化的表面，多在食物、烹饪和食俗等方面，没有深入下去。

饮食不仅是一个简单的"吃"的问题，它还包含了众多方面，如各类食源的开发与利用，最典型的是盐文化、茶文化和佐料③，还有厨具与餐具的发明和使用，食品的生产与消费以及餐饮服务业等。就饮食文化而言，则涉及更多，如生态环境、生产方式、饮食俗规、民族特色、地域特色、宗教饮食、饮食与文学、饮食与艺术、食源与战争等，从古到今，包罗万象、博大深远、时空跨度大、纵横交叉、内容广

---

① 冯敏、张利：《论民族服饰与非物质文化遗产保护》，《四川民族学院学报》，第20卷第5期，2011年5月。
② 方铁、冯敏：《中国饮食文化史·西南地区卷》，北京：中国轻工业出版社，2013年12月。
③ 佐料指用餐过程中用于增加风味的蘸料，不同于作料。——编者注

泛，需要同时应用到多种学科的资料支持，才能完成研究，所以说饮食文化研究是一个纵横捭阖的综合性研究。

最初的设计框架中，四川饮食文化史是要单独成册的。开始我已经完成了初稿，后来换了出版社，改由中国轻工业出版社出版，书名改为《中国饮食文化史》，按区域分册出版。最终这套书定名为《中国饮食文化史》（十卷本），每分卷单独命名，包括黄河中游地区卷、黄河下游地区卷、长江中游地区卷、长江下游地区卷、东南地区卷、西南地区卷、东北地区卷、西北地区卷、中北地区卷、京津地区卷等，我们撰写的是西南地区卷。作为"国家出版基金项目"和"十二五"国家重点出版物出版规划的项目，轻工业出版社的领导很重视这套丛书，我们这套书作为原创精品，的确是呕心之作。本来出版时间定在2013年12月，但由于丛书设计的大变动，要增加内容和作者，西南地区卷最初定的是包括四川、云南、贵州和广西在内的饮食文化，这样云南大学民族学系的方铁教授就加入进来了，我承担四川、西藏部分，方铁老师承担云南、贵州、广西部分。当时，四川部分已数易其稿，基础稿已形成，我自认为工作量不会太大了，只要再按编辑部的要求进行补充修改，即可完成。在合作上，不可免俗的有一个排名问题，由于四川部分文字分量很多，而且当时我已接近退休年龄，不想再给自己增加压力去承担写概述的任务。随后，我和方铁教授商量，概述由他写，他排名在前，方铁老师同意了，后来这本书的文字压缩和统稿也是由方铁教授完成的。

这本书出版时间拖得太长，20年间经历了无数次的补充、修改和压缩，在这期间，我也产生过烦躁情绪。刚开始我是积极配合与跟进，我觉得作者首先应为自己的著作质量负责，纠正错缪、补充遗漏、精益求精是理所当然的，这也是一个学者应该具备的学术品德。每按要求改完一遍，以为可以"杀青"了，终于完成了，但时隔不久，出版社就又有新要求，这时我就有些烦了，怎么没完没了啊，何时到头啊？而且每改一遍都要花很多时间，手上还有其他课题同时要完成，于是我就产生了烦躁情绪，因为每一次的自查、修改与增删，现在说起来简单，实际上费老劲了。首先需要核查内容，因撰稿时间太久，有的相隔数年，好多内容都淡忘了，要翻找原用资料。当时我的藏书和资料分别放在成都和温江两个家中，相隔较远，大热天也只好两头来回跑，跑一次需要大半天，还要翻腾查找原用书刊，着实麻烦。记得有一次出版社要求增加四川盐文化的内容，因为四川是中国最早的产盐地之一，这就要重新查资料，等于重新写某个专题。我用了近半个月的时间，查找、积累了数万字资料，再从中梳爬、对照、提炼观点、精简文字，最后成稿也就一二千字，辛苦和劳累可想而知。

后来我才知道，这本书的目标是要填补空白，需要原创之作，书稿完成后，编辑部进行了严谨的编辑把关，副总编马静和责编方程在编辑时非常认真仔细，对稿件进行字斟句酌的精心加工，每一个细节都要提出修改意见，作者再按这些意见一一做补充或修改。之后又让我们一遍遍地打磨，补漏填缺，提炼学术观点。另外，还有图文配合的问题，图片要求具有地域代表性和独特性，找图片、选图片、换补图片，都精益求精，确保质量。再后来，还启动了高规格的审稿程序，聘请国内顶级古籍专家对书稿中所有的古籍以善本为据，进行了逐字逐句的核对，对书稿中的生僻字进行注音等，后续工作有40多道工序流程，严苛把关，精益求精，最终把这本书做成了高质量、高水准的精品。为此，编辑付出了艰辛的劳动，我们作者也积极配合跟进，一遍遍地不断投入精力和时间完成出版社的新要求。

我的这种情绪传达给了责编方程，每当此时，小方就及时给我做耐心细致的思想工作，有一封信可能是写给所有作者的，大意是：我们这套丛书的出版工作正在紧锣密鼓地进行着，我们希望您能完全、认真地按照我们提供的意见逐条进行修改。因为在有些卷本中发现只完成了退改工作的七八成，没有完全按照我们的意见进行修改，增加了双方的工作量，也对整套丛书的正常出版带来了较大的不利影响云云。希望我们作者理解和支持。

在此后的编改过程中，方程责编总是晓之以理，动之以情。在最后阶段，他在信中还对我们说："任何一本精品都是慢慢磨出来的，不可能一蹴而就。我们是做大工程、精品书的编辑部，我们深有体会：书稿越到后来越难改，但一旦坚持改好了就是精品。现在稿件修改正值最后阶段，我们都非常看好这套丛书的出版，出版后也会去冲刺国家级的奖项，使这套书实现其价值的最大化，就让我们一起努力吧！记得出版前的最后一封信，使我大受感动。他说：我们这项工作既是对中国优秀文化的传承，具有非常的意义，更是对作者多年辛劳和等待的交代和告慰，我们对这套书是充满信心的，也希望这套书的作者对自己有信心。这套书经历了十几年的岁月沉淀、风雨历练，它终于迎来了出版的曙光。我们一定会把它做好的！每次的交流，我总会被他的信件打动与说服，重又打起精神、披挂上阵。

书稿最终完成后，作者与编辑的工作关系算是结束了。2012年5月，在这套10卷本图书即将出版之际，小方超越了一般的编辑对作者的尊重，还给了我们这些作者一个最后的交代与感谢："……多年以来，出版社的编辑和作者们同甘共苦，凭着中国学者对传承优秀传统文化的责任感，靠着一份不懈的信念和期待，苦苦支撑了20余年，使我们心中十分感激。我们感谢每一位为本书做出贡献的人，正是有您的力挺，才有这套书的今天。"这封感谢信应该是发给全体作者的，我看后非常感动和感慨。我的感动和感慨不仅在于这部书的成功面世，而且还在于小方编辑高度的责任精神，善始善终对作者的鼓励、交代和尊重。在信中，他还说这套丛书是填补空白之作，几度中断下马，濒临夭折，所以出版时间拖得很长。在此期间，作者队伍的年纪逐渐老化，年岁最大的作者已逾八旬，有些还得了重病，可以说是一个高危作者群，让他们深感责任重大。我这才想起难怪小方每次与我通信的时候，除了谈书稿，总是对我嘘寒问暖，让我注意保重，令人心暖如春和感动非常。这种长期的问候与关怀，越过了作者与编辑的工作关系，而体现出一种人文关爱，也体现出小方编辑的工作素养跟工作质量。这种"诗外功夫"，化作无形的信任与动力，成为我们密切合作的工作基础。小方给我留下了十分深刻而良好的印象。他是我学术生涯中收获的另一种果实，使我感悟到，编辑与作者并不是刻板机械的工作关系，还可以有如朋友，有如亲人。这种新的人文关系，是出版工作的进步，也是作者的福祉。

高： 太不容易了，前后20多年，终于要出版了。

冯： 但是特别遗憾的是，可能是需要平衡各卷和西南卷内各省的文字量的原因，最后成书的西南卷的四川部分的定稿，文字被压缩删减掉很多很多。原来的好些丰富的内容因压缩文字而被删掉了，只留下一些章节中最核心的内容，出现部分题大文小、内容单调、只有骨架没有肉的情况。而且有的中间还缺乏必要的交代，有些内容是四川特色，而对此画龙点睛的句子在统稿时却被删除了，与《四川省志·彝族志》一样，这些心血都白费了，我特别心疼。在这20年中，定稿次数太多，时间也间隔太长，加上每个时间段我都还忙着其他课题，每一次修改被统稿后，也没有时间去一一对照检视。现在重读这部书中我写的部分，不仅删减得厉害，文字风格也变了。但事已至此，也没有办法了。好在我在完成各章的同时，有的内容扩升为论文，得以发表，保留了部分心血。值得庆幸的是，西藏部分的内容由于资料稀缺，基本上都保留了，但还是删减了一些重要的分析论述。

高： 哦，西藏部分的内容不多？

冯： 对，因为西藏部分是后来加进来的，这套丛书的总策划、总编辑赵荣光先生基于他的饮食文化区域理论，原来是准备出《青藏高原地区饮食文化史》独立分册。20世纪90年代初，赵荣光先生就一直在全国各地寻找理想的作者，但一直没有找到，这事我知道，我还给赵先生推荐过某某。因为西藏是我国不可缺少的一部分，出版社还是决定将西藏部分补上，放入西南板块，委托由我完成。这时，四川和云、贵部分的内容我早都完成了。我在出版之际临时受命，时间很紧，相关的汉文资料也匮乏，我又不通藏文，阅读不了藏文资料，不能遍查相关资料做到厚积薄发。时间仓促，难度太大，个人学力所限，我感觉我根本没法写，所以我就谢绝了。但责编小方反复给我做工作，多次写信对我说："西藏属于青藏高原饮食文化区。只因该区域作者难觅，无法自成一卷，只好难为您做这一重要补充。让'西藏地区饮食文化'作为西南卷中的一小部分。"他还和我强调说："对'西藏地区的饮食文化'的研究和出版都是一项空白，它是中国饮食文化中不可或缺的一部分，将其保留下来，对保持中华民族文化完整性具有非常重要的价值和意义，它将首次同内地各优秀的饮食文化一起面向读者，这是广大藏族兄弟和对饮食文化感兴趣的读者都要感谢您的。"我在整理资料时，有幸在电子信箱中查到这份信件，他在信中还说："正是由于'西藏地区饮食文化'长期不受重视，才造成现在无人研究、研究资料匮乏、研究成果少的状况，这些是我们暂时没有办法改变的。唯有通过这套书中的一小部分内容，去唤起广大饮食文化学或民族学的爱好者的研究兴趣，让更多的人关注、了解和热爱这片我们熟悉而又陌生的国土。我们所能做到的，只是希望能给后人留下一点东西，让他们沿着标记继续前行。"

张：这位方编辑很有责任心啊。

冯：是啊，正是因为有小方这样的好编辑反复给我做工作，加上长期的沟通合作，我和小方也建立了良好的编辑与作者的关系，彼此信任，像亲人一样。是他的高度责任心和作为编辑的工匠精神打动了我，所以我才答应接受了这一艰巨任务。接下来的情况可想而知，拼命地在各类书刊中查资料，从古到今、方方面面，大海捞针式地查找，查到一丁点资料，我都喜不自禁，查到大块资料更是欣喜若狂。就这样一点一滴地积累，终于完成了任务。为了西藏地区的完整性，后来又补充了世居西藏的珞巴族和门巴族的饮食文化。西藏部分最终定稿约十余万字，虽然说不上呕心沥血，但还是觉得特别吃力，特别累，这是我写作中最艰难的一次。可是我觉得最终成果我自己不太满意，述多论少，而且古代部分缺漏较多，我安慰自己说，就当是抛砖引玉吧，当然这也是我作为作者最大的心愿了。

高：西藏的饮食文化研究这么匮乏，最后您写出来了，反响怎么样？

冯：出版前，我挺担心的，考虑到西藏的特殊性和上面说的那些情况，我要求出版社请藏族专家进行审读，为书稿把关，以纠正谬误，去伪存真，保证质量。总编马静和责编方程非常认真地听取了我的意见，然后邀请了中国藏学研究中心的藏族学者进行了审读，反馈回来的意见令我惊讶。小方责编在信中告诉我："您的'西藏部分'我们邀请了中国藏学研究中心的藏族学者进行了审读，虽然存在一些小的错误（这些小错误我已按照专家意见修改了），但是其他内容还是不错的。他在审读意见中说：'作者在无法阅读原文资料的情况下收集大量的已译汉文的资料，并完成该内容，本身是一件奇事。该稿件内容丰富、结构合理，如历史学、民族学、民俗学、人类学、文化学、烹饪学、考古学、文献学、食品科技史、中国农业史、中国文化交流史、边疆史地、经济与商业史等内容一应俱全，使审读过程变成一种享受。'"看到审读结论，我放心了，也挺高兴，觉得付出的辛劳都是值得了。

高：这套丛书后来也获奖了吧？

冯：这套丛书很受重视，2011 年被新闻出版总署列为"国家'十二五'重点出版规划项目"，2012 年获得国家出版基金项目资助。后来获得的荣誉也不少，2015 年获得"世界美食家大奖"最佳美食写作图书一等奖，2015 年获得"第五届中华优秀出版物奖提名奖"，2018 年获得"第四届中国出版政府奖提名奖"。

四、感念学术恩师李绍明先生

（一）李绍明先生其人

高：咱们谈一下李绍明先生在学术上对您的提携和帮助吧。

冯：好的。我人生中最重要的恩师就是李绍明先生，李绍明先生是我走上民族学研究的领路人之一。在我的学术道路上，先生一直给予指导和帮助。我和李绍明先生是在西昌博物馆认识的，那时候我在那儿工作，他们来西昌调研，我们因此结识了。后来我随爱人调到成都，当时希望能到省民族研究所工作，得到李绍明先生的推荐后，如愿以偿。我到省民研所时，他当时是民研所的业务副所长，所长是周锡银，书记是韩兴邦，一位老革命。

高：您先介绍一下李绍明先生吧。

冯：李绍明先生生于 1933 年，四川秀山（今隶属重庆市）人，土家族。李先生是咱们国家著名的民族学家、人类学家和历史学家，在国内外都很有名气，尤其在民族学、人类学领域有广泛的声誉和影响，在四川的历史和考古学界，也是重量级人物。李先生1950年进入华西大学社会学系，1953年从四川大学历史系民族学专业毕业，同年又去西南民族学院民族问题研究班学习了一年。他曾担任过著名学者费孝通、马长寿、夏康农的秘书，所以先生的学术视野开阔，思想体系完整，有许多创见性的见解，为中国民族学的发展做出了许多重要贡献。

李先生一生学术成果丰厚，涵盖民族学、历史学、考古学、社会学等多个领域，他主编了《巴蜀历史民族考古文化》[①]《三星堆与巴蜀文化》[②]等多部学术论文集，还主持了多项国家级、省级社科重点项目，曾应邀赴世界各地的大学和科研机构讲学和访问。李先生特别忙，凡是他涉猎的领域，一旦有什么重大活动或发现，总要请他去参加。对于各种邀请，他总是兴致勃勃，有求必应，不管远近。我曾问过先生："您的座右铭是什么？"先生回答："读万卷书，行万里路。"

李绍明先生在国内外享有很高的学术地位和诸多的社会荣誉，他生前的社会身份很多，除了是全国哲学社会科学民族学科规划组成员、国家社会科学基金会评委、中国民族学学会副会长、中国史学会理事、四川省历史学会会长、中国西南民族研究学会会长、四川省社科联副主席等若干社会兼职外，李先生还是四川省社会科学院的特约研究员，四川大学、云南大学、西南民族大学、三峡大学等高等院校也都邀请他担任了兼职教授。他在人类学和民族学领域的治学经历和研究成果，见证了20世纪到21世纪中国民族学与四川民族学的发展，给学术界留下了许多宝贵的财富。比如说在推进咱们国家民族学的发展上，李先生做了大量卓有成效的工作，他的《李绍明民族学文选》[③]和《民族学》[④]等多部专著的学术水平很高，为民族学、历史学、考古学留下了珍贵的学术成果。就四川省民族研究所而言，较大科研成果的取得，几乎都是在李先生的领导或指导下完成的，如酉水土家的调查、长江上游民族地区生态经济研究等，都填补了民族学研究领域的空白，并取得了多项科研奖，为学术创新做出了重要贡献。

在我与李绍明先生的接触中，我感觉李先生不但知识渊博，而且善于观察，思

[①] 李绍明、林向、徐南洲主编：《巴蜀历史民族考古文化》，成都：巴蜀书社，1991。
[②] 李绍明、林向、赵殿增主编：《三星堆与巴蜀文化》，成都：巴蜀书社，1993。
[③] 李绍明：《李绍明民族学文选》，成都：成都出版社，1995年。
[④] 李绍明：《民族学》，成都：四川民族出版社，1986年。

维敏锐,积累厚实,对我们这些后学晚辈启迪良多。李先生是我的恩师,也是我们所两代学子的恩师,他对我们这些晚生后学的扶持和提携令人感动。李先生在生活中平易近人、心胸开阔、善解人意、豁达爽朗,使人愿意与他交谈沟通。在对事对人上,他总是那么认真负责,一丝不苟,愉快而和善,尽管重任不断,事务繁忙,但他总是以一种大将风度举重若轻,完成了多项高质量的学术成果,平时也尽量参加各种学术活动,认真对待记者的采访,先生的风范受到了学界各方的敬仰。

(二)先生对后学晚辈的提携

高:您能具体谈一下李绍明先生平时是怎么在工作中帮助大家的吗?

冯:可以说当时四川省民族研究所的中、青两代后学都是在他的教导、扶助和提携下成长起来的。20世纪七八十年代的时候,民族学界年青一代中专业的研究人才不多,我所当时的研究人员绝大多数都是半路出家的,缺乏民族学的专业知识。李先生喜欢在学业上有上进心又努力的学生,所以所里的后学到先生家里登门请教,李先生总是诲人不倦、耐心指导。对后学所取得的成绩,又总是热情鼓励并指出不足和努力的方向。在他的带领和教导下,我们边干边学,逐渐成长,后来基本上老中青三代都成为所里的业务骨干了,做到了薪火相传。比如说我们所的李星星,他也是半路出家,在李先生的传、帮、带下进步很快,成为我所中青年科研的骨干。对李先生这种奖掖后学、提携晚辈的无私精神,我们每一个后学都深有同感。

高:李星星老师是哪个学校毕业的?

冯:李星星是汉族,他原来不是搞这一行的,他当过知青,当过工人,1985年他从西南师范大学专科毕业后,先是到四川省党校当了政治经济学教员。他可能比我年轻五六岁,父母是老干部。1986年,他和我同年调入了四川省民族研究所。李星星这个人生性开朗率直、善良侠义,还有点儿自由散漫,他喜欢游山玩水,是个善于与人打交道的人。但是他对学业非常认真,勤奋好学、爱思考,敢于标新立异,知识面比较广,也有一定的文学修养。他的爱思考、勤奋好学、善于与人交流、喜游山玩水的这些性格,与李先生的"读万卷书,行万里路"有些合拍,加上李先生本身就知识渊博、平易近人,他和什么人都谈得拢,所以李老师就比较喜欢他,闲暇时乐得跟他天南地北地谈天说地。

高:我听您刚才叫李绍明先生为"李老师",你们当时在民研所都是这么称呼他的吗?

冯：在民研所的时候，我们都叫李先生"李老师"，那个时候还不时兴称先生，都叫老师。现在在特定的场合才尊称老师叫先生。因为他确实教给我们很多专业知识，他是业务副所长，也是业务老师。当年我一进民族研究所就被分配搞彝族志的工作，而李星星一进所就参加了李老师主持的《川东酉水土家》课题，他觉得受益匪浅。此后为了向李老师讨教，学习更多的专业知识，他成了李老师的"跟屁虫"，"跟屁虫"是我们跟他开玩笑时取的。因为李老师不仅是民族学专家，还是历史考古专家，所以但凡哪里发现个什么古墓葬、古迹啊，哪个县有什么历史建筑、历史文物要鉴定啊，相关单位都要邀请李老师前去考察，这时候李星星都要跟着李老师去看。李老师被邀请开各种学术会，他也主动跟随学习，不懂的就向李老师请教，所以我们所里他受李老师的指导最多。

当时我们都住在省民委大院，我到李老师家里讨教时，经常会碰到李星星，他有的学术观点，李老师也不赞同，但他们会平等地争论探讨。李星星学业进步很快，后来被评为研究员，作为学术骨干主持过多项科研课题，还成为四川省学术研究的带头人，可以说李星星的学术成长离不开李先生的悉心栽培。除了我和李星星，李老师对其他更年轻的同事也是一样的悉心指导。到20世纪90年代，后来调到所里的年轻人同样不是民族学专业的，有些是从其他地方调来的，有些是学习其他专业的，他们对民族学知之甚少，都得从头学起。

高：李先生还得一个一个教他们。

冯：是啊，好些人参加课题后，都得找李老师请教。李老师都会给予指导帮助。

因为做民族学研究，田野调查是基础，田野调查成效的优劣与调查者的素质密切相关，当时我们所大部分科研人员都不是民族学专业毕业的，缺乏正规的专业知识。所以每次所里要进行一次专题性课题调查时，李先生都要专门抽出时间给我们上业务课，办专题培训讲座，具体工作具体指导。比如对石棉蟹螺藏族、尔苏藏族和硗碛藏族进行田野调查前，李先生就给大家详细讲解了"藏彝走廊"的民族和语言、尔苏藏族的情况和研究状况，内容详细到环境、生计、传统技艺、经济、社会结构、政治、宗教、科学知识、艺术、生命周期等十几个大的方面，下面还包括若干个小的方面。李先生用传统民族学田野调查的知识与方法对我们进行学术操练，跟着李老师做课题，会学到很多东西。就这样，先生用传统的民族学田野调查的知识与方法对我们进行学术操练，培养了一代又一代年轻的民族学学人。

而且李老师这个人非常细心，会针对不同的人进行个性化的辅导。比如一些年轻同事去请教李老师时，他会进行引导，告诉你课题应该从哪些方面拟定调查提纲，参考些什么书；有的同事初稿写好后也请李老师过目，他会给你提出建议，你应该怎么补充修改；等等。得到老师的启迪与指导，可以少走弯路。后来，这些人都成为我们所的学术骨干了，出了不少的学术成果，这都是和李老师的教诲、帮助分不开的。除了我们所的人，四川大学、西南民族大学也经常有学生来向他请教，他同样是诲人不倦，耐心给予指导，所以他的学生特别多。

我深知，我们这一代"文革"中毕业的大学生，在从事民族学研究时存在民族学理论功底欠缺，缺乏民族学系统知识的学习等问题，因此在研究工作中要付出比别人更多的努力才能胜任自己的工作，做出成绩，而向老师学习讨教，就是一条捷径。我非常幸运地遇到了像李先生这样学养深厚、乐于助人的老师，我一直很用心地跟着先生学习，学习他的理论方法，学习他的治学路数，学习他的调查方法，我跟着李先生学了不少东西。

我刚去民研所的时候，经常向他请教问题，后来我形成了一个习惯，凡是较大的文稿都要请他指教，无论是课题的成果，还是完成一篇较大的论文稿，没有请先生过目把关，就总觉得心中不踏实。那时年轻，也不懂事，登门拜访后也不问先生忙不忙就呈上文稿，请先生提意见。先生总是抽时间认真看完，对不妥或需要补充修改的地方，用红笔在稿子上批注，甚至个别词语使用不当都帮我修正了。先生的批改对我的帮助特别大，我从中学到了很多东西。对于先生用红笔批注、修改过的地方，我都会认真地细看，反复琢磨思考先生为什么会这样改，自己行文的缺陷在哪里，为什么用这个词更为精当等。在民族学研究领域，有些敏感的问题，用词达意也是一门学问，我在表述上往往用词直接而生硬，容易被人曲解或诟病，而李先生在这方面是高手，他总能找一个圆润的词句，既表达了贴切的意思，又无棱角，避免造成误解与伤害。

高： 对，尤其是涉及民族政策的时候。

冯： 是啊，先生的用词比较委婉、圆润，既不伤害民族感情，又把想表达的意思都表达出来了。

在我步入研究工作初期，李先生曾带我合作过几篇论文和著述，我们一起撰写了知识丛书《彝族》[①]，完成了大型辞书《中国民族建筑·四川篇》[②]的编辑和撰文，撰

[①] 李绍明、冯敏：《彝族》，北京：民族出版社，1996年。
[②] 王绍周主编：《中国民族建筑》（第一卷），南京：江苏科学技术出版社，1998年。

写了《马长寿先生对中国西南民族研究的贡献》(《马长寿纪念文集》，1993 年版)、《凉山彝族旧有婚姻家庭形态与现代化问题》[①]等述论。我记得为了撰写《马长寿先生对中国西南民族研究的贡献》一文，先生事先准备了一大摞有关马长寿先生的资料给我，还交代了写作中需要注意的问题。就这样，在李先生长时间的教导下，我的学术水平逐步提高，投稿的命中率几乎是百分之百。

高：李绍明先生既是一位严厉的老师，又是一个慈祥的长者，对很多人起到了点拨的作用。

冯：他对我们年青一辈真是有求必应，但很多时候吧，他自己特别忙，可我们求助于他的时候，他都是很耐心的，经常放下自己的事来帮助我们。后来，到我帮我所年轻同事看稿提建议的时候，我才知道这要花不少时间呢，这才有了切身体会，才感悟到李先生这点特别难能可贵，请教他的学生那么多，他得牺牲多少自己的休息时间啊。

高：先生是您学术上的贵人和恩师，这么说确实是恰如其分的。

冯：是的，是的。后来我们这些学生对研究慢慢成熟了，能独当一面了，李先生又去带其他的晚辈，我看见过李先生和他们一起在会议室，桌上放了很多资料，他们在校对和修改研究成果。对我们这些学生，李先生就是这样，将我们带进门、扶上马、送一程，他是一位具有极高责任心的好导师。

（三）从先生那里领会了观察的重要性

高：您的研究成果多数都基于田野中的一手资料，这方面您很擅长，李绍明先生在研究方法上对您有过什么样的指导呢？

冯：我举例跟您说吧，我跟着李绍明先生出过多次差，或者是开省内外的民族学学术研讨会，也有在川内的学术考察。有一次是先生带着所里的一大帮人到云南还是贵州开一个学术研讨会，在出差路上，我们都无所事事地闲着或打瞌睡，我发现李先生却兴致勃勃地看着窗外思考什么，我问他："李老师，您在看啥？"先生回答："观察。"我说："观察什么呀？"我心里嘀咕，不就是些田地、树木和房屋嘛，都差不多，有什么好看的。没想到先生说："每经过一个地方，它的自然环境不同，农作物不同，房屋造型不同，民风民俗也不同。"这段话对我来说是一种启蒙。

[①] 李绍明、冯敏：《凉山彝族旧有婚姻家庭形态与现代化问题》，《思想战线》，1990 年 12 月。

每到一处，先生除了开学术会外，若是在学术会所在地附近或返回的路上，凡是他听闻但未去过的名胜古迹或历史建筑，他总要去考察一番，而且如果是他去过的地方，我们没去过，他就要带我们去看，还给我们当解说员。有一次去四川某地开学术会，附近有一个古塔，木结构的，他为了看清楚木结构的构造，不顾年龄已不饶人，爬上去东看西看，细究了好一阵，下来后满身是灰，还挺高兴地对我们说了一番他的见解，那时我对历史建筑一无所知，也没听懂。李先生的很多见解都是从这些平时不显眼的观察和实地考察中得出来的，因此先生见识广博，我们请教他什么，他都能回答出来。

高：细致入微的观察非常重要。

冯：我从中悟出的道理就是做民族学要善于观察，此后我也学会了观察。每次出差的路上或进行课题考察，我都用心地观察一路上的生态环境、房屋造型、建筑细部、居民的衣着打扮和饮食特色等，这些在后来的研究中真的非常有用，都派上了用场。比如，在水库工程中对古镇文化遗产的拆迁保护、保护性旅游开发的对策建议上，这些细微的观察就非常有用，是调研报告中重要的事实依据。

高：您详细说说。

冯：2005年6月，我随四川省民俗学会专家考察组一行对宜宾市的屏山、楼东和李庄等古镇进行考察，这次考察缘起于国家重点水电建设工程——向家坝水电站的建设。因为水库工程往往不可避免地要淹没工程区周边的城镇，当时屏山古镇、新安镇和楼东古镇就在这个项目的范围内，这下就涉及对古镇文化遗产的拆迁保护与重建问题。屏山县政府请专家学者前去考察，出谋划策，提出了拆迁保护与实施方案。考察中的第一站是屏山县的明代城楼，要拆迁，大家各自分散考察，我观察到三处主体城楼都有外延的城墙，这些城墙上不仅古树盘绕，而且位于石径小巷的一侧。城墙对面的小院和人家使古城显露出幽深静谧，同时赋予了古城墙生灵之气，而在和平年代中，作为战时城墙的巍然与肃穆又是另外一番情景。所以，我提出明代城楼进行拆迁的同时应注意周边环境的随同，也就是说要注意历史文物的环境氛围。在古城镇的保护中，人们往往会忽略古城镇与周围的环境关系，双眼只孤立地盯在具体的景观或建筑物上。明代屏山古城楼的搬迁，不只是城楼建筑主体，而且连同其城墙及周边环境都要考虑到。我还观察到城墙四周传统的街道、民居建筑、店铺客栈以及街道的名称、铺面的名称和民居的功能等细节，这些都是城楼整体环境的重要组成部分。比如，翙凤门城楼咫尺外的"孝道街"，就是一个历史色彩十分浓厚的符号，附近"仰光客栈"的残存客房是木楼梯，还有门号，看起来已经十分陈旧了，但它们从一个侧面反映出这个地方交通位置的重要和当时的人口流动状况。街上的民居特点是木板结构，样式是上为阁楼、下为住所，商铺则是前店后室，民居门口还有古老的石质水缸……这些民俗事项，无不是历史文化氛围的衬托。如果搬迁后的城墙只是一座孤零零的建筑，没有城墙延续部分的古树古根、狭长石板街道的陪衬，没有四周的青石小巷、木壁木门的老店铺、过道又窄又深的民居客栈，就会失去原有的历史气韵，失去强烈的日常生活气息，搬迁就难以达到"搬迁如旧"的效果，保护的意义也会大打折扣，这是古镇拆迁保护与发展中一个值得关注的问题。

另外，像屏山镇的禹帝宫、禹王宫、万寿寺等，都是水库工程重点保护拆迁对象，但我在考察时却看到了对这些文物古迹保护不善的状况。例如，禹帝宫被当作民居使用，这无疑会对古建筑造成损伤，还有火灾的危险，这是不符合保护的基本要求的。楼东万寿宫1982年7月就被定为县级文物保护单位了，它的山门是牌楼式建筑，很有特色，但当时是作为小学校在使用的，两侧的浮雕被石灰敷面，写着"人民教育人民办，办好教育为人民"的现代标语。新移民区进行古镇重建的时候，这些文物古迹都要随之拆迁复原，如果不保护好，那么未等拆迁就会被不同程度地破坏，这值得引起有关部门重视。

我们此后又去考察李庄古镇的旅游开发。李庄镇历史悠久、人文荟萃、古建筑遗产相当丰富，具有很高的历史文化价值，而且还保留了大量抗战时期的革命史迹，是近代史上重大历史事件的纪念旧址，所以它既是传统风貌型历史名镇，又是近现代史迹型名镇，李庄是我考察过的印象最深的一个古镇。可以说，一个小小的李庄镇集中了由庙宇、宫观、殿堂组成的"九宫十八庙"，有中外闻名的明代旋螺殿，有保存完好的古街、古巷和众多的古民居四合院。古镇的格局包括街道的特点，都是传统建筑文化的精髓。

现在回忆起来，当时考察的情景还历历在目：我们一行人穿行于小镇的街头巷尾，抬头仰看一线天的小巷，或者行走在青石板铺就的深幽小街上，参观清净宜人的四合院，观看临街而开的前是商铺、后是作坊的老店，还有以贸易市场为背景命名的"席子巷""羊市街"的小巷，感到每条街道的历史风韵与内涵都是那么丰富和丰满。除了这些，李庄这个古镇更让人肃然起敬的是它的一段值得骄傲的独有的历史，这是一般历史古镇所少有的，它是抗战时期的旧址，这段历史已为很多人了解。

1940年，日本入侵中国并推进到大后方昆明，迫使在昆明的各个文化科研机构迁至李庄，其中有中国营造学社、国立同济大学、金陵大学，还有"中央研究院"、中央博物馆等，人数多达一万余众。这次迁移使中国的众多一流专家学者会聚在这里，知名人士李济、傅斯年、童第周、陶孟和、梁思成、林徽因等都曾在这里居住过一段时间，李庄因此而声名大噪。中国营造学社是我国当代唯一研究古代建筑（传统营造学）的学术团体，可以说李庄为中国保护了一批日后成为建筑学界泰斗级的人物，除了梁思成、林徽因夫妇外，还有刘敦桢、陈明达、刘致平、罗哲文等人。当时这些泰斗级人物也对李庄的古建筑进行了研究，对李庄历史文化古镇进行了科学的评价，梁思成将旋螺殿、魁星阁、九龙石碑、百鹤窗誉为李庄"四绝"，他的大作《中国建筑史》就是在李庄完成的。

高：这是非常值得记录的一笔。

冯：总的来说，李庄对历史文物古迹保护得还是比较好的。近几十年来，没有较大的建设活动，街道没有拓宽，原有房屋没有拆除，保存较好，古街古巷的格局和风貌也保留得比较完整。但是，当时在考察中还是能发现一些问题，主要是当地对文物古迹的保护意识不强，一些文物建筑，如祖师殿、中国营造学社的木质主柱和大门，有的已被虫蛀或已经裂口，有的已经开始腐朽了，如果不马上采取现代科技手段进行保护而只开发利用的话，势必造成对文物建筑不可逆的损害。我还注意到在李庄现存最大的清代建筑禹王宫粗大的红色立柱上贴着"膏药"，有几张现代宣传标语和"莫生气"等内容的传单，与文物遗迹大相径庭，实在大煞风景，也破坏了整体观赏效果。

我在考察中注意到的细节是提出保护性拆迁或保护性旅游开发的事实依据，写到调查报告中有理有据，能为当地政府决策时提供可靠的参考。

高：观察的重要性。

冯：再比如，我后来做妇女健康、环境与可持续发展课题[①]，对彝、羌地区居住环境的细微观察是一个非常重要的方面，这对完成课题起了很大的作用。2007年退休后，我第二次去扎坝地区做母系制社会的田野调查，我把路上的所见所闻和平时的观察所得都写在了日志上（见附录一），这也是对扎巴藏族志的一种有趣而有意义的补充。这种观察对于我来说已经成了一种得心应手的调查方法，造就了我自己

[①] 海外中华妇女学会"妇女、环境与可持续发展"课题。——编者注

的一种思维模式和行为习惯，就是将看到的现象逐步深入，层层提出问题，追根溯源并纵深挖掘，这样非常有利于研究，回答是什么、为什么、怎样做。到现在为止，我每到一地游玩或在异地休养时，都会不自觉地带着这种习惯，遇人遇事总想看个明白、问个清楚。

（四）先生的"好吃"与"爱书"

高：李绍明先生还有什么特点是让您印象深刻的？

冯：李先生是一个"好吃"的人，这在熟人圈里是出名的。因为他是老师，我不好意思说他"好吃"，我就称他为"美食家"，先生调侃说他不是美食家，而是杂食家，杂食就是不分雅俗，只要有特色的都爱吃，所以师母说他坐在街边小摊上吃也无所谓。后来我渐渐感悟到，先生的"好吃"是从做学问的角度获得知识。饮食是一族一地的民俗之一，一个地方的特色饮食也是民间文化的内容，是对一个民族、一个地方基本知识的了解，所以先生做学问给人以广博的感觉，什么都知道，像一本百科全书。

高：街边小吃摊可能更具民俗特色。

冯：其实，街边小吃正是民间最地道、最本土的特色，最能反映当地民间饮食文化的内涵。所以，当年我们每出差一地，除了工作问题外，李老师还会给我们讲当地有什么好看的（名胜古迹）、好吃的（地方风味）。跟着先生去开会，他就会在逛夜景之后请我们大家吃消夜，吃那里最有名的好吃的食物。受先生的影响，我后来每出差去一地，也要品尝那里的地方特色饮食，作为对民风民俗基本知识的了解，然后还会写一些关于饮食民俗的小文章，比如《古今客家坝坝宴》（《四川旅游学院学报》，2005［4］）、《扎巴人的佳肴——臭猪肉》（《四川烹饪》，2005［1］）、《品彝家新宴》（笔名梅文，《四川烹饪》，2004［12］），等等，都是这样写成的。

另外，李先生的藏书非常多，我写稿时如果需要什么参考书在图书室借不到，就去找先生借。李先生的书房藏书万卷，但他总能从眼花缭乱的书架上很快把我需要的书找出来借给我。李先生特别爱惜书，有一个细节给我印象很深，有一次我去找他借书，他在查找过程中发现有本书封底书脊部撕裂开一小截，他马上用胶水黏合，为了牢靠还用透明胶带横着粘上一点以防再裂。有的书挤放时书角折叠，他发现后也要马上整平还原，他修补整理这些书时爱护的神态给我印象极深，所以我借李先生的书都注意仔细保护好，用后完璧归赵。

高： 我看您这里的书也非常多啊。

冯： 我养成买书的爱好，也是受先生的影响，当然，后来也是写作的需要。有时写论文或做课题需要参考的资料，如果自己没有，在图书馆又查不到，我就到李老师的"书库"去借。所以，我很羡慕李老师有那么多的藏书，研究学问时非常方便，就像樵夫砍柴的工具。后来，我自己也形成了逛书店的习惯，每月发了工资或有点余钱时，星期天就去书店逛上半天一天的，如果能买到自己心仪的好书，心里就特别高兴。有时看到特别好的书，自己以后用得上，即便口袋里已经没钱了，也咬咬牙从生活费中挤出来买书。记得我们所有两个从其他单位调来的年轻同事，刚来时不熟悉业务，不知道如何搞研究，整天坐在办公室无所事事。有一天她们来向我请教如何搞研究，我给她们讲了自己治学的心得体会，并强调要自己买些业务书籍学习和备用，还让她们多去请教李老师。我对她们说："当你们感到时间不够用了，当你们把买衣服的钱用来买书了，你们就走上研究的大道了。"这是我自己的经验，也是我学术之路体会的一个小总结。

（五）指导我做扎巴藏族研究

冯： 李先生非常重视民族志和田野调查。因为民族志不仅是人类学研究的基础，也是科学的经验研究的一种文体，更是一种传统方法，而田野调查是民族学、人类学的标志性研究方法之一。《扎巴藏族》是我退休前后做的两次田野调查形成的成果，就属于这种研究。扎巴人属藏族的一个支系，居住在四川省横断山脉中段雅砻江支流鲜水河的高山峡谷之中。由于扎巴人还保留着较为完整的母系制婚姻家庭，是 20 世纪民族学研究领域继泸沽湖摩梭母系制后发现的又一个母系制文化区。我认为扎巴母系制有自己鲜明的婚姻家庭特点，是中华民族文化多样性的重要组成部分，是中国民族学、人类学的一个新样本，李先生十分重视和关心，一直支持我的这项田野调查，给了我悉心指导。

高： 这本书我看了，您在书中提供的资料非常扎实。

冯： 那都是我先后两次到扎坝地区进行调查的成果，第一次是 2004 年 7 月，我到道孚县扎坝区调查，那次是西南民院民族研究所受道孚县委、县政府的委托，对他们县的旅游文化资源进行梳理性调查。后来，课题组由西南民族大学西南民族研究所和四川省民族研究所组成联合课题组，对道孚县和扎坝地区的语言、婚姻家庭、宗教和习俗做了为期一个月的田野调查，我负责扎巴藏族的婚姻家庭部分。去之前，我向先生请教，在调查中应注意着重收集哪些方面的资料，先生给予了耐心细致的指导。我遵照先生的指导并结合自己的学习与思考，拟定了一份比较详细的调查提纲，从婚姻家庭的多方面进行调查。课题调研完成的初步成果是《四川道孚县扎巴藏族母系制婚姻家庭调查及语言调查》。我记得是2005年4月7日进行评审的，当时由四川省社会科学院藏学研究中心的任新建教授（组长）、四川大学博士生导师石硕教授、西南民族大学的胡书津教授及李绍明先生组成评审组。在成果评审时，几位先生都提出了很好的意见与建议并给予了充分肯定，他们一致认为这项成果的婚姻家庭部分是首次对扎巴藏族母系制婚姻家庭及语言进行了较全面的深入调查和分析，填补了一个重要的学术空白，具有开拓性、科学性和一定实用性，对藏彝民族走廊多元文化研究具有抢救性意义，丰富了民族学历史文化领域的母系制研究样本。评审组希望我以后再作进一步的补充调查，把扎巴课题做大做强。后来，这个成果定名为《鲜水河畔的道孚县藏族多元文化》，2005年由四川民族出版社出版了。

我们这次调查的目的是开发整个甘孜地区的旅游业，我承担的扎巴母系制婚姻家庭调查只是这个调查的一部分，还远远不够系统深入。因此，我萌生了写一本扎巴母系制婚姻家庭专著的想法。在评审前，我给李先生讲了我的这一想法，并冒昧地提出了一些"新论点"，所以在课题结题评审时，李先生还针对课题中存在的问题和我的下一步打算进行了非常具体的指导。现在回忆，大体有以下几个方面。

一是厘清母系的分布区域，扎坝地区各个乡的概貌、状况、人口、分布区域、历史状况等，都要有所交代。二是母系制的命题问题，是否是母系制，怎样的组织形式，要回答，要表达清楚，要基本上确认。要用婚姻家庭的理论来指导、研究、分析，这样说得更加清楚。三是什么情况下保留了母系制，又发生了什么变化？扎巴现在延续下来的，有些什么非原生态的东西？四是扎巴是否早已进入领主经济（份田制），地主经济对婚姻家庭的影响。五是用什么婚姻家庭理论统率分析扎巴母系制，基本上有两套理论：一个是中华人民共和国成立前，人类学家用西方人类学、民族学的理论来分析，与苏维埃不同，也有所相同；另一个是用传统的人类学、民族学理论，如林惠祥的《文化人类学》，要有婚姻、婚姻手续、婚姻范围和居住制等，还具体列出参考书目。六是下步做分析研究，要有一个系统的东西。"对偶婚"是一个阶段，林耀华先生谈了六点婚姻形式的特征，还有解释，其他书没有这么详细，下步可作为规范参考。另外，先生还教导，扎巴母系制为什么延续，其原因是什么？关于生产力落后的原因，泸沽湖的生产力并不落后，也存在母系制。康巴藏区是农奴制，但扎巴是地主经济，应先进些。这些，都需从扎巴本身来分析。拿不准的尽量不说。七是关于双系家庭问题。母系是对偶家庭的，父系是一夫一妻家庭。扎巴若有双系家庭，有无变异？泸沽湖母系制中有很多，这方面要补充调查。双系是放在母系，还是母系向一夫一妻过渡中，要进行规范。最后一点是亲属称谓很重要，母系制称谓要进行补充调查，与父系制称谓分开讲，等等，使我有了明确的学习和思考方向。

这么详细具体的指导意见，使我茅塞顿开，也很感动。我在扎坝地区第二次做田野调查时，都参考了先生的这些指导意见，注意重点调查或补充调查这些方面的问题，回答这些问题。先生对我所一代代中青年学人，都是这样传授学术要领的。先生把他从老师那里学来的东西，又传给了他的学生。

高：李绍明先生考虑得非常周全，把一种文化形成过程中的历史和社会经济因素都考虑到了，在理论的使用和调查结果的分析上也非常慎重。

冯：是的。把民族史与民族学研究结合起来考虑是李先生治学的一种路数，这也反映在他提倡的民族志写作中。民族志原本应该是"现在时"，但李先生认为应该交代这个民族或族群的历史，是史志结合的写法。比如，在扎巴民族志中，他特地交代要了解土司的历史与婚姻状况，我理解这是将扎巴婚姻家庭放在一个更大的历史背景和范围里考察，以期准确地认识扎巴走婚的社会背景与演变情况。

我原本准备在2004年对扎巴婚姻家庭调查的基础上做第二次调查，重点放在扎巴母系制婚姻与家庭上，写一本相关的专著。但先生建议我先做"志"体式的全面调查，写一本《扎巴藏族民族志》，以后再做专题研究。当时我对志书还停留在陈旧的认识上，认为志书客观叙事，述而不论，学术价值不高，而且全方位调查，费时费力，心中有些不愿。但先生给我讲了很多，大意是：民族志是民族学的基础，民族学理论的建立是在若干个民族志研究基础上提升出来的。民族志反映一个民族的面貌和历史进程，包括经济、文化和政治等诸多方面……民族学尤其要重视微观民族志，乃至于村、寨、社区的调查，越细越好，我国民族学的成功关键就在微观民族志，而且要用民族学的客观描述进行民族志的规范写作。于是，我认真学习了有关民族志的知识，我从书中了解到民族志作为人类学研究的基础，已有不少人类学家对此有精辟的总结，如美国人类学家古塔和弗格森都认为：把民族志视为"简单的描述"，为科学研究提供原始资料的手段的时期早已成为历史，主流社会认同的文化人类学都把民族志描述看成是学科本身发展的一个有价值、富有生命力的部分，因为建立在民族志细节基础上的人类学分析才有意义。① 我国人类学学者高丙中教授对民族志写作也有一番精彩的论述，大意是说：民族志既是社会科学的经验研究的一种文体，同时也是一种方法，也就是一种所谓定性研究或"质的研究"；民族志依据对社会的整体观察并呈现的社会事实，对整个社会科学，对现代国家和现代世界都具有独特的知识贡献。②

过去，我认为民族志是资料性的，少有研究，学术价值不大，这是对民族志的误解。先生在很早时就对了解一个民族或族群首先要做民族志有明确的指导，通过对民族志理论的学习和先生的教导，我明白了民族志是田野调查的第一手资料，是研究的基础与根本，同时我也明白，做一个民族的专志要"全方位"，这意味着要投入更多的精力与辛苦，但也可以为今后深入研究积累更加广泛的资料，带来更多有益的探讨，还可以使这一研究向纵深方向发展。先生的学术眼光的高远，使我决定遵从先生的建议，做扎巴民族志的全方位田野调查。我根据在第一次调查报告评审会上李绍明先生等专家提出的具体建议，确定了全面调查及重点补充调查的内容，准备了详细的田野调查提纲并请先生审阅，得到了先生的认可。

2007年6月至8月，已经退休的我独自一人踏上了第二次调查之旅，前往道孚县扎坝区及毗邻的雅江县扎麦区做了两个多月的田野调查。此次是以"志"为体例，对扎巴的历史、社会、经济、婚姻家庭、亲属称谓、文化、宗教和习俗等方面进行全方位调查。我对扎巴母系制婚姻家庭主要分布区的上扎坝的婚姻形态与家庭类型进行了大面积普查，并遵照了先生的教导，在2004年对扎巴婚姻家庭的调查基础上，进行了家庭追踪调查和补充调查，并通过家庭成员的婚姻家庭的变化情况分析了扎巴婚姻家庭的变迁。

这次调查是我学术生涯中最后一次，也是最艰难困苦的一次，我白天串户或进行个人访谈，晚上录入资料。外出调查有时步行，有时抄小路爬山，一走就是一两个小时，有时搭乘摩托车或坐小型货车，在万丈悬崖上的羊肠小道行进。由于没有工作条件，经常用小方凳当桌子，用更矮的小凳当坐凳，每天弓腰屈膝坐在上面询问、记录、梳理材料。我也不太适应高原的气候，那段时间反复感冒，整天咳嗽持续了一个

---

① ［美］古塔、弗格森编著；骆建建、袁同凯、郭立新译：《人类学定位：田野科学的界限与基础》，北京：华夏出版社，2005年。
② 高丙中：《中国社会科学需要培育扎实的民族志基本功》，《民间文化论坛》，2006年第2期，第106—108页。

多月，还被当地一种白色的毒蚊子咬得体无完肤。调查结束后，我又去康定想做一些对比研究，返回成都途中又遭遇车祸，幸好并无大碍，算是不幸中的万幸。

高：虽然很辛苦，但收获满满，成果斐然。

冯：成果斐然谈不上，两次田野调查的成果就是后来的《扎巴藏族——21世纪人类学母系制社会田野调查》[①]一书。这本书从具体指导到书名的敲定都是在李绍明先生的指导和关心下完成的，凝聚了先生的心血。

高：我看到这本书的出版时间是在李先生去世后不久，先生临终前还在关心自己的学生。

冯：是啊，2009年7月底"国际人类学与民族学联合会第十六届世界大会"在昆明召开的时候，先生因为身体状况不佳正在住院，没能前去主持，但在重病期间先生一直在关注这本书的出版。先生住院的第二天，我去看望他，他关切地询问《扎巴藏族》书稿的清样出来了没有，先生担心赶不上在昆明会议上与已出版的"藏彝走廊研究丛书"一起展示。先生在动了肝部手术后，我第二次去医院看望他，因为书稿有"扎巴走婚"的内容，出版社顾虑重重，迟迟不能出版，希望我更改书名。我当时看着先生蜡黄而衰弱的容貌，实在不忍心又去打扰他，但涉及出版要改书名的问题，书名是先生定的，我觉得要改书名就一定要征求先生意见，以示尊重。看到先生的病态我欲言又止，先生一下就看出来了，而且猜到了我为什么感到为难，就主动问起书稿的出版情况。我赶忙说："李老师，您别讲话，只听我说。"我简要地给先生讲了书稿被搁置的原因，先生说他也没想到会出现这样的问题，认为出版社过虑了。然后，先生又用虚弱的声音时说时停地叮嘱我，他说："扎巴民族志有学术价值，你也吃了不少苦，一定要争取出版，要遵从出版社的意见，按他们的意见修改。"先生还告诉我应注意些什么问题，考虑得十分周到，使我特别感动和难过，但我又不敢在先生病榻前有忌讳之容，只好借口躲到洗手间偷偷抹眼泪。

再往后，我又去医院看望他时，他还在推敲书名。这次之后，我因忙于从书名到内容的修改完稿，有一个多星期没能去医院探望先生。待再去时，先生已处于昏迷状态，没想到上次见面，就是先生与我最后一次交谈了。李老师在生重病弥留之际的前几天，还在关心《扎巴藏族》一书的出版问题，他对晚生后学扶持提携的师德，实在感人肺腑。

[①] 冯敏：《扎坝藏族——21世纪人类学母系制社会田野调查》，北京：民族出版社，2010年7月。

2009年8月20日,先生仙逝,享年76岁。2010年1月3日,我去参加了先生的骨灰安葬仪式,此时这本书的出版还在困局之中,在李先生的墓前,念及此,我感到作为一个民族学学者的无奈。后来经过艰难的据理力争,又请了扎巴德高望重的资深人士写了证明书,才终于通过编审。在先生去世周年祭时,我得以在先生的墓前深深鞠躬,告知先生这本书终于付梓,告慰先生的在天之灵。

(六)缅怀恩师

高:李先生如果在天有灵,一定会为您高兴的。

冯:李绍明先生是民族、历史、考古领域的专家,越到老年越忙,可以说最后是累倒的。"5·12"地震后,为建立"北川羌族文化生态保护实验区",先生以75岁的高龄数次前往实地考察。之后先生还做了几件大事:一是提出应该对"南丝绸之路"进行新的学术探讨;二是准备拟写华西学派对人类学的承续做出的贡献;三是筹划"国际人类学与民族学联合会第十六届世界大会"四川分会场的"藏彝走廊专题会议",以及各种社会活动和事务性工作。但先生毕竟年事已高,在繁忙的社会活动与学术研究中已感到精力不济。有一次我去先生家,瞄到里屋的先生趴在床上,师母跟我说:"他现在不是趴在桌上,就是趴在床上。"我和师母悄悄说了一会儿话,让她劝劝先生别太累了,师母说:"我说他,他说事情太多,不完成怎么行呢。"我当时就感觉先生真的太累了,但还在超负荷硬撑。我曾经听先生说过几次,等2009年7月在昆明主持完"藏彝走廊专题会议"后就退下来,做一些力所能及的事。开始我还相信先生说的话能实现,可是仍见先生十分繁忙、不能安闲。有次听先生又说这话,于是直言:"李老师,我看您可能退不下来!"因为跟随先生这么多年,我了解先生的为人,以他在学界的地位,他的学术操守,他的以公为先,他的有求必应,他就根本退不下来。先生听完笑了笑说:"那就死而后已。"后来,先生这样做了!他为民族学、人类学研究,为四川地震灾区,为四川省民族研究所,为他的几代学生,无私地奉献了自己的智慧、才干、生命,做到了鞠躬尽瘁,死而后已。

先生的逝世可以说是中国民族学界的巨大损失,令人深切痛惜。2010年2月26日,在先生的追悼会上,气氛非常凝重而肃穆,当时参加追悼会的一共有四五百人,有各界的学人,先生的友人和学生,另外还有160多个单位发来唁电,纷纷表达了对先生仁厚博学的景仰和高尚人品的敬佩。

我作为李绍明先生的学生,对他的离开感到深切的悲痛与惋惜,记得居里夫人曾说过一句名言："不管一个人取得多么值得骄傲的成就，都应该饮水思源，应当记住是自己的老师为他的成长播下了最初的种子。"虽然我们这些后学离取得成就还差很远，但我们在学术研究上的每一个进步，取得的每一点成绩，背后都有老师的心血和付出。现在叙述自己在学业上的成长，与先生的帮助、教导、提携分不开，自然忆起先生生前的诸多往事，有感而发说了很多，以此才能表达一个后学晚辈对先生的尊敬、感谢与纪念。葬礼有止，师恩长存，我们永远缅怀先生！

李绍明先生在学界留下了深远的影响，他去世后学界也一直没有淡忘他。2019年8月31日，四川的几个研究所，包括四川师范大学巴蜀文化研究中心、四川大学藏学研究中心、四川省民族研究所共同在成都市武侯祠博物馆开了"李绍明学术思想座谈会"，纪念李绍明先生逝世十周年。会上，大家追思了李绍明先生的学术人生、道德文章、学术风范和人格魅力，对他的学术贡献给予了高度评价。会后还形成了一本纪念集，叫《民族花灿忆故人——李绍明先生逝世十周年纪念文集》[①]。作为学生，看到十年后先生还备受学界的尊崇和怀念，我由衷地高兴。

（七）村志《成都东山客家太平村》的写作

高：我记得在查资料的时候，看到您还有一本书也是李绍明先生写的序。

冯：对。李先生非常支持我的这个工作。这是我协助一位村支书写的村志，当时是四川省客家学会邀请我承担编写的一部乡村民族志专著，叫《成都东山客家太平村》。这本书的主要作者是客家老农钟培全先生，钟老当时年事已高，而且他并不熟悉写作，他以字典为工具，用村档案作基本资料，用铅笔写出了书的草稿。因为我也是客家人，所以当时四川省客家学会的会长陈世松先生就找到我，让我协助他完成了这本乡土志书。这本书给我留下的印象很深，它是我科研生涯中比较另类的一个辅助性成果。这本书是对一个客家村落的历史、经济及文化变迁进行微观叙事，书中所描述的农村社区是钟老的先辈自清代中期入川后的世居地，成都市龙泉驿区十陵镇太平村，书中所讲述的内容是钟培全先生及其祖辈亲身经历的社会实践。在中国，传统的民族文化是通过村寨来表现的，而村寨文化又是地方文化的一个基本单元。作为村志，书中包含了对太平村的建置沿革、地理位置、地质地貌、水系物产、气候与自然灾害等自然条件的详细记录，还对当地的家族支系、婚姻家庭、财

---

① 段渝、王国平主编：《民族花灿忆故人——李绍明先生逝世十周年（2009—2019）纪念文集》，成都：巴蜀书社，2019年。

产继承、亲属称谓、宗教信仰、物质民俗和精神民俗等内容做了详细的记述，特别是改革开放以来农村的变化也是这本书的重点内容之一。

当时，我们写这本书的目的是想以一个客家村落为视点，以小见大，反映新中国成立后农民所走过的社会历程，展示四川农村在中国农村经济发展过程中的轨迹，同时也想反映客家人自强不息的精神。这种个案式的微观民族志，有助于我们多层次、多视角地去深入感受在大的社会背景下乡村社会的变迁历程，具有较好的史料价值和社会价值。写作叙事基本上是述而不作。

钟老是一个东山客家人，就是我们所说的"原乡人"，他见证了近50余年太平客家社会的变迁。他把自己亲眼看见、亲身经历和亲自听到的村庄史实以及客家人所经历的最重要、最真实的记忆与体验说出来，这相当于是让"事件"的亲历者直接对历史说话，是一种以本族之人叙述本族、本地之事，同时将当事人的亲身经历和感受融入村志中，这是我们这本书的一个特点。我对这本乡土志印象特别深的地方就是书中原汁原味展现的叙述性个案，其中包括钟老母亲一生的经历，她的故事生动、具体又鲜活，展现了客家妇女和其他人的言行举止和优良品德，使读者在叙事的阅读中，感受、体味和理解客家人和客家传统的历史与文化。以前很多宏观民族志中都不太能照顾到这种细微的内容，但这些才是使乡土志有血有肉地展现出生动史实的关键。

我接受任务后，先将钟老用铅笔写的已有些模糊不清的草稿录入电脑上，然后按照李绍明先生当时对志的写作要求进行整理、补充和完善。在完成过程中，我多次走访太平村，询问一些缺失的内容，然后再请钟老补充。由于草稿中有关与太平村经济相关的数据和内容太少，我和钟老又进行补充调查和充实，完成后请李先生作了序。

由于当时我对地方志"述而不作"的学术价值信心不足，所以书出版后，我没敢申报四川省社科优秀成果奖，只向省地方志办申报了奖项，结果荣获了"四川省第十二次地方志优秀成果一等奖"。钟老很高兴，把这张奖状呈交给村委会，作为太平村的传家宝，这本村志也受当地村民喜爱，我和钟老通过这次合作也成了朋友。

高：这部分主题是谈李绍明先生，但我对您说的这部村志很感兴趣，咱们稍微跑跑题，您在这次调研中，有什么特别难忘的事情吗？

冯：我亲历并记忆犹新的是在协助钟老完成的过程中，参加了钟老六十大寿的客家坝坝宴，一共两天。作为土生土长的"村里人"和客家人的后代，钟培全老先生对太平村的人和事了如指掌，他谙熟客家的传统习俗文化，并对宣传弘扬客家文化有着极大的热情。2003年11月下旬，借子女们为他办60大寿的寿宴之际，他特地把本村客家人已消失的传统寿宴"九大碗"再展现出来。我虽是客家后裔，却对客家传统的寿庆与饮食习俗一无所知，客家人怎样贺寿，传统寿宴是怎么回事，与现代寿宴有何区别，这些我都不知道，所以我对参加这次寿诞之庆抱有极大兴趣，就欣然应邀参加了整个祝寿的过程，并进行了全过程观察，同时对两个既有联系又有区别的今昔寿宴进行了比较。

在客家乡土社会，按传统习俗，从60岁开始就要给老年人做大生，表示人生满一个花甲，是一次隆重的人生寿诞。大喜之日，前来祝贺的客人很多。客家人有贴门联志喜的习俗，钟老喜欢舞文弄墨，自撰了两副对联：

亲朋好友多盛情，薄酒淡菜宴嘉宾；

平平贫已成历史，户户富寄望将来。

横批：一方平安。

这两副对联分别贴在设宴的进出口处和住家的大门两侧。两副对联呢各有趣味，各有含义，表达了主人对来宾的热情，对乡土的热爱，对本家本村致富前程的期望。

农村中摆宴，叫"田席"，四川过去称为"坝坝宴"。典型的菜肴是"九大碗"，又叫"九斗碗"。这次寿宴的田席地点设在主家房屋对面的太平村小学操场。当天的晚宴就是传统寿宴的"九大碗"，菜肴有夹沙肉、甜烧白、咸烧白、肘子肉、热窝鸡、酸菜鸭、红酥肉、红萝卜烧肉、酥肉汤，算是大菜。另外，还有5个小菜是回锅肉、青椒肉片、青笋肉片、芹菜鸡杂和一盘油酥花生米，总共13菜1汤，都是我熟知的四川家常菜肴。钟老另辟蹊径的是在主食米饭外，专门上了一道"腊八粥"，说是客家人的传统古餐。在迎宾讲话中，钟老讲述了客家人过腊八节、吃腊八粥的来历，这是他儿时听祖母讲的，与汉族民间腊八粥的来源说法不同。汉族吃腊八粥的"腊八节"是中国民间的传统节日，起源于上古时腊日驱鬼逐疫的宗教仪式，人们在这天吃赤豆粥之前，要举行打鬼仪式，打跑瘟神疫鬼，这样新的一年才能平安无灾。而客家人吃腊八粥的传说却是记载了客家人迁徙的历史。

高：这个故事的内容，您还记得吗？

冯：这个故事讲的是客家祖辈中有一家人，公公、婆婆的年纪已上了80岁，夫妻俩八字相同，同年八月八日生，有八个儿女，后来这八个儿女各自谋生，有的去了高山，有的去了丘陵，有的去了平原。但每年的腊月初八这天，儿女们都要回家看望父母，每个人都要送些特产礼物给父母，以示孝敬。为了让大家的团聚过得有意义，父母就把各个子女的特产各选一样，这样，就有高山的豆、粟，丘陵的花生、枣，平地的大米、蔬菜，八个子女八样特产，熬煮成粥，称为"和气饭"，全家人团聚共餐，目的是让子女们团结互助、共同发展。

高：这个故事的寓意很好。

冯：民间许多传统节日往往都有一个或多个美丽的传说，这些传说以本民族或本地区的历史或历史人物为凭借对年节给予解释，通常带有很大的主观因素和随意性。客家人对腊八节和腊八粥传说的解释也带有这种特点，不仅体现了客家人睦族和家的精神，也反映了客家人对迁徙历史与生存状态的回忆，反映了客家人因各种原因辗转迁徙来到四川，据时间先后分别居住平坝、丘陵、山地的历史倒影。腊八粥混合的各种原料，是在各种生态环境条件下生存的客家人的农产品，反映了客家人不同的生存条件与状态。

以我对客家文化不多的调查，感受较深的一点是客家人历来把尊祖敬老视为一种高尚美德。过去，客家一旦聚居，有条件时的首要任务就是修祖先祠堂，供族人同祭。一家立户必立祖先牌位，长年供奉并修族谱。儿女在外的，要定期回家看望父母，给父母送上一份礼物，表示孝敬，这也是腊八粥产生的前提，所以腊八粥的来源传说，体现了儿孙对父母的孝敬和兄妹团结的主旨，表达了客家人的伦理和价值观念，并且成为整合客家群体意识的一种意识规范。这种意识规范，我们在客家人的家谱、族谱、家训、对联、传说中都能看到，可以说已经深植于客家人的心理层面并自觉在子孙中承前启后、世代相传。腊八粥的传说，就是传播的载体之一，这个印象对我来说是颇为深刻的，我原想写一篇这个主题的文章，但因时间关系没有写成。

随着农村经济的发展，农民现代意识的增强，乡村饮食文化的进步也要紧跟时代潮流与城市饮食同步，而"九大碗"已经被认为是"过时"宴席，所以在第二天寿诞的正日子举行的是时髦的现代宴。我记得当天艳阳高照、温暖宜人，是冬天里难得的好天气。宴席开始前，先放火炮表示庆祝，然后客人鱼贯入席，我数了一下，每桌10人，有50多桌，摆满了宽阔的小学操场，坐满了来宾，气势宏大、场面壮观。客人们欢声笑语，孩子们嬉闹跑跳，一派寿宴喜庆的气氛。当时我特意数了数，席菜共有18菜2汤1点，有凉菜、卤菜、烧菜、蒸菜、干菜、炒菜、汤菜，面点若干个品种，其中以凉菜、卤菜占多，如凉拌菜有凉拌鸡块、凉拌肚条、卤鸭、卤香肠、卤舌子等；还有油炸的鸡腿、鹌鹑、椒盐泥鳅、麻辣鱼虾，热菜有清蒸荷叶包鸡、三鲜什锦、烧牛肉、青椒牛蛙、干煸鳝鱼和一般的青笋肉片、芹菜肉丝。汤菜有团鱼鸽子汤、银耳汤，算是高档的；另有椒盐龙眼、香酥核桃、菠萝八宝粥和一盘寿桃，这都是时兴的。当时还觉得眼前一亮，这在传统宴席上别具一格，表现出开始富裕的客家农民的洒脱和大方。

高：这么多菜，您记得够清楚的。

冯：因为这些菜都是当时宴席上比较常用的菜，熟悉好记。当年记性也好，我赴宴回来还写过一篇文章。这些菜目在当时的农村也算是丰富多彩、琳琅满目了，较之旧时的"九大碗"菜肴品种丰富多样，营养价值也较高，烹调技艺也比较多样，色香味齐全。席桌上所放的全兴大曲、啤酒、鲜橙等多种饮料也反映出乡村生活的城市化，特别是有一道菠萝八宝饭，当时我颇为惊异，这是用新鲜菠萝挖空填塞的八宝饭，黄澄澄的菠萝填上白红相杂的八宝饭，色彩艳丽，顶上还盖着一片鲜活的绿色菠萝尾叶，给这道菜增添了造型与色彩的艺术韵味，虽然是仿效时新的做法，但它标志着农村乡宴已步入饮食工艺的殿堂。这种乡村"田席"的现代化，是农村逐渐走向富裕的一个侧影，正如钟老对联上所说"贫穷已成历史，富裕正在起步"。另外，送菜工具也颇有特色，这是四川农村用竹编的长方形提篮，一次可放数十盘（碗）菜肴，是乡宴独特的传送工具，比起用现代手推车和人工手腕叠放传菜，既省力又快捷，几十桌的满桌菜品，几位大嫂不过十多分钟就送完了。

高：您说一桌有20多个菜，一共有几十桌，一共要做上千道菜，家里需要雇厨师吧？

冯：这种乡宴，主家不自己做，都要请乡村专职厨师的。客家人时兴包宴，尤其是秋冬后乡村中的包席客户不断，不仅有传统的婚、丧办宴，还有小孩满月、子女上大学、参军等喜事也要办宴，请乡邻亲朋同喜共乐。当时村里人普遍富裕了，请客包席的规模也越来越大了，一般人家都嫌自办酒席麻烦，于是出钱请厨师办宴，因而专职的乡村厨师应运而生，他们以办宴为主职，无宴时就务农。当时太平村这样的乡土厨师就有好几家，比较知名的厨师一般承接大型的或席桌多的宴席。这次宴会的主厨姓曾，是本村人，50岁，他们家专事红白喜事办宴已经三代了。

高：宴席上用的锅碗瓢盆也是这些专职的乡村厨师自备的吧？一般家庭哪有这么多餐具啊。

冯：是啊。除宴席所用原料由主家供给外，锅碗瓢盆、桌椅板凳全部都是厨师负责准备的,那么大的量,主家很难自备。像曾师傅家,备的碗盘盏碟有上千副,有充足的厨用家什,一次能应付上百桌宴席,所以方圆几十里办大宴的都请他。

高:曾师傅他们是一个团队吧?

冯:都是团队的形式,乡村厨师帮厨办宴时会带一个主厨助手,几个或十几个刀工和洗菜、洗碗、上菜的小工,这些人的报酬按桌计算,每桌25到30元不等,小工每人每天20元,如果夜晚加班,主家会另给加班费。

一般厨师会在办宴前先将厨具送达主家,路远的用卡车运送桌凳和家什,路近的小型宴席是用竹箩筐挑上碗盘,然后根据席桌多少,用火砖搭上数目不等的地灶。这种地灶,我当时是第一次看到,地灶较之炉灶,既省力,又方便,还不占地面,也便于砌和拆,十分科学。如果操作的地方是泥土地,就直接用火砖砌一圆形带孔的地灶,如果是水泥地,就在地上先放一层火砖,再在火砖上砌地灶放蜂窝煤起火。我问过曾师傅,他说这种地灶是从别处学来的,已经用了10余年了。

那天前来贺寿的有600余人,除本家至亲外,还有远亲近邻以及四川省客家研究中心陈世松主任及其他专家学者,让我意外的是还有记者和电台摄影师等数人。贺寿的客人有开各种私家车来的,有骑摩托车来的,也有乘公交车来的,从一个侧面反映出农村中部分家庭已开始富裕并走上小康。按照传统礼俗,不管是富裕的,还是贫困的,见了寿星都要礼节性地递上一个红包或者直接给数额不等的礼金。过去来宾送寿星的礼物,是2斤肉、2把面、6尺布(给寿者做衣用)、一包点心,显然这是在贫困年代的礼品,现在一般人都不再送传统的礼品,只有特别贫困的人还这么送礼,比如给老人送点水果,主人爱喝酒的就送两瓶酒,主人也表示理解。这次的来宾一般都送礼金,当地称为"干折"。礼金数量根据送礼人的经济情况而定,多少不一,主人均笑纳致谢。收礼后,主人立即毫不避讳地在收礼单上做记录,有专人登记,这在乡土社会中是约定俗成的,每家请客都是如此。这是客家人做到"心中有数",这也反映出农村人际关系、人情世故和礼尚往来的互惠原则,也是以后来宾家中如果要办红白喜事时,作为"还礼"的一种参考依据。当时我就在想,在这一民俗事项的背后,礼单蕴含着人文价值吧,只是农村现在兴送钱而非昔日的实物礼品了,折射出了礼品的时代变迁。

宴席开始,钟老又兴高采烈地进行了热情洋溢的礼节性讲话,内容大致是感谢大家的到来,特别是八九十岁高龄老人的到来,为庆宴增添了光彩。祝福大家身体健康长寿,希望大家吃好、玩好。宴席进行中,落地音响播放着高亢的流行歌曲,记得有《永远是朋友》《牵手》《萍聚》《祈福》等，更加渲染了浓浓的亲情、乡情、友情。寿宴头天晚上，还放了烟火。放烟火可谓新颖、时髦之举。当夜空升腾而起五颜六色、形状各异的美丽火花时，我环顾了一下，可谓孩童欢呼，长者翘首，老人乐和，给寿筵增添了具有时代色彩的欢乐气氛。烟火过后，邀请客人到主人或亲戚家中喝茶、聊天、打麻将休闲娱乐，主客其乐融融。我悟到，办席是客家人显示富裕、联络乡情的重要社会活动。

通过这次客家人的坝坝宴考察，我感到，几十年来，这里的乡村客家人与全国许多农民一样，在社会发展的进程中，生活水平发生了前所未有的变化。我从对一个客家人的庆寿"坝坝宴"的个案考察，以小窥大，看到了近20年前部分农村整体生活面貌的改善。

第四章 彝族妇女问题研究

一、我国少数民族妇女研究的兴起

高： 您的成果中，少数民族妇女研究所占的分量不小，咱们谈谈这个主题。

冯： 是的，在我的研究工作中少数民族妇女研究和婚姻家庭研究是比较重要的两个方面，这两者密不可分。我的少数民族妇女研究主要有三个方面：一是1995年对凉山彝族妇女的研究；二是在2000年左右，对少数民族妇女生活环境与健康和发展的研究，主要研究对象是羌族和彝族妇女；三是2004年到2010年对扎巴藏族母系制婚姻家庭的研究，研究对象主要是扎巴妇女。其他还有对纳西族摩梭人的婚姻、汉族的生育习俗等进行的一些专题研究。

高： 我国少数民族妇女研究是怎么起步的？

冯： 20世纪80年代，当代中国妇女研究才刚刚起步，少数民族妇女研究起步更晚，到20世纪80年代后期才逐渐有了一些研究，但基本上包含在民族学范围内，内容也几乎跳不出服饰、婚姻、家庭、生育、权益和地位等几个方面。因此，20世纪90年代以前，少数民族妇女研究在社科研究中是不独立的，一般被放在人类学或民族学的研究之中，没有作为一个专门的研究课题。比如，1986年严汝娴主编的《中国少数民族婚姻家庭》[1]，当时李绍明先生负责撰写羌族部分，其中虽涉及羌族妇女的论述，但只作为研究的一个部分。20世纪80年代末，虽然"世妇会"（联合国世界妇女大会）的召开起到了一定的推动作用，但当时主要是对汉族妇女问题的探讨，少数民族妇女研究仍是相关学科的薄弱环节。

第一次提出把少数民族妇女作为一项专题来研究，是在1989年10月北京大学

---

[1] 严汝娴主编：《中国少数民族婚姻家庭》，北京：中国妇女出版社，1986年。

召开的中国民族学会第四届学术讨论会上。当时少数民族妇女专题研究在民族学领域中还是空白,因此有学者提出对少数民族妇女进行专题研究。1995年,第四次世界妇女大会在北京召开,这次会议成为中国妇女研究和少数民族妇女研究的推动力。因此20世纪90年代中后期,关注社会性别与发展问题成了研究的热点,妇女问题研究如雨后春笋般出现,一些多民族省区都开始关注并对本省区少数民族妇女问题进行研究。

高:您还记得当时比较有代表性的研究课题吗?

冯:我对羌族妇女研究还有印象。首先是羌族世居的川黔两省的民族学研究学者开始注重羌族妇女并进行了调查研究,之后贵州省民族研究所也对贵州省的少数民族妇女进行了专题调查和研究,羌族妇女调查是其中的一部分。当时,贵州学者唐合亮先后撰写了《江口县羌族社会经济状况和妇女生活调查》和《江口羌族妇女问题研究》,分别对江口羌族妇女的婚恋、家庭生活、生育、受教育情况和改革开放后思想观念的转变等做了调查和论述。他在谈及生育问题时,简略地述及了羌族妇女早婚、早育和多生的现象,同时也指出医疗卫生条件差、经济贫困、婴幼儿死亡率较高、妇女普遍患妇科病等问题。在研究报告中,他指出这些问题都影响到妇女的身心健康和社会的正常发展,这是对少数民族妇女健康与发展问题较早的调查和研究。

二、凉山彝族妇女问题研究

(一)婚权研究的开展

高:您是在什么机缘下开始参与少数民族妇女研究的?

冯:我最早是因为参加了一个以少数民族妇女研究为专题的国家社科基金项目,这个项目是1994年中国社会科学院民族研究所的严汝娴研究员申请的,项目成果准备作为献礼,献给1995年在中国举行的第四次世界妇女大会,我是被邀请参加此项目的成员之一。刚开始课题组把课题名称定为"中国少数民族妇女问题调查研究",后来由于经费有限,这个课题只做了云南和四川的少数民族妇女研究,云南那边的研究对象是彝族、白族、傣族、苗族、纳西族和布依族妇女,研究内容涉及妇女的地位、人口素质、智力开发和妇女的生活方式、社会角色变迁等。由于川滇黔桂四省都有彝族,而凉山是我国最大的彝族聚居区,严老师就选择了在四川做凉山彝族妇女调查研究的子项目,由我来完成。这个社科基金项目的最终课题成果是一本调查论文集,叫《民族妇女:传统与发展》①,1995年12月由云南人民出版社出版。我的调研报告名称是《凉山彝族妇女婚权状况的考察》。

高:当时严汝娴教授为什么找您参加这个课题呢?

冯:我和严汝娴老师很早就认识了。我第一次和她见面还是在西昌地区博物馆工作的时候,当时她和她先生刘尧汉先生,还有中国历史博物馆的宋兆麟先生到泸沽湖做纳西摩梭母系制调查,路经西昌时到我们博物馆参观座谈,1982年凉山彝族奴隶社会博物馆筹建时,我们陈列提纲编写组到北京各民族工作单位征求意见,严老师是参加座谈会的专家之一,后来我们又多次在学术会上碰面,慢慢就熟了。她申请到这个课题后,考虑到凉山彝族是我国最大的彝族聚居区,又知道我在凉山彝族博物馆工作,接触到的凉山彝族妇女比较多,就邀请我参加了。但接到这个任务时,我已经调到四川省民族研究所了。

高:给您的具体任务是什么?

冯:严老师让我承担凉山彝族妇女婚姻状况的考察。我接受这个任务后,立刻回到凉山彝区做了大量关于凉山彝族妇女婚姻家庭的相关调查,收集了一大批第一手资料。我从大量的调查中,发现凉山彝族妇女的婚姻家庭问题,最核心的是她们的婚权问题,而这一问题又涉及凉山彝族的历史社会的诸多因素,于是回所后,我就以这最核心的问题作为选题,完成了论文集中的综合调研报告《凉山彝族妇女婚权状况的考察》,由于还有较多第一手田野资料没用上,之后我又以这批调查资料为基础,分别从不同视角和层面进行了扩展研究。从1995年开始,我陆续发表了一些研究凉山彝族妇女的独立论文。后来,鉴于世妇会后少数民族妇女研究被提高到民族学研究中的重要位置,我又写了一些少数民族妇女与经济发展研究的论文,比如1996年,我在《四川民族经济报》上发表了《重视研究民族经济发展与妇女问题》②,阐述了民族经济发展离不开少数民族妇女、她们是民族经济发展主力军的观点。

高:在这次调查中,有什么特别难忘的事吗?

冯:在调查中,我了解到很多关于凉山彝族妇女婚姻无自主权利的悲惨故事,十分同情她们的不幸遭遇。这是我做少数民族妇女研究感受最深的另一个侧面。所

---

① 严汝娴主编:《民族妇女:传统与发展》,昆明:云南人民出版社,1995年。
② 冯敏:《重视民族经济发展与妇女问题》,《四川民族经济报》,1996年8月15日。

以在完成项目报告后，我立刻开始深挖手头这批资料，继续深入研究凉山彝族妇女的婚权问题，我的后续研究是从不同视角和层面进行的扩展研究，比如：凉山彝族妇女婚权以及它现实的障碍、凉山彝族妇女的婚姻家庭以及现代化问题，还有凉山彝族农村妇女的婚姻地位、凉山彝族妇女婚姻观的现代变迁，等等。

（二）妇女在婚姻家庭中的地位

高：婚姻和家庭紧密相连，结婚后的凉山彝族妇女在家庭中的地位如何呢？

冯：凉山彝族妇女如果不是自主婚姻，或婚后不生儿子，在家庭中的地位就低下。

高：凉山彝族妇女家庭地位低体现在哪些方面？

冯：一般来说大多数没有违背彝族传统规则的妇女，婚后的家庭生活还是比较和睦的。但是，仍然有一些旧习俗严重影响着凉山彝族妇女在家庭中地位的高低。比如说，有一些家庭受传统观念的驱使，婚后没能生出儿子的妇女，家庭地位就非常低。长期以来，凉山彝族社会是一个以父系血缘为纽带，以男性为中心的男权社会，有重男轻女的生育观，而且传统的生育观还认为婚后应该多生，孩子多，才能人丁兴旺、家族昌盛。受到这种观念的影响，相当一部分凉山彝族妇女认为只有为男方家传宗接代了，才能确认自身的价值。所以，能否生育、生男生女直接影响婚姻的稳定，也决定了妇女家庭地位的高低。我在调查中发现，没有孩子或没生儿子的妇女，不仅经常遭到婆家打骂、虐待，甚至被丈夫抛弃，或不得不接受丈夫纳妾，而且她们还要接受来自社会的歧视。平时亲族邻里的婚丧嫁娶、祭祀活动都很忌讳没有孩子的妇女参加，甚至在她们死后出殡火化，送葬的人都不能将她们的尸体抬在肩上，她们也不可能有"磨布窝"（杀猪开路）的待遇。

凉山彝族妇女由于惧怕来自婆家和社会的歧视，所以她们的生育观也就逐渐迎合了这个男权社会。她们把生育看得无比重要，视生育为首要目的，一旦没能生育子女就非常悲观失望、内疚，认为自己没用，否定自己的全部价值，自愿离婚或出走，不离婚的妇女在生活中任凭丈夫打骂也只好忍气吞声。她们认为只有生了儿子，自身价值才能提高，才有本钱和依靠，不生儿子就矮人一截，说不起硬话，所以她们希望多生儿子，有了儿子才能理直气壮。这也带出了"超生"这个问题，据我当时的调查，凉山彝族的超生户中，没有因儿子多而超生的，全是因为没有儿子超生的，甚至有的还鼓励丈夫纳妾，主动为丈夫寻找重婚对象。记得凉山州妇联1987年有一个普查结果，九个彝族聚居县重婚户有约700户，其中近90%的重婚户都是因为无儿子，其中有女无儿的占一半以上，妻子无生育能力的约占1/3以上。而且这些重婚的男子，大多得到了发妻的认可和家支、社会的同情和支持。

另外，凉山彝族妇女家庭地位低还体现在她们结婚、离婚和再婚都要受到传统婚制的约束。凉山彝族按法律手续成婚的非常少，普遍以"身价钱"作为结婚标志，这导致有些按习俗成婚，但婚后非常不幸的妇女不敢理直气壮地寻求法律保护，因为男方往往会说"结婚时没有办手续，政府不会管"，这部分妇女受到侵害时只能忍着。妇女想要离婚，必须由双方父母和家支说好了才能离，婚姻当事人没有决定权，尤其是无儿无女的妇女，她们毫无发言权，只能听男方父母和家支的摆布。丧夫的妇女如果还在育龄，也必须按照传统规矩转房，不能自由再婚。

（三）婚权问题的长期存在

高： 凉山彝族妇女有没有自发地争取过婚姻自主权？

冯： 当然有，从历史到现在，凉山彝族妇女都在坚持不懈地为婚权自主做斗争。远一点的可以从凉山彝族耳熟能详的谚语中反映出来，比如，谚语中有"姑娘愿嫁去的地方，绝不是媒人的功劳""喜鹊成双才做窝，两相情愿才结婚"；还有大小凉山家喻户晓的抒情长诗《妈妈的女儿》里，也有"若是女儿嫁给意中人，沙子当饭也心甘，树叶当衣也情愿""嫁时不肯去，奔时追不上"[①]，这些都是凉山彝族妇女反抗包办婚、买卖婚，向往自由幸福婚姻的写照。

长期以来，凉山彝族妇女为了追求婚姻自主也采取了各种办法，甚至不惜付出生命代价。在等级森严的奴隶社会，就有不少不同等级的彝族男女青年，为了纯真的爱情冒死逃亡，当时逃婚失败被抓住是要被家支处死的，这样的故事很多。我们听说在民主改革前，凉山昭觉县城南乡有一个黑彝八目家的媳妇与白彝男子沙马支阿一相爱，要被八目家处死，当时白彝群众都失声痛哭，但双方却很坚强，女方还说："既然相爱，死不足惜！"还有美姑县巴普乡黑彝恩扎家，有一个聪慧能干的姑娘，远近闻名，她爱上了白彝吉鲁家勇武的小伙子扎夸，翻译过来意思是"战斗英雄"。扎夸是彝族姑娘人人仰慕的对象，这个聪明的姑娘深知自己炽烈的爱情不能逾越森严的等级，22岁时在绝望中自杀殉情。

---

① 这句话中，"嫁"指包办婚姻出嫁，"奔"指追求爱情逃婚私奔。

高： 到民主改革后，这种情况有没有改善？

冯： 凉山彝族社会有它的特殊性。咱们国家在民主改革后，凉山彝族的社会制度确实发生了很大的变革，直接从奴隶社会跃入了社会主义社会，加上《婚姻法》的实施、彝区经济的发展、国家对妇女合法权益的强调，这些对提高彝族妇女的婚姻自主还是有助力的，她们也能在一定程度上掌握自己的婚权了。但是，社会中的保守力量还是非常强大的，这就是传统。我们知道，传统是一种巨大的保守势力，它不会因为某种变革而马上消失，还会一直顽强地存在，发挥着强大作用，并为一般普通民众所认同，特别是婚姻家庭，对于社会具有相对的独立性和保守性，因此在社会发展的变革中，不仅有更新的一面，更多的还是对传统的延续。

民主改革后，凉山彝族妇女在择偶、恋爱和婚姻生活中往往还是遵循着传统的行为模式，她们很在意大众的价值判断和社会舆论的好恶，她们宁可压抑自我的情感和需求，也不愿意做"出格"的事情，因此她们也就自觉或不自觉地陷入奴隶社会婚姻形态的窠臼中去了。比如，大多数妇女跳不出等级的约束，甩不掉"身价钱"的束缚，尤其是摆脱不开家支对她们婚姻的干涉。大多数妇女还是不能婚姻自主，家庭地位依然低下，这是长久以来凉山彝族妇女婚姻家庭领域中很突出的一个问题，也是妇女们迫切要求解决的问题。

高： 当地政府出面解决这个矛盾了吗？对于这些问题，凉山州政府做了哪些工作，采取了哪些措施？

冯： 通过调查，我们深深地感到，在凉山彝区，血缘等级[①]、身价钱、家支势力依旧在深度地制约着妇女的婚权，这是她们追求婚姻家庭幸福一时难以跨越的障碍。当然，这与凉山彝族社会的社会形态有密切联系，这就是凉山州政府曾两次在凉山地区进行婚姻改革的历史背景。

针对这一问题，凉山州委、州政府在 1978 年和 1988 年进行了两次声势浩大的婚姻改革工作。1978 年进行了第一次婚姻改革，那是在党的十一届三中全会后，社会趋于稳定，各项工作走向正轨，针对此前在"文革"期间旧的婚姻家庭形式就在凉山彝族社会重新抬头了，讲等级、论身价、包办买卖婚姻、逼婚纳妾等现象都恢复了，严重损害了妇女的婚权，也破坏了之前民主改革在提高凉山彝族妇女婚姻地位上的成果。当时凉山州在《婚姻法》的基础上，颁布了《凉山州婚姻变通条例》。这

[①] 凉山彝族分为土司兹莫、黑彝诺、白彝曲诺、锅庄娃子四个等级，土司兹莫、黑彝诺是统治等级，白彝曲诺、锅庄娃子是被统治等级。

个条例的贯彻实施纠正了这些现象，解除了一些不合理旧习，而且也在一定程度上推进了婚姻家庭的进步。

我们都知道，传统是一种强大的保守势力，作为一种在长期积淀下的婚姻形态和社会习俗，不可能在很短时间内得到完全解决。在我们调查的当时，已是又过了10年的20世纪90年代，这些旧的婚姻家庭所注重的血缘等级、身价聘金以及繁缛的婚仪等一整套婚姻制度和习俗，仍然存留在凉山彝族民众的内心深处，成为难以根除的思想观念。

后来，随着改革开放和当地经济的发展，婚姻家庭方面又出现了一些新问题，直接影响了改革开放的深入。所以，从1988年6月到1989年6月，凉山州进行了历时一年的第二次婚姻改革工作，简称"婚改"。这次"婚改"动作很大，在全凉山州范围内突击性地贯彻实施《婚姻法》及其有关法规，对旧婚姻制度和陋习进行了猛烈打击，改革旧的婚姻制度和婚姻习俗，取得了明显成效。比如，在"婚改"中，政府解除了大批包办婚，监督女方家庭退还了"身价钱"，处理了抢婚、重婚、转房等问题，《婚姻法》在一定程度上得到了贯彻实施、维护了妇女的合法权益。这次"婚改"对旧的婚姻传统的冲击还是挺猛烈的，而且我认为这次"婚改"也在一定程度上唤醒了妇女的婚权意识和抗争意识。

高：有具体表现吗？

冯：我印象很深的是冕宁县森荣乡一位妇女的发言，她说："1958年民主改革，使我们在政治上得到了解放，这次全面贯彻《婚姻法》，才算妇女的彻底翻身。"还有在凉山州宁南县骑螺沟的彝族聚居乡，宣传婚改的群众大会结束后，当场就有5个女孩流着眼泪请求工作组出面解除父母的包办婚。这个时期，还有一些凉山彝族妇女为追求婚权自杀的事情，在当地比较轰动。我们在调查中听说，普格县拖木沟区红莫依达乡有一个女青年叫曲木阿依，她为了反抗包办婚，诉诸过法庭，也自杀过，后来几经周折才离了婚。她说过："我们彝族妇女的婚姻自主权小得很，无法掌握自己的婚姻命运，只有一死了之。"还有在昭觉县拉一木乡，一对男女青年阿牛拉一和马里作喜恋爱，但双方都已经由父母包办了姑舅表婚，他们不想承受分离的痛苦，就一起出走了，最后两人捆在一起服毒自杀，现场的墙上留下"请不要将我们分开"的遗言。后来我还在《凉山日报》上看到一篇文章，写的是1989年底彝族新年前夕，普格县西洛区特口乡的4名女青年不满包办婚，不愿意按照习俗去男方家过年，就集体在山上自杀了。

可惜的是，这些反抗都被传统的顽固打败，旧的婚姻陋习又死灰复燃。我们调查凉山彝族妇女婚权问题时，已经是20世纪90年代了，这些旧的婚姻家庭所注重的血缘等级、身价聘金以及繁缛的婚仪等一整套婚姻制度和习俗，仍存留在凉山彝族的内心深处，这种思想观念是很难根除的。经过调查，我发现在凉山彝区中，血缘等级、买卖婚姻和家支势力，是制约妇女婚姻自由的三个深层因素。只有把这三大制约因素彻底弄明白了，才能说清楚它的顽固性和妇女争取婚姻自主为什么那么艰难。

三、制约彝族妇女婚权的外因与内因

（一）顽固的"等级内婚制"

高：您说的这三个因素是怎么形成的？

冯：血缘等级、象征买卖婚姻的"身价钱"和家支势力三个因素其实是相互联系的，其中血缘等级是奴隶制社会中的一个核心结构，血缘赋予了社会成员不同的身份和地位。在奴隶社会，血缘等级的存在对巩固奴隶制非常重要，所以必须依靠森严的等级内婚制来确保。凉山彝族经历了很漫长的奴隶制，因此等级内婚制已经有了根深蒂固的社会基础和思想基础，已经被当地人内化了，变成他们的婚姻意识了。所以在当地人看来，等级、血缘和"身价钱"，就是婚姻规则和祖规惯制，不能随便打破，而家支的势力则是这三大婚规的保护伞。

民主改革虽然从制度上摧毁了家支，但家支的血缘观念却没有消失，因为它们早就深深嵌入人际关系和价值系统的深处了，所以依旧主导着凉山普通彝族民众的行为模式。家支功能也有进步的一面，但我认为家支观念在婚姻家庭中有很强的负面作用，造成凉山彝族婚姻家庭难于进步，问题反反复复，这点我在调查中有很深的感悟。

高：到您做调查时，这些因素在当地影响还是很大吗？

冯：对，凉山彝族妇女的主体基本都在农村，旧的婚姻家庭现象也主要是在农村。1992年5月，我们在凉山州普格县彝族聚居的三个区的五个乡做了444名彝族妇女的问卷调查和个案访谈，得到了一组详细的数据。数据显示出她们的婚姻自主权还是受制于传统婚俗，婚姻的缔结还是以血缘等级为前提，身价聘金为条件，父母媒人为媒介，作为婚姻主体之一的妇女毫无婚权可言。当时我的调查不局限于普格县，我发现这种情况在凉山各地都是普遍存在的。

调查中我还发现，在传统婚规中，异族禁婚、等级内婚、不与有疾病遗传家庭的人通婚是凉山彝族婚姻的三大原则，当时只有部分机关干部和他们的子女冲破了异族禁婚，农村中也有少数违反这些原则的青年男女，这些人虽然不会像民主改革前那样被处死，但也会受到很大的阻挠和巨大的舆论压力，这种情况不仅在农村普遍存在，在城镇机关干部中也是存在的。我记得当时有一个案例，美姑县法院两个彝、汉干部的儿女相爱结婚，结果受到各自父母的强烈干涉，还把他们赶到山上独自生活，一直到小孩一岁多，还是得不到父母的认可，扣着户口，他们只能被迫买高价粮生活。一些彝族妇女为了追求有爱情的婚姻，顶住了高压，组成家庭，但这样的家庭会受到彝族社会的歧视，会被父母和亲友唾弃，他们只能孤独地生活，这样的例子到20世纪90年代也不在少数。

高：禁止异族通婚，主要就是为了维护等级内婚吧。

冯：是的。等级内婚是凉山彝族三条婚规中最普遍和最严厉的一条，也是两次彝族"婚改"的难点。把"同等级"作为婚姻的先决条件是奴隶制婚俗的遗存，在那个年代，论等级、比骨头、讲家支是决定婚姻成败的重要条件，也是家长、家支势力干涉婚姻自由的主要依据。"婚改"之后，凉山彝族社会中的自主婚与半自主婚虽然比过去多了一些，但这种自主只能在同等级的社会圈中进行，否则还是会受到歧视、非难甚至打击。

我在美姑县调查时，听到过一个让我震惊和痛惜的故事。这个县牛牛坝乡有一个叫沙苦平加的电影放映员，他和邻村一个叫约七节石的女青年相爱，但男方的叔父认为女方的家支小、等级低，以"坐起不一样大，站起不一样高"为理由干涉他们的婚姻，还声称："两人如果要结婚，就把沙苦开除出家支。"后来，有一次约七去沙苦家，遭到沙苦父母的辱骂，她受不了这种羞辱，就服毒自杀了，沙苦接受不了，也服毒自杀了。这是发生在1987年的事。

在调查中，我们还在普格县洛乌沟乡听到一个故事。有一对男女青年恋爱，感情很好，但也是因为男方比女方等级高，所以男方家就以各种借口千方百计地干涉。男方家为了破坏他们的关系，就在家族中集资，1990年的时候以3500块的高额"身价钱"买了同等级的一个女子做儿媳妇，导致三方当事人产生了婚姻纠纷。这样的事例在凉山也不是个别。

高： 这都是因为固守等级内婚才发生的悲剧。

冯： 不只如此，因为讲究血缘等级的般配，低等级的就只能找同是低等级的人攀亲，比如说汉根娃子是最被歧视的社会最底层，而且汉根娃子和彝根娃子相比，大多是家支势力小或者原本就没有家支，他们想讨媳妇或者嫁女儿都很困难。这些等级低、家支小的男性青年，30多岁还解决不了婚姻问题的不在少数。比如，普格县小兴场区有一户汉根娃子，他们家属于最低等级，而且父母老实，家境困难，四个儿子一个都找不到媳妇，到我调查时还打着光棍。这些女子和男子受等级身份的限制，遭到社会的歧视，他们在婚姻中几乎没有选择的权利。

高： 彝族妇女自己是怎么看待等级内婚的？

冯： 我调查的时候，等级内婚在凉山彝区妇女心中还是有很牢固的地位的，这点是从我对"凉山彝族妇女择偶意愿"的调查中得出来的。我在普格县拿到的400多份问卷中，把同等级作为择偶首选条件的妇女占了一半以上，列居第一，忠厚老实、相貌、文化程度、地区条件、经济条件、社会地位等都排在后面。择偶是按自己的喜好，还是受制于社会，是衡量妇女婚姻地位高低的一个标准。调查结果显示，等级因素在婚姻中的作用远远超过了婚姻的情感因素，这不能不让人深思。而且我还发现，即便是成功的自由婚，前提还是"同等级"，只有同等级的男女恋爱，才会得到父母的祝福，婚姻成功率也较高；相反，父母要是得知儿女的相好是低等级的，就会坚决反对，并强行实施包办婚，而且这种维护等级的包办婚还能得到家支的支持和当地社会的认可，年轻人想靠自己的力量改变这种现实几乎是不可能的。因为农村青年过去务农，没有自己独立的经济收入，结婚的大笔费用全靠父母和家支的提供。这些调查给我极深的印象。

以至到现在，我要是新认识了哪个彝族青年，或者到彝区碰巧遇到彝族的婚礼都会习惯性地观察一下，或了解一下他们或他们家乡的婚姻现状。我说两个具体事例吧。第一个是2020年初，我在养老的一个机构里认识了一个彝族小伙子小赵，黑彝，父亲是毕摩[①]。当时小赵刚从西昌一个师范学校毕业，已经订婚了，对象是学校的同学。我问他："女方的等级是什么？"他说："也是黑彝。"我问他："你们现在仍然讲等级吗？"他说："是的。"然后他还给我讲了他们确定婚姻关系的过程，他说："我们在学校就认识，但只是认识，并没有想要交朋友。毕业后，家里有亲戚给我介

---

① 彝族传统宗教中的祭司。

绍对象，一看照片，是她！本来就认识，就同意了。我女朋友也是一样，等级相同，又是同学，我们双方都没意见，就好上了。"我问他如果等级不同，会不会成功？他说："可能恼火，父母不会同意。"我又问他："你愿意找同等级的但不特别喜欢的，还是不同等级自己喜欢的？"他说："当然同等级的更好。"

第二个是我 2017 年冬天到攀枝花米易县过冬时发生的事。米易县以前是凉山州的一个县，彝汉杂居区。我在住的地方看到有一对彝族青年在一家农家乐的大厅办婚宴，气氛很喜庆。门外停车场上停着婚车，还有好几辆来宾的车，主车上扎着五彩绢花，说明婚礼主人的经济实力挺强的。婚宴现场的布置既现代，也有民族特色。当时在堂外院坝上放着新郎新娘的大幅婚纱照，新郎西装革履，新娘是白色的婚纱，很有时代气息，在堂内还立了一张新郎新娘穿着彝族盛装的大幅照片，说明他们的民族身份。我看了一下他们的亲朋好友，大多数人穿时装，只有一两个老年妇女头包彝族传统的头巾，身穿绣花上装。

我特地去和一个衣着时髦的年轻妇女搭讪，她是位老师，彝族。我向她了解了新郎和新娘的身份等级。据她说，这对新人都是一般干部，同属白彝等级。我问："现在彝族结婚还讲等级吗？"她回答："是的。"我又问她："彝族女孩子有与汉族干部子女结婚的吗？"她说："也有，如果两人感情特别好的话。"我又问："你爱人是彝族还是汉族？"她答："彝族。"这说明，等级内婚观念不论是在彝族干部中，还是在百姓中，都延续到了今天，可以说是根深蒂固的。我还问她："现在结婚，男方家要给女方家钱吗？"她答："要给。"我又问："现在经济发展了，可能给的不少吧？"她说："不一定都多，要看家庭经济条件。自由恋爱结婚的给的少一些。"可见，"身价钱"现象也没有根本消除。

高：看来想彻底打破等级内婚还需要很长时间。

冯：在凉山州的彝族腹心区的确是这样。统观而言，从婚姻方面来说，新中国成立后的几十年里，凉山彝族还是有一些打破了传统的地方，尤其是在彝汉杂居区。我再说一个小故事。我第一次参加彝族农村的婚礼是在 1985 年 12 月，当时我还在凉山州博物馆工作，认识了一位凉山州外贸局的彝族女局长，参加的就是她在老家冕宁县泸沽乡白象新村的侄女阿觉纽纽的婚礼。冕宁县泸沽乡是一个彝汉杂居区，当地彝族受汉文化的影响较大，他们的婚礼就显示出了彝汉文化的交融。

我记得当时新郎、新娘都穿着全新的彝族盛装，仪式也是按照彝族传统的婚仪流程进行的，接新娘、背新娘、哭嫁、送亲。但不同的是，背新娘只是象征性的，因为有车接，所以只背了一小段路，到上车为止。当时只有一辆车，新娘、伴娘和主要客人坐车，其他人还是走路，我作为远道而来的客人，自然是坐车。新郎家在住宅旁边搭建了一个临时的"新房"，新娘到了，就背入新房入座，伴娘在旁边。按规矩，婚礼当天，新郎不露面，第二天才能出现。婚宴结束后是娱乐比赛，整个婚礼充满了欢乐的气氛。给我印象较深的是新郎和新娘家的门上都贴有汉字对联，新娘家的是"阳春红梅尊淑女，舍下薄酒待佳宾"，横批是"喜庆新婚"。新郎家的是"友谊培植常青树，恩爱催开幸福花"，横批是"白头偕老"。我感到彝族婚礼在细节上打破了一些传统色调，洋溢着新的观念与时代气氛。特别是新娘接到婆家后，第二天晚上还举办了一场电影晚会谢娱宾客，当时我有点意外，又觉得新鲜，一打听才知道当地办婚礼类似这样的情况已经比较多了。那时候凉山彝族婚礼虽然基本上沿袭旧俗，但在商品经济比较发达的地区却明显地仅仅是在程序上象征性地表示一下，减去了许多繁文缛节，革除了诸多陋习，注入了新的时代内容。

（二）普遍存在的"身价钱"

高： 除了等级内婚，您刚才还说到一个"身价钱"。

冯： 对，我先说一下什么是"身价钱"。"身价钱"是凉山彝族奴隶制买卖婚的历史遗留，并且逐渐成了"尔比尔吉"的组成部分。

高： "尔比尔吉"？

冯： "尔比尔吉"是彝族的格言，起着指导社会道德规范的作用，或者说是某条"习惯法"的一个依据。凉山彝族有一个习惯，遇事都要引用"尔比尔吉"作为依据，因此在处理婚姻家庭问题时常常引用。比如，有"祖先的制礼，子孙要循礼""母亲娶时曾花钱，女儿也要用钱买"的规训。后来社会进步了，"身价钱"就被普遍说成是给父母的"养育费"了，但实际上仍然是旧婚俗中买卖婚的遗留。

高： 说是给父母的"养育费"，本质还是有点买卖婚的意思。

冯： 对，因为在彝语中"结婚"这个词最早就是"买老婆"的意思。在彝区，给儿女操办婚事是父母义不容辞的责任，彝族谚语说"父母的责任，是为儿子娶媳；子女的责任，是为父母送终"。而且"身价钱"给家庭带来经济负担，一般农村家庭经济权是掌握在父母手中的，儿女的婚嫁基本上取决于父母对身价的索要和支付的能力。这样一来，无形中增强了父母在子女婚配上的权力和作用，这也是许多彝族青年至今都无法摆脱父母和家支控制，只能听命于父母包办的原因。

前面提到民主改革后，凉山彝区多次实施"婚改"，地方政府想通过贯彻《婚姻法》来改变旧婚俗，但是"身价钱"这项陋习还是在农村延续着，直到20世纪的八九十年代，还有相当的普遍性。从当时凉山州妇联普查的数据来看，1983年到1987年，布拖、昭觉、美姑、金阳、会东、甘洛、越西、雷波和普格九个彝族聚居县和一些乡村，18到50岁的约10万对夫妇中包办婚占了72%，自主婚占28%，但不管是包办婚，还是自主婚，全都付了"身价钱"，因为这是当地订婚或结婚的前提条件，不付身价，就娶不走姑娘。在我的抽样调查中情况也是相同的，414名已经订婚、结婚的妇女中，仅有1人没付身价钱。另外，奴隶社会的时候，身价的高低取决于女方的等级尊卑、容貌美丑、嫁妆多寡等，到我调查时，经济因素也成了其中一项。

高：不只是身价钱必须给，而且是收入高了，还会多给身价钱？

冯：差不多是这个意思。身价钱随着彝族家庭的经济收入水涨船高。比如说，20世纪五六十年代初，彝区经济发展迟缓，彝族普遍比较贫困，钱也积攒不下来，这时候"身价钱"就很低，大多在100元以下；到20世纪60年代中期至70年代初，身价钱就升到100到300元了；再之后，身价钱就开始逐年增长了。1978年农村实行承包责任制，一些比较富有的彝族家庭要是看中了哪家的姑娘，"身价钱"再高也在所不惜。比如，当年普格县的文坪乡是经济发展试点乡，五道箐乡是科技示范乡，那几年由于种植了烤烟和花椒，他们的收入大幅增加，娶媳妇就开始互相攀比了，以给高"身价钱"为荣。有一年，全县付身价钱在3000元以上的8个人，7个都在这两个乡，我记得文坪乡占了5人，五道箐乡占了2人，这在当时就算是很高了。可见，经济发展为"身价钱"的逐年增长奠定了基础。

到1994年，凉山彝族最高身价达到6000元，一般妇女的"身价钱"少则200到800元，多则是2000到3500元，这还不包括彩礼。另外，在婚礼过程中，各种名目的酬赏费，比民主改革前还要多，比如原先送新娘家的礼酬只有三四项，1994年的时候已经增加到17项了。这时候高"身价钱"和彩礼钱不但普遍，而且逐渐固定下来了，成了男女青年结婚的障碍，也给家庭造成了巨大的经济负担。

高：这样一来，很多一般家庭就支付不起了吧？

冯：的确是这样。有很多大龄男青年因为付不起"身价钱"，一直没能结婚，有的为了结婚倾家荡产。记得调查时，有一家小孩都十多岁了，还没还清借"身价钱"的债。"身价钱"的攀高，也导致女性更难追求自由婚了。有的未婚妇女有了相好的，但因对方父母要价太高，没办法结婚。有的男方凭着已付给的高额"身价钱"，来阻止女方脱离婚姻关系，因为婚后如果是女方提出离异，就必须如数偿还男方给的"身价钱"，如果是男方提出离婚，就不能索还"身价钱"。想离婚的妇女要是拿不出这笔巨额身价，就只能放弃离婚的念头，忍气吞声地过日子，甚至有一些已经离婚的妇女，经过一段时间还是退不出"身价钱"，只好又复婚，婚后感情不好，十分痛苦，只能选择自杀。

但即便"身价钱"普遍攀高了，也还是和等级地位挂钩的。刚才说的普格县小兴场区的汉根娃子，他们家除了四个打光棍的儿子，还有两个女儿，她们俩都长得很漂亮，又聪明又能干，但是因为等级低，当时"身价钱"普遍都上千元了，她们俩却以最低身价四五百元出嫁。

等级和身价钱顽固延续至今，让人不胜感叹。我举个现实的事例。我和老伴儿冬天养老的基地在凉山州西昌市，那儿有一个彝族小伙子叫罗××，是我们的"小伙伴"，就是照顾我们的工作人员。他是凉山州盐源县梅雨镇大草乡人，今年25岁，毕业于四川文理学院老年服务专业，住在我隔壁。一天，我看见他在洗几双旅游鞋，准备回盐源家过彝族年，就跟他聊天。交谈中得知他的女朋友是大学同学，毕业后在西昌市某校当教师。我想到等级和"身价钱"的问题，于是问他："你们是一个等级的吗？"回答："是。"我问："哪个等级？黑彝，还是白彝？"回答："白彝。"我接着问："你们愿意找不同等级的吗？"回答："我们年轻人倒没什么，主要是父母不会同意。"我又问："现在你们结婚还给女方家钱吗？"回答："要给，现在更多了。""一般给多少？"回答："二三十万。"我很吃惊："这么多？！"他说："有工作的还更多，要四五十万。""那你们家拿得出来吗？"他苦笑了一下说："那就不结婚嘛。"我又问："这些聘金也靠家支大家出吗？"他说："是。"我明白了，现在的年轻人，虽然工作了，但微薄的工资显然不能支付结婚这项人生重大开支的，仍然要靠父母、家庭和家支，所以父母的传统婚姻观念依旧起决定性作用，这一藩篱经过了几十年还是不能冲破。后来我又跟他聊了一次，得知现在筹备"身价钱"还有一种集资方法，平时亲戚朋友的生日、婚嫁等事，他们都去赶礼，三五千元不等，经过日久积累，这笔礼金还是比较可观的，等他结婚要用钱时，亲友也会以赶礼的形式奉还。

高：既然高"身价钱"会导致离婚困难，还会使小家庭长时间背负债务，那当地彝族妇女有主动拒绝"身价钱"的吗？

冯：基本没有。实际上彝族妇女对"身价钱"也有一些错误的认识。首先，凉山彝族普遍认为男方给女方的"身价钱"是给女方父母的养育费，天经地义的事，是历来的规矩，是合理的，必须给。在这个背景下，一些未婚女青年就把"身价钱"当成了衡量自己价值的标准。有些女青年认为"身价钱"越高越光彩、越体面，说明自己的价值大，"身价钱"低就是不光彩、不体面，自己的价值也低，不给"身价钱"的姑娘就不值钱。受这种观念的影响，我们在调查中偶尔会听到个别姑娘说"我怎么也值多少多少钱"。

高：妇女是这么看待"身价钱"的啊。

冯：不是全部，但有相当一部分妇女。有的已婚妇女还认为"身价钱"是用来制约男方的，是维系夫妻关系的一种经济手段。她们认为男人给了"身价钱"，自己才能得到尊重，丈夫想抛弃她，可能会因为要损失"身价钱"而作罢，要是没给身价，丈夫就可以想要则要、想弃则弃。这一点在我的调查数据中也得到了证实。在444名妇女中，认为"身价钱"是给父母的养育费的占76%，而且老、中、青各年龄段的比例都在70%以上，这符合她们的传统认知，认为给"身价钱"是对女方的尊重的占近20%，认为"身价钱"是用女儿换取钱财的，只有不到5%。这说明绝大部分凉山彝族妇女对"身价钱"是持肯定态度的，而能明确认识到"身价钱"有买卖性质的不足5%。身价钱的普及与合法化，成为扼制妇女的婚权自主的沉重枷锁。

高：那是为什么？

冯：基于对身价钱的认可，凉山彝族"男尊女卑"的思想更加严重。这是妇女婚姻不能自主、家庭地位低下的另一个重要原因。有的彝族男子凭借"身价钱"的压力来打压、驯服女性，他们认为：你是我用钱买来的，你就得听我的，如果你不愿意，就将折算婚约的所有费用连本带息还回来，作为离婚的价码。由于彝族妇女没有自己的财权，退还身价钱成为妇女摆脱不幸婚姻的桎梏，妇女往往因无财力而放弃对婚姻自主的追求，甚至以死抗争。我在调查时发现美姑县瓦古乡有一个女青年，她坚决反抗父母包办的买卖婚，结果男方不但要索回450元的"身价钱"，还要求赔偿高达6000元所谓"损失费"，那个女青年实在还不起这笔钱，就服毒自杀了。还有些男子公开宣称："你是我用钱买来的，什么事都该你做，我要你做什么，你就得做什么。"有的男的打骂妻子，妇联去调解，他就直言不讳地说："老婆是我用钱买来的，你妇联管不着。"有的男性喜新厌旧，认为妻子是买来的就能随便抛弃，理所当然地说："旧鞋不想穿就甩了。"

特别是在农村,有些男方家觉得支付了"身价钱",就有绝对的权力支配自家的媳妇。比较突出的一个例子是寡妇再婚要受婆家干预,因为按惯俗来说,媳妇是买来的,所以成为寡妇后也不能离开这个家庭,应该转房给亡夫的兄弟。有了《婚姻法》之后,重婚犯法,转房对象才缩小到未婚、离异的男子或鳏夫。在我调查期间,正碰上五道箐乡发生一起逼迫嫂子转房的事,这个妇女之前与丈夫感情很深,丈夫病逝安葬的第二天,同家支的人就商量要把她转房给家里30岁还未婚的丈夫的兄长,当时她怀有身孕,不愿意转房,但是婆家多次催促说非转不可,使她非常痛苦。从这样的事例中就能看出"身价钱"不废除,转房现象也难以杜绝。好在当时有的凉山彝族妇女已经深刻认识到这一点了,我在访谈有些妇女时,她们对我说:"就凭'身价钱'这一点,就说明我们在婚姻上没有翻身。"

(三)无法摆脱的"家支势力"

高:您再说说家支势力对妇女婚姻的制约。

冯:家支势力是凉山彝族妇女婚权受到制约的第三个重要因素,要理解家支为什么在凉山彝族婚姻中成为那么重要的力量,就要先弄明白家支的历史成因和它的社会功能。

高:您先说说家支是什么。

冯:简要地说,家支是凉山彝族以父系血缘为纽带的家族联合体,是奴隶制的产物,是凉山彝族社会中最复杂、最重要的传统社会组织。在过去的凉山彝族社会中,家支是一个很有权力的组织机构,家支成员的利益几乎都是靠家支来维护的,整个彝族社会的秩序和等级关系也都是靠家支来维持和继承的。家支有自己的一套基于"习惯法"的管理方法,对内紧密团结支内族人,对外维持家支成员和外部的社会关系。所以,不论过去,还是现在,家支在彝族社会中都有举足轻重的作用。

凉山彝族群众的家支观念很深,对家支的感情很浓,他们把家支看成是自己的精神支柱和依靠所在,所以凉山彝族一说起家支,就有一种归宿感和力量感。我在较早学习凉山彝族文化时,看到和听到的彝族谚语里就有一些反映出彝民对家支的认知和情感,比如他们耳熟能详的"蛤蟆生存靠水塘,猴子生存靠树林,彝族生存靠家支""不能缺少的是牛羊,不可不吃的是粮食,不能没有的是家支""没有森林在,哪有鸟兽存;没有家支在,那有自己存"等等,都已深深地融在他们的思想意识里了。

高： 没有家支，就没有自己，很强的归属感。

冯： 所以说，在凉山彝区，家支具有广泛的群众性，每个人和每个家庭都需要依靠家支来维护利益。因此我们看到，彝族"习惯法"中最严厉的惩罚之一就是开除家支，对个人而言，开除家支无异于被开除出彝族社会。而且按照"习惯法"的规定，被开除家支的人，整个家支的成员不论远近都不得与他（她）同餐，不能跟他（她）说话，更不能给他（她）任何形式的帮助，死后家支成员也不能给他（她）收尸下葬。这就意味着他们在生前毫无人生保障，难于在社会上立足，死后也不能善终归祖，成为孤魂野鬼，这是凉山彝族最忌讳的。

高： 家支对个人虽然很重要，但是在自主婚中却成了阻碍。

冯： 因为血缘家支在彝族心目中占据举足轻重的地位，因此在婚姻方面，妇女的初婚、离婚和再婚，都必须得到家支的认可，如果是家支不认可的等级外婚，或者家支认可但男女青年不愿意的婚姻，都会受到严重的干涉。这样的事例太多了，比如越西县普雄区铁西乡有一个叫吉差的男青年，父母包办他的婚姻，让他和舅舅的女儿阿妞各各结婚，各各不喜欢吉差，要把"身价钱"退给吉差家离婚，吉差家坚决不同意，要人不要钱，说死了都可以，就是不要钱。各各的态度也很强硬，宁死都不去男方家，关系陷入僵局后，吉差家的家支父系成员，吉差的大伯就跑到各各家斥责骂阵，说："你不到我家，我侄子就到你家上门，你跑到天上，拉着你的脚杆下来；你钻到地下，扯着你的头发上来……"

还有前面讲过的几个事例，有的是家支出面支持父母干涉子女的等级外婚；有的是家支出面筹集"身价钱"，为犯忌的男子另选婚姻对象；有的是妇女想离婚，但必须服从家支做出的决定；还有寡妇改嫁也必须嫁给家支成员给她安排的对象。这里面每一种情况反映的都有家支对青年男女婚姻自由的严重干涉，他们想争取婚姻自主，就必须承受巨大的精神压力和舆论压力。

当然，也有抗拒到底的年轻男女。比如，普格县小兴场区的3户等级外婚夫妻，他们始终没有屈服于父母和亲戚与他们断绝关系的压力。当时小兴场区瓦洛乡那两户等级外婚的夫妻都已经40多岁了，仍被拒绝于家支之外单独生活。本来这些追求婚姻幸福的青年男女依靠着《婚姻法》和妇联的支持，好不容易翻越旧婚姻的高墙如愿生活在一起了，原本这是一件值得赞美的好事，但在当时的凉山彝区，他们不但没有得到赞誉，反而是众叛亲离，承受着舆论的讽刺和指责，甚至遭到开除家支这种最严厉的惩罚。很多旁观者认为，这种痛苦远远大于包办婚姻，还不如接受家支对她们的婚姻安排。一些人因此望而却步，导致了从众心理或习惯性地屈服于家支势力和社会舆论压力，而压抑自己的感情和要求，这样一来大部分人在婚姻家庭生活中还是遵循着传统的行为模式，婚姻自主也无法实现。

当然了，我现在说的这些主要是家支在婚权问题上的一些负面作用，但看问题应该一分为二，不能认为凡是从旧社会形态过来的就是坏的，这不客观。家支能够延续至民主改革后，并且至今都在彝区起着一定作用，说明它还是有一定的合理性的，有合理才有生存的土壤嘛。

高：说得对，咱们稍微扩展一下，您简单说说家支在彝族社会中的积极作用吧。

冯：家支势力能够在漫长的岁月中存续是因为它与彝族社会各阶层的切身利益息息相关。首先，家支的第一个积极作用是充当了社会保障系统。在奴隶社会，家支之间械斗频繁，家支起到保证本支族人生命、财产安全的作用。在经济方面，过去凉山彝区生产力低下，平时的生产和生活需要互助、互济，特别是对于劳动力少的家庭，家支或亲戚间的互助至关重要。另外，贫穷家庭如果遇到天灾人祸或家里有婚丧嫁娶，要渡过难关，也得靠家支提供人力、物力和财力的扶持和支援。家支在改革开放时期，在彝区生产发展中也起到了积极作用。比如，随着彝区开始实行家庭联产承包责任制和多种经营发展经济阶段，同样需要较多的劳动力，需要依靠集体力量来实现共同致富，家支成员之间通过互助、互援，用群体力量战胜个体面对的困难，解决了很多棘手问题，这种传统形式就成为社会主义多种经济合作形式的有益补充。

过去凉山彝族社会经济还不发达，到了经济快速发展时期，需要人际关系的"综合力"，这时家支成员间充分发挥了集体主义和竞争精神，通过互助，搞活了经济，共同致富，相对于过去"个户困难、集体相帮"的原始状态，树立了"家支强我强，家支荣我荣，家支穷我穷，家支富我富"的新观念，大家都愿意为整个家支的繁荣尽力。

这样的事例也比较多。例如，随着社会的进步，观念的更新，家支之间出现开展多种形式的比赛：比经济发展的速度，比生活水平的提高，比儿童受教育程度的入学率，克服困难筹集资金让学龄儿童多入学；比计划生育的成效，比无吸毒、无贩毒事件；等等。这样一来，家支又成为一种综合力与凝聚力，有利于农村脱贫致富和发展经济。

家支的第二个积极作用体现在解决纠纷上。在民主改革前，凉山彝族之间发生的一切纠纷，都是由家支头人出面遵照"习惯法"来解决的，彝族群众也认为这是祖传规矩，天经地义。

民主改革后，家支的政治性旧功能已失去作用，但是互助保障和调解纠纷的功能还在。家支仍然用习惯法来约束、调解家支成员之间的纠纷，缓和家支内外族人的矛盾，起到了好的效果。有的问题和矛盾，村干部解决不了，依然是通过家支有威望的老人，按照"习惯法"调解家支成员之间的纠纷或缓和家支内外族人的矛盾，达到解决问题、息事宁人的目的。我在调查中发现，民主改革后凉山彝族农村的民事纠纷，大至人命，小至夫妻吵嘴，家支都会出面调解，各种事件的有效调解率在60%～80%。家支对维护农村社会的稳定，确实起到了不可忽视的作用。

高：调解成功率这么高啊？

冯：对，因为凉山彝族的传统意识和从众意识很强，他们愿意接受祖先留下的东西，认为遵守祖规是光荣的。而且民间的纠纷大都是依照过去的惯例和他们比较熟悉、信任的"习惯法"进行解决的，所以大多数人会想"别人都能接受，我也不能例外"。相反，法律对于他们来说，是新事物，是外来的，就没往心里去，缺乏通过法律解决纠纷的观念，所以基层政府部门有时候会将法律和"习惯法"结合使用来处理一些棘手事件，效果很好。

我说几个具体事例。20世纪90年代有一段时间，凉山彝族吸毒、贩毒比较严重，政府屡禁不止。后来政府想出一个非常有效的方法，让家支头人出面，用开除家支的办法惩处吸毒、贩毒的人。据我了解，当时昭觉县和布拖县是受毒品危害的重灾区，而紧邻这两个县的普格县小兴场区月吾乡作为一个最偏远的乡，到1996年前都没有一个人受周边县乡的影响而出现吸毒、贩毒的人，原因就是家支集体饮血盟誓，严禁吸毒、贩毒。

还有一件事也很典型。家支利用其影响力，在宣传进步，自发地组织起来扼制愚昧、制止坏事等方面起到了积极作用。1995年，美姑县一些地方闹"门徒会"，散布入会后就会飞天，并能得到上天的恩赐坐收庄稼，否则就要怎么怎么样，搞得人心惶惶的。政府出面干涉，但没什么效果。美姑县拖木乡有一个村叫苦合莫村，村主任叫阿侯木也，也是一位家支头人，是这个村的权威掌事者。当时阿侯村主任便组织全村集会，要求本家支的成员不得参加门徒会，如果有人参加，就立即开除家支，然后组织杀牲盟誓。村内各家支头人也纷纷各负其责，负责本家支的盟誓集会，所有成员盟誓都不入门徒会，可以说速见成效。于是，整个村没有一个人参加门徒会，维护了社会的安定。另外，还有美姑县柳洪乡打落村的阿合家家支集体盟誓禁赌，还有专门为了杜绝偷盗的盟誓集会，收效很好。利用家支的威望及传统的尊重家支、畏惧家支的文化心理，倡导好事，阻止坏事，可以起到积极的社会作用。家支出面教育族人是一种社团共识性教育，作用大，百姓尊重家支，畏惧家支，因此收效很好，这是其他个人和团体很难代替的。

（四）亟待提高的现代文明素质

高： 看来等级内婚、"身价钱"和家支势力在彝族社会中有很强的根基，这些因素对妇女婚权的影响不是短时间能消除的。那么，在维护凉山彝族妇女婚权的问题上，您看到什么突破口没有？

冯： 以上讲的这些都是阻碍凉山彝族妇女婚权的外部因素，我认为最重要的阻滞因素在于凉山彝族妇女整体文化水平低下，这是造成她们家庭地位低、缺乏婚权的内在因素。所以，从凉山彝族妇女身上，就能找到婚权问题的突破口。20世纪90年代的时候，凉山彝族妇女总体文化水平低，文盲率很高，我查了1990年全国人口普查的数据，四川的彝族女性有88万多人，其中大学本科和专科学历的连400人都不到，占的比例几乎可以忽略不计；中专、高中生总共也才5000多人，占的比例不到0.7%；初中生不足1500多人，占的比例不到总数的0.2%；小学生要多一点，也只有7万多人，占的比例不到9%；而在文盲群体中，女性数量远远高于男性。年代更早的80年代，在大凉山彝族聚居的腹心地区布拖县西溪河区，1986年教育普及率只有39.4%，这个区安乐乡小学生入学率只达到28.9%，乡中心校78名学生竟没有一个女生。

我在20世纪90年代调查的普格县444名妇女中，文盲也占了一半以上，小学文化程度的约1/3，初中水平的只占1/10，有高中学历的只有1%，没有一个大学毕业生。为了对她们的婚姻观进行多角度对比，我们把这444名妇女按"受教育程度"这个指标分成了两组，初小到高中文化程度的为"文化女"，没上过学的为"文盲女"，调查结果有明显的差别。比如说，婚姻观上的差别，虽然"文化女"和"文盲女"都渴求自主婚，但"文化女"的婚姻自主意识比"文盲女"强烈得多；在对美满婚姻的认识上，"文化女"以相互关心体贴为首要因素，而"文盲女"以生活富裕为首要因素；在对理想丈夫的选择上，"文化女"以体贴关心自己为首要因素，而"文盲女"以勤快为首要因素。可以看出，"文化女"在婚姻幸福观上更注重感情因素，她们的婚姻观更接近以精神层面为重的婚姻，而"文盲女"却多停留在物质层面。再比如，争取婚权态度上的差别，凡是向往、追求幸福婚姻，敢于向包办婚挑战，对不满婚能上诉到政府解决的，大多是具有高小以上文化程度的妇女，她们见的世面相对多些，自我意识觉醒较早，对《婚姻法》内容比较了解，能讲出一些道理，运用法律自卫并寻求妇联的保护。而一般的文盲妇女，尤其是边远偏僻山区的妇女，她们从小生活在闭塞的乡村，传统观念浓厚，自我意识淡薄，历来只知道守规矩，婚姻完全听从父母安排，遇到不愿意的婚姻，也因畏惧社会舆论的谴责不敢反抗，只好任人摆布。

凉山彝族妇女总体文化水平低的原因，除了上面所说的等级、身价钱、家支等社会原因外，还有思想意识方面的原因。一是凉山彝族男尊女卑的思想严重。彝族普遍认为，男儿是自家的，女儿是别人的，从古至今再聪明的女子最终也是操持家务，学了知识也没用。二是凉山彝族社会评判彝族女子身价高低主要是讲骨头论等级、重视身材相貌、比家支大小和实力、看对方家庭经济条件，而与文化程度无关，贫困户的女儿不读书，长大一样卖身价钱。三是认为女孩子读了书反而不听话，反对父母包办婚的态度坚决，卖不起身价钱。四是由于凉山彝族家庭的经济收入普遍较低，一般家庭供不起两三个孩子同时上学，选择子女读书时自然淘汰了女童。

这个调查结果说明，凉山彝族妇女要提高自己的婚姻自主权和家庭地位，只有通过不断提高自身的文化素质，自立自强，才能实现。妇女没有文化，视野就不能跨出她们所生活的狭小范围，她们的世界就是身边的活动场所，她们耳闻目睹的范围就是她们双脚到过的地方，她们的所思所想就是传统教育和她们的经历。缺乏来自外界的启迪与自我觉醒，这对她们变革观念、冲破旧婚俗是一种巨大的阻力。提高彝族妇女的文化水平，哪怕只是识字，她们就可以看书、看报、看宣传资料，并从电视、广播中吸收现代的信息和观念，这样多少能提升她们的认识水平，改变她们的观念。久而久之，就能对她们择偶观、婚姻观和生育观的进步产生不可估量的影响。这在我们调查问卷中，"文化女"对婚姻自主的倾向大大高于"文盲女"就是一个证明。

而且，妇女自身素质的提高能增强她们参与社会的能力，这能消除她们的依附心理和弱者意识，树立自尊自信、自立自强的信念。我在彝区认识一些"文化女"，她们在养殖、种植或手工业等生产方面做得很好，从家庭走入了市场。为了增加竞争力，她们更加主动地学文化、技术、商品知识和法律常识，形成了良性循环，自身素质得到提高。她们在经济上独立后,很快就树立了新观念,坚定地追求婚姻自主。那些实现了经济独立的已婚妇女,在摆脱对丈夫的经济依赖后,赢得了尊重,提高了家庭地位,夫妻感情反而变得更好了,家庭生活也幸福美满了。

四、凉山彝族婚姻家庭的时代变迁

高:社会经济发展使妇女获得了独立的机会,这对她们的婚姻自主起到了积极的作用。

冯:社会经济发展确实会对凉山彝族的婚姻家庭产生深刻影响。受历史和现代的双重影响,凉山彝族的婚姻家庭也呈现出双重样态。历史因素的影响主要体现在对新婚姻形态的制约上,传统的保守势力和婚姻观念还发挥着不可忽视的作用,束缚着婚姻家庭的进步发展,而经济发展对彝族妇女的婚权自主、婚育观的改变和家庭地位的跃升等产生实质影响。

改革开放和市场经济给彝族农村妇女提供的最宝贵的东西就是让她们有了发展的机会,以前只能围着锅台转的彝族妇女变成可以从先试着走出家门做点买卖,初试成功后,大胆地走出村寨,发挥自己的才能和优势,逐渐扩展在庭院种植、家庭养殖、市场经商、乡镇企业等方面发挥自己的作用。妇女能够从琐碎的家庭生活中解脱出来后,传统的生活模式就完全变了,她们的个性得到了发展,价值也得到了真正的体现。我称这样的凉山彝族妇女为"新女性",她们靠自己的努力改变了自己婚姻状况和家庭地位。我记得一位彝族妇女说过:"我们做梦也想不到能有今天,现在我们自己能赚钱,不再像过去那样在家里没有地位了。"

彝族妇女确实很有能力,当她们步入市场后很快就成为家庭致富的能手,有了独立的经济来源后,不仅提高了在家庭中的地位,也提高了婚姻自主权。当时,这一类妇女在经济发展势头良好的文坪乡占到30%。原先妇女在家庭生活中"以和为贵、以忍为高",因为她们一旦离婚,遇到的困难比男人多。她们的经济独立以后,自主性增强了,对婚姻的期望值也增高了,对一些不合理的婚姻关系就越来越不愿意忍受了,在我们调查的当时,发现这部分妇女由女方提出离婚的比例增大。了解她们离婚的原因,是因为她们见的世面多了,思想观念发生了很大变化,她们对婚姻的期望值增高了,对自己不合理的婚姻越来越不愿忍受。加上她们在经济上独立了,有能力退还身价钱,婚姻的自主性增强了,基本上能实现自己离婚和再婚的目的。这部分妇女在家庭中地位有了较大提高，男女平等观念增强。而且，这些妇女在建立新的婚姻关系时，不像以前有了"身价钱"就算结婚了，她们的法制观念也增强了，在结婚、离婚时都会办理登记手续。

除此之外，经济发展还带来了很多观念上的变化，凉山彝族妇女的择偶观和生育观都和以前不同了，调查时想要女孩的比例逐渐增大，妇女普遍不愿意早生、多生，多子多福观念也变了。

高： 这些观念变化在您的调查数据中有体现吗？

冯： 有，我们通过问卷得到的最明显的一个变化趋势是年轻人追求自主婚的意愿越来越强了。在问卷上，15到35岁的年轻女性要求独立自主决定自己的婚姻命运，摒弃过去听天由命或以死抗争的做法成为她们对婚权的鲜明态度。数据上，选择"听天由命"的妇女仅占10%；认为"必须尊重自己的意见"的升至49%，接近一半，其中主要是年轻女性，中老年年龄段的妇女也有不少人同意这一观点；认为应该"听从父母安排"的，缩小到28%，这部分女性年龄都比较大；认为"行就过下去，不行就离婚"的占12%，也位居前列。在问到"你认为最好的婚姻是哪种情况"时，选择"本人做主，征求父母意见"的占50%以上；认为应该"完全由本人做主"的接近30%；选择"父母做主，征求本人意见"的，只有约6%；主张"完全由父母做主"的，不到9%；其余很少部分是没有回答的。总的来说，希望自主婚姻的妇女占了近80%，希望半自主婚姻的有一小部分，而同意父母包办的比例已经非常小了。在现实生活中，婚姻的缔结虽然仍然要遵从父母之命、媒妁之言，但在一般情况下，父母都要征求儿女的意见了。有的是自由恋爱上了，男方再向女方求婚，只请媒人走走过场而已。有了爱情基础，婚姻家庭趋于向健康方向发展。

高： 择偶观的变化呢？

冯： 调查择偶意向时出现了一个很有意思的事情，有56.3%的妇女在回答"择偶的首选条件"时，选择了"同等级"，仍然位居第一，这让我有些意外。为了解释这个数字，我又对个案进行了深访。让我认识到，等级内婚对凉山彝族婚姻的影响之深远，不是通过一两次婚姻改革能够改变的。访谈中也理解了她们的苦衷。因为在现实生活中，不与低等级联姻不仅在彝族群众中根深蒂固，就是在彝族干部中也不容易撼动。一般情况下，同等级的子女恋爱，父母会尊重儿女的选择，婚姻成功率较高，婚姻双方能如愿以偿。否则，父母一打听儿女的对象是低等级的，就坚决反对。所以为了避免麻烦，称心如意，绝大多数彝族青年恋爱结婚还是倾向于选择和自己等级相同的人。

年轻人择偶意向排第二的是"忠厚老实、靠得住",约占 1/3。这是因为彝族妇女很务实,以前凉山彝族经济基础薄弱,想过富足的家庭生活必须依靠夫妻双方的共同努力,所以,忠厚老实、有责任心的男子最能得到彝族妇女的好感,婚后他们通常感情专一,疼爱妻子和子女,家庭也会因此幸福稳定。而那些油嘴滑舌的男子,被认为是容易朝秦暮楚、移情别恋的人,婚后容易造成家庭分裂,妇女认为他们是最不可选的男性。在访谈中,文坪乡书记尼石依海的妻子沙作给我们讲了自己的婚姻感受。她说:"我是 1984 年由父母包办成婚,当时很不愿意,嫌依海比我大 10 岁。结婚后,他对我很好,主动承担家务,不发脾气,生活作风正派,是个好丈夫,我现在很满意。"可以看出,丈夫感情专一、主动承担家务是彝族妇女认为婚姻幸福的两条标准。如果丈夫能干会致富,更是妇女们所企望的。

另外,"重文化"已经变成凉山彝族女性择偶的重要条件了,位居第四,略超 1/5,特别是这个比例在年轻妇女中遥遥领先,可见文化知识在青年一代妇女的价值观念中升值了。又进行个案深访后得知,这些年轻妇女认为:第一,大多数有文化的男子是有能力、有涵养,能体贴关心妻子的人;第二,她们觉得有文化的男子容易当上干部,以后的社会地位较高;第三,当时农村在发展商品经济、科技种植,她们发现有文化、有知识的男子接受新事物快,会科学种田,会搞副业,经济收入普遍较高,以后生活会比较富裕。家庭夫妻互爱,生活小康富足,这都是彝族女青年所向往的。这也说明年青一代女性已经认识到致富是靠人的文化素质,而不是像老一辈妇女所认为的靠男方家所在地区的条件或男方的家庭条件,文化水平高低成为青年女性择偶的重要因素,体现出她们文化心理的进步。

高: 其他方面呢,还有哪些方面有明显变化?

冯: 离婚和再婚的情况也有明显变化。我从问卷数据感受到,伴随社会的进步,彝族妇女越来越重视婚姻形式中的感情因素,追求夫妻感情融洽的意识越来越强,离婚是她们摆脱买卖包办婚的最佳选择。在调查中,有一个"是否通过离婚摆脱不幸婚姻"的问题,虽然仍有一些妇女由于双方家长的阻止或害怕社会舆论,或者还不起"身价钱",或者认为一个家庭不能没有男人,或者是对丈夫抱有希望等原因,选择了"面临不幸婚姻时也不离婚";还有一些妇女主张"凑合过下去",但也主要是年龄较大的妇女;还有大概四成妇女考虑到孩子,主张"夫妻双方都应该为改善关系而努力",这个占的比例最高。因为在传统思想的影响下,部分彝族妇女对离婚的态度仍趋于保守。但是，我看到一个趋势，在主张离婚的妇女中，年龄越年轻占的比例越大，因为商品经济的发展使年轻妇女获得了和男人一样的工作和经商的机会，她们会很快接受新生事物，产生了新的婚姻观念。其中的一些已婚的人对原先父母包办、没有感情基础的婚姻感到厌恶甚至是鄙视，因此想到离婚和再婚，而且态度勇敢果断，容易达到目的。

而且我还发现，相当一部分凉山彝族妇女的再婚观也与过去大不相同，她们追求再婚的自由、再婚的幸福和再婚的质量，就连以前毫无选择权、只能服从家支安排转房的寡妇，选择"自己寻找再婚对象"的比例也远远超过选择"转房"的比例，这说明彝族妇女正在摒弃旧的转房制度。随着社会和经济的发展，彝区年青一代妇女的离婚和再婚已经不再受到社会的非难了，这无疑是婚姻进步的一大表现。

高：婚恋观和生育观的变化，在现实中改变了她们的婚姻行为吗？

冯：当时在彝区农村，婚姻模式上的确出现了一些变化。首先是同等级的社会圈中，婚姻可以自主了，在自主的基础上再商量"身价钱"的多少。也就是说，婚姻还是要以同等级为先决条件，以"身价钱"为聘金，但是对象可以自己选择了，我称这种变化为"婚权上从无自主婚向半自主婚转变"。这种婚姻模式带有"交叉并存"的特点，既有奴隶社会婚姻制度的影子，又能看到社会主义的婚姻制度，比奴隶制婚姻的完全包办、买卖带有进步性，但比起社会主义婚姻的完全自主，还有一些局限性和落后性。农村婚姻模式的变化，一方面说明旧的婚姻观念、行为正在向新的婚姻观念和行为过渡，另一方面说明家族利益和个人婚恋意愿结合了。当时这种"本人做主，征求父母意见"的半自主婚，成为凉山彝族妇女婚姻的主流。在城市和机关干部中不讲求等级内婚的比较多，它们也有不同的表现。现实婚姻行为中，还有第二个比较明显的改变，在自主婚中，如果女方父母"身价钱"要高了，女儿一般都会坚决反对，现在的父母一般都会让步。所以，就出现了自主婚身价较低、包办婚身价较高的现象。

总而言之，在研究凉山彝族妇女婚权的过程中，我感受到很强的历史脉动。社会发展了，凉山彝族的生产力提高了，物质生活水平提高了，科学文化进步了，生活方式也越来越多地受到外界的影响，这些都会改变他们传统的价值观，让他们主动摒弃各种落后的、愚昧的、不健康的因素对婚姻家庭生活的影响。我调查过的凉山彝区，每个社会成员在建立婚姻家庭关系时，都逐渐在符合社会主义《婚姻法》，适应社会发展的要求。这种在变革中从本民族土壤中生出的新价值观念，也比较容易被彝族民众理解和接受，容易成为人们在实践中自觉遵守的规范，对摒弃奴隶社会婚姻家庭的旧制，建立和巩固社会主义婚姻家庭制度也比较有利。这就是20世纪90年代，在社会进步的大背景下，西南民族地区彝族婚姻家庭变化和进步的大概情况。

通过调查我总结出，凉山彝族农村中当时已出现了一种新的婚姻模式，表现出旧的婚姻观念及行为正在向新的婚姻观念及行为的过渡。这种过渡的婚姻模式是：在农村，一般在同等级的社会圈中，婚姻可以自主，在自主的基础上协议"身价钱"。也就是说，婚姻必须以同等级为先决条件，以"身价钱"为聘金的半自主婚。它本身鲜明地带有交叉并存的特点，较之奴隶制婚姻的完全包办买卖带有进步性，而较之社会主义的婚姻完全自主，又有其局限性与落后性。它既有奴隶社会婚姻制度的遗痕，又有社会主义婚姻制度的新因素，是两种婚姻形态的交叉、融合与并存。这是我当时调查时所感悟的。

第五章　少数民族妇女居住环境、健康与发展研究

一、与少数民族妇女健康与发展研究结缘

（一）海外中华妇女学会与四川妇女研究

高：接下来就是 2000 年前后，您开始了对少数民族妇女生活环境与健康发展问题的研究。

冯：是的。由于我曾经是四川省妇女研究学会的成员，1998 年 12 月上旬，海外中华妇女学会（CSWS）与四川省妇联在成都合办的第三届"社会性别、贫困与农村发展"参与式研讨会，邀请我参加。这是我做有关彝族和羌族妇女居住环境与健康发展研究的缘起。

高：海外中华妇女学会具体是干什么的？

冯：这是一个从事各种研究的女性专家学者组成的学术团体，她们都是留学海外或旅居海外的中国女学者，从 1989 年成立后一直致力于性别与发展研究，在推动中国妇女研究和发展上做了不少贡献。据我了解，她们翻译了大量关于妇女研究和性别与发展的英文文献，到 20 世纪 90 年代初，她们和中国妇女研究界有了联系和合作。在我参加她们的研讨班之前，她们已经在中国举办过两期"中国妇女与发展"研讨班了，第一次是 1993 年在天津与天津师范大学妇女研究中心合办的，第二次是 1997 年和江苏社会科学院在南京合办的，但都是研究汉族妇女问题。

高：这次研讨会的内容是什么？

冯：这次研讨会拟定的主题叫"社会性别、贫困与农村发展"，主要目的是给做

1998年，参加社会性别、贫困与农村发展参与式研讨会

妇女研究的研究者和从事扶贫项目的专业人员提供一次相互学习和交流的机会。参会的人有来自海外中华妇女学会的学者，有国内从事农村妇女研究的专家，还有在贫困地区搞扶贫项目的基层干部，以及四川省的妇女工作者和贫困地区、少数民族地区的乡村代表。因为这以前的两次联合会都没有涉及少数民族妇女的问题，所以这次会议着重于用社会性别分析的方法解析贫困，特别是农村中贫困的汉族妇女和少数民族妇女的贫困问题。

我记得当时来的羌族代表是茂县妇联主席王李平和茂县白溪乡白溪村妇联主任陈福华。由于是第一次涉及少数民族妇女问题，因此在会上代表们对少数民族妇女问题表示出浓厚兴趣，并关注民族地区的环境卫生与妇女健康。会上，对少数民族妇女问题的讨论比较多，尤其是对民族地区的环境卫生与妇女健康这个问题，大家都很关注和重视。陈福华谈了羌族妇女的一些情况，1992年国家在她们村实施扶贫项目后，改变了妇女的劳动和生活状况，解决了三个难点问题：一是解决了吃水背水问题；二是实行了"人畜分居"；三是解决了学龄儿童上学问题。听她说这个，我就根据自己在彝区调查时的所见所感，谈了凉山彝族的"人畜混居"情况。我们两个谈完之后，羌、彝两个民族的"人畜混居"问题引起了当时在美国犹他州担任卫生部免疫与妇幼保健信息项目主任、海外中华妇女学会主席徐午博士的注意。她说之前也在很多文献、项目报告和调查研究里看到过世界各国"因疾致贫"和"因贫致疾"的恶性循环，"社会性别角色"和"家庭内部权利结构"的影响加速了这个循环，而妇女是整个循环的中心。最后参会代表们达成了共识，认为妇女健康是影响妇女发展最重要的因素之一，我也觉得过去在妇女发展问题的研究中，过分地强调了经济参与，把它当成了衡量妇女地位最重要的标志，但实际上妇女向来都是经济活动的主体，而健康被看作妇女自己的问题，很少被重视，农村妇女尤其是这样。

会上讨论完，徐午主席就建议我和王李平共同申报一个会议的子课题项目，主题是"羌族人畜混居与妇女健康"。会后我就提交了调研项目课题的申请报告，被批准后，我就和茂县妇联的王李平、吴小红，还有我们所的一个年轻同事耿静组成了项目小组，我任组长，负责制作这个项目的调查问卷，准备访谈提纲，我们共同去了当地调查，最后由我执笔撰写调查报告。后来，我又和我所的彝族同事罗凉昭、凉山州民研所的白史各以及昭觉县妇联的两位同志做了"人畜混居与彝族妇女健康发展"的调查。

（二）"妇女、环境与可持续发展"项目

高：彝族妇女的研究项目是什么时候开始的？

冯：是1999年。当时中国妇联又提出了关于"妇女、环境与可持续发展"这么一个项目，主要是要在世纪转换之际，提出一个崭新的研究与实践课题。那时候国际上增加了对人类生存环境和生活质量的关注，也加强了对妇女问题的研究，尤其是妇女的健康问题，特别受国际社会的重视。实际咱们国家在2000年以前，已经有不少关于妇女健康问题的研究了，比如，生育与妇女健康、医疗与妇女健康、保健与妇女健康、暴力与妇女健康、性行为与妇女健康、发展与妇女健康、妇女学与妇女健康等，涉及的领域比较多，但主要是针对汉族妇女的探讨，在民族学研究领域，对少数民族妇女健康的研究还是凤毛麟角。

正好这个项目和海外中华妇女学会"社会性别、贫困与农村发展"这个总议题有共同性。我们当时申报的是"羌族人畜混居与妇女健康"这个子项目，当时这种视角与研究在少数民族妇女健康的研究领域中还没有。凭我对凉山彝族的了解，我认为凉山彝族妇女比羌族妇女在居住环境和健康问题的关系上更为典型和突出，所以我

想继续通过居住环境这个视角再看看彝族妇女在这方面的问题。项目批准后，我们就做了羌族妇女和凉山彝族妇女的居住环境与她们的健康和发展两个课题。

（三）居住环境、健康与贫困

高：您申请的这两个项目，都是关于羌族和彝族妇女居住环境与健康问题的研究，其中涉及发展和反贫困问题吗？

冯：是的，都涉及。因为妇女发展、农村反贫困是这几次会议最大的主题，我们也是因为发现了居住环境差、妇女不健康和家庭贫困之间的关系才加入这些项目的，所以反贫困与妇女发展实际也在我们这些研究的闭环中。20世纪80年代，我国的社会学家和民族学家就已经对农村的贫困问题进行过多层次的研究了，有一系列成果存世，但是对居住环境与健康问题造成的贫困没有予以应有的重视与关注，这方面的研究几乎是空白的。

我认为贫困是由综合性因素造成的，有社会的、经济的和文化的。比如，以"人畜混居"为主要特点的传统居住环境，在西南少数民族中延续了上千年，它是由特殊的历史原因造成的，这种居住模式和经济文化发展迟缓是互为因果的。妇女健康对家庭和地区发展有很重要的作用，因为她们是反贫困不可忽视的人力资源，而她们生活的主要环境是家居环境，因病致贫的主要对象也是妇女和儿童，所以改变旧的生活环境与生活方式，妇女、儿童的身体健康了，才不会出现因病致贫的情况。

从我们的调查中显示出来的问题很多。一是居住条件差导致高患病率，到1992年，凉山州还有32万户以上的村民居住在传统的土坯房、瓦板房或草房中，"人畜混居"一室，门前一堆粪，环境卫生极差，疾病发生率和人口死亡率都很高。记得当时各调查点的抽样问卷显示，患各种病的妇女将近占到三分之二，而且她们所患的疾病几乎都与她们的居住环境有关。二是大部分村寨存在人畜饮水困难、无电、交通闭塞等情况，这些都严重阻碍了凉山的社会发展。

凉山彝族地区落后的环境卫生状况严重影响了人们的身心健康，给当地的脱贫致富带来了严重阻碍。20世纪90年代以后，针对这一问题，凉山州州委、州政府将改革环境卫生纳入扶贫工作目标管理责任制，在广大乡村推行以搞好环境卫生、个人卫生、移风易俗、改变落后卫生生活习惯为主要内容的"形象扶贫"工作。具体要求是：改善居住条件，搬走门前一堆粪，人畜分居；房屋开窗安置亮瓦，做到透光透气，修建厨房、厕所；门前有个水泥院坝，通向门外有一条水泥路。有条件的村修建公厕。对个人呢，要求搞好个人卫生，刷牙、勤洗脸、勤洗头、勤洗手脚和勤洗衣被；改变无床无被睡在火塘边的习惯；要搞好环境卫生，改善村容村貌，改造泥泞路；同时，绿化家园，美化环境，维护环境卫生，通过改变旧的生活方式入手，提高当地人的身体素质达到扶贫目的。

高：您也参加"人畜分居"工程了？

冯：没有直接参加，就是做研究。为了完成这一课题，我邀请了我们所的罗凉昭和凉山州民族研究所的白史各，她们都是彝族。我们在凉山州选了一些点进行实证研究和理论分析，把存在的问题提出来，拿出相应的对策。

高：你们当时在凉山州选了哪些地方作研究点？

冯：我们选了凉山彝族自治州腹心地区的昭觉县和布拖县，以昭觉县为主，时间是1999年6月。因为彝族的聚居区是垂直分布的，所以我们就在昭觉县选取了竹核乡（平坝）、谷曲乡（半山）和滥坝乡（高山）三个不同的调查点。这三个点基本上都在公路沿线上，是凉山州政府"形象扶贫"最开始推进的地区。我们认为这三个点是具有代表性的，一方面能综合反映凉山彝族的居住环境，另一方面也能看出"形象扶贫"工程在不同聚居区的进展情况。

高：您还记得当时调查的具体内容都有哪些吗？

冯：当时我们调查得很详细，从生态环境，到家居环境，再到生活条件与家庭收入，还有文化水平和思想观念，凡是环境与妇女疾病相关的内容，我们都做了调查。

二、彝族妇女居住环境、健康与可持续发展研究

（一）传统生活方式、文化习俗与妇女常见病

高：当地的生态环境和家居环境怎么样？

冯：生态环境方面，凉山彝族大多居住在半山和高山，这些地方云雾多、湿度大，光照也比较强，造成从春天到秋天极易滋生各类疾病的温床，比如，恶性疟疾在海拔较低的高山地区就属于常见流行病。新中国成立后，虽然当地政府采取过措施，杜绝了恶性疟疾的大面积流行，但因为生态环境的特殊性，恶性疟疾很不容易根绝。另外，由于潮湿多雨的气候环境，还导致彝区很多人患风湿病。

再说居室环境，因为凉山彝族的社会形态是从奴隶社会直接过渡到社会主义社

会的，所以社会的总体发展水平比较低，他们居住的房子还是早期为了适应生态环境而建造的，传统居住形式是瓦板房、人畜共居，这种建筑很少照顾到人的健康。比如说，为了适应寒冷的天气，彝族传统房屋通常是不开窗的，就算开窗，也只开很小的窗户，门也特别矮小，屋内仅靠瓦板房的空隙透一点光，十分昏暗，空气不流通，牲畜关在室内异味很大，而冬季烤火时间长，室内整日柴火不断，烟雾浓重。

相较于男性，居室环境差，对在室内活动多的妇女影响更大。第一，她们要在火塘上生火煮饭，烟熏火燎，所以沙眼、结膜炎、红眼病很普遍，而急性血性结膜炎的传染性又高，是老年妇女的常见病；第二，她们经常趴在火塘边吹火，常年吸入烟灰，患慢性鼻炎、咽炎、喉炎、支气管炎和肺病等呼吸道疾病的人占了相当的比例；第三，室内空气不流通，彝族又习惯在火塘边烤火、闲聊、吐痰，也容易传播疾病；第四，当地气候潮湿、阴冷，房屋门前经常粪泥堆积，很多家庭屋子里十分潮湿，妇女患风湿病的也非常多。

高：泥粪堆积是怎么回事？

冯：我们当年到彝族地区去入户调查，有的人家的院坝和屋门口堆积着牛羊猪的粪便，有的时候要从粪堆上走过去，他们自己都不好意思。而且彝族有一个传统，他们认为人粪非常脏，他们没有厕所，有野便习惯，也不会用人粪积肥。彝族妇女都是穿裙子，走到哪里也是就地野便。不过彝区居住分散、地广人稀又比较寒冷，高半山的野便习惯产生的污染问题不明显。问题比较大的是"人畜混居"。比如，在凉山腹心地区布拖县，"人畜分居"前，卫生条件极差。我记得有一次到布拖县的乡村去搞彝族家户调查，有户人家院子简陋，一间不大的瓦板房，满院都是畜粪和青草混合的稀泥，一直堆到房门前，根本没地方下脚。女主人很不好意思，急忙到院子外面找到几个大石头铺在路上，搞了一条临时通道给我们走。我们踩着石头进屋，脚上还是沾上了粪泥，屋子里也比较暗，我们怕主人难堪，就若无其事地进屋访谈。

除了生态环境和居住环境外，当地的村落环境也很差。凉山彝族一般是十几、二十户形成一个自然村落，在这些小村落中，道路是自然天成的泥土路，没有打扫环境卫生的习惯，牲畜按照传统习惯敞养。我们在村中调查时，随时能看见猪、鸡三五成群地在房前屋后、室内、院坝或村道上闲逛、晒太阳，牲畜粪便随处可见，苍蝇满天飞，天晴的时候臭气熏人，下雨的时候粪泥横流。彝族妇女习惯在村中的路上或土堆上，选一个干燥的地方成群结队地席地而坐，捻线、做针线活或聊天，不远处就躺着敞养的猪、鸡。

高："人畜混居"的居住模式是怎么产生的？

冯：有两个原因：一是历史上彝族是游牧民族，对牲畜的感情深厚。因为气候寒冷，怕牲畜冻坏了，人和牲畜住在一起可以提高屋内的温度，共同取暖御寒越冬。二是因为中华人民共和国成立前凉山彝族很穷，牲畜是家庭的重要财产，为了防止牲畜被盗或被野兽袭击，他们就把牲畜养在屋内。人畜混居一室，房屋又无窗，或只有一个小窗，所以卫生条件很不好。

凉山彝族的民居一般是一列三间，"人畜混居"就是这三间中有一间做畜圈关猪牛羊。通常在房屋前还有一个院子，多用来堆放沤的畜肥和草肥。调查时，妇女们向我们反映：各家门前都有一堆肥，粪泥有一尺多深，一进门就臭气熏人，我们赤脚走在粪便上，脚上很脏。到布拖县久都村，妇女们也反映：平时一到雨季就担心，门前一堆粪变成了一尺多深的粪水，四处流淌，院坝里的稀粪浅的一尺多深，深的有四五尺，很多时候需要用锄头来挖，感觉很脏也给生活造成极大的不方便，客人来了很不好意思。过了雨季，她们又担心夏天的持续高温，因为这时苍蝇、蚊虫增多，牲畜粪便中的苍蝇和蚊虫会带上各种病菌，污染食物或直接感染人。有的妇女认识到了这点就说：苍蝇多，满屋飞，在剩菜剩饭上爬，大人小孩都患肠炎、腹泻。所以，彝区妇女除了眼病、呼吸道疾病和风湿外，还非常容易感染痢疾、肠炎和胃病等胃肠道疾病。我们在调查时，昭觉的妇女儿童患肠道疾病的竟然有60％！

高：这全都是"人畜混居"导致的？

冯：不光是"人畜混居"的问题，他们有一些生活习俗也会导致疾病的传播。比如霍乱病之所以在彝区久治不灭，就与凉山彝族的传统习俗有密切联系。从医学上看，霍乱的传播分为外源性和内源性两种，彝区传统的丧葬习俗是导致霍乱外源性传播的主要原因之一。按习俗，彝人家如果有丧事，其亲戚、家人、朋友、邻里都要奔丧、守夜、送行。这期间，几十上百人集体聚餐，在地上摆饭、菜、坨坨肉，大家席地围坐手抓坨坨肉，用公勺喝汤。

高：坨坨肉是？

冯：坨坨肉是把杀后的牲畜肉，切成一大坨一大坨的煮熟，吃饭的时候一人分一坨。坨坨肉很容易成为病菌的载体，当地人没有洗手的习惯，分肉的时候肉上会带很多细菌。由于以前比较贫穷，妇女们参加活动分了坨坨肉，自己舍不得吃，把肉带回去给家人和小孩吃，这样小孩就非常容易被传染各种疾病。我们在调查中看到，往往是一有丧事，疾病就迅速蔓延。

另外，人畜共饮也是造成胃肠道病的主要病因。彝族生活在半山或高山地区，有些彝族村寨并不缺水，但是由于村中没有固定的人畜饮水设施，村民饮水全靠山溪、小河的自然水，下雨时水体浑浊，又没有净化水的方法。而有些缺水的地方，挖一个水塘，人在那里打水，牲畜也在那里喝水，粪便很容易混在里面，非常不卫生。比如，在竹核区木扎洛乡木札洛村，村民的水源是村边的一条小沟，人畜共饮，七八月时，天气炎热，干旱少雨，人畜共饮的是下雨时蓄积的河坝水、水塘水，水质差又没消毒，许多人饮后都得了急性肠炎，上吐下泻。在调查的头年，即1998年，当地就有霍乱病例574例。经过"人畜饮水工程"后，现在好多啦，这些病可能都消失了。

高：这么多的人患病啊。

冯：是啊。居住环境差，还会造成严重的妇科病。在我们的调查统计中，昭觉县患妇科病的妇女高达55%，布拖县30到40岁的已婚彝族妇女中有50%有妇科病，主要有宫颈糜烂[①]、宫颈炎、附件炎、阴道炎等，其中有霉菌性阴道炎的妇女相当多，占1/3，病源体主要是滴虫和淋菌。

高：妇女病也和"人畜混居"有关系？

冯：对，患病原因和"人畜混居"造成的卫生条件差有关，不过也与彝族妇女缺乏卫生知识有关。比如，部分妇女在月经期使用的是旧报纸、废纸、旧布，很容易造成细菌感染。彝族还有一个传统习俗，20世纪80年代前农村30岁以上的妇女不习惯穿内裤，裙子也极少洗涤，平时随地而坐，直接与地面接触就会引起霉菌感染。另外，凉山彝族妇女极不卫生的传统生育习俗也是重要的致病原因。

我们是20世纪90年代进行的调查，当时凉山彝族妇女的生育习俗还是很落后的，她们没有去医院分娩的习惯，绝大多数农村孕妇生孩子都是在家中用旧方法接生。旧法接生一般无人助产，她们也不在室内的床上生，一是认为产血脏，不好打扫，怕弄脏床；二是产妇一般在猪圈、牛圈或羊圈内分娩，觉得在畜圈中生产比较隐蔽。如果遭遇难产，就更要到猪圈里去生。羌族也是这样。

在分娩过程中，她们一般采用睡式或蹲式，但不管是哪一种都很不卫生。比如睡式就是在下面垫些干草和破布，产妇躺在上面生孩子，有的干脆直接躺在地上分娩，分娩后用没消过毒的剪刀剪断孩子的脐带，也不进行任何包扎，这样特别容易

[①] 2008年版《妇产科学》教材中，已明确取消了"宫颈糜烂"病名，以"宫颈柱状上皮异位"生理现象所取代。——编者注

引起新生儿破伤风和产妇感染。蹲式也是蹲在地上分娩,分娩时一手抱婴儿的头,一手用手指掐断脐带,这种生产方法致使许多产妇生殖道感染,引起盆腔炎、阴道炎、尿路感染和宫颈炎等妇科病。彝族妇女这样生孩子,新生儿存活率也低,有的彝族妇女生了七八胎,只活了两胎,而且产妇因产婴致病死亡的概率也很高。我们在昭觉县医院了解这一情况时,得知每年来治疗产后感染的妇女都有50多人,高寒山区平均每年有3名妇女因产后感染而死亡。

高: 除了生产时不注意卫生,平时她们的个人卫生情况如何?

冯: 平时也比较差。以前由于缺水,高半山的大多数中老年妇女没有洗手的习惯,一年难得洗一次头,洗脸洗脚的次数极少,要去奔丧或参加节庆活动时才洗一下脸和脚。很多妇女身上穿的衣裙一年最多洗一两次,有的衣裙从穿上身到穿烂从未洗过。在现在看来这是不可思议的事情,但这就是我们调查时的真实状况。我们了解到,布拖县久都乡参加我们座谈会的5个妇女从未洗过澡、洗过头,精神好时洗洗脸,手上有泥才洗手,原因是买不起肥皂。她们也不洗衣服,穿烂了再买一件。年轻女孩几个月洗一次头,有时到河边劳动遇到天晴才洗一次澡。妇女一年四季都赤脚,晚上睡觉时也从不洗脚。一方面是生活习惯,另一方面是经济困难,为了节省。在我们调查时,彝族妇女普遍缺乏起码的卫生常识,这一点,我的印象也比较深刻。后来,我们跟彝族妇女谈这个问题的时候,许多人的认识是:农村与城市不一样,农村条件差,卫生状况差是正常现象,农村不可能和城市一样讲卫生。

当时大概就是这么一个情况,个人卫生差,环境卫生也差,人畜共居、人畜共饮。水源不干净,食品卫生状况也不理想,碗勺等食具基本不洗,更没有什么消毒措施。妇女一旦得病了,就不能到地里去干活,经济收入少,还要花钱看病,自然就使家庭陷入了贫困。当然,这都是我们调查时的情况,后来经过"人畜分居"和脱贫攻坚,凉山彝族村民的经济、文化、卫生面貌都焕然一新了。

(二)"因病致贫"与"形象扶贫"的文化阻力

高: 所以,导致贫困的主要原因就是妇女患病后劳动力的丧失?

冯: 这是致贫的一个重要原因,是我们在调查中最关心的问题。我们得出的结论是,彝区很多家庭确实会因为妇女生病致贫。作为家庭的主要劳动力,她们的身体健康与否直接影响到家庭的贫富程度,妇女患病后不仅失去了挣钱的机会,还加重了家庭的经济负担。这种例子在我们调查中比比皆是。

高：您能说几个吗？

冯：我印象比较深的是我们在昭觉县竹核乡做的访谈，有几家情况比较典型。有一个叫沙马的，他们家的主妇经常感觉头晕、头痛、胃痛，不严重的时候就忍着，严重了就去医院开药打针，但从来不住院治疗，因为她家连普通看病的费用都筹不出来，更不要说住院的费用了。这样她的身体一直不好，做不了重体力活，没有能力发展养殖业和种植业，家中只能维持最基本的生存，没条件脱贫致富。同乡还有一个久病不愈的妇女叫阿呷几几，有点钱都用在吃药上了，家里越来越困难，后来实在没钱看病，病痛时也只好忍着。这样的例子在其他乡也比较多。

大多数妇女患病后，疼痛和虚弱会严重影响她们的生活与劳动，用她们的话说：既种不起地，又喂不起牲口，家庭经济困难，家中境况一落千丈，只能眼看着别家过富日子，而自己力不从心，不能改变家庭的贫困面貌。而且因为没钱看病，她们经常把小病拖成大病、重病，那就更看不起病了，只能陷入恶性循环。更让人同情的是高山区的妇女，由于离医院路途遥远、交通不便，如果突然病危或难产，很难得到及时救治，有些人还没抬下山就在路上去世了。

高：看来要解决贫困问题，就要先解决健康问题，要解决健康问题，就要先解决居住环境问题。

冯：当时政府推动的"形象扶贫"项目就是针对这个问题的，先解决居住环境问题，改变当地人传统的生活习惯，提高他们的身体素质，然后逐步实现脱贫致富。凉山州进行"形象扶贫"工作，最开始推进的是"人畜分居"项目，也就是改造传统的瓦板房，修建畜圈厕所。

高：瓦板房改成什么样？

冯：改成黑瓦房，安亮瓦，室内去锅庄、立灶头，建畜圈、修厕所，一路一坝是门前打一块水泥坝（搬开门前一堆粪），或修一条水泥路等外在形象的改变，并通过改善卫生条件，从源头上根除疾病。当时州政府在试点乡村建了一批彝族新居，有卧室、客厅和厨房，旁边也修了专用的厕所。

民居改造表面上看起来是一个改善居住环境很简单的事情，但实际上却很不好推进，因为民居文化属于传统文化范畴，与彝族长期生活的自然环境、社会历史、文化观念、经济水平都有关系。靠外力推动"人畜分居"，给他们修建厕所或打水泥院坝，这类单纯的技术性改造很难在短时间内改变他们的生活习惯，为什么呢？这就必须追根溯源，从"根"上找原因。

比如，气候条件会直接影响人类的居住行为。彝族一般散居在高山或半山区，他们的生产方式一般是"以农为主"或"农牧兼营"，牛羊是一个家庭的重要财产，如果被盗，将会给家庭带来极大困难。在调查时，妇女们说："气候寒冷并不可怕，冬天多垫点草，牲畜也可以越冬。怕的是被盗，牲畜关在屋内更放心。"而且冬季气候寒冷，人畜同居可以使屋子温度增高，相互取暖。因此我们在一些高山地区看到，即便实现了"人畜分居"，当地人冬天仍然要把牛羊关进屋内，还有些人在修房子时就在房子里留出了畜圈的位置。又比如，传统房屋不开窗或开小窗也是因为天气，一些高山区的房屋如果开窗，屋内堆积的洋芋和荞子在风雪天容易霉烂，直接影响家庭的温饱。所以，高山彝族在"人畜分居"后，很快又把窗户用纸糊上了。另外，野便的习惯同样与气候寒冷有关。高半山区居住分散，排泄物在室外很快就会干燥，无臭无味，低温下细菌也难繁殖，大家并没有感受到野便的弊害，所以依然如旧，习以为常。半山、平坝的"人畜分居"工程虽然修了厕所，但当地人没有及时清除粪便的习惯，导致粪便堆积，又脏又臭，很不卫生。

高： "形象扶贫"的推行要考虑彝族居住地的海拔高度，这点如果没有实地调研很难想到。

冯： 所以说，在推进"人畜分居"项目时，不能忽略凉山各村寨存在的海拔差异和温度差异，否则肯定会遇到阻力。高山地区气候寒冷，细菌不容易生长繁殖，人与牲畜同居一室与半山、平坝相比，也不那么容易引发人畜共患病，所以高山彝族就不觉得人畜混居有什么危害，不分居也不要紧。相反，住在沿江河谷干热地带和低海拔地带的村民，他们的健康情况受"人畜混居"的影响就比较明显，所以对"人畜分居"项目的积极性很高，有的地方甚至在政府还没倡导"人畜分居"前就已经自己进行"人畜分居"了。

再说历史因素造成的阻力。凉山传统民居几个突出的特点是：一是吃饭和睡觉都基本上在进门的大屋内，围着火塘吃饭和睡觉；二是无畜厩，人畜同居一处；三是没厕所，野便。从人类发展史看，无厩、无厕是刀耕火种时代的遗留，"人畜混居"和野便反映的并不是卫生意识的缺乏，而是由于生产技术落后，积肥、施肥的重要性还没有被意识到，因此人粪、畜粪便就被随意排在野外。后来农业技术发展了，村民也意识到了施肥的重要性，但彝区的农业发展还停留在传统模式上，牲畜散放的习惯也还如旧，虽然有些人开始在院子里积畜肥、草肥了，但修建厕所还不是人们的认识和自觉行为。另外，窗小或无窗，除了气候原因，也有社会历史原因。

民主改革前,彝区经常发生械斗,为了安全,有钱人家的围墙修得比住房还高,从远处看,只能望到屋顶和瓦板,大多室内都十分昏暗。到调查当时,凉山彝族还有这样的心理,认为没有窗户比较安全,有的家庭在瓦板房改造后,为了防盗,还是会把敞亮的窗户用纸或用木板糊上。

高:历史因素、气候因素,还有其他的吗?

冯:还有人们的文化素质水平,观念、习俗和习惯,都会给"人畜分居"带来阻力。比如之前讲婚权问题的时候,我们说早期凉山彝族妇女的文盲率超过一半以上,整体素质偏低,这对她们各方面的发展都有制约。妇女对民居环境改造的支持,对家庭与环境卫生的维护,对疾病的认知和态度,都取决于她们的文化和素质水平。有一件事,我记忆特别深。一天,我们调查的路上看到一位患肝炎的妇女正在奶孩子,这个妇女朝我们微笑,她人很瘦,脸色蜡黄,眼珠也很黄,一眼就能看出她的病情已经很严重了,我偶然间还看见她的奶水都变成黄色了,这样还奶孩子会直接影响这个孩子的健康,这位母亲却浑然不知。在我们调查时,彝族妇女普遍缺乏起码的卫生常识。这一点,我的印象也比较深刻。后来,我们跟彝族妇女谈这个问题的时候,许多人的认识是:农村与城市不一样,农村条件差,卫生状况差是正常现象,农村不可能和城市一样讲卫生。

还有文化因素。"形象扶贫"要通过改变生活方式来提高人们各方面的素质,首要的一步就是提高人们的文化素质。我们的调查结果显示,文化因素非常重要。"形象扶贫"在文化素质水平比较高的妇女中推动很快,因为具有一定文化水平的妇女会选择通过优化日常生活的行为来提高生活质量。她们更容易认识到环境卫生与健康之间的关系,座谈中,稍微点拨一下,健康意识就出来了。而文化素质低的妇女对疾病,特别是对妇科病就缺乏应有的正确认识,搞不清楚疾病与居室卫生、环境卫生的关系,她们只知道:人畜未分居时,苍蝇、蚊子一群群,空气不好,卫生不好;分居后,感觉很好,大家喜欢;过去祖祖辈辈人畜同居,娃儿死得多,原因不了解,现在娃儿死亡率低,变化很明显。由于文化素质低,一些妇女缺乏通过苦干、实干脱贫致富的信心。有些人认为:穷的人家,政府会给补助修房子;富的人家,自己花钱修房子,还不如等政府给补贴。我们曾在大温泉村河坝组开过一个小型座谈会,请了8位妇女座谈,她们的感想是:原先牲畜关在屋里很臭,苍蝇、跳蚤也多,引起拉肚子和各种疾病。"形象扶贫"后,卫生好得多,不臭,心里高兴,但厨房还在屋内,希望政府再投资一些,把厨房分出来。部分妇女已经习惯了向政府伸手，自力更生、苦干实干的精神不够，等靠要的思想严重。相反，文化素质水平高一些的妇女将"形象扶贫"作为跳板，让生活再上一层楼，使"形象扶贫"的成果不仅可以巩固，还可以继续进步，使生活条件更好。

观念的陈旧和不良的生活习惯在居住环境改造中也是阻滞性因素。"形象扶贫"的成功不仅是物质的，更是观念的，要实现凉山彝区从物质到精神的双重革命，才能持之久远，而观念的转变是一个非常艰难的过程。"形象扶贫"刚开始推行"人畜分居"的时候，有相当多的村民思想顽固，他们说："我们世世代代、祖祖辈辈都是这样过来的，我为什么不可以这样过，现在为什么要分开？"他们认为原有的居住模式没什么不对的地方，甚至因为"形象扶贫"是政府行为，而有较大的抵触情绪。表现出来的，要么是在工程实施过程中搞应付，最后居室改革的质量和进度都不行；要么就是流于形式，打了灶，不煮饭，开了窗户，又糊上纸，修起水泥院坝不用，不检查时，仍然用于堆草肥、畜肥，建好畜圈后，等检查一过或时间一长，又把牲畜关进屋里，厕所建起也不用，就为了应付检查。

当时大多数彝族妇女没有打扫室内卫生的习惯，老房子不打扫，"形象扶贫"后的新房也不打扫，遇到检查，才突击打扫一下。物质文化上发生的改变，并没有对他们的观念和习惯产生影响，他们住在新居经常表现出不适应。我们下去调查时，特意进他们改革后的新居看了一下，当时家里没有人。一进门是一间大屋，宽宽大大的，旁边是厨房，灶台全部都贴着白瓷砖，但上面黑黑的一层，全是苍蝇。鸡也在屋内到处乱跑，屋内外满地的鸡屎。我又到他们的卧室去看了一下，衣服被子乱七八糟丢了一床。房屋内部的脏乱和新房外部的光鲜整洁完全不配套。所以说，思想观念要是跟不上，物质方面的投入对"形象扶贫"来说，只能是事倍功半。

厕所修了，但没人使用，这是最具代表性的由传统思想造成的问题。

高：不肯使用厕所，是因为以往没有这个习惯吗？

冯：不习惯只是一方面，更重要的是他们还有一些"回避"习俗。传统上，男女之间、不同辈分之间、翁媳之间都要回避。比如，公公和媳妇是不能碰面的，也不能同住一屋，同时进出一道门，如果在进门时或在厕所里不小心碰见了，就犯了禁例习俗，他们面子观念重，后果也很严重，所以彝族很忌讳这个。我们调查的时候，这些习俗已经随着社会的进步逐渐改变了，虽然不像过去那么严格，但影响力还在，男女、翁媳之间仍需要回避。

"形象扶贫"推行的是一户一厕，既能积肥，又能维护环境卫生防止传染病，但男女共用一厕，兄妹、翁媳难免碰上，碰到外人就更害羞了，所以他们很反感、很抵制。让他们修建厕所，有的人家就象征性地挖一个圆坑，里面放些柴草；有的人家在屋后某角落挖个小坑，搭上两个木板，上面搭一个简易棚布，纯粹为了应付检查。另外，彝族和羌族不一样，他们不积肥，不习惯挑厕所里的粪便给庄稼、蔬菜施粪，所以厕所里粪便堆积，有些人觉得很恶心、很脏，不愿意修厕所。我们发现彝区修建的公厕几乎没人打扫，根本就下不去脚，边上全是大小便，当时我就感觉到"建厕效果很差"，不过后来经过了一些努力和曲折，他们这个习惯慢慢也在改了。

受气候环境、历史、个人文化素质和习俗四个因素的影响，凉山彝区居住环境的改造遇到一些阻力。因为从物质到精神、从"形"到"神"的转变过程一定是艰难的，要改变彝族旧的生活方式和思想观念，增强他们的健康意识，使他们认识到健康对个体、家庭、社会的重要作用，再逐渐使健康意识转化为他们每个人的自觉行为是需要较长时间的。

（三）改善居室及环境卫生的成效

高：那"形象扶贫"最后的效果到底怎么样呢？

冯：我觉得还是有成效的。"形象扶贫"的总目标是搞好环境卫生和个人卫生，移风易俗、改变落后的生活习惯。当时改善居住环境方面要求是：搬走门前的一堆粪，人畜分居、房屋开窗、安置亮瓦、修建厨房和厕所，门前要有院坝，通向门外要有一条水泥路。而改善村容村貌方面要求是：把泥泞村路改为整洁的公用大路，有条件的村要修建公厕，要绿化家园，美化村貌，并订立乡规民约维护环境卫生和社会治安。改变个人卫生方面要求：做到一人、一盆、一毛巾，勤洗脸、勤洗手脚、勤洗头、勤洗衣被，改变新衣上身直到穿烂也不洗的习惯，改变无床、无被、睡在火塘边的习惯，置备牙刷清洁口腔。总的来说，"形象扶贫"提出的措施还是针对性很强，非常具体的。

高：就是从最基本、最简单的事情做起。

冯：先从洗手洗脸做起，然后实行"人畜分居"，再之后通过引导和帮助改变当地人的卫生观念，否则他们对新生事物还是比较抵触的。最终的目标是帮助他们脱贫，减少"因病致贫"和"因病返贫"的情况。

高：减少因健康问题导致的贫困。

冯：对，这种户数比较多，政府对这个事情抓得比较紧。后来经过了一段时间的宣传教育，当地人开始洗脸、洗手，打扫屋子和院子的卫生，跳蚤少多了。他们也懂得用蟑螂药来消灭蟑螂，苍蝇、蚊子也少了，大人和小孩的身体都好了很多。村民的居住条件变好了，居住环境的卫生状况也变好了，不良的卫生习惯和旧传统观念也得到一定的改变。这点，我们在调查中也得到了证实。凉山彝族在"形象扶贫"后，生活质量确实有较大提高，有90%以上的妇女普遍认同"人畜分居"后，有相当一部分妇女的身心健康都得到了前所未有的改善。用她们的话说："苍蝇少了，蚊子少了，臭味小了，卫生、干净、明亮、舒服了。门前有坝，路上没有泥巴了，走起路来也舒服。亲朋来了，因卫生而有面子，是富裕的一种体现。"她们还说："现在到没有人畜分居的家里去，觉得脏、臭、牲口粪味大，不习惯了。"妇女对"人畜混居"从习惯到不习惯，反映的是她们在生理和心理上的一大转变。

昭觉县普堤村有一个妇女谈了"人畜分居"前后的切身感受，她说："人畜分居前，特别是夏天，苍蝇多，全家常有病，主要是眼病、拉肚子、皮肤瘙痒，现在人畜彻底分开，单独修了牛羊圈，门前一堆粪也清除了，还铺上了水泥院坝，可以晒粮食，卫生条件得到了很大的改善，病痛减少了，身体健康多了。"她说的情况是当地大部分妇女的真实状况，原来经常肚子痛、头痛的妇女，现在不再受病痛折磨了。人畜分居前，她们说，喂猪时要将裤脚高高卷起，深一脚、浅一脚地蹚过粪水去开猪圈；现在门口有了水泥坝，可以直接到猪圈喂食，比以前干净、方便、省事多了。普堤村经济条件好的家庭，还修了水冲式猪圈，既干净，又科学。妇女体会到讲卫生对身心健康的极大好处后，就养成了讲卫生的习惯，现在这些妇女会经常料理居室、清扫院坝、冲洗厕所和猪圈，身体状况和观念水平都有了较大提升。

我们在九都乡调查时，妇女们也对比了"人畜分居"前后村里的变化，她们说："以前这里的村民不开窗、不进厕所，人畜不分居，苍蝇在畜圈内爬了又在饭菜上爬，大人小孩吃了都拉肚子。门前的粪泥有一尺多深，客人来了很不好意思，心头不舒服。'人畜分居'好，门前有坝子，路上没有泥巴了，走起路来也舒服。现在也讲卫生了，感冒也少了，不病了，想着都高兴。""形象扶贫"后，村民家有了窗户、亮瓦，既通风，光线又充足，屋子里干干净净、舒舒服服；经济条件好的家庭还摆上了大组合、小组合，显得干净、朴素、整洁；再加上又有灶台和厨房，也比以前用锅庄煮饭方便、省事多了，锅碗瓢盆全放在厨房，干净又卫生。

高：卫生情况好了，妇女们普遍反映身心都变好了。

冯：是啊，妇女的健康状况可以说是大大改观了，疾病明显减少，尤其是儿童也不怎么爱生病了，感冒都很少。当时，竹核乡有一个妇女很感触地说："过去我经常生眼病，费用大，对家庭的收入不能计划开支，家里的钱也存不起来。人畜分居后，眼病也好多了，除了劳动，我还能加工彝族服装，年收入有八千多元。没病不需要花钱了，自己也能计划开支，去年又投了一万多元修了新房，现在准备再修一套房。"而且，特别让人高兴的是妇女们体会到环境卫生好"心头舒服"了。我们调查的时候，也看到在一些村寨，有的家庭把房前屋后打扫得干干净净的，有的还在院子里栽上了果木、花草。有的妇女说："'人畜分居'后，环境卫生好了，现在自己和家人都习惯了干净卫生的环境，全家人都养成了勤洗衣、勤洗头、勤洗澡、勤打扫家庭卫生和环境卫生的习惯。注重个人卫生、环境卫生、饮食卫生，现在全家的大人、小孩都很少生病了。"更难能可贵的是，有的妇女明白了健康是发展的基础，讲出了"身体健康了，可以多发展生产"的道理。

高：从改善环境到主动发展经济了。

冯：是啊，这是我们最愿意看到的。有的妇女说："虽然修房投入了所有的积蓄，还背了许多债，但身体健康了，就可以多发展生产，挣钱还账，供子女上学。"这说明凉山彝族妇女明白了健康是发展的基础。有了这种认识之后，她们的文化意识、科技意识很快就增强了。比如，彝族妇女进一步认识到"没有文化就没有未来"，像在昭觉县的一些平坝地区，妇女普遍开始重视孩子的教育问题，儿童入学率一下升到了95%以上，辍学现象极少。以前高山区的孩子是边读书边帮父母干活，而现在家长都希望孩子这一代能多学知识，她们要求孩子按时上学、全心全意地读书。

高：卫生改善了，妇女身心健康了，家庭经济情况好转就开始注重下一代的教育了，这就进入良性循环了。

冯：我们访谈时有彝族妇女说："我们有两大愿望，一是改造住房，二是供子女上学。"当时彝区的经济还不发达，家庭经济普遍比较拮据，但就在一些经济比较困难的家庭，比起修房子，妇女更愿意供子女读书。我记忆比较深的是昭觉县谷曲乡觉木社的一个妇女，叫马黑吉克嫫，她就是一个典型。马黑吉克嫫有4个孩子，大孩子读中专，是全村唯一一个中专生，3个小的在读小学。她说她自己没机会上学，现在孩子们能读书就要尽最大力量供孩子上学。为了供孩子读书，她把所有的钱都用在了教育上，有时候还要找亲戚帮忙凑。看见别人修新房时，她也着急，希望既能把房子修好，又能让孩子读书。这样的家庭在当时也不是个别的了，说明彝族妇女的文化意识确实提高了。疾病减少后，彝族妇女也开始讲科学了，不像过去那么迷信了，她们说："过去人们的健康状况差，爱生病，认为是鬼神作怪，经常搞点小迷信。现在卫生条件得到改善，人们的身体健康多了，因病而死亡的现象也明显减少，也不那么信鬼神了，再没有听说过哪家搞迷信为娃儿驱病了。"

另外，过去凉山彝区婴幼儿的成活率不到一半，妇女一般都通过高生育来抵消新生儿的高死亡，而高生育又导致妇女患上各种疾病。昭觉县普堤村有一个妇女说："原来人畜混居，居室环境卫生非常差，小孩容易死。我婆婆共生了13胎，只活了2胎。"在谷曲乡拉哈村，我们调查的状况也令人感慨，这个村生育年龄最大的妇女都56岁了，一共生了9胎，成活了4胎；生育最多的是一位39岁的妇女，一共生了11胎，只成活了3胎。居住环境改善后，新生儿成活率达到99%，基本是生一胎、活一胎，所以妇女逐渐打消了靠多生来保障家庭人口的想法，接受了优生优育的观念。

高：这就是物质条件改变引发的思想观念转变。

冯：不光是生育观，彝区妇女各方面的旧观念都有所转变，比如之前让她们用厕所，因为习俗和观念的影响，妇女们都觉得很不好意思，不愿意用。但"人畜分居"实行一段时间后，很多妇女就不再感到难为情了，有的妇女说："一家人共用厕所，这是卫生的现象，不必有害羞的态度。"我们在调查中发现，经济条件好，卫生意识强的家庭，基本每户都有厕所，有的还很醒目地在厕所上写上"男厕""女厕"的标记。妇女从不习惯进厕所到习惯进厕所，说明彝族传统观念的大转变，这在当时来说是很不容易的。

总的来说，虽然"形象扶贫"是政府行为，但从我们调查中的所见所闻来看，"形象扶贫"对改善凉山彝族的居住环境确实是一次革命性的举措。凉山彝族的卫生条件改变了，人的精神面貌提升了，思想观念进步了，收入也增加了。群众尝到了甜头，政府行为就变成了个人自觉的行为，这对他们来说是一个很了不起的进步。所以，我觉得这个工程政府是做得挺好的。要是没有这一举措，"人畜混居"的情况不知还要延续多少年，这一下就改变了凉山彝族落后的居住方式。"形象扶贫"体现的是社会主义制度的优越性，是功垂千秋的一件事。当然，这需要后续的坚持、巩固，直至整个凉山彝区都发生根本变化，这仍将需要一个较长的时期。

（四）彝族乡村的"人畜饮水工程"与"光明工程"

高： "人畜分居"还有什么突出的成绩吗？

冯： 还有为了解决人和牲畜饮水问题的"人畜饮水工程"。有了水，卫生条件的改善就有了有利条件，水源污染造成的人畜共患病就没有了，而且"饮水工程"也在很大程度上解放了妇女的劳动力。

高： 当时彝区用水很困难吗？

冯： 对，用水特别困难，有些地方要走几里甚至十几里才有水。每天早晨妇女第一件事就是去背水，一早上只能背一趟，时间充裕，能背两趟。我们在布拖县久都乡开座谈会的时候，很多妇女都迫切希望改善用水问题，她们说："我们妇女太辛苦了，起早摸黑砍柴、背水、推磨。"我们调查时，看到有的妇女前面抱孩子，背上背水，十分艰难。妇女们还说："我们都是早上三四点就要在山沟坝坝中摸索着去背水，中午12点才能背回一桶水。"所以，当地才有"宁舍一顿饭，不舍一碗水"的说法。这句俗语，我在羌族半高山地区调查时也听到过，这说明人畜饮水问题在彝族和羌族的干旱山区都是亟待解决的问题。而且没有水就没有条件洗脸、洗脚、洗衣，有些地方的人一辈子都不洗澡，身上的衣服也没法洗，其他方面的卫生就更谈不上了。

另外还有水源问题。有水的地方，水源不卫生，也是肠胃道病的主要病因。由于村寨中没有固定的人畜饮水设施，村民饮水全靠自然水，都是山溪、小河的水，下雨时浑浊，又无净化水的方法，导致患肠胃道病的人很多。像前面提到的，我们在竹核区木扎洛乡木札洛村调查时，村民的水源是村边的一条小沟，人畜共饮。七八月时，气候炎热，干旱少雨，人畜共饮下雨时蓄积的河坝水、水塘水，饮用水又没消毒，水质不干净，许多人饮后，上吐下泻，患急性肠炎。

除了缺水，还缺电。我们调查时，50%~60%的羌族妇女都有眼睛流泪的毛病，而且伴有青光眼，眼病非常严重。

高： 是因为家里没有电灯吗？

冯： 没有电灯。很多妇女推磨时剁一块猪油当油灯，照明很差。有的妇女还要凑着微弱的光亮捻线、织擦尔瓦[①]，这就是她们患眼病的原因之一。所以"形象扶贫"

[①] 披毡，彝族传统服饰，形似披肩，下有流苏，一般分为黑白两色，由羊毛织成，隔水保温效果良好。——编者注

还包括"光明工程",这也是改善居住环境的一环。没有电的日子里,很多妇女劳动了一天,还要拖着疲惫的身子摸黑做饭,饭后还要背着娃娃推磨至深夜,把苞谷、荞麦磨成粉,第二天蒸粑粑,妇女的劳动强度很大。有了水和电以后,粮食加工房建起来,这些活就不用妇女干了。

高: 机械化了。

冯: 嗯,"人畜饮水工程"和"光明工程"实施后,生存条件发生了很大的变化。通电、通水的村寨中,基本家家户户都安上了电灯,家用电器也进入了部分家庭。有了电,妇女缝补、织布、喂猪、做家务都方便多了。大多数家庭都安上了自来水龙头,有的村有了加工坊,打米机、磨面机代替了昔日的手工操作,减轻了妇女的劳动强度。用水方便,就有条件洗涤了,干净了,疾病也相应减少了。我们开座谈会的时候,彝族妇女们高兴地说:"通水、通电不仅明显减轻了我们的劳累,我们还听上了广播,看上了电视,了解了外面的世界,觉得生活有趣味,又有意义。"通电这件事,除了改善照明和减轻妇女劳作辛苦外,也拓宽了她们的视野,让她们看到了外面的世界,很多人的观念一下就得到了更新。后来,她们还说:"希望多多建立地面电视接收站,希望成立妇女活动室,组织我们学习健康文明的生活方式。"她们觉得这个工程给她们带来了第二次解放,妇女们说:"解放初期,我们的人身得到了解放,这次使我们的健康得到了解放。"

高: 从根本上得到了解放。

冯: 对,这是彝族妇女的切身感受。但在我们调查时,"人畜饮水工程"还没能使所有人摆脱困境,凉山州当时还有大约62万人、170多万多头牲畜饮水困难,还有80多个无电乡,1000多个无电村,大约有18万户村民没用上电,这部分村民对饮水和照明的需求也是很迫切的。现在,距离我们调查已经过去20多年了,这两个问题在彝区应该完全解决了。

(五)"形象扶贫"的区域性差异

高: 您之前说"人畜分居"因为各种因素在不同村寨遇到过不同的阻力,那么"形象扶贫"在各村寨的实际收效也不同吧?

冯: 不同的村寨在收效上确实存在不平衡。就是我刚才说的,首先是居室环境改善的效果差异与彝族居住地的垂直地理高度有关;其次还和当地的经济发展程度有密切的关系,毕竟传统文化造成的阻力在物质文化发生变化时会逐渐减小,但如果是经济条件不允许,居住环境改变就确实很难产生效果。

高: 您具体说说。

冯: 我们用了几项指标对"形象扶贫"的效果进行过衡量,从我们调查的几个地区来看,"形象扶贫"搞得好的基本上都是海拔低的坝区和有经济能力的乡村及家庭。像昭觉县的竹核乡、谷曲乡和滥坝乡,这三个乡就是处在不同地理高度的乡,它们的情况有明显差异。

高: 海拔低的、经济条件好的地方,"形象扶贫"推进得好。

冯: 这些地方推进的情况确实好一些。比如,竹核乡是昭觉县的三大坝区之一,离县城不算近,大概有13公里,但气候和交通条件都比较好。我们1998年调查的时候,当地人年均收入是749元,人均粮食占有量大概是410公斤,这在凉山腹心彝区已经是不错的经济状况了。当时他们完成居住环境改革的人户达到90%以上,算是基本上普及了,而且在居所改造时,基本都是自觉自愿的,因此效果很显著。当时那几个评估"形象扶贫"效果的指标竹核乡基本都达到了,一路、一坝、一厕、一灶、开窗、安亮瓦,外在形象焕然一新。

比竹核乡海拔高一些的谷曲乡属于半山乡,离昭觉县城仅2.5公里,我们调查的拉哈一社离县城也就4公里,但当我们拐进大山,爬上山坡走进村寨一看,比起竹核乡有明显的差距。有的乡村道路泥泞难行,稀泥、畜粪混在一起,道旁还是以前的土围墙,上面还长满了草;民居还是以旧的瓦板房为主,土坯墙都裂了,甚至还有茅草房。"形象扶贫"推进的时候,一般要求村民搬走门前的粪堆,另修猪圈和厨房,条件实在差的,政府可以拨给8袋水泥,在门前打一块水泥坝或修一条水泥路,但当时谷曲乡有的村寨都没有做到。屋内环境也没有什么改善,尽管多数家里都有了床、帐和铺垫,但仍然是黑暗、脏乱,黄泥地凹凸不平且潮湿,很少有水泥地面,三锅庄和畜圈也还在室内,打灶的很少,村民患腰痛、脚痛这类风湿病的还是很多。

后来我们又去了滥坝乡,彝名叫"洒拉地坡乡",这是个高山乡,距离昭觉县城很远,大概有35公里,兼有坝子和山岭,是一个半农半牧乡。当地海拔有2600多米,夏季雨多、日照短,地下水多,但排水沟少,到处都是泥沼,所以被称作"滥坝"乡,是"形象扶贫"重点扶持的乡。我们当时发现,由于滥坝乡各村经济条件不一,居室改革和环境卫生改变的程度差异比较大。经济条件好的村,"形象扶贫"的几个指标都能达到,打了水泥坝,新修了瓦房;而经济条件较差的村,只能完成

1999年6月,在凉山昭觉县滥坝乡调查

"人畜分居"或打个水泥坝、修一条路,这个乡的平坝社80%仍是旧的瓦板房,新建的瓦房较少;个别特困户,还是"人畜混居",门前一堆粪。

高:和每个家庭的经济能力有关。

冯:是的,这点在我们调查的每个点上都有典型个案,最有代表性的一家是昭觉县城北区普提村呷拖社的村妇联主任日伙五各家。她是全国三八红旗手,是村里率先自觉进行居室环境改革的典型户,居所改造的效果非常好。我们去她家参观,房子是传统的一列三间格局,右侧和左侧是用木板隔开的两个房间,隔板上装饰着彝族的传统图案和一些现代图案,五彩缤纷的;卧室和堂屋都开了大窗户,室内有彩电和其他家用电器,还有沙发、床、锅庄、时钟、三开大衣柜等。而且五各把家里收拾得干净整洁,卧室里被子整整齐齐地叠在床上。我们问了一下五各家的家庭情况,她家是凉山州"五好"文明家庭,她爱人是半脱产的农技员,因为懂技术,夫妇俩又勤快又敢干。1984年时,她们全家毫不犹豫地承包了村里120亩果园,年均收入最少都能达到三四千元,他们还喂了十几头猪、2头牛、9对羊。早在1986年,他们就投了一万多元修了瓦房,配备了明窗和亮瓦,进行了"人畜分居",单独修了厨房、厕所,铺了水泥院坝。1993年昭觉县实行"形象扶贫"时,她们家早就提前脱贫了。邻近也有类似的几家，比她家稍逊，但也很不错。当然，这种家庭在当时还比较少。

经济能力好的家庭，就算政府不推动居所改革工程，人家自己也会主动去提升生活质量。而经济困难的人家，妇女找不到挣钱的路子，就产生了依赖思想。政府给几袋水泥，她们就只修一条水泥路或者修一个水泥院坝，没钱买亮瓦、安门窗、修厕所，就继续保持原貌。

高：她们不是不想改善居所环境，而是没钱去实施。

冯：这样经济困难的人家不在少数，经济制约是造成"形象扶贫"出现区域性不平衡的主要因素。当时，政府在原则上是"以自力更生为主，国家适当补助为辅"，但凉山彝区底子薄、生产力弱、贫困面大，温饱问题都没有完全解决，政府给的补助又很有限，这样很难在规定时间内全面铺开居住环境的改革。在经济困难的乡村，"形象扶贫"就变成了完全的政府行为，政府给多少就搞多少，其他的不搞，一切能简就简。比如，墙上凿个洞就说是开窗户了，挖个坑就说是建厕所了，这根本达不到居室环境改革的指标要求。我们问她们："怎么才能更好地改善居住条件？"只有极少妇女说："今后劳动挣上钱了好好改建。"将近95%的妇女说："请政府多给点、再给点。"或者说："靠自己的力量根本不可能改变居住条件。"

当时，凉山地区整体经济还不发达，靠国家补贴来改善居住环境是远远不够的，而且，"形象扶贫"的扶助资金是逐年减少的，"形象扶贫"的推进路线又是先易后难，所以越到后面的乡村越贫困，按预定计划实施下去确实难度较大。后来，由于没有持续课题，我们就没有跟踪调查了，扶贫政策有了哪些变化，我就不知道了。但近年来，看到凉山精准扶贫的消息，发现乡村面貌发生了巨大变化，政府的扶贫力度肯定是加大了，措施也增多了，居所环境问题应该已经逐渐解决了。

（六）"形象扶贫"区域差异的对策思考

高：这些区域性差异很多都是客观因素造成的，比较难克服。您当时针对地理因素和经济因素造成的发展不平衡问题，提出过对策吗？

冯：我们在调查后，针对在"形象扶贫"过程中存在的问题确实给出了一些相应的对策建议。就海拔问题而言，我们提出："形象扶贫"要因地、因户制宜，力争做到行而有果。因为各乡村都有各自的现实情况，各户有各户的具体困难，不能一刀切、一个样。比如低海拔、气候温和的乡村就可以按要求搞，群众也乐于接受；但在高寒山区，大牲畜越冬很容易被冻死，就应该做出适当变通，防止群众遭受损失才能减少改革的阻力。但这些乡村也应该尽力改善原有居住条件，达到一定的卫生程度，从坝区到高半山，循序渐进。

另外，我们提出：在"形象扶贫"过程中一定要实事求是。比如，高寒山区冬天气候特别寒冷，贫困的人家买不起玻璃，但用木条做窗，根本抵挡不了大风，显然不符合实际需要，一冬天下来，人和牲畜都冻坏了，家里存的粮食也受潮了，这就违背了住房适应环境的生存原则。所以，我们认为高山的窗户可以小一些，而且必须配上防寒设施，不能有窗框没玻璃，也不能凿洞为窗，窗户可以冬天封闭，夏天打开。"人畜分居"也应该保证牲畜棚有防寒越冬的设施，不能让牲畜冻死。这样才契合彝区高山户的切实需要，也比较实用，实用才能生效，生效才能巩固，巩固才能持续。

还有关于凉山"形象扶贫"中的经济制约和彝族村民思想观念的问题，改革初期不能有过高的要求，因为这不是一蹴而就的事情。所以我们提出：应该根据不同地区、不同住户的实际经济情况制定不同的标准。比如，对经济薄弱的农户，"形象扶贫"可以不用一次达到那么多项指标，先解决最急需解决的问题，然后一项一项地落实，关键是稳扎稳打，质量要过关，要能达到检收标准。如果每个指标都搞一点，结果都不达标，管不了多长时间就恢复原貌了，不但不能巩固"形象扶贫"的改革成果，反而白白把钱财、物资和努力都浪费掉了。

厕所问题难解决，属于观念问题，观念是不容易改变的，改急了，会造成百姓的抵触。所以我们提出：修建厕所，不管是户厕，还是公厕，一定要一次到位，也必须分建男女厕所，一是厕所文明的需要，另一个是可以避免习俗带来的禁忌，打消大家的思想顾虑。我们还建议：厕所和畜圈相连，打深坑，起到蓄肥的作用；同时，培养村民定时清洁厕所的习惯，消除脏臭的后患，形成良性循环。这样就可以避免厕所修而不用或使用率不高、流于形式。另外，高山区一户一厕不易做到，我们就建议修公厕，分男女厕所，要求定期清粪作肥，否则厕所脏臭难以下脚，人们很快又会恢复野便的习惯。

在饮水问题上，我们建议：在解决了人畜饮水问题的地区，要对饮水卫生进行监测，辅以饮水的消毒、净化措施，杜绝疾病源。其他方面我们给出的对策还有很多，比如改变彝区传统的牲畜敞养习惯；大力发展村落经济，以经济实力支撑居所环境改革；结合村户实际，有计划地进行人畜分居工程；对个人卫生、环境卫生的监督和检查应经常化和制度化，防止反复；等等。

有意思的是，我们在调查中发现，采用行之有效的村规民约和加强宣传是使良好的卫生习惯深入人心的有效办法。当时，我们在昭觉县四开区大坝乡看到一个1999年5月制定的卫生公约，是西昌师范学校帮扶工作组写的，制定后就纳入了乡规民约，起到了很好的引导作用。这个民约是用打油诗的形式写的，通俗易懂、好读好记，很接地气，村民容易接受也能记住。当时村里把这个民约发到了各家各户，有的贴在大门上，有的贴在村支部的活动室。我记在了笔记本上，是这样写的：

"人畜分居"要搞好，环保卫生也重要。

爱清洁，讲卫生，每个村民要做到。

畜圈厕所排好污，房前屋后勤打扫。

村院分片责任化，环境卫生身体好。

饭前便后要洗手，洗脸刷牙少不了。

防止病从口中入，移风易俗勤洗澡。

身体健康人畜旺，农民形象步步高。

高：朗朗上口，又好记。

冯：这个大坝乡是个平坝乡，离当时的凉山州政府很近，懂汉语、汉文的村民比较多，所以这个宣传起到了很好的作用。但有的半山和高山乡，认识汉字的人少，所以我们就建议把这些乡的宣传资料译成彝文发给村民，或者在会上用彝语宣读讲解，让大家都能理解、记住，这样才能更好地发挥作用。我到彝区调查的次数比较多，有一个很深的印象，别看很多彝族不识字，但他们的记性特别好，开会的内容都能记住，特别是有的乡村干部虽然不识字，但到上面开会回来，会议内容能传达到八九不离十，他们的记忆力真令人佩服。后来，我们还建议让乡干部出去参观，看看其他地方是怎么讲究卫生的，别人是怎样做的，扩大眼界，增长见识，找出差距才更好改进，环境卫生改革才能深化。

针对民居环境改革与彝族妇女的健康和发展而言，我们提出的对策是：提高妇女的文化水平和整体素质是关键。我们认为应该对彝族妇女进行扫盲，提高彝族妇女整体文化水平是刻不容缓的任务，当她们认识和接纳了先进事物，自身一定会得到提高和发展。

高：您在研究少数民族妇女问题时，把落脚点都放在了提高妇女自身素质上，这一点，我觉得切中了核心，特别好。

冯：总而言之，我们做这个课题，就是要改革"人畜混居"这种居住模式，这是对一种历史上比较落后的居住文化的终结，可以说是社会进步的一个飞跃点或一个新时代的里程碑。我们抓住了这个时代特征，从"妇女健康与发展"的视角出发，揭示了居住环境对妇女健康与发展的影响，又把妇女的健康放到历史、社会、经济、文化、环境等综合背景下来认识。

我们分析的这些要素，在西南各民族中都具有一定的规律性、典型性与代表性，所以彝族和羌族妇女的问题是有一些相似性的。凉山彝族妇女和羌族妇女虽然有各自特殊的历史背景和传统的生活方式，但旧的居住环境对妇女健康带来的危害，妇女健康对家庭贫富的影响和对自身发展的限制都是真实存在的，所以生存环境和传统生活方式的改革都十分必要。事实证明，这一改革促进了两个民族妇女的健康与发展，促进了家庭和社区的发展，进而促进整个社会的发展。

三、羌族妇女健康与发展研究

（一）开启羌族妇女健康与发展研究

高：您刚才讲的基本都是彝族妇女的健康与发展问题，羌族妇女这边的情况怎么样呢？

冯：如果讲传统民居结构的话，羌族的居住特点也是"人畜混居"，尤其在比较贫困的边远山区占的比例很大。他们的居所是上、中、下三层，牲畜在下面，中间一层住人，上面一层放粮食、杂草，夏天的时候，畜圈里臭气一个劲地往上蹿。我和茂县羌族妇联主任王李平申请了"羌族人畜混居与妇女健康"课题后，先做了一些资料检索，当时相关的内容非常少。羌族民居文化研究中最早的有胡鉴民的《羌族之信仰与习为》[①]、章松涛的《羌民的建筑》，这都是写羌族建筑的历史、技术和宗教等方面的。日本学者中松岗正子写了本《羌族的衣食住》，印南敏秀写的《四川的考古与民俗》里有一篇《羌族的生活空间与食文化》，这两个人都写了一些关于羌族民居的内容，但也都是描述性和探索历史成因的。有关羌族妇女健康的专题更少，当时我们只找到了一篇，是1993年茂县妇幼保健站从医疗卫生的角度写的，内容是对

---

① 胡鉴民：《羌族之信仰与习为》，成都：四川大学出版社，1991年。

茂县凤仪镇机关、企事业单位的几百名羌族已婚妇女进行的常见病和多发病的普查结果，但还没涉及农村羌族妇女，所以对我们的研究来说不具有代表性。另外，在人口研究中，有零星的文章涉及过去羌族妇女普遍高生育率和婴幼儿高死亡率的原因，其中提到了羌族妇女在畜圈内分娩不卫生的情况，但也是一笔带过，没作深入分析。

可以说，在我们开始做这个项目前，还没有人把民居文化和羌族妇女健康进行过综合研究，因此我们对羌族"人畜分居"工程和妇女健康的综合研究，可以说是民族学、妇女学和医学三科的交叉研究，是一个前人尚未涉足的领域，也可以说是在羌族研究中的一种新尝试。

高：这和你们做"彝族妇女健康与发展"研究时一样，都是以一种全新的视角进入研究了。

冯：是的。由于人畜混居是羌、彝两个民族传统民居的特点，这对妇女的健康与发展必然存在影响，有共通性，过去没被重视过。为了相互印证，"人畜共居"同一个项目，我们做了两个课题。我们先做的是羌族，题目是《羌族人畜混居和妇女健康》。

羌族主要世居在四川省，只有很少一部分居住在川黔边界的江口县和石阡县。以往在中国少数民族或是四川少数民族研究中，对羌族的研究主要在婚姻家庭制度和宗教、习俗等其他方面，涉及妇女在婚姻家庭中特殊性的研究比较多，如赘婿、早婚、再嫁、妇女在夫家的地位及婆媳关系、生育习俗等，但当时也都没有专题研究。考虑到羌族的主体在四川，而且羌族妇女在羌区社会中具有特殊地位，所以我觉得羌族妇女的专题研究在民族学研究中是不能缺少的。1996年12月，我写了一篇文章，叫《论经济变革与羌族妇女地位》，参加了四川省"婚姻家庭暨妇女理论研究学术会"，当时这篇文章是四川省第一篇关于羌族妇女研究的专题论文，后来结集发表在《理论与改革——中国妇女发展的理论、现状与对策研究》1997年增刊上。

高：您这篇文章主要谈了什么？

冯：主要讲的就是经济发展和羌族妇女地位之间的联系，简单来说分为三个阶段：第一阶段是新中国成立前，羌族进入封建社会形态，但还保留部落民主制的遗风，经济上处于产销合一的自然经济形态，这时婚姻家庭形态基本是一夫一妻制的父系制家庭，同时也能看到特点鲜明的母权制遗存，妇女在家庭和社会中的地位具有双重性，构成了羌族妇女地位的特殊性。第二阶段是新中国成立后，《宪法》和

《婚姻法》的宣传贯彻在一定程度上改善了羌族妇女的政治地位和经济地位，但由于自然经济仍在农村占主要地位，所以传统文化模式的基础没有动摇，妇女的自我意识不强，地位提升较慢，她们基本上仍囿于传统的婚姻家庭中。第三阶段是党的十一届三中全会后，农村进行了经济体制改革，推行了家庭联产承包责任制，实行了发展多种经营的方针，这时农村家庭承担了生产、分配、消费等多种经济管理职能，热爱劳动、吃苦耐劳、上进心强的羌族妇女就有了活跃发挥的机会，也有了致富的动力，她们创造出了前所未有的劳动价值，因此很快就改变了家庭权力与财富支配的杠杆，羌族妇女的家庭地位和社会地位都快速提升了。

对羌族妇女做比较细致的调查，就是做海外妇女学会的课题。1999年，为完成1998年12月海外中华妇女学会《妇女、贫困与农村发展参与式研讨会》项目，我们做了"羌族人畜混居与妇女健康"的子项目，从社会性别和居住环境的视角切入，解析环境卫生、疾病与贫困的关系，希望比较全面地掌握羌族聚居区的人畜分居情况和羌族妇女的疾病、健康与贫困、发展的关系。当时，我和我们所的一位羌族年轻女同事耿静，还有茂县妇联的主任王李平、副主任吴小红组成了项目小组。检索完相关资料后，我们制作好了调查问卷和调查提纲，明确了研究要点。7月，我们就下去与王李平会合，开始做调查了。

高：当时去了哪里？

冯：到了中国最大的羌族聚居区茂县。茂县在川西高原，岷江的上游，位置在青藏高原东北边缘的高山峡谷中，全县的面积有4000多平方公里。茂县的自然地理环境是高山耸峙、谷深坡陡、悬崖壁立、干旱少雨。我们去的前一年，茂县的人口统计数据显示全县有10万余人，其中羌族接近9万人，占总人口的96.8%。我们选的调查点是茂县西北的三龙乡，这是个深山区，海拔比较高，从1800到3000米，村寨散布于重峦叠嶂的河谷、半山和高山上。我们又在这些村寨里选了纳呼村的纳呼组、河心坝组和勒依村，分别作为高山、半山和河坝的三个调查点，这里也是农户较为集中的三个自然村落。另外，我们还对迥龙乡海拔2900米的小牛儿村、经济发展较快但离茂县比较远的松坪沟乡进行了调查，因为这里是"改厕"试点乡。最后就是羌族传统习俗保留最完整的赤不苏区，我们也作了情况了解。我们一共选了这6个点，算是比较全面地掌握了羌族聚居区居室环境改革前后的情况。

高：调查的情形怎么样？

冯：人畜混居也是羌族传统民居的特点，是影响民居环境和妇女健康最直接的因素，当时也成为贫穷落后的表现而被纳入"脱贫"的内容。在我们调查时，羌族民居的现状有人畜混居、人畜半分居和人畜分居三种形式。

人畜混居多在高山，就是下圈（称"地圈"）上人，传统形式是人从圈内直接上楼。人畜半分居多在半山和高半山，这种形式一般是已经在人畜混居的原住房基础上进行了部分改造，就是将关猪的圈单独修开，与厕所合建，距住房有一定距离（称"高圈"）。夏天把猪关在高圈，牛、马放于远处高山敞养，人畜可以完全分离，冬季让牛羊进入圈内御寒过冬，称为"半分居"。人畜分居多在县城附近、交通线沿途和河谷地带，民居的圈舍和厕所大多连在一起，单独修在距住房较远的地方。

当时，我们在三龙乡对这三种民居进行了抽样调查，在被调查的107户中，混居户约为25.3%，半分居户为40.7%，分居户约为34%。人畜混居、半分居、分居三种居住形式，分别分布于高山、半山和河坝地带，与地理高度成正比，地理高度越高，混居的比例越大。

同时，我们还抽样调查了107名妇女的健康状况。调查结果是，无病的妇女占15%，有病的妇女占85%。而在这85%的妇女中，患一种病的妇女约占28%，患两种病的妇女占21.5%，同时患三种病或患四种病以上的妇女分别占16.8%、18.7%，所患疾病与居室卫生都有直接或间接的关系。

从调查情况看，因为性别角色分工的区别，妇女在室内活动的时间比男子长，居住环境与妇女的关系比男子更为密切，对妇女健康的危害比男子大，妇女患病人数比男子要多，对妇女的身体健康、生育健康、心理健康都有很大的影响。

我们去调查的时候，一进到羌族的民居前，首先是感觉门开得很小，没有窗户，这是因为要防盗和御寒。进门之后没有灯光，有一个猪圈，牲畜粪便的味道扑鼻而来，很呛。门旁左边有一个通道，黑得看不见人，得适应一段时间，我们跟着主人摸索着向前走了一段路，才见到一丝光亮，这里有一个独木梯，也是上二楼的楼梯口。上楼后看到右边墙上开有一个小小的窗户。二楼是羌族的客厅，有小窗，屋子说不上亮堂，但见光度还可以。火塘占据重要位置，其余是家具、厨灶、箱柜等。

如果和彝族地区相比，羌族的居室显得要先进，因为羌族是从封建社会进入社会主义社会的，他们的观念比彝族要稍微强一些。

羌族地区特别缺水，比彝族地区还缺水，特别是高山和半山，由于缺水干燥，所以跳蚤特别多。刚开始调查的时候，我们最怕的就是跳蚤。我们到纳呼村纳呼组做调查的情形，我印象特别深。这个村在高山之巅，我们当时气喘吁吁，好不容易爬上山顶，极目远眺，众峦大河都在俯瞰之下，抬头一望，感觉离天很近。山顶上有很多平坝田地，纳呼村的各个组就星罗棋布地坐落在这里。我们跟随陪同的村妇女主任进了一户人家，走到门前的时候，她先告诉我们屋里跳蚤多，让我们把裤脚扎紧，以防跳蚤钻到裤子里。后来一直都是这样，我们要是不把裤脚卷起来，根本就没法调查。当天调查结束时间晚了，纳呼村离县城有48公里，交通又不方便，所以我们就只能夜宿在老乡家里。我们借宿的这家是这个村经济条件最好的干部家，但也有跳蚤，我们都穿着衣服睡觉，但还是被咬了。我是严防死守，只盖了一点点被角都没能幸免，跳蚤在衣服里东跑西跑，咬了好几个包。我特别怕痒，感觉整晚都在抓痒，没法入睡，最麻烦的是跳蚤一旦钻进衣服里面，很难清理出来，让人不得安生。后来，我们下山后回到住处，第一件事就是将衣服全部换掉，用开水烫洗，才把跳蚤都解决了。

（二）羌族居室环境卫生与妇女常见病

高：羌族妇女因为居室环境问题患病的多吗？

冯：多。通过观察和访谈，我们感到居室与妇女健康问题的确比较紧密，值得关注与研究。在调查完羌、彝两个民族的彝族居住环境和妇女健康的情况后，感到他们在很多方面都很像。

首先，同样是由于妇女在室内活动的时间比男子长，所以一般妇女因居室环境患病的人数比男性多。

其次，从调查看，羌族妇女所患的各种疾病和彝族妇女类似，与民居结构有直接关系的疾病，有眼病、气管炎和肠胃病。

羌族民居有防寒防盗功能，它修建的特点是外墙厚实、平泥屋顶、窗户小而少，阳光不易进屋，屋子比较潮湿，空气流通性也差，特别是室内的火塘没有烟囱，排烟不畅，屋内烟尘很重。妇女做饭时，烟雾弥漫，与烟尘接触过多，夜晚用油竹竿或"松光"照明，黑烟熏人，这样容易导致眼病、气管炎和肺结核。在赤不苏、沙坝、较场、沟口、渭门等地，妇女患有睑缘炎的很多，眼睛的睑缘红肿，糜烂流泪，疼痛难受，严重者双目失明。

在调查中发现眼病和气管炎是姊妹病，有相当一部分妇女都是同时患这两种病，直接受害于居室内排烟不畅。从调查统计得知，三龙乡患眼病和患气管炎的妇女占被调查人数的31.8%。松坪沟乡患眼病患和患气管炎的妇女占被调查人数的42.3%。

可见居室烟雾给妇女带来直接的健康危害。

高：羌族"人畜混居"的问题，也是致病的主要原因吧。

冯：对，羌族和彝族都有"人畜混居"的情况。羌族除了要防止牲畜被盗或被冻死外，还因为他们历史上是游牧民族，发展成农耕民族后，就开始需要肥料了。彝族刚开始是不积肥的，基本就是刀耕火种，草一烧，就种地，后来才开始用畜肥。而羌族很早就开始就用人粪做肥料，他们会把人粪、畜粪和草灰混在一起用在庄稼种植上。他们蓄人畜肥的方式是在畜圈边上搭上两三块间隔的木板当厕所，这样人的粪便排在圈内，与畜便混合当作肥料。

由于"人畜混居"，居室卫生差，室内容易生跳蚤、苍蝇、蚊子，跳蚤普遍多，夏天苍蝇特别多，导致疾病的滋生，患毒性痢疾的人很多。尤其是小孩容易生病。若是下雨，问题更加严重。妇女们深有感触地说："下雨时，圈内又稀又脏又臭，满脚沾满粪草，心里不舒服。"当地人也容易感染细菌，一旦生病，传播很快。加上水源和饮水问题，妇女患胃肠道疾病的人很多，在被抽样的107位妇女中，分别占27.1%、10.3%，总共接近40%，不能说不严重。"人畜混居"也导致的妇女常见病特别多，痢疾、血吸虫、皮肤病和肠道传染病都是当地比较常见的疾病。人畜共病的现象也比较多，她们说，羊得什么病，人也得什么病。

羌族妇女得妇科病的也非常多，是主要疾病之一。在我们的调查对象中，松坪沟乡被调查的26位妇女，84%有妇科病；在三龙乡的107户问卷中，有50%左右的妇女有妇科病，主要是宫颈糜烂、盆腔炎、绦虫阴道炎或霉菌性阴道炎、附件炎、子宫脱垂等，其中最常见的是宫颈糜烂和盆腔炎。茂县妇幼保健所曾经有调查，结果是宫颈糜烂占妇科病的70%～80%，盆腔炎占50%～60%，这种情况一直延续到我们调查的当时，尤其是在农村妇女中特别突出。

羌族妇女患妇科病的原因与居室卫生也存在着直接或间接的关系，由于整个环境卫生差，妇女在经期、孕期和产期抵抗力比较差，一旦注意不够，就很容易染病。比如来月经时，用破旧布或未消毒的草纸垫，而且她们习惯把月经带、内裤晒在门后、门角，非常容易感染细菌，是附件炎和阴道炎的重要病源。一些妇女在孕期中仍干重活，致使胎位不正常，发生难产，或造成阴道撕裂、尿瘘等。产期妇女身体虚弱，需要很好的休息和静养，但羌族妇女是家庭的主要劳动力，对于人手不多的家庭，妇女生产后没法休息，几天就要下地劳动，不下地的产妇虽然不干重活，但一般的家务也还是要做的，也要吹火、做饭、喂猪等，所以有不少妇女在月子中就落下了眼病、子宫脱垂、腰痛等病根。再就是由于居室卫生条件差，产妇身体虚弱，她们也更容易在月子中感染生病。

高：羌族妇女也有在猪圈生孩子的习俗，新生儿死亡率高吗？

冯：新中国成立前，羌族传统观念认为"分娩不洁"，所以当时大多数妇女是在畜圈内分娩，无人助产。分娩习俗有站生、蹲生和爬生等方式，与地面接触，产后感染者较多，因此不少产妇会终身患病。遇到难产、滞产，就求神、许愿、打枪、撒青稞、洒鸡血，搞点迷信手段求神灵保佑，产妇只能听天由命。孩子生下来，产妇就用旧剪刀、瓦片、石头，甚至牙齿弄断脐带，用头发、羊毛或麻绳扎上，再用烂布包裹婴儿，所以新生儿破伤风、肺炎也是屡见不鲜，死亡率高，因此羌族中有"只见娘怀胎，不见儿走路"的俗语。

还有刚才说的人畜共患病，常见的有猩红热、绦虫病、布鲁氏菌病、血吸虫病等，还有一些不常见的人畜共患病，因为病因十分复杂，所以被很多人忽视，比如各种流感、痢疾、结核、巴氏杆菌病等，这些疾病都可能与牲畜有关。我们通过调查发现"人畜混居"的妇女患过的大肠杆菌感染（拉肚子）、布鲁氏菌病（流产）、寄生虫病、新生儿的破伤风、类丹毒、恶性水肿、流行性感冒等，都可能是人畜共患病。迥龙乡小牛儿村的一个妇女在访谈中曾谈到牲畜生病时她也生病的情况，她说："有时羊拉肚子，我也拉肚子，拉几天才好。"

高：说明她们当时大概已经知道自己生病和牲畜生病有关系。羌族妇女患病还有其他什么原因呢？

冯：再就是生态环境的问题了。羌族所居的川西高原是青藏高原主体的一部分，高山峡谷地形，大的河流水源一般离住处很远，妇女取水困难；加之气候干燥，日照强烈，昼夜温差较大，雨量很少。过去这里的人畜饮水十分困难，吃水要到1公里外的地方去背，妇女用水就特别节约，很少刷牙、洗脚，连洗脸水都要留着喂猪，所以卫生条件极差，蚊蝇多，妇科病多。由于老房子多，烟雾对眼睛伤害很大，流泪、生翳子（白内障）的妇女比例有40%~50%，气管炎的比例也大。同时水污染也十分严重，造成胃肠道疾病。

另外，经济因素也是一个制约羌族妇女健康的因素。在羌区，家庭主妇是主要劳动力，对她们来说温饱是第一位的，健康却是最后一位的。即使是身患重病的妇女，她们首先想到的不是给自己治病，而是全家老小的生计，除非疾病威胁到了生命。"小病拖、大病熬"是彝区、羌区妇女们的常态。问卷调查时，羌族妇女中有相当一部分人从没上过医院,即使有病,也忽略为"无病",等病情严重了,就变成"小病不治,大病治不起"的状况。松坪沟乡被调查的26位妇女中,病严重后才上医院的占了42%,从未去过医院的占19%。

我们开座谈会的时候,她们说对她们威胁最大、最怕得的病是"要开刀、住院、不能劳动的病",用她们的话解释就是"耽误不起"。对于一个妇女来说,开刀、住院不仅使家庭失去了谋生的主要劳动力,而且要花费大量钱财,使脱贫的家庭返贫,使贫困的家庭更加贫困。举两个例子。在我们调查的三龙乡有个叫张××的妇女,全家庭5口人,有子女3人,两个上初中,一个上小学。头年农业年收入有1万元左右,因为她曾经得过阑尾炎,做过手术,当时又患有胆囊炎、胃炎,看病花钱太多,根本没有积畜用于民居改选,只好维持现状。又如,迥龙乡小牛儿村的余××,家有8口人,家庭经济条件差。她经常感到腹部、胸部疼痛,干活时很累,干完一天活常常不能入睡。由于没钱看病,疼痛的时候休息几天,不痛了又去干活。女儿是气管炎,也没有看过病。她认为自己家的经济困难,主要原因是身体不好,因此对人畜分居不抱希望。在座谈中,有的妇女说:"身体好,病少,人勤快,肯做,收入就好。身体不好,劳动不起,做得少,收入也少。"质朴地道出了健康与贫困、健康与经济发展的关系。

还有,交通不方便也是制约妇女防病治病的极大障碍。由于羌区山高坡陡,不通公路,看病就医就十分困难,有的妇女小病拖成大病,甚至病危后才急急忙忙往医院送,有在半路上就死去了,很难得到及时有效的救治。

羌族妇女一般文化程度低,观念传统,这也是制约她们认识疾病与健康关系的一个关键因素。我们在三龙乡问卷的107名妇女中,文盲占了42%,只有小学文化程度的占44%,有初中文化程度的占12%,具有高中学历的只占2%。由于文化水平低,她们的传统观念浓厚,对基本卫生知识也了解极少。她们认为火塘没有烟囱,虽然做饭烤火时烟雾熏人,但是烟油可以给柱头、横梁涂上一层保护层,避免受到虫蛀而使用得久远。访谈中,很多妇女只知道"烟子对眼睛有影响,被熏后要痛几天,尤其是在月子里,眼睛被烟熏后很痛"。她们不知道烟熏的原因,更没有寻求解决的办法。小牛儿村的大多数妇女不知道人畜混居牲畜会传染疾病,她们说:"我们只晓得人畜混居不卫生,下面关的牛羊气味大,难闻,热天蚊子、苍蝇多,但不晓得牲畜会传染病。""我们不识字,没看过书,不知道啊。"

由于文化水平低,她们的思想观念比较传统保守。在一些偏僻的高山寨,对人畜混居习以为常，认为人畜混居好，牲畜不受冻、好管理，祖祖辈辈都这样，已经习惯了。有的人家在经济有了起色后盖建新房，但由于传统观念浓厚，没有人畜分居的意识，还是仍然沿袭老样式，上人下圈，人畜混居，后来醒悟过来，已经晚了。

还有就是生活习俗的影响。羌族好饮酒，他们的特色饮酒方式有"咂酒"和"转转酒"，却存在传染疾病的风险。咂酒是羌族的传统饮料，饮时因用麦管或竹竿咂吸酒液的独特方式而得名，是羌族节日盛会的待客佳品。饮用时把空心的酒竿一根或数根插入酒坛，众人轮番吸饮，直到坛底发热酒尽为止。"转转酒"是聚会时，众人围坐成一圈，用一个大碗盛酒，挨个儿传递、轮流饮用。这两种饮酒方式都极其容易传播疾病。据调查，在羌区，咂酒方式盛行的地区也是结核病的高发区。

高：羌族地区实行人畜分居等一系列措施以后，环境卫生、妇女健康等状况变化显著吧？

冯：人畜分居前后的卫生状况反差很大。调查中，当我们问到人畜分居后她们有什么感觉时，羌族妇女深有感触地说："以前下面是牲畜，夏天粪便的臭味透过楼板进到屋内，不生病都要生病。人畜分居后，房屋卫生干净了，没有臭味了，蚊蝇、跳蚤也少多了，从圈边走过，脚上干干净净，感觉很舒服，喂猪、做事也方便了。来了客人好接待，也有面子。"道出了她们在人畜分居前后的不同感受，对人畜分居的赞赏溢于言表。

她们还说，由于居室卫生的改进，蚊蝇少了，病菌污染少了，生病也明显减少，原来的病痛也有所减轻，感到人畜分居后健康有了明显的好转。小牛儿村有一户已人畜分居四年的妇女，感慨地说："人畜分居好，对身体好，卫生、干净，以前人畜住在一起气味大，臭得很，夏天蚊子多、跳蚤多，病也多，爱感冒、拉肚子。现在好了。"有的妇女说，现在听不到牲畜的吵闹声，屋内安静，还能保证休息，对身体很有好处。我从她们的话语中感悟到，人畜分居后，她们的居住环境舒服了，生活质量提高了，心理上有种从没有过的幸福和满足，表现出一种心情舒畅的精神状态。

饮水工程和光明工程的实施，对妇女的身心健康有着很大的解放。由于历史原因，羌族传统民居的特点是重防守，一些高山、半山的羌寨严重缺水。人畜饮水工程实施前，人畜饮水十分困难，背水成为妇女重要的日常劳作，每天天还没亮就要去几里、十几里外的溪沟、河边背水，一早只能背一次。一个家庭大约每天要用一个劳动力花费半天时间去背水，供应全家必需的用水。因此，背回的水只能解决食用水，衣服不能常换洗，洗澡洗脚更是极少的事。用水极为节省，全家人合用一个小铜盆、一块小毛巾，卫生条件如此，疾病的传染可想而知。

饮水工程实施后，自来水引入村寨，引入家庭，基本上解决了95%的高山、半山村寨的人畜饮水问题。我们调查时看到，杨松英家的自来水管就在灶头旁边，下面有一个大水缸，可以经常装满了水，洗菜做饭十分方便。不用再每天必须去费力费时背水，大大减轻了妇女劳动强度，而且有了讲卫生的条件，大多数妇女养成了勤换洗衣物的卫生习惯，每天洗脸、洗脚，两三天擦一次澡，被子、床单每月换洗，妇科病也大大减少了。

光明工程的实施，也极大地改善了妇女的生产生活条件。前面已经介绍了，羌族村寨大多高踞山岭，山高坡陡，交通很不方便。在乡村通电以前，由于苞谷面是羌族的主食之一，妇女们背着苞谷到山下的磨房去磨面，从山顶到山脚，要走几里甚至十几里的路程，负重往返，很费力。而磨一次面仅够吃几天，妇女因此十分劳累。又因没有电灯照明，妇女晚上多在火塘边做针线活，非常伤害眼睛。有的人家有时用油竹竿、松明、菜籽油照明，光线也很弱小。羌寨家家户户通电后，与解决饮水问题一样，极大地方便了民众的生产、生活，特别是对妇女来说，不仅大大节约了上下山磨面的时间和劳力，而且告别了借火光、使用油竹竿、松明、菜籽油照明的时代，把妇女从繁重的体力劳动中解放出来，晚上也能在明亮的电灯下挑绣、缝纫，还能看电视调节生活，娱悦身心，丰富了生活内容，对妇女的身心健康起到积极作用。

在生育上，产妇在牛羊圈中分娩的现象基本消失，在我们调查时，这种旧式生育方法已基本绝迹，产妇大多在卧室分娩，新法接生占90%以上，产后感染大大减少，"只见娘怀胎，不见儿走路"的现象已经成为过去。产妇产后可以休息40天左右，改变了过去产后三天就要下地劳动的习俗，产期休息充分，营养充足，因产期患病的妇女日益减少。

最有意义的是，妇女有更多的时间参加科学种田的技术培训。比如，三龙乡农业技术实用培训班在我们调查时，已经办了12期，妇女们参加培训的积极性很高，每期人都很多。培训内容包括家畜的饲养管理、疾病防治；蔬菜的栽培技术、田间管理技术；经济林木的品种选择、病虫害防治；等等，通过培训，妇女们学到了科学的种养殖技术，运用在农业生产上，增加了家庭收入，促进了乡村经济的发展。

同时，在调查中，我们发现羌寨人有了很多新的观念和意识，我觉得很感慨。羌族人在改革开放，以及国家大力实施脱贫致富政策的社会大背景下，有善于吸收新事物、兼收并蓄为我所用的悟性，他们吃苦勤劳，积极上进，这些特质都同样表现在羌寨妇女身上，让人感到她们有一种自觉或不自觉的竞争意识，有一种在不断进取中培养适应社会发展的能力。

（三）羌族在"反贫困"过程中体现的民族特征

高：这是很优秀的民族特质。

冯：给我感受最深的是羌族是一个非常勤劳的民族。在当时，他们的商品意识、竞争意识，还有教育意识都比较先进。在农村，会过日子的羌寨人不仅勤劳，而且非常善于积累，她们的致富信条很朴素："只要勤劳就有，不勤劳就没有。"比如，我们第一次到河心坝组去调研，去了村妇女主任、人大代表杨松英家，这家的儿子是我们的向导，他在三龙乡政府工作，是个干部。这个男孩是个大学毕业生，戴着眼镜，有点内向，看起来文文静静的。他把我们带到他家门口，让我们自己上楼，他母亲在二楼迎接我们，他放下背包后，马上就背上竹筐去打猪草了。后来，我了解到，羌族的小学生也是这样，平时放学先去打一筐猪草，然后再赶紧回来做作业或者干其他事情；到假期时，也是每天都必须早起去打猪草或干点力所能及的活。从这些小事上，我看到羌族村民骨子里的勤劳，我觉得这是他们非常了不起的好传统。

另外，羌族很懂"细水长流"的道理。比方说，高山羌族的主要肉食是猪肉，一个家庭一般一年杀两三头猪，做成"猪膘肉"供一年食用。他们从不大吃大喝，因此日常生活中每顿都能见到油荤；到农忙、修房、"请工夫"（请人帮忙）时，也有肉待客。由于计划得当，他们在生活上可以说是"温饱有余"，困难的只是现金收入比较少。

在调查中我还发现，羌族人普遍有比较强的商品意识，我们去的虽然是一个在高山深沟里的乡，连集市都没有，但就在乡政府那么一个小院子里，小卖部就有7个，他们都是从高山上下来的羌族村民开的。还有一个村，全村只有67户，但有一个小饭馆和一个供销社。羌族人头脑非常灵活，把本村的小卖部和供销社变通成既能代替集市的功能，又解决了村民的即时供需。比如说，有些时候花椒、苹果还没有成熟，卖不了钱就买不了其他商品和日用品，村民就在小卖部或者供销社赊账，卖了花椒和苹果再去付清，这样就解决了他们没有现金的困难，商品也流通起来了。这也从侧面反映出羌族之间的诚信度非常高。

羌寨人的科技意识也比较强,这个我也深有感触。在当时的少数民族地区,依靠科技因素推动农业的大步发展,是非常非常重要的。羌寨人对外来事物和新生事物接受很快,不保守。比如说,在推动"科技兴农"的过程中,妇女们都特别积极地学习科技知识,学了就马上用。有一个调查情景,我至今记忆犹新:我们当时调研的深高山村子是在海拔2800米的勒依村,在这里不能当天返回,只能住在老乡家。记得第二天清晨我们入户走访,行走在高山的田间小路上,看见地膜种植遍布高山、半山,层层梯田都覆盖着薄膜,在阳光下闪耀着光亮。羌族妇女穿着传统的蓝色长衫、包着绣花彩帕,身背农药喷雾器穿行在田间路上,这个画面特别美。羌寨里,几乎每户传统石砌碉房的房顶上,都有白色的电视信号地面接收站,这是羌寨深山中独特的一道风景线,赋予了羌寨以时代气息。这一画面当时对我的触动很大,所以一提起羌寨人吸收科技知识的意识强,就会回忆起这个美丽的画面。

我们统计过,当时在三龙乡这个深山乡的地面接收站有200多个,93%的家庭有电视,这为偏僻的山村带来了全方位的信息与知识。他们说:"农活再忙,我们都要看新闻,了解国家大事,学习农业科学。"而且村民们一旦学习到什么新技术或先进的生产经验,就会毫不保留地在村里互教互学,很快带动一大片,对村组的整体发展很有帮助,展现出一种集体向上的势头。正因为这样,像"人畜分居"这类政府推动的乡村工程很快就在羌寨推开了,几乎没遇到什么障碍,"饮水工程"和"光明工程"实施得也很好。

还有一点,羌族的竞争意识很强。我们的调查也有一个问卷,问他们"富裕了以后你第一件事想干什么",她们第一个想的就是给娃娃读书;第二个是投入到生产上,买最先进的设备、买农药、买化肥,反正就是提高生产用的最先进的那一套东西;然后第三个才是安排自己的生活开支。而且羌族人的文化和教育意识也很强,儿童入学基本上达到了普及,包括女童。

高:他们看得挺远的,不容易啊。

冯:我们调查时是1998年,在那样一个边远的羌族聚居山区县,就有47个大学生,而且有10名大专、中专生是女孩。这在内地来说可能不算什么,可是在这个边远地区就很不简单。我们访谈的时候,羌族妇女是这么说的:"以前没有让我们读书,没有文化给我们带来了极大的悲剧,有很多事情都不懂,现在有钱了,我们一定要让孩子读书。"

高:这样的意识挺超前的。

冯：没错，原来她们让孩子读书是为了让他们出去当干部，不在家里吃苦，还风光家门。妇女们说：现在做任何事都要文化知识，有了知识，什么都好办，能当干部更好，不能当干部，回家种田，种田也需要知识，才能做好庄稼。因为你使用喷雾器，得先要会看说明书，了解如何使用，能看得懂说明书，才会使用得好，用得好效果才好，你没有文化，咋能弄懂这些？种菜卖，你要会算账，也要有文化，你有没有文化，怎么算账哦？有的妇女说：就是看电视也要懂得看遥控器。她们甚至还上升到这样的认识：一个家庭要有文化才能富裕，如果你没有文化，你就没法把这个村带富。当时我听到这些想法，感到有些惊讶，没想到她们的认识能这么到位，说明她们的文化觉悟有了质的飞跃。

在这种文化意识的影响下，在我们的调查点，适龄儿童的入学率是100%，有一些交不起学费的特困生，要么是由亲朋资助，要么是贷款就学，再不然就是社会募捐。羌族人当时是竭尽全力不让一个孩子辍学，虽然其中也有政策的强制性，但羌寨人的文化意识才是主要推动力。

高：羌区义务教育的普及情况可真好。

冯：我们当时还查了地方统计资料，三龙乡中心校在1987到1997年的十年中，小学升初中的有710人，光在我们的调查点纳呼组、河心坝组和勒依组就有初中生172人，高中和中专生38人，大学和大专生93人。在这么个深山大沟中，能有如此"学绩"，确实是难能可贵的。三龙乡的母亲们有远大的目光，对文化知识足够重视，听乡干部说，母亲们都要亲自送孩子入学，对师资力量、教育设施的期望值也很高。让人感慨的是，在一部分尚未进行"人畜分居"的困难户中，困难的原因都是因为家庭收入首先用来送孩子读书了，有剩余的也先考虑其他投入，所以没钱进行居所环境的改造，这说明文化需求在羌族人心中所占的重要位置。前面我提到我们在羌寨的问卷调查，当面对"你有钱后，第一件想做的事是什么"这样的问题时，当地村民的选择是把"让孩子读书"一项排在首位，其次是投入到科学种田上，买先进的设备、地膜、种子、农药、化肥膜等，最后才是用余钱来计划生活开支。

第六章　世界物质文化遗产申报与旅游资源考察

一、世界物质文化遗产申报

（一）丹巴县古碉群

高：前面您分享了很多关于彝族和羌族的调查研究和心得体会，说得特别生动、细致，让我有一种身临其境的感觉。我注意到，除了彝族和羌族以外，藏族研究也是您投入很多精力的学术领域。

冯：我是学藏语出身的，可是，由于种种原因，我的藏族研究开展得比较晚。除了之前讲的对藏族饮食文化史的著述外，我对藏族妇女地位也只有零星的探讨。我开始比较连续地对藏族文化展开研究，应该是参加"四川省世界物质文化遗产申报小组"的工作，最初是到藏族地区做申遗考察，是从对藏族的物质文化研究开始的。

机缘是因为参与了两次申遗任务：一是2001年对甘孜州丹巴中路——梭坡藏寨碉群的考察申报；二是2004年对德格印经院的考察与申报。2007年，我又参加了甘孜州道孚县政府的人文旅游资源开发的课题，考察涉及当地可开发的旅游资源的各方面，包括扎巴人的特殊婚姻家庭形态。

高：申遗是你们省里的项目还是什么来源？

冯：是四川省文物管理局的项目。从2000年开始，全球兴起了一股申报世界遗产热，特别是抢救濒危遗产，旅游开发也成为热点。当时国家文物局很重视，敦促四川省文化厅、四川省文物局抓紧立项。2001年，四川省文化厅、四川省文物局成立了申报世界物质文化遗产小组,申遗组组长由当时四川省文物局文物保护处处长朱小南担任,成员有都江堰市遗产办主任邓崇祝、西南民族大学民族研究所的杨嘉铭教授、西南交通大学建筑与城市规划学院的陈颖副教授和我,一共是5个人。此外,参加申报的还有地方政府的相关单位和负责人,我记得有阿坝藏族羌族自治州和甘孜藏族自治州文化局局长和文管所所长等人,但他们都不是正式成员,主要负责提供所需相关资料。

我们申遗组第一个任务是完成"甘孜州丹巴中路——梭坡藏寨碉群"的申报调研和文本撰写。2001年,我们申遗组去丹巴县中路乡和梭坡乡的藏寨碉群进行了实地考察。由于申遗是四川省政府的项目,我们又是由文物局的朱小南处长带队,所以下县后有当地政府接待,参观很充分,了解情况方便,工作条件也好,没有以前自己下去调研那么艰辛。

我们根据申报世界物质文化遗产的要求,要了解遗产概况、保存现状、保护管理情况,还要做价值评估并与其他类似遗产做比较,调研内容很多。调研后形成的申报文本要求充分展示遗产的唯一性、真实性和完整性,这些都是申报世界遗产不可或缺的内容。申报文本还要求图文并茂,要包括文字、照片和遗产实体的平面图、立体图等,所以我们申遗组除了有民族学学者外,后期还有建筑设计院的专家。文本要求在各个主题中包含若干细目,比如,遗产概况介绍要包含遗产的历史文化,其中又要包含历史沿革和人文价值等,这一块是我们考察的重点。这次考察加深了我对藏族物质文化和精神文化的认知。

高:您具体说说在丹巴县考察的情况。

冯:我们对遗产实体及其周围环境做了仔细考察,了解了遗产地的基本概况。丹巴县在大渡河源头大小金川的汇流处,被称为"大渡河畔第一城",是"藏彝走廊"的核心区之一。我们要去的中路——梭坡的藏寨碉群就在丹巴县城郊,这里有藏区独具一格的古代建筑群落,古称"千碉之国"。碉楼民居是这里的先民在高山峡谷中以惊人的智慧和灵巧的双手建造的"设防人居聚落"。我们调查的时候,丹巴还有200多座造型各异的碉群,在不少山寨中,都有元、明、清时代修建的古碉遗存。这些古碉形状各异,四角碉最普遍,其他还有五角、六角、八角和十三角碉,最多的有十六角碉。碉高一般在20到50米,四角碉和五角碉一般在20到35米,是历史上最早的碉形,其他的多角碉都是在这两种碉形的基础上发展起来的,高碉雄壮敦实,坚固如磐,抬头望去如剑指蓝天。这些古碉有的依山傍水,有的层层矗立于陡峭山梁，有的星罗棋布地分散在绿树和鲜花掩映的乱石山冈，给秀丽的山寨增添了古朴凝重之美，构成了康巴蔚为壮观的人文自然景观。

高： 古碉最早是从元代开始出现的？

冯： 关于古碉的起源有一个传说，丹巴县所在的嘉绒地区以前是一片广漠的原野，这里四季花草茂盛、景色宜人，先民们在山脚林边垦荒建屋，过着宁静的生活。在一个灾荒之年，有妖魔出来抢粮吃人，弄得山寨居民纷纷离散走避。一些村民不甘心眼看着祖祖辈辈开辟的家园就这样被放弃，就聚在一起商议对策。一位工匠提出，修建一座四角形的坚固碉房，可以抵挡妖魔的抢劫。众人觉得有理，于是齐心协力修建了高约二丈的碉房，门高不过三尺，小窗只有寸宽。当天夜晚，妖魔面对高大的碉房和矮小的门，一筹莫展，束手无策，只好悻悻离开，从此不再骚扰山民。后来，部落之间的战争频繁，匠人们修建的碉楼越来越高，还设计了射击孔来抵御外侵，使这一片地区的百姓得以安生。于是，周边地区的首领争相模仿，下令凡是有男孩的家庭都必须修建一座碉。随着这一习俗的兴起与发展，碉形逐渐多样化，高度也逐渐升高，功能也越来越复杂。

实际上，关于古碉的起源是有史料和考古依据的。我们从丹巴调查回来后查了一些资料，我国史籍《北史·附国传》记载：“附国近山谷，傍山险，俗好复仇，故垒石为巢，以备其患，其巢高至十余丈，下至五六丈，每级以木隔之，其方四步，巢上方二三步，状似浮图。”“附国”在蜀西北二千余里，汉代称为"西南夷"，东部有"嘉良夷"，现在丹巴县和道孚县就在这一带。这段文字记载了高碉的位置、原料、修建方法和主要作用，和传说中的故事一脉相承。

至于高碉的起源地和最早出现的时间，史籍上并没有说明，碉楼到底有多古老，谁也说不清楚。1989年，考古工作者在丹巴县古碉相对集中的中路乡进行过考古发掘，发现了大量石棺群，在石棺群附近发现了古人类居住的遗址。当时发掘出的7处住房遗址都是片石砌墙，内壁抹有黄黏土，经碳-14化验测定，下限在3500到3700年之间。这说明远在夏、商时代，这一地区就已经有一个人口稠密的大部落在丹巴定居，而且他们掌握了较高的片石砌墙技术，这应该就是古石碉的起源。

高： 根据传说来看，古碉产生最主要原因就是为了防御。

冯： 对，总的来说藏族先民修建碉楼的主要用途是抵抗自然威胁、部落纷争和异族入侵，保护住民的生命财产安全。因此，古碉分为很多类型，包括要隘碉、烽火碉、界碉、寨碉、家碉等，不同的碉作用也不相同，但主要功能是军事和防御。

"要隘碉"一般建在关口险要处或矗立在悬崖峭壁上，居高临下，易守难攻，用作备战防御；"烽火碉"一般建在村寨附近的山梁或山谷口的制高点上，视野开阔，起着警戒外来入侵和传递信息的作用。遇到战事，守碉人就在碉顶点燃浓烟，吹响号角或鸣枪、摇旗报警，平时碉则作为通信的烟台，还可以起驿站作用。"界碉"是用来标记土司势力范围的，一般建在村与村或户与户之间，作为划分界址的标志，它同时也是村界的哨卡和防御工事。"寨碉"一般修在村寨道口或人口密集的中心区，用于守寨护家，一个村寨或部落会建数座寨碉，防御外来侵扰并供村民集体藏身、抵抗并储藏水和食物。"家碉"则是与房屋相连的一部分，有的人家把碉修在屋中间，有的修在房侧，平时用来防匪盗，战时作为防御和藏身之处；"家碉"顶一般都修有"煨桑"台，用于祭祀神灵、插经旗；碉内还可以存放贵重物品或储藏食物。以上各种功能的古碉有机组合在一起，就形成了一道道坚固的防线，成为一村一地抵御外来武装侵袭的防御体系。此外，还有"风水碉"，一般建于村寨中心，用于镇压邪魔；还有专为土司守备或仓储而修建的"官寨碉"；等等。

高：为什么丹巴古碉群经历了几个朝代，还能大面积地保留下来呢？

冯：我觉得这和古碉的修筑材料和技术有关。碉体是用石头砌筑的，内部用木楼架出隔层，可以建几层、十几层甚至几十层。从内部结构看，高碉有两种隔层方式，比较常见的是用树木杆隔层，修建时将木杆两端砌入墙体，形成隔层，有的还在木杆上铺上小树枝和黄泥，形成楼面；另外一种是在木杆上铺设木板作为隔层。从碉内看，四角或五角的高碉内部是四方形，八角或十三角的高碉内部都是桶形。楼层之间用独木梯上下，也有在内墙壁上砌出条石，在壁面上形成斜面石级。听老乡说，一般建造高碉，每年只筑建一层，十几层的高碉要十几年才能完成，这样能保证高碉的稳固沉降度。

从外部结构看，古碉建筑技术高超精湛，筑砌时独具匠心。片石砌筑的墙面结构十分严密，碉的棱角笔直如刀削斧劈。古碉造型是下宽上窄，逐渐向墙心收缩，墙体越往上越薄，基层墙的厚度一般能达到 2 米以上，顶部墙的厚度只有 60 到 80 厘米不等。考察时，我们非常惊叹于工匠砌墙技术的高超精湛，他们很讲究错落叠压的技巧，这种技巧具有控制墙体结构的功能，相当于在墙体布筋。我们细细观察过高碉的片石结构，石头与石头之间构成"品"字形，绝对没有二石重叠现象。每一层大石的四周都镶有一圈小石，小石之间十分紧密，一点空隙都没有。有的碉身非常美观，还用白石砌成"牛头""海螺"或"卐"字等图案，这些图案在道孚扎坝人的高碉上也有。

高：这样的碉楼想必防御能力非常强。

冯：是，高碉的防御能力十分强大。据我们了解，高碉的底部基脚是用巨石填砌的，不少高碉的墙体上也砌有数百斤甚至数千斤重的大石块。碉门一般设在离地面一两米高的第二三层上，门又矮又小，只能攀登独木梯进入高碉，防御时将独木梯抽进高碉内，下面悬空，紧闭碉门后来犯者不容易进入。高碉砌到三层以上，每层都设有窗口和若干个长方形的小孔，它们用于瞭望、射击、通风和采光。高处还有1米以上的大窗口，用于抛掷巨石打击敌人。当地人用高碉做防御，远目标能箭射枪击，近目标可掷石杀敌，只要来犯者接近高碉，随时都会遭受致命打击。即使敌人破门而入，上层抛下的重石的杀伤力也可想而知。

由于古碉易守难攻，通常碉内只需要几个人或十几人就可以对抗碉外的几十人甚至几百人，它的威力堪比"一夫当关，万夫莫开"的关隘天险，清乾隆时期金川平叛就是例证。这件事在《清实录》中有记载，大意是说乾隆平定大小金川时，当地大小金川的土司凭借古碉堡，大量杀伤清军，一个古碉内不过数十人就能抵御万人军队。清军在攻打色尔顶碉时，用炮弹轰击了200余发才只摧毁了高碉的一个角。由于高碉超强的防御力，致使战事持续了七年之久。高碉的防御威力震动了朝廷，乾隆皇帝下旨征调藏族工匠到北京，在西郊香山仿造高碉，研究高碉的建筑结构和技术，而且组建了健锐营2000人演练攻碉战术，最后用上了大炮，才结束了这场战役。

可惜的是，在这场战役中嘉绒藏区的古碉受到了炮弹的猛烈轰击，损毁非常惨重。随着岁月的流逝，在战争、地震等天灾人祸的冲击下，大多数古碉都从地面上消失了。再后来，随着藏寨聚落的扩大、民族间的融合和社会的进步，高碉的军事防御功能逐渐弱化，因此退出了历史舞台，成为一种珍贵的历史遗存。这些仅存于地面的古碉和民居就成了藏族悠久建筑历史的实物见证，这是"中路——梭坡藏寨碉群"的历史价值和亟待加强保护的原因，也是申报遗产的原因。

高：您刚才还提到既具备防御功能，还具有居住功能的家碉。

冯：有一种是将碉楼和民居融合在一起的碉楼民居。这种建筑一般选在避风向阳、邻近水源、有险可据、有地可耕的地方修建。我印象最深的是甲居藏寨，我们是秋天去的，金秋染色的林木点缀着藏式别样韵味的房舍，真是美如画景。这里的碉楼民居是独具特色的山地民居聚落的杰出范例。走近碉楼民居观察，外壁像古碉一样筑成坚厚的石墙，底层围合成封闭形，像一个微型的堡垒，所以俗称"碉房"。

而屋面平顶又很开敞，视野非常广阔。内部使用木构梁柱和隔墙、楼板，屋顶为平顶，它的特点和优点是占地不多，但空间丰富，功能多样，可以集生活、生产和防御于一体，在高山峡谷中是最理想的居住形式。

我们考察的丹巴藏寨建筑平面基本都是长方形的，多为三四层的石木结构，外实内虚。进入碉房，底层是畜圈，但牲畜的出入口与人走的门是分开的，互不干扰。二层是厨房、火塘和杂物房，火塘内安有三锅庄，二层的平台用作院坝。三层是居室、粮仓等。二三层的平台宽大敞亮，是家人活动的主要场地，也用来晒粮食等农作物，平台的一侧一般会修建一两间房屋。屋壁上并列挂着一串串黄澄澄的苞谷串、一串串火红的辣椒串，色彩艳丽醒目，传达着丰收的喜悦。给人印象比较深的还有独木梯。独木梯是藏、羌民族上下楼，特别是上下平台的典型工具，远观别具特色。它用一根粗大的圆木砍制成等距离的犬牙状，上斜下平，平面作为脚踏之梯，只能容一只脚交替上下。平四层突出部分为经堂，四层或五层的平台专供祭祀活动之用。整个建筑除二层为天井式四合院外，二层以上都呈两级或三级"L"形，并逐层收退至顶。顶层的四个角房除了安放白石以表达白石崇拜外，房角后还专门设有插嘛呢旗的石孔和"煨桑"用的"松科"，功能类似火炉。

碉楼民居顶层最高处有一部分代表着那是曾经修筑家碉的位置，虽然家碉的功能在近现代已失去作用，但这一建筑痕迹作为纪念依旧被保留了。房顶的四个角，角顶呈月牙形，它们代表四方神祗。碉楼民居的木质部分和檐部全都涂成红色，在檐部红色色带下又刷涂黑色色带，其他二层以上的墙面都涂白色或者墙体原色与白色相间。远观整个建筑，造型独特、别致，极富层次感，而且色泽明快鲜艳，与自然环境中的蓝天白云、绿树青山相互衬托，突显了民居建筑的生态特点。我们在考察过程中，感到这里的藏族家庭经济都比较富裕。由于我们申报了世界物质文化遗产，后来这里搞了藏寨乡村旅游，生意十分火爆，村民们更富裕了。而且由于宣传影响，这里的村民对文化遗产的保护意识有了很大提高。据说曾有旅客提出建议，将通往远处高碉的道路修成柏油路，以便旅客人车前往。村民们马上说："不行！专家说了，文化遗产要保持原样，要原汁原味，不能随便改造的。"可见他们保护的自觉性还是挺强的。

另外，高碉的民俗功能，我刚才还没说。在访谈中，我听到一种说法：过去金川地区，谁家生了男孩，就要修筑高碉。

高：比较看重男孩。

冯：藏族大多有重男轻女的观念，这跟藏族尚武的习俗有关，过去有无高碉和高碉的大小是家族根基的体现。丹巴这个地方还有一个习俗，在修高碉的同时还要炼一砣毛铁埋在土里，这块毛铁是用来打钢刀的。儿子每长大一岁，高碉就往上添筑一层，毛铁也会被挖出来打炼一次，到孩子18岁时，高碉修到了18层，毛铁也炼成了钢。这时他们就要给孩子举行成年礼了，在成年礼上把钢刀赐给这个男孩。到后来这个习俗逐渐变化，修高碉慢慢成了一个家庭富裕的象征。

高：有钱的家庭才能修得起很高的碉楼。

冯：所以说高碉是家庭富裕的标志，是家族根基的表现，如果一个家庭没有高碉，他们家就很难娶到媳妇。因为修筑高碉费财费力，没有一定的经济实力，很难完成，所以家家户户都要积蓄财力修筑高碉。在清中叶鼎盛时期，金川这个地方的高碉曾经多达3000多座，留下了"千碉之国"的称号。我们去调查的时候，在丹巴，古碉还有343座，不仅是建筑艺术，还有很多人文价值在里面。比如，古碉也是当地人的骄傲与活动中心，每逢举办成年礼仪式、结婚典礼或逢年过节集体跳锅庄等重要活动，都要在古碉下进行。这时，村民穿上华丽的盛装，带上自酿的青稞酒，在巍峨的古碉下跳古朴典雅的"嘉旋图"锅庄，因为舞蹈队形呈八卦旋图。古碉下的"弓剑舞"也体现了丹巴人的尚武精神。

近现代以来，丹巴高碉以它古老独特的建筑风貌，深厚的历史人文价值积淀，吸引着世界的关注。在19世纪，有一个法国传教士叫舍廉艾，曾到丹巴天主教堂做过神父。当他到丹巴城郊，望见大渡河对岸耸入云端的座座高碉时，竟情不自禁地大声高呼："我发现了新大陆！"之后，他还亲自到梭坡等地藏寨拍摄了不少高碉雄姿，将照片寄往里昂参加1916年的摄影展览，让西方人第一次目睹了中国古碉的风采。新中国成立后，丹巴高碉又吸引了众多的中外专家学者到丹巴考察和研究，发表了许多论著。比较出名的是2003年11月12日，由法国著名女探险家弗德瑞克·达瑞根女士经过多年的关注和研究，拍摄了在四川和西藏的碉楼的录像短片，在法国著名的"探索"频道上首映，受到了观众热烈欢迎。弗德瑞克说："碉楼是属于世界的，法国人、中国人都生活在同一个地球！"这是一位西方探险家对丹巴古碉属于世界文化遗产的最好诠释。

高：丹巴古碉群项目最后申遗成功了吗？

冯：申报过程复杂而艰难。因为当时全国各地申报国家级物质文化遗产的项目太多了，竞争非常激烈。我们的申报文本2002年1月收到了评审组反馈，文本是被充分肯定的，专家认为丹巴碉楼符合世界遗产委员会提出的申报标准，达到了唯一性、真实性、完整性的要求，但当时各省这类具有民族特色的景观太多，单一景观很难申报成功，所以评委会建议我们与阿坝藏族羌族自治州的"黑虎——桃坪羌寨群碉"联报，以"川西藏羌碉楼"的名义申报，这样申报成功的可能性会更大。于是，课题组又对桃坪羌寨、黑虎羌寨、直波藏寨与碉楼进行了考察，还对藏碉和羌碉进行了对比，写了申报文本。后来又进一步捆绑，把四川地区的遗产都捆绑在一起申报，这个过程十分漫长，我2005年退休的时候，都还没有结果，据说是全国的类似申报都没有批。

虽然这一工作延续的时间较长，最终结果多少有些令人遗憾，但我认为这一工作还是很有意义的。通过以上的介绍，可以了解到，碉楼是人类建筑史上防御性建筑的典型形式之一，而碉房建筑在四川拥有悠久的历史，在川西地区已延续发展了2000多年，是这里的藏羌先民顺应深山峡谷的地理环境和气候条件，采用天然的石块和黏土，用独特的工艺建造了宜居宜防、造型独特、类型丰富、功能多样而又抗震性强的碉楼与民居，数以千计的、规模宏大的居所与防御紧密结合的古建筑群落，在世界上也属罕见。这些古碉与藏羌村寨、民居结合为有机整体，形成了独树一帜的建筑体系和建筑艺术，非常富有地方建筑特征和民族特色，是藏羌民族智慧和创造精神的代表作，丰富了中国和世界的建筑史和建筑文化，有很高的历史学、民族学、建筑学、军事学研究价值，是人类共同的珍贵遗产。

退休后，我忙于扎巴藏族母系制调研，没有再参加申遗组工作。据悉，2008年"5·12"特大地震后，四川青城山及都江堰、卧龙大熊猫栖息地这两处世界遗产都受到不同程度损坏，当时国家文物局局长单霁翔给第32届联合国教科文组织世界遗产委员会主席喀麦隆女士写了一封信，希望委员会将"藏羌碉楼与村寨"作为紧急项目，列入《世界遗产名录》与《濒危世界遗产名录》，因为藏羌碉楼的所在地更接近地震中心区，它们又都是分布在高山峡谷中，所以情况更危急。紧急申报前，申遗组又把"藏羌碉楼与村寨"的申报文本修改了一遍，还译成了正式的英文版。2008年6月，文本上报国家文物局及联合国教科文组织，最后的结果是"藏羌碉楼与村寨"和"福建客家土楼"于2013年被列入世界文化遗产"文化景观"类别中。反正还是有些遗憾吧，不过"甘孜州丹巴中路——梭坡藏寨碉群"项目最后被列为四川省级物质文化遗产。

（二）德格印经院

高：虽然没能作为单一景观申遗成功，但最后和羌碉、福建客家土楼一起纳入了2013年世界物质文化遗产"文化景观"类别中，这也很不容易了。您再说说另一个申遗项目吧。

冯：我们还有一个德格印经院的申遗项目。德格印经院也是藏族璀璨文化的一部分，在整个藏族地区都非常出名，深受藏族百姓敬仰，是一个无价之宝。我当时觉得很有希望，因为德格印经院在藏族文化史上地位显赫，集多重文化遗产于一身，既是民族文化遗产，也是宗教文化遗产，还是民间工艺文化遗产，意义非常重大。我们是2004年6月到德格县去做申遗考察的，当时邀请我们的是四川省甘孜州德格县政府。

到德格县是我深入甘孜藏区的第一次远行。我们沿317国道走川藏北线，车在弯曲的山路上盘绕行进，翻越海拔5000多米的雀儿山时，周围白雪皑皑，我一下就想起大学进藏实习路过唐古拉山时的情景，特别激动。我请师傅把车子停一下，想下车去照一张照片留念。一下车，寒风刺骨，脚下是冰，走路打滑，我强行爬上斜坡，原本想爬上最高点，但实在太冷了，双脚踏在冰雪上好像没穿鞋一样，而且上

2004年6月，去甘孜藏族自治州德格考察路上，翻越雀儿山

坡太滑爬不上去，于是我站在路标前请一位老师给我拍了一张照片留念。听说现在到德格已经不翻雀儿山了，直接从隧道就能穿越过去，方便多了。车到雀儿山山顶时，在车内低头远望，新路海湖就像一块晶莹的蓝宝石镶嵌在群山的怀抱中。车下山后驶入平地，又是另一番风景。公路两边是宽阔的草原，沿途或是散布着牛羊的草地，或是星星点点的藏族民居，红色的墙面和花边窗户特别醒目，独具风味。最为壮观的是一些规模宏大的寺庙，远远望去，在黛色远山的衬托下，金顶红墙错落有致，毗连成片，是藏区独特的风景，非常壮美，让人赞叹。

高：往德格印经院去的这一路，景色令人神往啊。

冯：嗯。到德格印经院后，当时的院长吉美活佛来接我们。吉美活佛五官英俊、言谈儒雅、知识渊博，给人和蔼亲切的印象。吉美活佛是雍仲本教的活佛，他从小受宗教文化熏陶，先后在中国藏语系高级佛学院和北京大学接受过教育，还是北京大学的研究生，这让我们有些惊讶，因为我们以往接触和认识的活佛要么是宗教方面有很高学识的高僧大德，要么在寺庙学有所成，要么毕业于佛学院，没想到吉美活佛还接受过现代高等教育，而且毕业于中国的最高学府，接受过传统学术和现代学术的综合训练，这让我们多了一份敬意。后来了解到，从2003年5月到2012年的十年间，一直都是吉美活佛担任德格印经院院长，后来他升迁了，担任了很多职务。他在担任德格印经院院长期间，做了很多建设性和开拓性的工作。我们去的时候，他正在为全木结构印经院免于火灾想办法，试图从技术层面杜绝隐患。

高：您先介绍一下德格印经院的历史。

冯：德格印经院是藏传佛教经典的宝库和藏文化传播的中心。德格印经院也叫"德格巴宫"，始建于清雍正七年（1729），是德格第12世土司、第6世法王却吉·登巴泽仁创建的。后来经过第13、14世德格土司不断增建房屋，添置设备，招集技工雕制印版，前后历时27年才基本建成。其后又经历世土司扩建，最终形成了现在的建筑规模和库藏规模。德格印经院作为一座藏式古建筑，民族特色极浓厚，集中了德格寺庙与民居建筑风格，坐北朝南，构造独特，古朴庄严，气度不凡，直接反映出18世纪德格土司的政治和经济地位，同时也反映出藏区人民的聪明才智和建筑水平。

高：它的构造是什么样的？

冯：德格印经院因地就势修建在山坡上，整体占地面积1679平方米，建筑面积5450平方米。在形式上采用了"外异而内不异，下斜而上不斜"的建筑手法，它的底层布置在几个不同层面的建筑台地上。在布局上，将不同功能、不同台地上的楼体建筑组合成不同层面的"四合院"，再用高筑的土墙围成一个整体。从外面看，印经院外围夯土墙上的一圈是用泥土混合干柳枝筑成的黑色墙帽带，与下面高耸的红墙交相映衬，显得整座古建筑错落有致、宏大坚实而古朴壮观，是一座风格独特、庞大宏伟的藏式院体建筑。

我们进入院内，首先登上楼顶观看印经院整体。印经院四边外墙顶端悬挂着镏金"吉祥八宝"铜牌，墙檐上悬挂着一圈牛角形的铜片和风铃，南楼屋顶装有镏金铜制法轮，法轮在藏族人民心中是神圣无上的。法轮两侧装有一对栩栩如生的镏金孔雀，在藏传佛教寺院中，大多饰有孔雀。东、西、北屋顶上各设有金顶一尊，金幢四座，经幡二个，整个印经院的外观显得金碧辉煌，华贵肃穆。我注意到印经院的背面是一层层依山而建的藏式民居，宏伟耸立，以红色为墙体主色调，与印经院相呼应。

高：德格印经院室内的情况呢？

冯：德格印经院内部一共有五层，采用了"回"字形平面的布局手法建造，中部是一个东西走向的长方形外天井，整个建筑沿这个天井依主次分别建有北楼、南楼、东楼和西楼，都是木结构的三层楼体。我们逐层仔细参观，北楼是主体建筑，北楼底层的东西两面设置为大经堂（佛殿）和小经堂。南楼是印经院的正楼，有三层楼体，底层中部朝外的是印经院的大门。大楼正中是东西走向的一个长方形小天井。南楼的第三层是敞式廊道，有二楼一底，顶层同样也是敞式廊道，北楼是二楼一底，东西两楼都是三楼一底，底层为参差层。印经院的屋面是藏式的平顶屋面，屋面上铺着厚厚一层"阿嘎土"。

高："阿嘎土"是什么材料？

冯："阿嘎土"是藏式古建筑中铺筑屋顶和地面的传统材料，光洁、美观又防水。印经院内的数十个房间错落排列，各个房间在不同的地段采取了不同的建造方式，整个内部结构看起来有疏有密、有高有低、有宽有窄、有曲有直，参观时给人高低错落、蜿蜒曲折、空间丰富多变的感觉。另外，走廊中，到处是画柱林立，彩绘满壁。记得我们参观的有一处，正前方整齐排列着一溜罗汉般的廊柱，小天井上方绘有大型"五彩佛像"壁画。院内所有经堂、经版库、经书印刷间以及天井、晒经房等各处檐、柱、门、窗、墙壁上，或有雕刻或有镂空，或者绘以各式内容的藏画，或者饰以各类吉祥图案。总之，一木一壁、一廊一室无不显示出工匠和画师精湛的斧钺雕凿之工和高超的彩绘技巧。

印经院主建筑是二层楼和三层楼，它们高低参差，独成院落。二楼和三楼的各个房间主要分为藏版库、储纸库、晒书楼以及裁纸、印刷、装订和管理人员办公室等几部分。版藏库是重地，有大小6间，占了整个建筑面积的一半。各间版库内分门别类地排满了版架，架上又分门别类地插满了书版，有条不紊，工整悦目，就像现代图书馆的存书库。藏版室版架之间的空道和环绕天井比较宽阔的走廊是工人们印刷的地方，其余房间除了两间是管理人员的办公室，其他都是裁纸、装订、磨墨和熬胶的工作场地。

我们参观时，对德格印经院建造的科学性，向导给我们讲解得非常详细透彻。德格印经院的建筑构造的确非常科学，充满了工匠的智慧。德格印经院楼体建筑虽然进深较大，存在通风和采光差的缺陷，但在建造时都有针对性地设置了外天井、内天井、屋顶天窗和屋顶通风孔，弥补了这些不足，使存放经版的房间得到了自然干燥条件。为了保证经版更好地通风，藏版库的版架被设计为垂直于天井整齐排列，藏版库的一面还直接通向天井，以采光和通风。另外，藏版库墙壁上每隔1.3米左右就有一个通风窗，窗与窗之间整齐地排列着印版架，各书库尽头又都有窗户或天井通风透气，这样，印版就基本上是在半开放的环境中被储存的。工人印刷操作的场所一般是在环绕天井的走廊上，半开放环境能为印刷经书提供充足的光线和良好的通风。印经院四楼参差的耳楼专门用来晾晒印好的经书，这里日照时间长，通风性好，俗称"晒书楼"。德格印经院的设计很完美，充分显示了建造时工匠的智慧和创造力，就是在今天的建筑设计中也是值得借鉴的珍贵经验。

高：印经院珍藏了多少印版？

冯：德格印经院因它的藏版丰富而著称于世。德格印经院库藏数目非常庞大，院藏版籍文献占整个藏区文化典籍的70%左右。据向导介绍：截至1999年3月25日，印版总藏量为27万余块，全部雕版源自四五千种著作，这些经版不仅兼收并蓄了藏传佛教各个教派先贤学者们的代表著作，而且包罗了藏族文化大、小五明学的各个方面。德格印经院的藏版大都有200年以上的历史，最古老的印版《般若八千颂》，有藏文、梵文、乌都尔文三种文字，是康熙四十二年（1703）刻制的。《丹珠尔》《甘珠尔》等大部分经版则是在18世纪中叶前后刻制完毕的。印经院还收藏了一批稀世孤本和珍本，其中既有在印度早已失传的《印度佛教源流》，也有《汉地佛教源流》和早期藏医学名著《居悉》。其他在文化、历史、艺术等方面的经版也很丰富，超过了 10 万块，囊括天文、地理、历算、化学、医学、物理等学科。德格印经院难能可贵的是，它不分宗派，传播每个宗派的典籍，这是在整个藏区唯一的。

这些珍贵印版是藏族历代优秀文化和科学知识的总汇，因此德格印经院以收藏藏文化典籍最广博、门类最齐全著称，被誉为"雪山下的文化宝库""藏族文化书院""藏族文化艺术的大百科全书"等。

另外，德格印经院除经版外，还收藏了 376 块旧画版，虽然数量不多，但特别珍贵。德格在历史上是藏族传统绘画"门"派和"噶玛噶则"派的重要传承地，特别是噶玛噶则画派，自 18 世纪以来在德格形成了一个中心。德格印经院把藏族传统绘画中的唐卡艺术融入刻版之中，可以说是一个重大突破和创新，有开拓性意义。壁画也是德格印经院文物的重要组成部分。德格印经院的壁画总面积约有 850 平方米，整体气势宏大，构图和谐自然，色彩艳丽，主体画面有大面积着金，显得富丽堂皇。其中 65% 的壁画是早期作品，多为噶玛噶则画派的作品，这些作品使康巴地区噶玛噶则画派的最高艺术成就和风格特点得以保存下来，同时也使印经院成为早期壁画保存比较完整的地方之一。就这些珍贵的藏品来说，德格印经院不仅是藏族文化宝库，也是中国文化和世界文化遗产中的瑰宝，是藏族地区璀璨的文化明珠，同时也是一份丰富多彩的藏族文化遗产。

高：这些印版都是怎么制作出来的？

冯：德格印经院印出来的经书都是精品，它有很多令赞叹的特点。从书法到校对，聘请的都是功力深厚、造诣高深的人才。他们聘请了著名的藏文书法大师群布玉赤和绒波娃制定藏文楷书标准，然后选出一些人进行培训，再从中择优录取若干人专门书写模板。然后请高级技工精工雕刻，这些刻版工都是经过考核筛选出来的技术娴熟、有比较好的藏文和绘画基础的佼佼者。最后还要聘请具有深厚宗教文化修养的学者和寺院堪布进行校对。

为了保证质量，印经院规定每天每个刻工只能刻一寸版面。雕成的书版，要求刀工匀称、深浅适度、字体雄健、刀锋遒劲，版面光洁，质量要求是非常严苛的。版子初刻出来，必须认真校对，挖补改错，确认绝对无误后，才将成批的刻版放入酥油锅中熬制，熬制好后再浸泡和清洗，然后晒干入库。从书写到刻制完毕，大约要经过 12 次反复校对。平时，也要对印版进行检查，发现磨损严重或有跳字、跳线的印版，必须及时进行补刻。

高：印制的流程呢？

冯：德格印经院的印制流程很复杂，一本经书的印制主要包括裁纸、颜料加工、印刷和装订四个步骤。但细分下来步骤就多了，包括裁纸、泡纸、调墨、研磨、兑制、运版、印刷、晾晒、洗版、归库、分页、核对、装订、打磨、刷色边、包装等十几道工序。

在整个生产流程中，印刷的工序相对较多。一个印刷组一般由3个人组成，一个人专门负责到经版库取印版，给负责印刷的两人使用。担任印刷的两个人一高一低坐在一张倾斜的桌子的两头，印刷时，高座位的人负责接纸并将纸准确固定在印版的拓面上，然后在印版上蘸墨涂版；低座位的人负责放纸，手持滚筒自上而下推滚，印好后，迅速揭起书页放在一旁，如此周而复始。用完的经版，由专门的洗板工放在木质水槽中清洗，晾干后，涂上酥油放回版架。

高：这个流程，您去的时候看到了吗？

冯：我们去的时候，他们正在印呢，我们看了整个过程。印经的那些藏族老乡可能都不是喇嘛，他们都穿着藏装，没有人穿喇嘛服，不太能分辨出来。

高：藏区就这一所大型的印经院吗？

冯：在藏区有三大印经院，其他的两个分别是拉萨印经院和拉卜楞印经院，但在三个藏族印经院中，德格印经院是名气最大、最好的，德格版经书在藏区被奉为正宗，在印度、尼泊尔、不丹等地都有盛名。

高：德格印经院能在藏区和周边国家被奉为正宗的原因是什么？

冯：我觉得除了包容并收的巨大优质藏版量、严格管控的印刷质量和精湛的印刷技术外，各种原料的使用和制作工艺上的考究也是德格印经院被广泛接受的重要原因。

高：这怎么说？

冯：藏族对宗教特别虔诚，20世纪50年代以前，印经院印刷经书的原料中除了朱砂来自汉区，其余所有的印版、纸、墨均采用传统技术制作，选材非常严格，工艺十分考究。德格印经院的印版是用细密坚硬的红桦木作料板，而且必须是当年秋天刚落叶时的红桦木，选用挺直无节无疤的树干，按所需尺寸锯成节，再顺木纹劈成版块，并就地用劈下的木屑燃起微火，将木板熏干。之后把板子放在羊粪中沤一个冬天，等板材的伸缩性沤退后，再取出来用水煮，烘干后，再刨平磨光，最后制成坯版运往印经院，经检验合格后，才能入库备用，这个程序非常严格。印版因书的类别不同而大小规格不一，但都是长条形的，这是藏族书籍的传统样式。最大的长110多厘米，宽70多厘米，厚约3厘米；一般的长66～77厘米，宽11～18厘米，厚约2厘米；最小的长约33厘米，宽约6厘米。印版的一端有柄，方便取放与印刷。

德格印经院的印书纸也是通过土法自制的，造纸的原料非常独特，是一种名叫"阿加如交"的草本植物的皮和根。"阿加如交"纤维性强，还是一味藏药，含有轻微毒性，所以用它制造的纸不仅吸水性和柔韧性强，而且虫不蛀、鼠不啃，极耐储藏。用这种纸印的藏经，可以久藏不坏。

经书的颜色分为红版和黑版两种，红版专用于典籍《甘珠尔》的印制，因为是佛语经典，红色必须用朱砂，其他都用黑色。黑色的墨是用本土原料和技术自制的。黑墨有两种：一种是供书写用的，原材料是大页柳；另一种是专供印刷用的，原料是大杜鹃树的树皮。两种墨的制作方法相同，都是在垒成塔形的土灶灶口上端倒放一个铁锅或者陶盆，将树枝、树皮不断填入灶内熏烟，数日后，取下铁锅或陶盆，刮下堆积的烟灰，再参入胶，熬兑成墨汁。不过现在都是用成墨了。

过去的藏文书籍都是散页式，装订比较简单，但极具特色。为了便于打磨和刷色边，装订工先在印纸的四角打上孔，然后用牦牛毛编织的细绳穿孔固定，再上架用楔子压紧，同时还要用粗刮刀不断推拉，刮去毛边。在基本刮平后，再用细刮刀打磨，直到书边完全平整为止，最后还要再上一道红边。全部工序结束后，把书放到通风处的晾架上晾干，按藏族的传统方式包装好，一套德格印经院出品的经书就可以面世了。

高：从原材料选取到坯版、墨水的制作，再到刻版、印刷、装订、包装，德格印经院的管理体系和管理者是怎么保证这么多精细复杂的流程有条不紊进行的？

冯：德格印经院有一套特别严格的管理体系，这也是德格印经院成为藏传佛教三大印经院之首的原因之一。这套管理体系是在德格印经院200多年的印刷实践中逐步形成和完善的。

首先，印经院由巴本（院长）、巴令（管家）和巴中（秘书）三人组成领导小组，每届任期三年，如果德好才佳，可以连任。三人领导小组最早产生于德格土司的家寺更庆寺中，由藏文水平较高、有一定管理能力的喇嘛担任。选拔程序是先由寺中堪布向土司推荐，经土司审查合格后，宣布任命。三人的职能分别是：院长掌管印鉴，负责行政事务和对外经营，定期向寺庙和土司报告工作；管家管理全院的财务、总务和印书事宜，负责发放、保管印刷材料和物品，管理印书人员的生活和工资等；秘书负责联系、签订印书契约，处理信函，印书账目，保存经版等。三人分工合作，协调运作。在三人小组之下又有专职管理的小头人、大组长、小组长等负责各个环节的印刷工作、用品等事宜，每个人各司其职，有条不紊，组成了一套既完整又严格的管理体系。

另外，印经院还通过严格的规章制度和管理体系对制版工匠、印刷工人和从事原料供应的差户实施监督和管理。我觉得有一点特别厉害，德格印经院的印刷技工大多是附近的百姓，他们平时在家务农放牧，但每年到了印书季，他们就能召之即到，各司其职，立刻投入印制工作中，给人训练有素的感觉。特别是在印刷环节，都是由技术高超的师傅带领徒弟印刷，这样，就能后继有人，代代相传，形成一支长期稳定的技工队伍，使印刷技术从未中断，得到了持续性的传承。

在考察时，我最有感触的是，我看到刻版工里不仅有年龄大的成年人，还有一个藏族小朋友在刻经版。那个小孩长得特别可爱，五官俊朗，大眼睛，长睫毛，大概七八岁，正聚精会神地埋头刻着经版，他的神情特别专注，旁若无物。我很想问问他，为什么没上学而在这里刻经版？为什么对这个工作这么热爱和专心？趁他刻完一节停下时，我试着与他交流，但他听不懂汉语，茫然地望着我。我学的藏语也忘光了，没法进行语言交流，于是就看他刻版。细看之下，我发现他的手比一般孩

2004年6月，与德格印经院11岁小刻工合影

子大，也比较粗糙，指关节有些粗大突出，可能是长期刻版造成的。后来，我问了一下知情人，原来他的父亲和哥哥都在这里当刻版工人，可能他们家就是技术娴熟的刻版世家，过去属于印经院的"差户"，父亲把这个技术传给儿子，他们从小就开始这项技术的锻炼，成为这里一代代固定的刻版工。这也是一种技术的传承吧。正因为这样，德格印经院的印刷技术才得以后继有人传承发展至今。我给这个小孩照了一张相，还合了一张影。

高：您刚才说的印书季，一般在是什么时候？

冯：由于是受藏区气候影响，寒冷天气不能印刷。德格印经院全年印书时间是从藏历年三月十五日开始，到9月20日停止，而且为了保证印书质量，每年印刷的经典、文献都会限制数量。通常每年只能印25套《甘珠尔》，20套《丹珠尔》，其余经典、文献的印制数量也都控制在10余套左右。德格印经院印的经书因为品质极好，影响广远，印刷的经书畅销海内外，不仅四川、西藏、青海、甘肃、云南五省的藏族到德格印经院印书，北京、南京等内地的寺庙也慕名前去印书，甚至印度、尼泊尔、不丹、锡金、日本以至东南亚各国也有不少的人前去印书、买书。这也说明评价德格印经院传播了许多大德高僧、专家、学者的论著，是藏族文化存续和传播的重要中心之一，确实是实至名归。

高：那印经院每年是根据市场需要来决定印什么经书吗？

冯：不，印经院印制经典、文献的主要目的是传承和弘扬藏族文化、宗教文化。我听吉美活佛介绍，每年印制的经书中有少量是作为礼品送出去的，其他来印经院买书、印书的，我觉得他们可能是要付费的，毕竟成本在那里，印经院也需要经费支撑才能运转，收取合理的费用是应该的。印经院应该没有商业目的，否则就不会限量印刷了。另外听说，由于印经院在藏族人民心目中的崇高地位，不少信众礼拜时也多有自愿捐献礼金的。

高：德格印经院最后申报世界物质文化遗产成功了吗？

冯：没有。但后续努力也有可喜的收获。虽然不知什么原因，德格印经院的申遗没有成功，这是一个令人十分遗憾的事，但后来在泽仁吉美活佛和德格县文化局等有关部门的共同努力下，2006年5月，德格印经院的雕版印刷工艺被列入国务院公布的第一批国家非物质文化遗产名录之中，2009年1月，在四川省政协第十届二次会议上，吉美活佛又上交提案，配合我们的申报，促进德格印经院申报世界文化遗产。2012年，德格印经院雕版技艺被批准列为联合国"非遗"名录，实至名归，我知道后特别高兴。

我通过参加申遗考察，对德格印经院有了更深刻的认知，这对作为个人的我，是最大的收获。我很感慨：德格印经院从1729年始建并开展印刷工艺以来，它不仅保存了古老的建筑形式，保护和传播了宏大精深的藏族文化，承续了古老的印刷方法，一直绵延至今近三百年，从未间断过，令人赞叹。德格印经院还以开阔的胸怀，不分教派，兼收并蓄地收藏了历代高僧大德的经典著作，以及大量藏传佛教甚至汉传佛教的珍贵文献，实为难能可贵。而且德格印经院作为一个大型的库藏载体，对藏文化的保存与传承也做出了巨大贡献。它作为一个印经机构，印刷的经书不断地销售国内外市场并延存至今，成为传统与现代衔接交融的"活态的文化遗产"。作为申遗对象，它既是物质文化遗产，又是非物质文化遗产。同时，德格印经院又集多重文化遗产身份于一身，它既是民族文化遗产，又是宗教文化遗产，还是民族民间工艺文化遗产，它在藏族文化史上的显赫地位是无可替代的，它在藏族人民的心中占有沉甸甸的分量。作为一种民族文化精髓播扬的载体，德格印经院令人敬仰和肃然起敬。

我曾作为德格印经院世界物质文化申遗小组的一名成员，虽然我们经过努力，但由于某些原因，申遗没有成功，然而，我因为参加了这一项目的考察和撰写文本，才有机会对德格印经院这座享誉国内外的藏族文化瑰宝，有了较为深刻的了解和认识，所以我从内心非常感谢这次考察。

二、道孚县旅游及文化资源考察

（一）道孚县旅游文化资源调查的背景

高：除了这两次申遗，您还参加了哪些和藏族文化有关的调查研究活动呢？

冯：2004年7月，我们所和西南民族大学民族研究院联合对甘孜州道孚县的人文旅游资源进行了全面的调查和研究。

高：那是出于什么样的机缘呢？

冯：这次调查的原因，主要是源于当时的社会大背景。21世纪初期西部大开发，其中的重点内容是发展旅游经济，当时西部各省都以旅游资源开发为杠杆，利用少数民族文化多样性和丰富性来吸引游客。民族文化旅游变成了人们首选的旅游项目，成了一种潮流。四川是一个多民族大省,民族文化资源雄厚,旅游完全可以作为四川可持续发展的支柱产业之一,所以道孚县委政府也想赶快做这个工作。

我们的思路是挖掘、开发"四川特色"这一新的旅游资源,可以为四川的旅游西环线增加一大新景点,可以在我省旅游发展中营造充满活力的新环境,赢得竞争发展的优势。当时在这条环线上,旅游景点几乎都是自然景观,如都江堰、卧龙、四姑娘山、亚拉雪山、塔公草原、海螺沟、喇叭河自然保护区等,而缺少具有个性的、典型的人文景观。而道孚县的扎巴地区正处于西环线上,与丹巴县呈上下承接关系。丹巴有独具魅力的藏族民居与高碉古建筑,邻近的扎巴有独特的母系制文化,西环线上自然景点与人文景点交相辉映,是一处具有鲜明民族特色的旅游地,可以吸引更多的游客参观旅游。因此,对四川扎巴藏族母系制文化的调查研究,也是这些民族地区的创新性旅游资源,如果合理加以利用,也可以使扎巴人独特的传统文化优势和学术价值转化为经济优势,有利于当地的民族群众在旅游开发过程中脱贫致富,实现建设小康社会的奋斗目标。

但在开发民族地区旅游热潮中,无论是中央,还是学术界,都在强调一个重要的命题:对少数民族优秀文化资源要进行保护性开发。保护性开发不仅表现在生态环境上,也表现在文化上。按我们的理解,保护性开发的深层含义,应该是研究性开发,它是在基础研究的基础上,进行应用性开发。对少数民族地区历史与文化的旅游研究,不能停留在划定保护区这样的表层上,更不能利用其中的某些特异性作为低级趣味的噱头而进行低层次的游乐项目,而应进行深层次的长远性的保护开发,这不仅要有详细的规划方案,还应从人文历史的角度,对开发地民族的历史文化进行民族学、社会学、旅游学等多学科的综合研究。所以,我们这个课题的初衷是以旅游开发为目的,对扎巴历史文化以及扎巴母系制的婚姻家庭做详细的调查和策划,为推进四川旅游开发提供理论支持和决策参考。同时,我们也预估扎巴地区旅游开发后可能带来的外来文化冲击,并为此给扎巴地区旅游规划提供政策性护养的思考与建议。

要完成这个工作,就需要先对旅游资源进行普查,以便能做到综合利用、保护先行。所以,当时在道孚县委达瓦书记的运作下,我们所就和西南民族大学民族研究院组成了联合考察组,准备对道孚县的人文旅游资源进行一次全面的调查和研究。当时西南民族大学民族研究院的刘勇和我同任课题组组长,另外还有民院的学生和本地干部参加,一共9个人,我们在普查结束后,形成了多个对四川省民族地区文化保护与旅游发展较有现实意义的调研成果。

（二）考察道孚民居

高： 您能具体介绍一下这次旅游资源普查具体都有哪些内容吗？

冯： 课题组是从民族语言、婚姻家庭、宗教和民俗四个方面展开调查的。我们四川省民研所承担的是民族语言和婚姻家庭，西南民大承担的是宗教和民俗。一开始，整个调查组从民俗文化入手做综合考察，然后分组完成各自的重点任务。我负责"婚姻家庭"部分的调查，重点是扎巴母系制婚姻家庭。刘辉强老师是语言学专家，他和尚云川一起负责扎巴语调查，扎巴语当时已经是稀有语种了。西南民族大学的刘勇老师调查民俗，奔嘉老师调查宗教。

高： 您当时都去哪儿调查了？

冯： 2004年7月7日至17日，我们先到了道孚县城郊区的尼措区，18日到25日去了扎坝区，26日至28日去了八美区。我们是从物质文化中的衣食住行开始考察的，最初考察的是道孚民居，因为甘孜州各县都有独特的历史和文化，就民族建筑而言，甘孜州有"道孚的民居、丹巴的高碉、德格的印经院"之说。我们一行刚到道孚县城的第一天，就迫不及待地在午餐后让当地的同志带我们去参观了据说是县城装饰最好的一家藏族民居。

高： 您能具体说说这家藏族民居的特色是什么样的吗？

冯： 县城的道孚民居一般都是两层的建筑，这家民居的外观并不抢眼，跟我熟悉的藏族民居外观相似。我们这次考察有政府工作人员带着，可以进到屋内近距离观察，这下感受就大不一样了。刚跨入这家的大门时，我就看到墙壁上全是雕刻和绘画，五彩缤纷，非常艳丽，特别养眼，大家都感觉眼睛一亮，不约而同地惊叹起来。而且藏族人家的院落非常干净，他们喜欢种花，院子里会种一些花草，所以居住环境特别舒适宜人。这家屋内的各个房间都装饰得特别华丽，我没想到道孚的藏族这么注重居室内部环境的美化和舒适，进去后就仿佛进入了富丽堂皇的宫殿一样。后来，我们还参观了其他几处藏族民居。

总的来说，雕刻和绘画是道孚这几家民居装饰的精华所在。我们参观的那家是当时最豪华的民居，它的室内所有的木结构都是雕梁画栋、色彩艳丽。室内的望板、木壁，那些门楣、窗框、梁柱都是藏族建筑中最富有表现力的地方，都画有藏族的吉祥图案，如藏式祥云、龙凤、仙鹤、麒麟、花鸟、八宝等，还有由工匠雕刻的龙、凤、鹤等图案，作为浮雕装饰在上面。雕塑的层次感很强，给人栩栩如生的感觉，真是非常漂亮。他们家所有的壁画和雕刻，都涂了五彩或鎏金，让人陶醉在鲜艳富丽、光彩夺目的氛围中。特别是藏族的长椅式木床，也是非常讲究，床背和床头都有雕刻，通常会在上面铺上一个藏毯，非常别具一格。这种床可以睡，可以坐，可以盘腿坐在上面喝茶，在汉区很少见。

高：道孚民居这么注重室内的装潢，是因为当时那边的经济比较发达吗？

冯：嗯，那个时候藏区已经是改革开放以后，经济已经比较发达了，有些家庭富裕了就很注重民居的建造和装饰。

高：他们的经济来源主要是什么呢？是旅游，还是什么？

冯：他们的经济收入是多方面的。在县城里当干部的人比较多，做生意的人可能更多一些。我们当时没有了解这家主人的职业，听说是县机关的干部。如果没有富裕的经济条件，也不可能建造这么精美的建筑。

除了雕刻和绘画外，由于藏族虔信藏传佛教，经堂是藏族的精神信仰之地，所以经房也是道孚民居中必不可少的部分。经房可以说是荟萃了民居中装饰的精华，布置得最华丽，装饰得最精心。工匠绘制的精美壁画以及风格鲜明的各种雕塑，淋漓尽致地体现了藏族百姓浓厚的宗教情感。所以，不论家庭贫富，他们总是把家里最好、最美、最宝贵的物品放在经房里。这个也是我感受非常深的。

高：道孚民居是从什么时候开始有的呢？

冯：道孚民居自然是很早就有了。道孚在汉武帝时开始置郡地，史称"牦牛徼外地"，就应该有居民居住了。这里隋称附国地，明、清属土司管辖地，民国元年（1912年）建制道坞县，民国二年（1913年）改名为道孚县。这里是多民族地区，藏族是主体民族。现今的藏族民居结构，是在历史的岁月中由简单到复杂逐步完善的，现在城里的民居基本上都是新修的。改革开放之后，藏民有了钱都修新房，这些新房继承了藏族传统建筑的结构特点和精华，保留了传统建筑凝重沉稳的风格和民族特征，但在装饰上更加精美，住起来更舒适。

高：道孚民居的结构特点是什么呢？

冯：道孚县处在青藏高原东南部鲜水河地震断裂带上，地震灾害比较频繁，所以修建民居时特别注重房屋的抗震性能。房屋大多是藏式木架穿斗结构，按正方形以2.3到2.7米为间空立柱，四柱之间称为一"空"，以"空"为单位计算房屋大小。藏族房屋一般修建16到24空，也有40空以上的大房屋，大房屋木柱较多，以木柱粗大为高上。我们看到的最豪华的这家民居，底层与二楼的木柱就很粗大，两人合抱都不能合围。因为太大了，大家都纷纷在这根木柱前照相留念。柱与柱之间有穿枋或圆木制榫拉扯，以防地震。

这种建筑的底层空间，如果是在农村，一般是用来堆放杂草或做畜圈的，但在城里一般是隔成房间，作为客厅或卧室。二层是房屋的核心，是一家老幼食宿、供佛、接待宾客的主室，也是装修的重点。二层一角是厨房。

其余空间用半边圆木叠架隔成房间"崩空"。这种"崩空"房屋设在藏房的立柱之间，形成独立的房间，而且卧室都是向阳的。房间叠架的墙壁的半边圆木两端制有扣榫，相互嵌叠为四方形，门窗用槽榫嵌连，高度可到达顶楼，防震性特别强，这是道孚民居的另一个特点。民间也有对道孚民居特点的总结，"粗柱厚枋起架框，大梁木闩锁柱尖，'崩空'置角防歪斜，泥土房盖保温强"。道孚地区以木结构为主体的"崩空"建筑，是先建木架结构，再砌墙，墙体仅起围护作用。这种"墙倒房不塌"的结构是道孚人民在长期生活实践中总结出来的，形成了独具特色的建筑风格和体系，是人居环境适应生态环境的智慧结晶。

道孚民居的朝向基本都是"坐西向东"，因为道孚所处的青藏高原地带属于典型的高原气候，"坐东向西"有利于吸热采光，避寒保温。房屋一般都是二至三层，总高5到8米。建筑材料以木料、石料和泥土为主，四壁以片石或泥土筑墙并用自制的有色泥土染色。房顶以泥土为盖，多为四方形，二楼多呈L形。传统的楼梯是用独木凿槽成的独木梯，只限一人上下，新修的民居已经改为可容两人上下的扶手板梯。藏区农村地广人稀，人们会在民居四周造林防风避沙，远观就是一幅绿树中的庄园景象。城镇不需要防风沙，一般会在民居底层院落和三楼敞坝上种植花卉，道孚的光照好，花草都长得十分鲜艳茂盛，给人清新舒适的感觉。

另外，我要说一下道孚民居中的厕所，它不像其他藏区民居的厕所是外挑式的，它呈"碉楼"状，建在大门一侧与主体楼房相连，一般开在二楼或三楼晾台处。作为整体建筑的一部分，有些人家还在上面装饰避邪图案。厕所内部也很讲究，四面墙壁上有外窄里宽的梯形或三角形窗子，便口下有一条水泥筑成的较长的斜坡，这样可以不积粪便，直接流到地面的粪坑中。有意思的是，尽管经过这样的处理，厕所内基本没有异味，但讲究的藏民还要在便口前后竖一个矮档壁，并做一个厚重的木盖盖上，对于臭味可谓是"严密防范"。地面的粪坑位于房屋边缘的菜地旁边，粪肥使用起来很方便。因此，道孚的厕所也是民居文化的特色部分，表现了当地藏族的科学的卫生观念，这在当时还没普及公厕的藏族地区是令人赞叹的。

（三）扎巴藏族母系制婚姻探析

高：参观考察完道孚民居后，你们课题组就分头行动了。当时您为什么选了"扎巴母系制婚姻家庭"这个调查专题呢？

冯：原先咱们学校和社科院民研所老一辈的学者做过母系制婚姻和亲属制度调查，出了一批成果，我读过一些。他们主要调查的是住在川滇交界泸沽湖的纳西族摩梭人，研究他们母系制社会的家庭和婚姻形态。他们的研究成果在学术界引起很大反响。曾经有一个科研成果令世界瞩目，就是北京大学人类学所的蔡华教授，1997年在法国大学出版社出版了《无父无夫的社会——中国的纳人》，纳人就是摩梭人。认为纳人是地球上迄今为止发现的第一例，也可能是唯一的一例曾经既无婚姻制度，也无家庭组织的社会。这一学术观点在国际学术界引起极大反响，法、英、美三国权威人类学家相继对该著作发表了重要评价。2002年12月，蔡华教授因此荣获法兰西最高学术机构——法兰西科学院的"法国国家大奖"殊荣。当然，蔡华的著作中，参考了宋兆麟、严汝娴、詹承绪、王承权等前辈关于纳西摩梭人母系制的调研成果。摩梭人也因此被称为"人类社会发展的活化石"。所以在后来的旅游开发中，泸沽湖因封闭的自然生态环境、特殊的婚姻形态和丰厚的文化内涵，成为发展地域经济的文化底蕴。云南早就利用这一民族文化资源吸引了大量国内外游客，把旅游业搞得红红火火，取得了良好的经济效益，而四川这边就相对滞后一些。

扎巴藏人所聚居的道孚县与雅江县接界的鲜水河谷地一带，与大渡河峡谷地区仅有一座大雪山脉之隔。据史籍记载，这里是唐代"东女国"地区，它所在区域，就是现今大渡河峡谷地区。在这片区域中，除泸沽湖畔的摩梭人外，道孚、雅江两县的扎巴藏人，也遗留有母系社会，而且比泸沽湖母系社会保存得更加完整，更加原生态和独具一格。这次正好在我们的调查范围内。这些异质文化特征，同样都构成了独有的资源特色，也就同样具备了独有的旅游价值，而又尚未被开发，其珍贵的人文价值和开发潜力十分巨大，所以我选了这一专题。

我在课题调查前做了一点功课，对摩梭母系制和扎巴母系制有了初浅的了解，我觉得道孚扎坝地区的母系制婚姻家庭形态保存得比较原始，很有特色，这些异质文化特征构成了独有的特色资源。它既可以与泸沽湖媲美，又尚未被开发，当时我觉得这真是一处宝贵的旅游资源，因此先对它进行基础性的调查和研究是必要的，所以我就选了这个调查专题。

高：扎巴藏族的母系制更原生态？

冯：对，扎巴母系制社会相对更原生态一些，表现在多个方面。通过调查，我发现扎巴人的婚姻家庭形态与摩梭人的婚姻家庭形态十分相似，而且有比摩梭人更原始、更有特色的走婚现象。扎巴人"走婚"的时候必须经过"爬房子"的程序，才能进入以后的环节。这个后来开发旅游的时候还在报纸上宣传过。在家庭方面，泸沽湖有"双系制"，就是母系和父系同时在一个家庭里面，所以摩梭人的大家庭很多，但是扎巴没有这样的家庭，扎巴主要是母系制的亲族家庭和对偶家庭，虽然也有少量的看似父系家庭，但它只是一种过渡形式，而母系制的家庭占了70%多，是占主导地位的。这个在以后会详细说到。

当时我们面临对扎巴母系制调查的另一个问题是抢救性调查。因为那时正准备修建一座大型电站——二滩电站，水库淹没地区就包括了一部分扎巴人居住的河谷地区，大坝蓄水很可能将淹没整个河谷，淹没扎巴人的文化精华。由于现代水利建设对地域性文化的破坏，是摧毁性的，我在保护性开发建议中，也提出了这部分扎巴村寨整体搬迁的建议。这一建议得到了肯定，在搬迁中也是如此。

普查完毕，调查成果出了一本书，叫《鲜水河畔的道孚藏族多元文化》，共四个部分。我所完成了第二和第四部分，第二部分《道孚县藏族婚姻家庭》由我撰写，包含三个方面的内容："扎坝区母系制婚姻与家庭""尼措区婚姻与家庭"以及"婚姻家庭文化资源旅游开发建议"。第四部分由刘辉强老师和尚云川完成。

当时，我们的主流研究是跟随社会发展的潮流，进行热点、重点研究，旅游开发也是其中之一。我又做了同类课题的应用研究，写了几篇论文。2005年，我和所里的尚云川和张利又去泸沽湖调研，完成了《推进泸沽湖地区旅游跨越式发展——四川摩梭历史文化的应用研究》的报告。这个课题是以四川泸沽湖摩梭经济文化的基础研究为起点，为积极推动当地的旅游服务业而做的专题应用研究。调研中深切地感受到，经济发展特别是旅游经济，对摩梭母系制的冲击是根本性的，它直接促使走婚关系的瓦解，而进入一夫一妻制。此外，同类课题我还完成了《古镇文化遗产保护与旅游增长式发展——对宜宾考察的几点思考》《都市民俗旅游资源开发利用设想——以成都茶馆为例》《少数民族女性文化与四川旅游》《旅游发展中的民族服饰变迁：守住民族文化的根脉》等几篇论文。

第七章　对扎巴藏族的田野调查

一、深入研究扎巴藏族母系制社会的原因

高：您曾说过在您所有的研究中，《扎巴藏族》是您最满意的成果，所以我想问您一些关于这本书的问题。您第一次去扎坝做的是旅游和文化资源考察，其中也包括对扎巴藏族母系制婚姻家庭的调查，为什么您退休后会第二次前往扎坝地区做这么全面深入的、实质上是"扎巴民族志"的研究呢？

冯：这个问题问得很好。

当时有三个原因。第一个原因是，我第一次做道孚县旅游资源调查的时候，觉得扎坝地区的母系制"走婚"就是我们需要的民俗旅游资源，当时我们参照对比的对象是泸沽湖云南那边的摩梭人，他们就是靠"走婚"这个主题，把旅游业发展得特别好，但是四川这边就相对差一些。因为2004年我们的目的是搞旅游资源考察，目的不在对某一个点的深究，但我还是尽力把婚姻家庭这块儿能调查的都调查了。在《鲜水河畔的道孚藏族多元文化》这本书中的婚姻家庭调查，整个都是从旅游资源开发的角度来思考的，属于那次调查的工作任务，所以内容比较浅，但已经有了一定的基础，扎巴这个课题还应该深入。这在前面李绍明先生"在扎巴藏族研究上对我的指导"时已经讲过了。

第二个原因是，2005年，我做泸沽湖旅游可持续发展课题时，专门有经济发展与摩梭人母系制变迁的思考，于是到纳西摩梭人村寨去做过调查，写了摩梭人婚姻家庭的现状，并对扎巴"走婚"和摩梭"走婚"、他们的婚姻家庭进行了对比，我有一个深刻体会，就是摩梭人在现代化的过程中，"走婚"的习俗几乎已经被经济发展冲淡了，保留的部分已经很少了。相比之下，我觉得扎巴"走婚"和母系制家庭这一母系制社会的典型特征比摩梭人更显著，"走婚"习俗也保留得更完整，因此学术价

在泸沽湖畔，访问摩梭最后一位王妃肖淑明

值也更大，对扎巴母系制再调查就非常必要了。

第三个原因，当时已是21世纪了，社会发展使各方面都发生了巨大变化，特别是扎坝地区的文化人也越来越多，走出扎坝的人也越来越多，小学、中学越来越普遍，再往上考，出去的年轻人工作之后和咱们现在一样，恋爱、结婚、生子组成新的家庭，就不"走婚"了。一些年轻人随着文化知识的提高，对"走婚"的认识也在变化，觉得"走婚"太落后了，所以"走婚"的趋势必然是越来越式微。但是作为历史的一个阶段的婚姻形态，把它们记录下来，还是很有历史意义和很有学术价值的。同时觉得时不我待，必须抓紧落实才行。

有了这三点考虑，于是我马上向所里讲了我的想法，李绍明先生和袁晓文所长都很支持，主管我们所的民委领导也很支持，同意我去完成这一课题。所里有一个专项经费用于科研，所里可自行决定。于是我于2007年7月，第二次下扎坝调研，走进扎坝走婚大峡谷。

在做这件事以前，我只想在第一次调查的基础上，再深入系统地调查扎巴藏族母系制，重点研究他们的婚姻和家庭，其他的我都不想搞了。摊子太大，不好搞。我觉得把这些翔实的田野资料集中到一起写一本研究性专著，就非常有学术价值了。当时把自己的想法告诉了李绍明老师，还自以为是讲了我的一些初步领悟的学术"新"观点。李老师也认为非常有学术价值,但他沉思了一下之后,还是建议我先搞民族志,他说:"做民族志是基础,你可以先做民族志调查,在调查当中有研究,或者你以后再做一个深入的专题研究都可以。"上次访谈的时候我说过这个事情,我觉得民族志就是个一般性的记录,没有什么学术价值。听了李老师这番话,我知道李老师考虑问题全面深远,肯定有他的道理,以后再问清楚,于是就说:"那好嘛,我听老师的。"后来,李老师就在我们对《四川道孚县扎巴藏族母系制婚姻家庭调查及语言调查》报告课题结题评审会上,针对课题中存在的问题和我即将要做的调查,作了非常具体的评审和指导。所以你看,我这个扎巴研究,就是用"志"的框架做的。

二、调查生存在大峡谷中的族群

(一)人口、分布与语言

高:既然您这本书是按照民族志的框架写成的,那就先请您根据书中的框架逻辑谈谈扎巴社会的各个方面吧。

冯:好的。川西扎巴藏人是藏族的一个支系,生活在藏彝走廊雅砻江支流鲜水

大峡谷中的扎巴村寨

河与庆大河的高山峡谷之中，地方上称为"扎坝"。扎坝在历史上又分为"上扎坝"与"下扎坝"，行政区划分属于甘孜藏族自治州道孚县扎坝区和雅江县江北区。全国第五次人口普查时，扎巴人共有1.3万多人。2007年我到扎坝调查时，首先进行了人口统计，据两区的区工委2006年年底的统计，扎坝区和雅江县江北区的人口分别是5733人和3678人，两个区的扎巴总人口为9411人，他们主要分布于道孚县扎坝区的亚卓、扎拖、红顶、仲尼、下拖5乡及雅江县的瓦多、木绒两个乡。他们说独立的"扎巴语"，扎巴语是不同于藏语的"独立语言"，只在扎巴人内部使用。我在调查的过程中，感受到在扎巴的社会生活、物质文化和精神文化方面有很多原始的成分，它们都与母系制社会相互呼应，扎巴母系制不是孤立存在的。

（二）生计方式

高：扎巴人主要的生计方式是什么？

冯：扎巴人的生存环境比较严酷，而他们对生态环境又有很高的依附性，只有通过适应自然来获得生存发展，因此扎巴人的生计很艰辛，生产力也比较低。扎巴人的生计方式很简单，主要是农业、畜牧业，兼以采集与狩猎。实际上，扎巴人信仰佛教，禁忌杀生，所以狩猎者不多，也没有专业猎户，只有少数业余狩猎爱好者。一般狩猎不分季节，主要方法是利用网套和陷阱，另有火枪、砸板、夹板、扎刀等捕猎工具。狩猎的方法也很原始。他们用套索猎取獐子、狐狸；用夹板捕狐狸；用砸板砸狐狸、马鸡；还用挖洞穴的方式，安上机关，然后用死羊做诱饵来捕杀金钱豹。另外，扎巴猎人还将桃仁或杏仁研细，与动物脑髓或臭猪肉混合成泥状，放在狐狸经常出没的地方毒死狐狸。其他猎物还有山鹿、岩羊、麂子、狍子、熊、野兔、野猪等。主要是获得肉食和毛皮做衣服、褥子。扎巴人因宗教原因不吃鱼，所以捕鱼的很少。所以，扎巴人的生计主要靠农业和畜牧业。

扎巴的农业生产力比较低下。除了随着时代进步引进了一些先进技术外，还沿袭一些传统的生产方法。比如扎巴农作物传统的播种方法，除种植面积很小的玉米、土豆、胡豆采用点种外，都用撒播方法。

高：他们在农业生产过程中都使用什么工具？

冯：传统的生产工具都是扎巴人自己制造的，包括传统的木犁和藏犁，引进的工具只有铁犁。木犁的形状，上方是一个丁字把手，下方形状像汉族的铁铲。犁耕人使用时，用脚踏踩木铲使犁身入地铲起泥块，再用上面的把手松土，效率很低，一天只能犁半亩地。我去调查的时候，他们就在使用这种犁，主要是在青稞收割后种圆根前翻地，因为这个时候气温比较高，如果用耕牛犁地容易受暑，扎巴人爱护耕牛，所以仍然使用传统的人工木犁。

我在调查的路上，到处看到田里的"二牛抬扛"，很是新奇，内地基本上已经看不到这种犁地工具和方法了。而且犁耕时需要两头牛两个人完成。牛用的是母牦牛与公黄牛杂交所生的公牛，这种牛力气大，用来抬杠拉曳，一个主耕人驾驭二头牛耕地，另一个人跟在后面用锄头补挖耕牛没有犁到的死角板地。

另外，"木耙"也是扎巴的传统农具，俗称"打土巴"，多用青杠木、桦木等坚硬的木料制作，我调查时看到，这种工具也还在使用。这是一个用活动绳把一个长方形木板和一根木棒相互连接，呈丁字形的工具，主要用于在平地上碎土块。碎土时，用牛索引，人站在木板上，靠人的重量压碎土块。木耙经过之后，大土块被压碎，没压碎的再人工打碎，这样可以减少完全由人工碎土的时间与劳动。

传统的脱粒工具"连枷"也十分简陋，就用毛桃的枝条3到5根做枷，另有一个手握的木棍，中间用牛皮条联结即成。脱粒时，转动木枷拍打作物，使麦粒脱落。然后利用自然风力扬净杂质，再用手磨或水磨碾细成粉就可以食用了。大部分家庭当时还在使用这些工具脱粒，条件好的家庭有引进小型脱粒机的，但因为粮食很少，还是会用连枷手工脱粒。

我想起一个很有意思的事，扎巴人对同一种果树因成熟略有早晚，对它们的称呼就加上他们熟悉的收割早晚的农作物来命名。比如核桃树分早熟与晚熟两种，早熟的核桃树叫"青稞核桃树"，晚熟的核桃树叫"小麦核桃树"，因为青稞成熟早于小麦。

高：您去调查的时候，他们还没有大面积引进现代的生产工具和技术吗？

冯：扎巴人在要不要引进农业科技的问题上，有接受先进事物的一面，也有"拒绝现代，固守传统"的一面。他们对外来文化的吸纳与拒绝是以实践检验为准绳的，而不是一味地盲目服从。举一个例子：他们曾一度引进过小麦和青稞良种，但是由于农科知识的普及宣传没有跟上，不懂得培育更新技术的操作，第二年粮食反而减产了，于是村民又使用上老品种。扎巴人说，老品种虽然产量不高，但种子多年不退化，口感好。加上当时村民逐步富裕了，还可以用钱买粮，口粮不成问题，因此仍沿用老品种。再举一个例子：宣传引进化肥后，村民仍喜欢用农家肥，不用化肥。他们认为，谁家的牛羊多，庄稼就会丰收；有牛就有肥，不用花钱，没有山高路远运输化肥的困难，因为扎巴地处边远高山，村道崎岖，交通十分不便，使用化肥不仅需要辗转运输，而且大大增加了农业成本。还有，扎巴人也不施农药，一是因为他们的宗教信仰，不杀生，二是认为农药对人体有害。如果要灭害虫，他们就用传统办法，使用灶灰撒泼，也会收到一定效果。这其实说明在农业现代化过程中，扎巴人并没有完全抛弃包含着一定合理成分的传统生产方式与经验，而盲目地接受现代的、号称"科学"但却不一定符合本地实际的农业模式。现在想想，我认为他们的做法是有一定的道理。

高：畜牧业方面呢？他们属于半农半牧吗？

冯：扎巴人基本上以农业为主，从事畜牧业的村民不多。在我调查的上扎坝五个乡32个村中，只有亚卓乡的盘龙村是纯牧村，有57户，300多人。蓉须卡村是半农半牧村，下拖乡3个村有半农半牧的共21户，在扎巴人中占的比例不大。与藏区其他牧区一样，扎巴的畜牧方式是游牧，完全依赖天然的牧草资源，逐水草而居，顺应季节、环境的变化，在一定范围内流动放牧。在我调查时，扎巴牧区冬天已经建有简易"冬棚"居住。

高：他们也有夏季牧场和冬季牧场。我看您书中还写了扎巴人的贸易情况。

冯：扎巴过去的传统贸易也颇有原始特点。由于深山阻隔，交通闭塞，扎坝地区在20世纪50年代前还没有集市贸易，也没有小摊贩和小货铺。有时牛场的牧民到农区，或村民到牛场去以物易物，以畜产品酥油、奶渣、牛皮、牛羊毛交换农产品青稞、小麦等粮食及酸菜、葱蒜等。如果要买盐巴等其他货物，就必须骑马或走路去道孚县城，单程要走3天。买茶叶、土布、铁锅、针线、梳子等要到康定，单程需要走7天。到康定购买大件货物，比如牛头锅，全都要靠人力背回来。

过去扎坝地区没有货币流通的，如果进行贸易，交换方式是以物易物，中介是以粮食作为交换标准。扎巴人在贸易交换中非常忠厚诚实，以物易物讲究平衡互惠。如果有牧场的牛场娃到农区卖牛肉，他们会把活牛赶到某个村子，找一个有敞坝或合适买卖的地方，比如人们相对集中的寺庙旁边，现场宰杀，表示牛肉的新鲜。他们在交换其他货物时，通常是支一个帐篷，摆个地摊，在地上将口袋口打开，露出酥油、奶渣、牛毛、牛皮、羊毛、人参果等物，就可以进行交易。以物易物通过互相商量达成一致，一般以粮食为交换中介。比如，用一条牛腿换20到30"抔"粮食。扎巴人的1"抔"相当于1.2市斤。

其他产品也是讲好各换多少粮食，买卖自愿，不会强求，所以从来没有吵架、打架的。他们从早到晚，随时讲好随时卖。牛羊肉以卖完为止，酥油卖不完留在熟人家代卖。一般情况，各个牛场的牧民都是每年秋天或腊月来，因为秋季正是牛羊膘肥体壮、畜产品也多的时节。腊月则是因为临近过年，村民需要备年货，正是买卖的大好机会。他们一年就只来这一次，但会陆陆续续，要持续一段时间。买卖牲口也以牲口的品种、大小、年龄论价，用粮食购买。

而且他们的这种以物易物还非常灵活，如果村民需要某种畜产品，而又暂时没有余粮交换，还可以先拿走畜产品，等来年秋收以后再补给粮食。大家都很诚信，基本上没有欺诈行为。如果有人不遵守规则，就将永远失去信誉，以后再没人愿意与他交换，他的生存就困难了，所以这种情况极少。因此这种交换方式一直沿用很长时间。在我调查时，虽然已是市场性质的商品经济，主要以货币进行买卖，但仍然能看到这一习惯的痕迹。一些牛场娃来扎坝区时，虽然不是正规的以物易物，但带上一点酥油之类的产品给住家，这些住家就也会送一些花椒、酸菜之类的物品作为回赠。

新中国成立前，也有汉商到扎坝进行买卖的。一般是来卖百货，如镜子、针线、梳子之类的商品，然后买贵重药材如麝香、贝母等返回汉区。汉商与扎巴人交易也是以物易物，通常是以粮食换取百货。有的汉商将优质的扎坝糌粑面粉托给住在康定的亲戚朋友卖高价。如果汉商带的粮食有余，就将没交换完的余粮卖给喇嘛寺，换成铜币、银圆或纸币。

高：他们早期虽然不使用货币，但粮食实际就是通货。

冯：因为那时的扎坝地区是没有货币流通的，只能是物物交换，以粮食作为交换标准。但是，如果寺庙或有身份的人家需要藏毯、氆氇、铜镏菩萨和经书，就必须到西藏去买，也有人到德格去买铜号、吊线包、火镰、藏刀等，扎巴红教的经书据说是专门到德格印经院去买。购买这些货物，就必须使用银圆，所以只有寺庙或达官贵人是准备有银圆的。

扎巴社会尽管物质紧缺，但也讲究人情往来。他们送礼、还礼的礼品都十分简单稀少，一般就是送一小块红糖或送一盒火柴，或者送"一排"棉线。"一排"也是他们的计量单位，是双手伸开的长度。

高：啊？一根棉线就能作为礼物吗？

冯：是啊，我记得这是茨珠老师给我讲的。我当时听到棉线"一排"时，还以为听错了，确认后，才知那时的棉线非常稀缺。原因是扎巴人很少穿棉制品，都穿自制的麻布衣或皮衣，缝纫也用麻线或很细的羊皮线。可想而知那时扎坝地区的物质匮乏到了什么程度，都超出我们的想象了。

到20世纪70年代，改革开放以前，扎坝地区的商业仍很不发达，沿袭着上面讲的物物交换状态。1950年扎坝地区，成立了扎坝区工委、区公所，由政府建立了贸易小组、营业所、粮店等，这才算是有了市场雏形。1955年时，扎坝区政府所在地才有了历史上第一家规模很小的贸易商店，是国家开办的，此外再没有其他店铺了。改革开放以后较长一段时间，扎巴人都不敢经商做生意，因为在解放初期的"民主改革"和"三反五反运动"中，把凡是曾经外出有过经商行为的人，全部划为了"投机倒把分子"。直到1983年，有一个汉人叫王裁缝的，才在扎坝开起了第一个商铺，卖百货日用品兼缝衣服，生意一直红火，但经营了五年后，他就离开了。从此以后，扎巴人看到私人可以开店铺，政府并没有制止，于是到1988年才有扎巴人自己试探性地开了一两个小店铺，卖烟、针线之类的小商品。2000年后，扎巴人开始大胆起来，个体商店如雨后春笋，区府所在地就有二三十家，其他乡村的公路沿线，小卖部、小商店也不少。

我2007年6月到扎坝区调查时，这种状况又有了新的很大变化。当时扎坝区政府所在地亚卓乡亚卓村，已经成了扎坝地区的贸易中心，是扎坝区最大的贸易市场。沿鲜水河岸的台地上，不宽的两条街道就有46家店铺，其中大多数是当地干部的家属或村民开的，也有外地汉族来这里开的。各乡村的村民购买少量小百货和副食品都到区上，走路、骑马、骑摩托车的都有。只有买年货、买建筑材料或大件物品，才到72公里远的道孚县城购货，然后坐区乡班车或货车运回来，再用拖拉机、骡马或人力拉、背到寨上。

（三）饮食文化

高：您之前做过饮食文化研究，我看到这一次您对扎巴的饮食文化也做了比较详细的调查。

冯：扎巴的饮食文化也有很多原始的痕迹，主要体现在烹调方法和储存食物上。扎巴人的烹调方法比较简单，主要有蒸、烧、煮、烤四种。比如蒸洋芋馍馍、火烧馍馍、煮包子和烤面饼等。

高：煮包子？

冯：他们的包子很大，相当于我们的大蒸饺。有一种烤面饼是用一种古老的方法制作的，多在野外进行。比如每年四五月份，扎巴人要上山挖虫草，他们的饭食就是烤面饼。他们用三个石头支起一个薄石板，在石板上面烤面饼。过去，扎坝还有专门用石料做石锅来烹饪的。制作方法是用一个类似锄头的剜刀，将一整块石头剜成石锅。这应该是人类"石烹时代"的遗留，以石料作为传热的介质来焙熟食物，后来进入"陶烹时代"，即以陶为炊器、以水为传热介质的烹饪方法流行时期。扎巴制陶的历史十分久远，它也是母系制时代的产物。现在，古老的"石烹法"的遗存还能在扎巴人野外劳作时看到，作为临时使用的解决饮食的方法。

扎巴人的肉食来源很少，在佛教传入扎坝地区之前，野生动物是肉食来源之一。但是野生动物肉有浓烈的腥臊味，难于下咽，于是扎巴人发明了用石头除去野生动物肉腥臊味的方法。他们把烧红的一种白石头放到煮肉的汤中，这样可以吸走腥臊味而使汤变得鲜美可口。扎巴过去几乎没有什么蔬菜，就用一些野韭菜、野葱当蔬菜。他们还用一种野生植物"和麻"当蔬菜。和麻是一种开春以后生长最快的野生植物，也是一种略微带毒的植物，叶上有毛，很刺手，接触皮肤后，皮肤会红肿痛痒。扎巴人喜欢吃这种野生植物做成的"和麻汤汤"。每年春天，扎巴人用木夹夹下嫩叶，放在开水中煮沸，然后倒掉淖过"和麻"的水，另外再加水、盐、肉粒、少量糌粑粉，搅拌烧开后，即可食用。扎巴人告诉我，在饥荒年份，"和麻汤汤"曾经是扎巴人的主要代食品。这种"和麻"蔬菜，我在西藏实习时也吃过。

在食物储存方面，扎巴人多用烟熏、风干、水浸等比较原始的方法。比如，扎巴人保存牛肉多用风干法和水浸法。冬天将牛肉风干能保存较长时间。风干牛肉是用宰杀后的新鲜牛肉切成条状，洒上少量盐巴，晒挂在阴凉通风的地方，让牛肉自然风干，这样既可去掉水分，又能保持鲜味。夏天食用时，把干牛肉放在石头上或石碓中，用石头砸成细块或细末，然后放在水中泡涨，就又成为新鲜牛肉了。这种牛肉主要用于包牛肉包子。如果夏天宰杀的牛肉要保鲜，就用绳子将大块肉捆上，绳子一头捆在树上，另一头将捆好的肉放到河水中，任其漂浮，以达到降温、不臭、不腐的效果，这样可以食用一段时间的新鲜牛肉。

扎巴饮食器具以质地分，主要是陶器，另有少量木器和铜铁器具。陶器是扎巴人的传统用具，用途十分广泛，用来饮食、烧茶、盛奶、烤酒、取暖。器具主要有陶碗、陶壶、陶钵、陶盆、陶甑、陶炉等。陶器的制作方法也十分原始，是新石器时的泥条盘筑法。

我第一次到扎坝调查时，特别注意民族饮食文化的特殊性，对扎巴人食用的传统美食"臭猪肉"产生了兴趣。这也是给我印象最深的扎巴特色饮食。我第一次走进扎巴人的厨房，就看见房梁上倒吊着几头已熏制好的硕大的黑黝黝的整猪，每一头都特别肥大，足有二三百斤。猪的肛门上塞有一个圆木，猪体上还有白色图案，当时我特别惊奇。还有这样把猪倒挂在屋梁上的！陪同的扎巴干部告诉我，这种猪肉俗称"臭猪肉"，是扎巴人的传统特色肉食，扎巴人特别爱吃，也是居家待客的最高珍馐，家家户户都要熏制存放。"臭猪肉"在藏区只有扎坝地区有，远近闻名。

高：据说"臭猪肉"好像可以保存非常久。

冯：这和它的制作方法有关，我当时详细了解了"臭猪肉"的制作方法，也非常特别。当猪长到膘厚肉肥时，就将猪用绳索套住颈子勒死，让血存于体内。用青稞草或麦草点火去表毛，再于腹部处割一小口，取出内脏后，再往猪腹内塞入干圆根叶、干草、豌豆和面粉等，目的是初步吸干猪体内的水分。然后用线缝合，缝口处还要用灶灰掺水搅和成糊状进行密封，接下来要在灶灰中深埋半年或一两年后取出，这时灶灰基本上将猪肉的水分吸干。有的还要再涂上油泥，悬挂在厨房的房梁上，等待猪肉进一步发酵，腐熟变黄，产生臭味再食用。而且存放得越久，越被视为珍贵，一般会悬挂三四年，最长的可达30余年。食用时，随用随取。

扎巴人对"臭猪肉"极其喜爱，"臭猪肉"呈橘黄色，闻起来臭，吃起来香，肉质细嫩。汤是乳白色的，味道鲜美，据说还可以治疗风湿。臭猪肉吃法也比较多，主要是下馍生食，熟食，熬汤，和用肉粒做包子。扎坝人最爱生吃，陪同我的扎巴干部说，这种臭猪肉是扎巴人的饮食上品，修新房、办婚丧大事或招待宾客时是最高规格食品。

高：您当时尝了吗？

冯：我不止一次听茨珠老师、肖军老师给我讲"臭猪肉"的美味珍贵，我疑惑地问："真的有那么好吃？"茨珠老师说："冯老师，真的好吃。"看着茨珠老师说话时那陶醉的样子，我相信了，就特别想尝一尝。一天，我怀着"不到长城非好汉，不吃'臭猪肉'就等于没到过扎坝"的侠客情怀，也请一家主人为我们煮了一坨"臭猪肉"。确实，汤很白，肉澄黄，闻着臭，但吃起来怎样呢？当时我们每个人要了一小块，我先用舌头舔了舔，有点苦。然后放入嘴中，开始觉得很难适口，但过一会儿，就感到有一种特别的香味了。陪同我们来的两位扎巴干部，吃得津津有味，一连喝了几大碗汤，还一个劲儿动员我们也多喝汤，说是可以治疗类风湿。

由于调查习惯，我又追根究底，分别问了三位扎巴老师，为什么臭猪肉会那么受青睐，成为扎巴的上乘食品呢？他们不约而同地告诉我，过去扎巴人的生活艰窘，节俭成风，酥油、"臭猪肉"平时吃得很少，主要用来储积，一方面表示这家的勤俭与富有，另一方面是备饥荒时的急需。茨珠老师还说，他们小时候很穷，能喂得起猪的人家更少，因此"臭猪肉"更金贵，只有建新房、办丧事时招待宾客才吃，平时一般不吃。因为如果有红白喜事，粮、肉、油的需求量很大，臭猪肉是待客最珍贵的食物，拿不出来是十分害羞的事，所以平时忌大吃大喝，以备关键时刻应急之需。偶尔吃一次时，父母都只给他们削薄薄的一片，他们都舍不得一口吃完，而是慢慢地一点一点吃。臭猪肉不仅好吃，还可以治疗风湿病，这是肖老师告诉我的，当时我也表示怀疑，但他举了很多实例来证明。也许，某种特殊的食物在特定的环境和自然条件下，会起某种特殊的医食并存的作用，这也是未可知的。就像汉族避之不及的荨麻，在藏族地区能当蔬菜，也是一个道理。

高： "臭猪肉"为什么要存放那么久呢？一般为了储存而加工的食品，到用的时候就吃了，但有些制作好的"臭猪肉"竟然要存放那么多年。

冯： 我就是一直在琢磨，为什么臭猪肉会存放和传承得这么久远呢？传承久远，必有它的道理。后来经过多方调查悟出了原因。在扎坝社会，臭猪肉不仅美味，而且还具有很多人文价值，这也许就是臭猪肉传承久远的原因吧。据扎巴人说，过去是为了防备战事而储备的食品，这个可以与碉楼的小窗户互为印证，是昔日频繁战争留在民居与饮食上的历史痕迹。扎坝地区进入和平年代后，"臭猪肉"就逐渐成为当地的一种饮食习俗和特色食品了，存放越久越有特色。

高： 现在有了先进的储存技术，但这种特色饮食还是保存下来了。

冯： 在扎巴社会，"臭猪肉"不仅美味，而且还具有很多人文价值。首先，"臭猪肉"是富裕的象征，家中悬挂多少头"臭猪肉"和悬挂年数的长短，成了扎巴人衡量一个家庭贫富的象征，一些富裕人家能有数头到十多头悬挂的整猪，有的由于年代较久，猪皮上已厚厚地熏上了一层烟油。每年5月13日这天，是扎巴的祭祀日，有的人家还要在猪身上用白色的青稞面画上各种图案，表示富裕、吉祥和祝福。一个家庭能用"臭猪肉"招待前来帮忙的客人，也很有脸面。其次呢，"臭猪肉"和猪膘油是耐储藏、取食方便的副食品。"臭猪肉"在食用时，用量很少，一顿饭，每人生削一薄片就够了，半斤左右的"臭猪肉"可以食用十天八天，可以细水长流，经久耐用，这也合符扎巴人的节俭习惯。第三是"臭猪肉"还有货币功能。扎坝地区在20世纪70年代前，缺少货币流通，除粮食外，臭猪肉也具有货币功能。例如过去一条腌制好的整猪可以换一头小耕牛,也可以作为付给念经喇嘛的报酬,还可以与牧民交换畜产品。牧民特别喜爱"臭猪肉",在放牧时取食方便,一个馍,一块"臭猪肉"就是最方便和最好的食品,那时牧民多用酥油换取"臭猪肉"。第四就是在传统习俗上,臭猪肉还可以作为保险的标志。在丧葬中请喇嘛念经或者在建房时请人帮忙,客人来的第一天,主家如果给了来者一块馍和一大块"臭猪肉",就意味着在此期间,如果来客有任何不测或发生意外事故,主家没有任何责任,来客无权打官司,可以免除打官司的麻烦,这是扎巴人约定俗成的规矩。第五是扎巴人认为臭猪肉能滋养人畜,每年都要给老人和耕牛喝一二次臭猪肉汤,以滋补身体。他们还认为,将臭猪肉熬汤喂奶牛,会增加奶产量。第六就是扎巴人坚信"臭猪肉"汤可以治疗类风湿,而且疗效很好。

当然,随着社会的发展和生活水平的普遍提高,扎巴人与藏区其他民众一样,饮食习惯也在不断改变。现在,扎巴人主食糌粑、馍馍、面食,饮酥油茶、青稞酒,也有蔬菜,肉食也日益丰富,与藏区其他居民并无二致,而且现在的年轻人已经不吃"臭猪肉"了,所以制作"臭猪肉"的已经很少了。

(四)织造与制陶

高:扎巴人平时使用的布料都是他们自己织的吗?

冯:是。扎巴人的服装都是自产自用,从纺线、织布、染色、裁剪到成衣,自始至终都是自己完成的。产品主要自给自足,满足家庭需求。纺织工作全部由扎巴妇女完成。纺线是扎巴妇女比较闲暇时的家务活计,扎巴女孩从十一二岁起就开始学纺线了。纺线的原料主要有麻、毛两种,毛有山羊毛、绵羊毛和牦牛毛。纺好的线,要重复再纺成双线,用于织毪子,这是比较厚的毛布,是做衣服用的。织一件男毪子衣服的羊毛线要捻十几天,她们的纺线工具也比较原始,主要有纺轮、纺锤两种,而且都是自己用木、陶、瓦、石做成的,形状不十分规则。我看茨珠老师的妻子热戈纺线时,有时用纺轮,有时用纺锤。我问她为什么要换,她告诉我开始纺线时,由于线不多,缠线的纺锤很轻,就要用陶、石、瓦等较重的纺轮;当纺锤上的线增多时,重量增加,就要换成木质的、轻一些的纺轮;当纺锤上的线太多时,就不要纺轮,而让纺锤直接在地上转动。

高:我记得您书里谈到他们有一种织机,也是比较原始的。

冯:扎巴人过去用过腰织机,那是一种比较古老的纺织工具。过去主要用来织

传统的扎巴男装　　　　　　　　　传统的扎巴女装

毪子布，现在主要织窄面的腰带，而且只能织平纹。我还专门用了一天时间看热戈织腰带的全过程，操作起来还挺复杂。首先，是织造准备，就是准备经线与纬线，经线准备主要是缠绕与穿经，纬线准备主要是缠纬纱管。由于扎巴织布的幅度与长度都有限，所需要的经线与纬线长度都要提前计算。比如，腰带的经线每束为4股，共为27束，108根；纬线就是16根，这样织成的腰带就是预计的宽度与长度。热戈在织前先量出所织腰带长度所需经线，方法是双手伸直为"一排"，共需二排半，系上一条红线作为记号，然后绕经线。绕经线的过程很复杂，有很多木桩，在木桩上绕，看得我眼花缭乱，消化了好久才弄懂，扎巴妇女真是聪明能干。经纬线准备好后，按计划织带的长宽度套在织机上，才开始织腰带。

　　我见到的用来织腰带的两个织机，都是较原始的水平织机，是扎巴人自己用木材制作的，制作简陋。织腰带前，要将经线的一端系于远处固定的横木桩上，另一端留一截经线系于织机卷轴上。热戈坐上织机，用双脚踏踩分经杆，分经杆是两根粗的树木棒，随着踩动一上一下地带动棕片，将经线交错挑开，经线分为两层，形成一个三角形的织口，人工用纬线穿插通过。每一次穿插之后，热戈都要用一个光

2007年6月，在扎坝区亚卓乡记录扎巴人即将失传的编织工艺

滑的梭子将纬线打紧。织好的腰带由卷轴卷绕，直到经线织完为止。但最后尾端的一节经线要留60厘米左右，将圆形的上下层经线从中剪断，然后一束一束打结，以避免织物松散，同时作为织物的流苏装饰。

如果纬线是各种颜色的毛线，用经纬线相间的方法，织出的就是条纹彩带；如果经线是红色，纬线是白色，则是红白间隔花带；如果经线是白色，纬线是黑色，就是黑白间隔花带。热戈在织条纹时，用的是最原始的方法，她用手指挑动单数或双数的经纱后再引入短节纬纱，所以很麻烦、很费时间，好在这段花带很短。因此，扎巴人织的腰带一般条纹部分很少，只在服饰显要处进行装饰。而且扎巴妇女也不能用织机织出有图案的织品，说明扎巴的纺织还处于比较低级的阶段。

如果织的是毪子布料，织好后要经过洗涤。但洗揉后的毪子皱纹较多，不平整。扎巴人就将毪子布合为双层，一头用重物压在楼顶上，其余部分垂下，垂下的一头用大石头放在折合的夹层处加重，让毪子垂吊拉伸而变得直挺，然后再进行缝纫。

高：扎巴人的印染技术如何？

冯：扎巴服饰一般不太染色，多用麻毛原色。如果需要印染，印染方法也比较简单原始。过去染色的原料主要来自天然植物，只有少部分是外地买来的染料。印染技术主要是利用植物进行染色，通过煮熬植物获得有色水液，再将染织物进行浸泡上色。染皮革的时候，比如染黑色，扎巴人对黑色、褐色都叫黑色，扎语是"纳拉"。他们会用沼泽地或小水沟中的一种黑色稀泥，将皮子在泥中沤五六天，取出后洗干净，皮子就已经浸染成了黑色，而且不易褪色。也可以将皮革或织物放入沼泽地的泥浆中，沤一晚上，就染成了深酱色。如果要染紫红色，是用一种呈紫红色的植物籽，用手捏碎，将籽中流出的汁液直接涂抹到染织物上，由于这种植物很少，所以仅限于染小片织物。如果要染黄红色，就用高山柏树上干死后的青苔，刮下熬水，将毪子或其他染物投入水中煮沸，可染成此色。这种颜色主要制作喇嘛的腰带、衣服。如果要染浅黄色，方法是将一种呈金黄色的柏树须采集后，在锅中煮沸，水呈黄色后，放入织物煮染，第一次织物变成黄色，再煮一次，织物就呈酱黄色了。另一种方法是将桑树的根切成片加水熬煮，然后在熬好的水中放入织物煮染，织物就会被染成浅黄色。还有一种方法是用三棵针的根与茎干，加水熬煮，然后放入织物煮染，也会染成黄色。如果要染深黄色，就用大黄和黄连树的根或者用桑树根进行染色。制作流程也简单，一般先将根洗干净，再切细，加水煮沸，然后在水中放入染织物，熬煮半小时左右后取出，用清水漂洗后晒干就可以了。扎巴人自己不能染鲜红色，需要时，就用从汉区买来的染料或从西藏买来的进口颜料直接浸泡染色。

　　擀毡也是扎巴人的一大技能，因为扎坝地区气候寒冷，毛毡防湿保暖，多做床垫用，扎巴人很喜爱，也是扎巴人的必需之物。一般毡子的长度约172厘米，宽度约82厘米，需用羊毛7斤左右。我也观察过制毡的全过程，也是全部用手工完成。第一步，妇女们先用一张塑料布垫在地上，按所需毡子的长宽在塑料布上画上线，然后在所画的线内，均匀地铺上羊毛。第二步，提来几桶滚烫的水在铺好的羊毛上挨着洒一遍，使所有羊毛湿透。第三步，几个人分别将塑料布的四边折上，再用一个胶皮棒从一头裹卷至尾，成一个圆筒，用绳索捆紧。第四步，将羊毛卷筒放在一个平整的台子上，三四人排列合力竖向揉搓，目的是使羊毛粘连为一体，并滤出水分。第五步，打开塑料布，将已粘连的羊毛再横向揉搓约一小时，毡子越揉越紧，再用手将四角及边缘处搓紧，用少许洗衣粉抹到毛毡上，挤压出脏水，并用清水冲净，起到除臭、洗白的作用。据扎巴人说，毡子不能洗得太干净，否则油脂脱去太多就不结实了。最后就是晒干，然后在毡子的一面用布包上并缝边，一床毛毡毯子就大功告成。缝边的线是用柔软的獐子皮剪成。这种线也用于缝皮衣和穿珠子，十分结实。

　　高： 据了解，扎巴人的制陶技艺已濒临失传，但您调查的时候曾对此进行过记录，这是很珍贵的资料，您详细说说这个吧。

冯：对扎巴制陶的调查，可以说是一个意外的惊喜收获。扎巴人使用的泥条盘筑方法，这种原始制陶工艺足以引起考古和民族学界的重视与研究。简单地说，中国的制陶史源远流长，而最古老的盘筑制陶方法保留下来的却不多，扎巴制陶可谓是追溯古代制陶源头的历史文化"活化石"。

扎巴人将陶器统称叫"巧戈洛"，意为"泥巴罐罐"。早前扎巴人用的陶器全是用手工制成的，特别简单的小件陶器用捏塑，扎巴多数人家会用泥土捏制小件陶器，如陶碗、陶杯、陶罐等。各家在日常生活中需要时，随时都可以简单地做上一二个，制作过程也简单快捷。一般多用泥团捏成片状塑形或用泥条盘筑一下，做成陶坯后，放在灶火中用杉树皮烧，烧红后，再洒上麦糠，用灶灰覆盖密封，等高温慢慢冷却后，第二天早晨就可以取出使用。大件陶器则要到陶匠家去定做。

过去扎坝地区的扎巴陶匠也比较多，每个村都有一二个，寺庙喇嘛也有会做的。由于陶器制作有季节性，每年4—10月生产，到10月就结束了。因为进入冬季后，气候寒冷，陶泥会冻结，就不再适宜制作陶器了。这时陶匠就参加一些其他劳动或做一些手工活。

2007年7月，与扎巴原始制陶最后的传承人让雄合影

扎巴陶匠在制作陶器时，一般在自己家中进行。因为制作过程简单，工具小件，不需要大的场地，只需要在屋子某一个角落或一小块地方就可以完成。

陶匠都用泥条盘筑的方法。制陶时必须有一个基座，基座是地上放的一个四方形或圆形的厚实木墩，上面要放一个活动的木质木板，可以称为"垫板"，作为制作盘筑陶坯时用，这个垫板也称托盘、转盘。垫板有大有小，有方有圆，也比较厚实，可以承受各类造型和大小不同的陶坯在上面操作。制作小型的陶炉、陶钵之类，托盘无论是方的圆的都可以，但如果要做一个大件圆形烤酒的酒甑或火炉时，就必须放在一个较大的圆形转盘上，这时如果托盘为方形，不仅占用的空间太大，而且不方便以手转动。

制作时，陶匠多在基座前席地盘腿而坐，两腿上放一个长条形木板，这是专门用来揉搓捏压盘筑泥条的。木板放在腿上，这样便于操作。为了木板稳当和保护衣裤，还要在腿上先垫一层厚布。另外还要有一个水盆，水在制作陶坯的过程中必不可少，刮泥、平整、打磨坯胎时，都必须用工具蘸水操作。扎巴工匠过去用陶盆，我当时看到他们已经用塑料盆装水了。准备工作完毕后，就开始在腿上的长板上搓揉泥条，搓揉好后就在托盘上进行盘筑制坯。方法是用泥块先压一个圆底，再沿底边螺旋式向上盘筑陶坯，一边盘筑一边不时地用左手转动转盘控制盘筑方向。活动木板可转可停，灵活随意，十分方便。

陶匠制作陶坯的工具，有木刀、木刮、木拍、木垫、木锥、木榔头、圆规卡尺等十几种木质工具，但常用的只有几种，都是工匠自己制作的。主要是起刮、切、拍、打磨、画线等作用。各种木质工具，只有几种具有特殊用途的工具有专名，木刀，扎巴语叫"晒渣染"，用于刮器耳、弧度和磨光，因形状似刀而得名；木锥子，扎巴语称"采居不"，用于刺孔；带锥头的叫"列呷"，用于刻画线条；画线尺，叫"米戈叫梅"，用于测量陶坯等高弧度，相当于圆规的作用。其余各种都没有专名，扎巴语统称"果洛戈比"，意思是"刮陶器的棒棒"。最后的抛光工序用麂皮和光滑的石头，都使用平时的称呼。有的工具看似大体相同，实际上各有不同的用处。比如刮刀，有刮口沿外部弧形处的，有刮陶器平面的，有刮内弧较深的陶器的，有刮平陶器圈足内壁的，有刮边缝处的。

我曾仔细地进行了观察，他们在制作陶坯主体时，至少需要两三种工具。因为扎陶造型基本为圆腹形，又因为是泥条盘筑，上下泥条的重叠处难免有凹凸不平的地方，这时陶匠随时要刮平外腹部，又要刮平内腹的边缝处，还要填补洞眼，刮痕还要用一种有光滑斜面的刮刀蘸水抹光，这样让器壁的厚度均匀而器面光滑。而且我发现，扎巴制陶工具颇为特殊，基本上都是一具两用，所以工具两端的形状、切面都不相同，各具功能。比如，有一种刮棒，是一头用于刮平陶器内弧形部位，另一头用于刮边缝处。这样，就可以起到一个工具两种用途或多种用途的目的。还有木刀，既可以用于刮器耳和弧度，又可以用于打磨器表。再如木锥子，两头形状略有粗细区别，就既可以用于画线条、钻圆孔，又可以用于嵌入白色碎瓷片。这样，工匠能够使用同一工具进行同一部位的不同操作，省材省时，方便快捷，充分显示出扎巴工匠的聪明能干。

另外，陶器是扎巴人的生活必需品，以实用为主，装饰为辅，但在制作各种陶器的过程中，陶匠摸索出了一套既有实用性，又有观赏性的技术性装饰。比如，在陶炉腰部四周用木锥钻一圈小气孔，既能透气，也美观大方。因为冬天陶炉上的茶壶要盖上毛毡保温，这时主要靠气孔流入空气助燃。这些小气孔看上去既是装饰，又是空气燃烧的通气渠道，既实用，又好看。

让我赞叹陶匠的智慧与创造能力的事还有他们能用简陋的工具解决复杂的问题。举一个例子，做大小陶器时，都有一个腹部的弧度问题，如果弧度的大小、高低掌握不好，做出来的陶器就是歪瓜裂枣，倾斜不正，不能使用。如何测量弧度，特别是计算或测量大型陶器的弧度，对于扎巴陶匠来说，应该是一个难题。扎巴陶匠用一个他们自制的简陋"画线尺"在陶坯上画等高弧线，就解决了问题。

前面讲了，"画线尺"扎语叫"米戈叫梅"，起着类似圆规的作用，肖军老师称为"圆规卡尺"。圆规卡尺由两根木棍组成，一根为长扁形，是在扁尺上钻有若干尺眼，尺眼的距离不等，多少不等。另一根为圆形木棍，木棍一头略粗，向另端逐渐收小。有的木棍是半截圆形，半截为扁形。细木棍通过不同的大小尺眼到粗径或方扁处时，会被卡住固定，木棍就保持稳定了，不至于前后滑动，这样便于操作。这就是陶匠用于在陶泥片上画圆或用于分割计算大型陶器的弧度，或是在陶坯上画等高弧线的工具。具体操作时，如果陶匠需要在陶坯上画某一高度位置的线，就在画线尺上选择相应的尺眼，穿入细棍，不同的高度选用不同的尺眼。然后右手持画线尺、小圆木棍插于需要画线的高度，棍尖抵住陶身，左手转动放陶坯的底盘一周，陶坯上就画出一条等高的弧线，掌握大型陶器的弧度。如果尺子短了不够长度，就换成两根木棒交叉为径进行画线。在测量弧度高低时，也用画线尺。

他们做的复杂的大型陶器上都有提耳，或者做火炉时要安三脚台架，就要对圆周做三等分或四等分的分割。陶匠使用的方法更简单聪明，他们是用绳索来完成。比如说，做大号茶炉内部的台架用三分法，他们就用绳先量台架处的圆周长，再将绳分为三等分，然后在内圆处分别量下绳子的三分之一长度，做上记号，再于火炉的内壁上各三分之一处打上记号，均匀的三等分就完成了，最后将捏制好的陶台架黏附在打记号的位置。提耳的四分法，同样用绳先量圆周长，分别将绳分成对半、再对半，即成四等份，黏附上提耳就可以了。

木棍和绳子都是非常简易原始的工具，画弧线仅用两根木棍交叉作为工具，而且简易可行，表现出扎巴陶匠的智慧。我曾问过陶匠："这个画线尺是从外面学来的？"他们说："这个方法是祖传的。"他们没有外出学习过制陶，我认为这是可信的。

高：陶坯做好后，如何烧制呢？

冯：当陶坯做好后，先要晾干或在太阳下烤干，才能进入下一步的烧窑。扎巴最早的传统烧制方法是在露天进行，有固定的地点，使用燃烧封闭法。后来使用"窑"烧制。一般在避雨的土坎下挖一个圆坑，过去的陶窑肚大口小，肚大直径约1米，深0.7米。先在坑底铺上灌木刺巴等易燃物，再于上面放一排柴块，柴块堆上放陶坯。还有一个重要的环节，就是要用带油的老杉树树皮立放于陶坯处，将陶坯围绕一圈。这时，才在刺巴处点火明烧，用肉眼观察。等杉树皮烧尽，陶坯也烧红烧透了，然后将一背兜麦糠撒在杉树皮的红炭上，马上覆盖一层干土，这些土多是窑坑内的挖土，进行密封，不能有缝隙和烟冒出。这是关键的一步。如果不倒入木屑、麦糠进行烟熏，烧出的陶器是红色的，称为红陶。扎巴人不喜欢红陶，因此要用麦糠阴燃熏烧。如果这一步密封不严，让空气进入，木屑、麦糠很快燃尽，致使陶坯不能充分受烟渍渗入而熏黑，就会出现红黑不均的难看的"花陶器"；如果能使陶坯内外尽受烟渍渗入，就会变成通体黑色且有光泽的黑陶。三天后，陶器全部冷却后出窑。出窑后的陶器，由陶匠和家人用人工搬运回家中。

在我调查时，他们的烧窑方法和过去大同小异，只是燃料、覆盖物有所不同。当时已经开始用耐烧的杂木代替了杉树皮，木刨花代替了麦糠，封闭是用现代铁皮做盖，盖上窑口，再于缝隙处用干泥土密封，使窑内的熏烟不外漏，更容易保留烟雾将陶器熏黑。而且烧窑的时间也缩短了，过去是三天，现在两天多就可以了。扎巴陶匠不知道烧窑的温度需要达到多少度，全凭经验掌握，以肉眼看到烧红烧透为止。

从以上这些情况，可以看出扎巴制陶方法和技术的原始性。首先是制陶无专用场地，室内随处都可操作，这种随意与简陋，是考古发现中最初始的制陶方法。新石器时代的手工盘筑是公认的原始制陶方法，它还完整地保留于扎陶的制作中。第二呢，制陶的各种工具是就地取材，方便易得，粗糙简易。制陶的各种工具尽管形状不一，功能各异，但大多无专称，统称为"刮陶器的棒棒"，这也从一个侧面反映出扎巴制陶方法与制陶工具都处于同样古老的状态。

高：可能正因为如此，扎巴的制陶技艺才有珍贵的学术价值。遗憾的是，扎巴陶器似乎正在逐渐衰减而被现代品替代。

冯：是啊，现在交通发达了，扎坝地区告别了闭塞，与外界的物质交流日益频繁，大量物品进入了扎巴家庭，物质生活开始丰富，传统陶器已经不再是扎巴生活器具的主要来源，取而代之的是日益普及的商品如瓷器、玻璃器皿和金属器皿。20世纪前，扎巴陶器除了一部分丧失功能的被淘汰外，还有较多的品种在扎巴家庭中使用。几年前我开始写扎巴原始制陶一书时，向三位扎巴的知识分子了解过，他们说，现在除了煨桑炉和宗教用的祭祀陶器外，扎巴有90%'的家庭基本上不用土陶制品了。道理很简单，自从有了自来水后，背水罐、储水桶就被淘汰掉了，而大量商品的流通和便利，扎巴最常用的酒壶、茶壶、酸菜罐，都可以从商店里购买铝质、不锈钢的同类茶壶等现代用品，还轻便耐用。寺庙的喇嘛原来用陶洗脸盆洗脸，后来也弃之不用了，用现代商品了。

尽管这样，由于扎巴陶器曾在扎巴人民的生活中起过不可或缺的作用，扎巴人民对它的感情还是挺深厚的，有的扎巴家庭仍然保留一些陶器作为纪念。作为学者，我认为更有意义的是，扎巴人在那么封闭、艰苦的环境中，度过了悠悠漫长岁月，陶器是扎巴人必不可少的物质生存基础。从人畜饮水、炊爨、食具，到宗教用器、生产工具等一系列器具都主要是陶制品，是陶器满足了扎巴人几乎所有的生活生产和精神需求，可以说，这是扎巴人能够延续生存的重要条件。有了自给自足的陶器，他们才能在大峡谷的漫长岁月中生生不息，一直到21世纪。在我入户调查时，我看到扎巴家庭还都在普遍使用陶器。在我看来，扎巴陶器就是扎巴人自给自足、自力更生、自强不息的物质文化象征。

随着现代经济的进入，虽然这些物质文化遗产日渐淡出与消失，但是扎巴原始制陶产生于母系制社会，并与其生态环境共同构成了相依存的生态与人文土壤。现代人类存留下来的不多的古老制陶过程，是一笔宝贵的非物质文化遗产。扎巴制陶再现了古老的制陶法,是复原制陶史的一个活标本,对这些原始制造进行调查和记录整理,使它们能够永久地保存和记忆,有着不可替代的文化价值、历史价值和学术价值。

高：除了陶器,木制器他们也用得比较多吧?

冯：扎巴的木制品品类不多,制作方法也比较原始。扎巴木匠有两种,一种是小木匠,就是制作小件的餐具或大件的用具,使用工具主要是一个原始的脚踏旋车和几把剜刀。另一种是大木匠,他们主要在修建房屋时,制作房架、门窗等,使用的工具基本上与现代木工相同。延续留存原始操作的是小木匠的制作。过去,小木匠制作的木餐具有木碗、木盘、糌粑盒、木瓢、背水桶、酥油桶、打奶桶以及量器"抚"等。水桶、酥油桶、打奶桶等属于大件木用具。

扎巴工匠制作大件的木制品,都是先根据用具直径的大小,去砍伐直径相等的树干作为材料,而且必须是湿料操作。比如做水桶,把选择的树干砍下,截断成水桶所需高低长度的圆木段,再用斧头从中间劈开,然后木匠坐在地上,两脚将半边原木固定,用一个带小弯刀的长杆工具进行剜制。小弯刀的形状有点像锛锄,扎巴语叫"若谷",意思是"刮"。木匠分别将两半原木从下至上剜空、打磨。剜空时,要特别注意边缘的保护,不能损伤,这样切面才能完美黏合。当两半都剜空后,合二为一。合缝的时候不用任何黏合剂,就用柏树枝丫绾成圆圈,从小头向大头箍牢,一般箍5到7圈。最后镶底时,将木桶底板从大头至小头敲打而下。底缝再用细木屑塞紧,渗水泡上二三天,使其发涨合缝不浸漏。为便于箍合,所有木桶都是一头大、一头小。

扎巴工匠制作小件餐器,如木碗、木盒等,则是用旋制剜空方法。操作时有固定的制作架,制作架十分简易粗陋,就在地上钉5根木桩,呈四方形的四点各一根,中间一根。木桩上绑架一个井字形树干,中间横放一个木板作为一人的坐凳。座位前一半在一处插上木钻,套上转绳,转绳套连在两根用小树干做成的踩棒上。由两人面对面操作。制作时,将砍下的小树段用小锛锄先去皮砍成圆形胎胚,再把胎胚固定在车架的钻杆上。然后一个人坐在制作架内用脚踩踏木杆使木坯旋转,另一个人在制作架外用剜刀在旋转的木坯上剜制,直到成为木碗坯形。剜制的工具有三种,形状不同,用途也不一样,有车外形的,有剜内形的,还有饰花的,但名称一致,都称为"则"。

木匠剜制的中空木质餐具,全都用整木剜成,因此扎巴的木餐具没有胶粘等技术。而大件的背水桶、酥油桶、挤奶桶、茶桶、打奶桶，为了使两半木头在剜空后能自然合缝，木匠在选材上就非常严格，一是必须选用笔直、无节巴的树干，二是劈材的技术要高超。劈开木料时，刀口必须辟在树干正中，树干自然裂开为两半，而且裂线要求齐整，不能伤损边缘，否则，弥合不好就会发生浸漏。这些高难度的技术，扎巴木匠都能做到。

制作好了的成品还要进行打磨。打磨工具是他们用土法自制的"粗纱布"。粗纱布是用白石块砸烂，研成细末，再将细末用牛胶粘在布上，这是用于头道打磨。第二遍打磨用的是牛毛帐篷的粗质布片，最后还要用砸绒的芝麻秆纤维进行打磨，这样可以使木面变得光滑。为了防止木质变形，扎巴人也有一套原始的处理办法。他们处理小件木碗等木器，是将小块白石烧红，放在地上，再将木碗扣在石子上，让白石的热气烘烤，使木料干透。大件木器为了防止变形，采用的是水泡、防晒的方法。

有意思的是，过去的木匠只负责制作加工，而不负责提供原材料。我调查的木匠罗让仁青说，他过去给别人制作木器，加工的人需要带上木料和自己生活所需的粮食、酥油、茶等，住在他家。等待加工完毕，成品做好后，付给工钱，取走产品。工钱是固定的酬额，一般也是折合成粮食作为工钱。

在调查中，给我触动较大的是扎巴的工匠会多种匠活，他们既是陶匠，也是木匠、石匠，还会绘画、建房、缝衣等等。这种能工巧匠还不是少数。典型人物除了茨珠老师已去世的父亲外，还有我在调查中访谈的呷拉村一位喇嘛，名字记不得了，他就是多才多艺的能工巧匠，他会木工、砌房、绘画、雕塑，所以特别忙。我预约访谈他时，他正在帮人建房。寺庙中这类喇嘛也比较多，比如红顶寺高僧克热拥登，是原红顶寺的住持，学问高深，德高望重，他的制陶手艺也很好。但因忙于佛事，空闲时间少，只能偶尔做一些自用。

邓珠老师和茨珠老师都跟我说过：过去由于交通闭塞，扎巴人除了自己不能生产的盐和茶是靠从外面买来的，其他的吃、穿、用都是自力更生，很多器具都是就地取材，自己制作。这一点，我在调查时感受特别深刻。

（五）科学技术与天文历法

高：接下来请您讲讲扎巴人的通信方式、度量衡和天文历法。

冯：扎巴人有自己独特的传递信息方式，但都比较原始，说起来也挺有趣的。

比如村与村之间要协商办理某一件事，就在先预约好的时间和地点，一般是某处山顶，烧烟为信号，告知对方同意某事或表示某事已经完成。中华人民共和国成立前，扎坝附近有一些地区强盗经常袭击村寨，扎巴人昼夜值守防范，一旦发现强盗踪迹，如果是白天，就立即在某个山顶上用柏枝熏烟雾，通知村民，做好准备；若是晚上，就用明火或用火把挥舞示警。

高：通过放烟的方式传达信息？

冯：对，因为扎巴生活在峡谷深切的鲜水河两岸，交通阻隔，十分不便，江河两岸相望近在咫尺，但要见面却路程遥远。如果两岸的村民需要信息交流，就多用手势或体态来表达自己要说的话。比如亚卓乡的帕哥达村与对面的村寨隔河相望，夏天由于河水奔腾咆哮，声大如雷，他们的语言交流，如"你到哪里去？""你在干什么？"对方就全部用手势回答，要表示我往下游去，就用手指向下游，并向下游方向跑几步；往上游去，用相同方法往上游方向跑几步；用双手在头上比成八字形，意为"我在找牛"；用食指代表耳朵，表示"找马"；用手掌放在嘴上上下摆动，则表示"猪跑了，找猪"。如果催促某件事赶快进行，用两手从下向上放至头上，表示天快黑了，要快点；如果两手从头上分开朝下，则表示天亮了或天晴了；如果有敌人来了，就用手比枪的姿势；快去烧火报警，用五指由内朝外示意；如果是报丧，就将头一偏，舌一伸，两手一翻，说明死了人，等等。扎巴人经常用生活中的某些形象符号，通过肢体语言来传达信息。

不少学者认为，手势语是先于有声语言的一种语言。手势语研究已经成为语言探源的一个重要方向。美国人类学家摩尔根认为：人类必然是先用手势或姿态表达语意，而后才有语言。法国人类学家列维·布留尔也认为：在大多数原始社会中都并存着两种语言，一种是有声语言，另一种是手势语言。现在世界各地的一些原始部落或民族中仍然存在着丰富的手势语，扎巴的手势语与体态语也为这一理论提供了一份补充资料。

从扎巴人的手势语可以看出，他们的手势语十分简单，表意的象征动作与他们思维的具象性是一致的，具有原始性。而不像有的民族，本来可以面对面交谈，但出于某种社会或宗教原因禁止交谈，只好用手势语代替。我认为扎巴人摸拟具象的简要手势语，可能是手势语中最源头的部分。

我在调查中还发现，扎巴人也用吟唱的形式代替交谈。记得是8月初，我到雅江县瓦多乡的一个村调查拍照扎巴妇女的一种盛装，拍照完毕离开的路上，突然听见"呜呼呼"一声尖细的声音，吓了一跳，回头一看，原来是拍照盛装姑娘的姐姐站在她家的房顶上，在招呼小路对面相隔较远的另一幢房屋顶上的妇女，接着用吟唱的语调进行交谈，一边还指着下山的我。我猜测她们是在谈刚才我拍照服装的事。她们交谈没用平常语言交流的语调，而是用抑扬顿挫的吟唱，声音清脆尖细，响彻在空旷的山寨上空。我觉得附近的人可能都能听到。后来我想，这是远距离交流的一种需要，如果远距离的交谈，用正常说话的声音，肯定会听不清楚。

另外，在土百户时期，官方传达某些不同的信息，也有一套大家约定俗成的信息传递方法。表达紧急程度时，用不同的实物进行形象比拟，比如送信的人手里如果拿两块用沥青粘在一起的石头，表示情况很重要，送信任务像岩石般坚硬，必须克服困难无条件送达；如果送的是从中剖开的一块木板，中间夹有字条，还插上了一根鸡毛，则表示情况紧急，送信人一定要像天上的飞鸟一样快速将信息送到；如果信件上装上五发子弹，就表示十万火急，送信人要像子弹出膛一样快速将信送到目的地……对于这些内容，传递人和收件人一看就都心领神会了，都能达到预期目的。

高：这很有意思，表达形象，传递高效。

冯：至于度量衡，它是随着社会交换的发展而发明的工具，是社会文明进步的标志。在计算和度量衡方面，扎巴人使用的是具有自己原创性特点的内容。通常简单的计算方法是用不同的实物代表个位、十位、百位、千位、万位等，比如用玉米粒代表个位；桃仁代表十位；茶叶里的小树干代表百位；猪足中的四方骨代表千位；小圆石代表万位，满十进一，扎巴人都会简单的计算，如果计算大数字，就由几人分别算数，最后大家合算，数字统一为准确。扎巴人还以手指计算简单的100以内的乘除法。手指的节数加各指顶点，共16个数。我在调查时就经常看见大多扎巴村民是用原始的实物计数方式和手指计算。同时，我也看到个别人使用计算器，但不是当地村民。在语言上，"千"以下的数是用当地的语言即扎坝语表示，"千"以上的数则要借用藏语，说明他们早前最多能计算到"千"。后来，一般的加减法和复杂的乘除法，扎巴人就用佛珠计算，佛珠最多可以算到十万数。这些都说明了扎巴计算方法的古老，扎巴人至今仍在延续使用。再后来他们又学习借用了藏族的九九表，用于复杂的乘除法，用嘛呢珠计算。从实物计算、手指计算到后来的佛珠计算，再到用藏族的九九表，从一个侧面反映了扎巴社会活动的文明进步，也从一个侧面反映了扎巴数学的发展过程。现在，随着文化知识的学习，计算器的出现，年轻人多用新的计算方法，只有中老年人仍沿袭传统计算方法。

在度量衡方面，很多民族测量长度的方法都比较原始，都是从"近取诸身"开始的，也就是以自己身体为量度的标准来计算，扎巴人也是如此。可以说，扎巴人把手指、手臂的长度用到了极致，几乎所有的长度，都是用人的手脚来计算。比如，扎巴人计算大单位用"排"，扎巴语叫"德列"。"一排"，是双手向两侧平直伸出后，两个中指指尖之间的距离，一般约5尺、1.67米，扎巴人以此来丈量房屋建筑、布匹等。如果是小的单位，就用手指量，大拇指与食指伸直，距离为"一卡"，约5寸、17厘米。两个5寸相加为1尺，这个一般用于剪裁衣服、量农具等；比"排"短而又比"卡"长的单位是"一肘"，就是一手伸出，从中指尖到肘弯的距离，约1.5尺、50厘米，在量砌墙时的高度、锄把的长度、马鞍的长度时，都用"肘长"来测量。对更小的长度，用大拇指的"一节"作为量度，约1寸、3.2厘米；"全指"是二节，相当于2寸；大拇指立起，手的高度为4寸，不立为3寸；中指和大拇指之间加上中指到食指的距离，为8寸。

指姆的宽度也是量度厚度的单位。当泥塑小菩萨时，全部用手指宽度为单位，比如以一指、二指、三指宽作为厚度标准，扎巴语叫"担列"，绘画时也多用。扎巴人以前在雕塑菩萨、修建藏塔时，往往先规定一个长度单位，再按这个长度单位来计算塔、菩萨各个部位的高度、宽度和长度。也用拳头的高度作为厚度的基本单位，扎巴语称"德苟"。在建筑房屋要计算房间的大小时，就用双脚相加的长度为单位，如13个、15个脚长，扎巴语称"控"。丈量房屋也有固定长度的物件，如木工用的5尺长的木棒或绳索，但只有修建房屋时才用。

对远距离的测量，就用人步行多少天的路程，或用骑马的天数来计算，比如人走大半天的路程、骑马一天的路程等。当然，这种测量只是大概，因为人走和骑马有快有慢，步子有大有小。邓珠老师告诉我，过去由于交通困难，从扎坝到道孚县城一般要步行3天。如果牵马走，有一定的规律，每天都有规定的地点与时间，到了就要歇息一下，放马吃草。到康定要走7天，扎巴语称"杜勒"，这只是扎坝到道孚、康定的单程。对更远距离的测量还可以用明火枪的射程来计算，比如二个射程、三个射程等，但不准确，误差较大。

前面在讲贸易时讲过，粮食在以物易物时作为货币中介使用。"抚"是扎巴人的量具和容量计算单位。"抚"是一个木质圆盅形器皿，直径约13厘米，高17厘米。1"抚"种子大约是1.7斤到2斤不等。如果在买卖商品时，就以一个木碗换多少

"抓"粮食，或一斤酥油换多少"抓"粮食来计算。扎巴人计算土地面积时，以撒多少"抓"粮食种子来表示，比如以亩计算，一亩等于20"抓"粮食，约34到40斤的种子；一分地是2"抓"粮食，就是3.4到4斤的种子；一口袋粮食为60"抓"，就是3亩地的面积。

此外，扎巴人还用水桶为单位计算容量。扎巴水桶都是各家自制，但尺寸大小差别不大。因此以一个水桶、二个水桶的容量计算，一桶水约是30公斤。量水缸的大小，一般就说能装2桶水或4桶水的水缸（扎巴惯用语）。

扎巴人还有自制的"秤"。秤砣是一块鹅卵石，秤杆是用杂木做的四方形条杆。这种秤，我在茨珠老师家看到过，可惜在水库移民搬家时连同制陶工具全部给丢了。这种秤是10进制，基本单位扎巴语叫"德吉米"，相当于现在的"公斤"。"德吉米"又有10个小单位，扎巴语是"德足"。按他们在20世纪中期的换算标准，1"德吉米"相当于2公斤。比如买牧民的酥油，如果要1"德吉米"，就称4市斤。如果要秤大件、大重量的货物，就换用大秤，大秤用大石头做秤砣，秤杆很长，所以"德吉米"秤的误差也比较大。

新中国成立前，扎巴人也用"石头"作为重量单位，扎巴语称"杜扯"，"杜"意为石头，"扯"是重量，是秤大重量级的货物用的，如秤大牲畜猪牛羊等。如果要借还这类货物或牲畜，扎巴人的做法有点像古代的石头等量法。他们先做一个简易的秤，先称货物，按货物重量做刻记，然后再称石头。事后不保留秤，而保留石头。还货物时，再把石头作为衡量单位，称石头，还的货物与石头等量就可以了。如果称贵重而体积小的东西，如金子、麝香等，就去借用汉人的天平秤，这种天平秤在不少寺庙都有。

高：听您这一介绍，扎巴人特有的知识还真是不少呢！您再介绍历法方面的吧。

冯：随着农业的发展、日常生产生活的需要，扎巴先民通过实践摸索，掌握了自然界变化的规律，总结出他们自己的历法、气象、天文知识，来顺应季节时辰，规范生产和生活。比如，扎巴人将一年划分为12个月，大月30天，小月29天，没有31日或28日。有的地方将一个月平分为上弦月和下弦月，上弦月的初一至十五，下弦月的初一至十五，各15天。算日子时会说：某天是某月上弦月的12日，或下弦月的3日等等。

扎巴人划分一天的时间更有特色。他们以饮四道茶或五道茶的间隔时间来划分。假如以四道茶划分就是：第一道茶约当早上6—7点，第二道茶10—11点，第三道茶是下午3—4点，第四道茶是晚上8—9点。如果以五道茶划分：第一道茶约当早上6—7点，第二道茶是上午10点左右，第三道茶是中午12—1点，第四道茶是下午3—4点，第五道茶是晚上8—9点。人们表达时间概念，或要做什么事，会说是在第几道茶之后，或在哪两道茶之间。

在气象方面，扎巴人继承了祖辈的经验，利用对气象物候的观察，掌握农时并对气候变化进行预测来指导生产。扎巴人在长期的观察中，掌握了天象与季节、生产的相互关系及规律。他们会以布谷鸟的叫声、大雁南飞和雀鸟孵蛋等现象作为标志，来确定季节，掌握农时。比如，藏历一月初八，青蛙开始下卵，说明开春了；布谷鸟到扎坝的时间，一般是藏历四月初八，就是播种的时候了；当藏栗子树芽的大小可以包3颗麦粒了，就该种小麦了；如果树芽长到能包4颗麦粒时，就说明小麦已经种迟了。还有，他们根据观察，认为如果到了小白杨树开始发红芽之时，就该种青稞了；在白杨树叶长大到可以包卷几颗麦粒时，就应该种荞子了；当一种叫"烟袋树"的树开花时，种圆根最好。在牧场，牧民们认为开刺笆花时，是剪羊毛的最好时间。这些都是扎巴人自己的物候历。

扎巴人掌握的这些自然规律，还可以对当年的粮食丰歉进行预测，提前安排好生产生活。比如冬天雪大、气候寒冷，预示来年雨水充足；春天大河的冰块融化时颜色是发白的晶体，或者冰块连续一天不断，都预示着粮食会丰收；如果冰块断断续续，则预示粮食要歉收；夏天，鲜水河涨水，淹过某个定位的石头时，当年粮食要丰收。

对当地气候的变化，扎巴人也有一些预测方法。他们说，如在炉霍县方向的天空有乌云，肯定要下雨。据红顶乡地入村村民的经验，在夏天，如果看见对面山上被云雾笼罩，只露出一个山尖时，说明近几天雨水多；每次下雨前，如果天空乌云密布，就一定会下暴雨，而且当年还可能下大冰雹。扎巴人还利用动植物的反应对气候变化进行预测，比如蚂蚁搬家就会下雨；开春时节，白蝴蝶、甲壳虫（白头黑身）多，可能会下冰雹。扎巴人还总结出，当地农历四月为干月，雨水少；布谷鸟叫的季节，白天最长；五月、六月是水月，雨水多；大雁南飞时，还有最后几场雨，表示气候逐渐变冷；七月山顶就开始下雪了，到了十月，就要地冻石冻等等。扎巴人说，这是我们代代相传祖辈经验，非常灵验。

再比如，观察山顶早上日出或晚上日落的位置，可以确定农耕时间是否进入无雨季节。亚卓乡莫洛村观察有关雨季的参照物，是一个古老的八角碉。秋天，如果下午的阳光把山影照到这个碉上，说明还要下雨；如果下午的阳光照不到碉上，而是照到碉前的一片树林，则说明不会再下雨了。因此，村民会在下雨之前，赶快把还没犁耕的地赶快犁耕完，否则，土地将会变得板结而犁不动了。收青稞、种圆根时，则观看星星，以有一颗星星从东边到西边的距离长短而定。

在观察天文方面，扎巴人也有自己一套古老的方法。扎巴人以天象测寒暑、定季节，主要是以太阳光线为参照。比如他们利用老房屋在春夏秋冬各季进行观察，将早上阳光从窗口射进屋内的角度和位置，在屋子某处画上刻度或记号，或在屋内某处钉一个钉子，当阳光照到钉子上时，就会知道到了某个季节。又如他们利用太阳光照射的位置，划分太阳回归和昼夜长短的变化。夏天看北回归线，冬天看南回归线，也是在家中某处做上不同的记号。当太阳刚出来的光线照射到屋内的某一地方，表明这天是"夏至"，白天会渐渐变长；当太阳照在另一个记号上，表明这天是"冬至"，白天会渐渐变短。扎巴人在初定时，还会在实践中进行检验，看位置是否准确。如果在二三年内钉子的位置都准确，就基本固定下来，作为参照物；如果不准，每年再调节钉子的位置，直到准确为止。

高：在这些方面扎巴人真是太聪明了，充满了灵性，也很有浪漫气息。

冯：是啊，当时我也非常赞叹。但是，应该说，扎巴人对物候、天象的观测和认识还停留在经验阶段，这些经验也只能在较小的范围内适用。像许多民族的早期天象观测一样，这些观察和经验都是催生天文学诞生的基础。

高：您的调查可真是仔细深入啊，而且介绍得特别详细。通过这些调查，您认为扎巴人的这一整套知识有些什么特点？

冯：如果要总结扎巴人的这套知识和技术的特点，我认为主要有两点：第一，扎巴人的生存环境十分封闭，他们极少与外界接触，这些原始生态的记事记数、天文气象、制造等等，都是扎巴人自己在长期的生产生活实践中摸索、思考、总结出来的。扎巴人无论是记事，还是传递信息，无论是计算方法，还是度量衡，或是物候气象与天象的观测与运用；无论是制陶工艺还是木器、造纸、烤酒，或者纺织、印染，无不表现出扎巴先民对自然界的探索和利用，它们解决了扎巴人最基本的生存需求。特别是扎巴的陶器生产，它对于保障扎巴整体社会生活，曾经发挥过极为重要的作用。这些原始的科技萌芽成为探索人类早期文明的宝贵的活化石。第二，纵观扎巴母系制社会，扎巴的科技水平还处于比较原始的阶段，反映了扎巴的生产力状态，这与他们的社会经济水平发展相适应，也与扎巴婚姻家庭发展的程度相匹配，我们能从中看到扎巴社会发育的程度。当然，随着社会的发展，交流与学习，扎巴人在各个方面都有了飞跃的进步。

（六）绘画与歌舞艺术

高：扎巴人的文化艺术又有哪些特点呢？

冯：在绘画方面，扎巴画匠的颜料基本上是自制，他们用本地的植物或矿石土法提取各种颜色，比如制作黑色，是将柳树剖为细条，装于铁桶燃烧，烧成炭黑色后，再加牛胶、清水和少许冰糖，冰糖起到黏稠与增亮的作用。墨泥还要在石头上磨两三天，直到手上不粘黑色为止。最后揉成条，晒干就成了墨条，使用时兑水磨成墨。制作白色颜料的方法则是用石膏烧成石灰，再进行磨细，加少许水和牛胶就成了。传统的画笔是用松鼠尾毛、狗毛、黄鼠狼毛等制作的，方法是将这些动物毛粘在木棍上再捆绑，画匠认为相当好用。

扎巴人的舞蹈是从祖辈那里继承下来的，带有原生态的特点。扎巴舞蹈是歌舞相伴，他们跳舞时必唱歌，舞蹈与歌曲相配，常常歌停舞止。他们跳舞时一般没有器乐伴奏，都是"踏足为节"。有一定的步法与方式，但他们的舞步很简单，只有几种步伐不断重复。扎巴虽然有多种舞蹈，但以锅庄舞最为古老典型。扎巴锅庄舞的唱词、音调与舞步都与藏族不同，只是歌词后来是用藏语唱，过去是用扎巴语唱。每逢节庆、聚会之时，现场不分男女老幼、人人参与，几人、十几人、几十人不等，分成男女两队，各排半圆拉手成圈，边歌边舞。舞者互相牵手或搭臂、弯腰垂手，舞姿缓慢悠然。各队由一人或两人领舞领唱，一问一答，反复对唱。歌舞和曲调动作都简单随意，带着古朴的气息。表演场地是田间地头或村寨坝子，自娱自乐。这种歌舞结合、踏足为节的舞蹈形式，正是原始舞蹈的共同特点。

扎巴人最具本土特色的锅庄舞蹈是"嘛呢舞"，嘛呢舞是一种祈祷舞蹈。唱词简单，动作缓慢，没有欢乐、激烈的舞步，但曲调变化多。因此，嘛呢舞是不重舞而重词。扎巴人最常跳、最具代表性的嘛呢舞有一种叫"庄稼舞"，他们说这是"给庄稼跳舞"，每年春播下种前必跳。届时扎坝地区一些村寨的男女老少都要集中在一个坝子上边唱边跳这个舞，祈求庄稼丰收。歌词大意是：但愿庄稼好，不受虫害，没有旱灾，风调雨又顺，丰收喜洋洋。跳舞的人还要口念六字真经，周围不跳舞的人也双手合十祈祷，口念六字真经。跳舞只有两个内容：拴疙瘩和解疙瘩。开始拴疙瘩时，以顺时针方向绕成螺旋状；解疙瘩时，以反时针方向穿行于队伍中，领头人只要能从螺旋的中心带着尾随的舞队穿出去就算解开了疙瘩。穿出时间越快越好，象征来年全村丰收吉祥、无病无痛、幸福安康。嘛呢舞是扎巴人至今唯一保存的原生态舞蹈，它在民俗活动中得到了传承，其他藏区与藏族都没有这种舞蹈。2005年，扎巴嘛呢舞作为古老的民族舞蹈，因舞蹈歌词简短，旋律优美，动作简单而变化丰富，被甘孜藏族自治州选拔到北京参加演出，这也是甘孜州第一次公开表演的独具特色的民间舞蹈。

扎巴人虽好歌舞，但没有乐器配合。乐器也多是单独演奏自娱自乐的。扎巴民间自产的乐器都很古老，比如最具原始性的是泥笛，扎巴语叫"雀不立"，"雀"是"泥巴"的意思，"不立"是对笛子的称呼，合起来就是"泥巴做的笛子"。泥笛的造型极像汉族的"埙"，埙最早出现的是陶埙，扎巴人也是用陶泥做成的泥笛，黑色，形状有鸟、鱼、马头形等，有4个孔或6个孔。曲调简单，大人小孩都可以吹奏。另外还有鹰骨做的短笛和箫。鹰笛是用老鹰的腿骨制作的，有6个孔，竖着吹。鹰骨短笛和鹰骨箫多在农作劳动间歇时吹奏，是男青年在牧马放牛时自娱自乐的乐器。还有一种笛，是用扎巴人叫"龙抱树"的细枝干自制的。这种树的枝干很像竹子，茎干中间是空的。这种笛子有4至6个孔，可以在唱山歌、情歌时伴奏。这两种笛的高、中、低音都齐，可以吹奏简单的乐曲，声音低沉。

（七）扎巴文学中的"走婚"

高：文学是民族记忆和传统习俗的载体，扎巴社会是一个母系制社会，他们的文学作品中有对应的特点吗？

冯：这个问题很好，扎巴母系制婚姻家庭不是孤立存在的，它反映在各个方面，整个社会的这种氛围都很浓厚。对于我重点调查的母系制来说，扎巴文学中最有呼应价值的部分，就是有不少与"走婚"相关的传说和歌谣。我在调查时刚听到有关神山的婚姻传说时，很是喜出望外，接着进行了深挖，得到了不少相关的资料。扎巴人心目中的山神崇拜是渊源久远的自然崇拜，他们将神山拟人化、性别化为男神山和女神山。传说在扎坝地区最大的女神山是"古拉神山"，最大的男神山是"喜登尼玛神山"。女神山的山名一般都是用女人的名字，"古拉"就是女人名。

高：最大的神山，也就是说还有很多小的以性别区分的山？

冯：是的，在扎巴的传说中有比较多的男女神山的传说，这可以折射出扎巴人的母系制婚姻习俗。比如母系制的婚姻特点之一是具有多偶性，这种多偶性也简单直接地反映在神山的传说中。有一个传说是这样的：亚卓乡容须卡村的神山"智米"是个女神山，后面高山上有座叫"扎米格杜"的男神山，智米神山准备远嫁亚拉神山，扎米神山不准她走，用手抓住她。后来，智米神山与扎米神山一起"作"（"作"，扎巴语，意为偶居）了，并成为夫妻。因为有了这个传说，所以容须卡的女人走不出亚卓乡，没有远嫁过，全部在本乡村内部通婚。还有一个传说：亚卓乡容须卡村有座男神山，有座女神山，他们是夫妻。后来，亚拉神山来与女神山偷情，与男神山打起来……这些都映射出过去"扎巴"走婚的状况。

再比如，围绕在扎坝地区最大的神山古拉神山也有多种不同的婚姻传说。一则传说是这样的：古拉神山曾是扎坝地区的女神山，围绕在她的周围还有许多男神山。其中一个叫"罗多"的男神山是她的丈夫。还传说古拉神山后来变成了男神山。古拉神山年轻的时候骑着一匹白马，身穿银白色的衣裤，十分英俊潇洒，他的老婆叫"志日"，后来因有外遇生了一个娃娃，古拉神山生气地把她撵了出去。挨着古拉神山有一个女神山叫"亚玛"，后来他们成了夫妻，生了三个娃娃，这三个娃娃就是在古拉神山上面三座连接的神山。还有一个传说是，有一座神山曾经要抢古拉神山的老婆，这座抢他老婆的神山叫"细切神山"，与古拉神山相隔着一座山，中间这座神山叫"摩毕导神山"。古拉神山为了保护妻子，和他打过仗。古拉神山与细切神山打仗时，互相射箭，摩毕导神山为了躲避飞箭将头低下，一直不敢抬头。于是，现在这三座挨着的神山，就形成了两边高、中间低的形状。

从这些传说中可以看出，传说的内容既融入了扎巴的社会生活和婚姻家庭实况，也附会了扎巴人的想象。神山传说中用了扎巴婚姻家庭习俗中表示两性关系和家庭关系的惯用语，比如在一起"作""被撵了出去"，等等。

同样，在扎巴情歌中，扎巴母系制实行"走婚"并带有多偶性的特点，也有充分的表达。这类情歌一般为三段式，往往是前两段作比喻与铺垫，最后一段点出这首歌的主题。我记得其中最典型的一首歌的歌词是这样唱的："山背后的草坪非常茂盛，草坪啊，你千万不要自以为自己很茂盛。曾经被一百匹马吃过的草坪，我小马才不稀罕来吃这吃剩的草……"最后一段歌词是："山脚下的寨子里有一个美丽的姑娘，姑娘啊，你可不要得意地以为自己很美，曾经拥有一百个情人的你，我才不会和你谈朋友。"另一首的唱词是："我有前后两个情人，我还想要一个情人，一个能对她讲知心话的情人。"还有一首歌词是："山脚下的寨子里有位美丽的姑娘，可以和我成为情人，但是我不会将她接来，因为有一百个爱她的小伙在她身边，我不忍伤了百人的心。"这些都明显地表现了婚姻的多偶性。

再比如，在"长呷依"和"短呷依"的选择上，也折射出扎巴男女的婚姻现状与思想感情。有一首歌唱道："我有两匹颜色各异的马，如果别人问我选择哪匹，我肯定会选蓝色的那匹，可是现实中我不得不选黄色的那匹，因为有事无事我都牵着它……我有两位年龄各异的情人，别人如果问我选择哪位，我肯定会选年轻的那位，可是现实中我不得不选年长的那位，因为我俩长久相处在一起。"这首歌反映的是扎巴男女在"走婚"中的矛盾心理。

高：虽然喜欢年轻的女孩儿，但他们还是对相处时间长的伴侣更忠诚，这是不是说明"走婚"有一定的规矩、不能随意结束"走婚关系"？

冯：这个问题是这样，在"走婚"中由于"长呷依"交往时间长，所以在"走婚"时有优先权。但对结交的"新呷依"，一般要更喜欢些，但又与旧的"长呷依"有了感情基础或已经有了孩子，不能舍弃。如果要选择一个"呷依"做妻子，也要服从家庭的需要，即使更喜欢"新呷依"，也要选择"旧呷依"。

扎巴婚姻家庭的突出特点是母系制的"走婚"与对偶家庭，"走婚"的显要特征是多偶性。这些都在传说中和情歌中得到了反映。情歌明显地表现出"扎巴"走婚的多个配偶，而女神山与男神山"偷情"，以及古拉神山的妻子有"外遇"等，表现了妇女的中心地位与多偶婚，再到作为男神山的抢配偶与护配偶之战，再到女神山外嫁受阻，这种变化反映了扎巴从母系制"走婚"，到母系制对偶婚，再到父系制专偶婚的萌芽，它们都与扎巴至今存留的以母系制家庭为主的婚姻现实相印证，反映出扎巴母系制的昨天与今天。

在容须卡村"智米"女神山外嫁未成的传说中，最后一句"现在容须卡的女人都不远嫁"其实是后来加上去的，但是它符合容须卡女人不远嫁的事实。容须卡的女人不远嫁并非完全受传说影响，而是有现实原因。因为容须卡村地处扎坝区的最边远处，深山阻隔，交通十分不便。如果"走婚"，来往其他乡村要翻几座大山，在交通艰难的过去，来回全靠双脚行走，"走婚"与嫁娶都十分困难。而且"扎巴"走婚半径都基本在本村或本乡以内，很少有男子选择远村的女子，或娶村外的妇女。出于容须卡本地性别婚配的需要，容须卡的女子也很少嫁到村外，男女都基本上在村内解决婚姻问题。以上这些扎巴文学中的传说与诗歌，反映出扎巴母系制的婚姻习俗，从侧面佐证了扎巴母系制的历史存在和对人们情感的强烈影响。

三、扎巴藏族母系制的家庭

（一）"到女孩子那里去住"

高：这么多传说和情歌中都谈到了扎巴母系制社会中的两性关系和婚姻家庭，越听越觉得扎巴母系制是整个扎巴社会的核心，对他们生活的各个方面都有影响。接下来，我们回到扎巴母系制婚姻家庭研究这个话题，能不能请您先说说"走婚"到底怎么定义，一般男女之间的"走婚关系"是怎么建立的，为什么会形成这种婚姻形态？

冯：好的。以前扎坝地区的交通闭塞，与外部几乎隔绝，在我调查的时候仍然盛行着"走婚"。走婚，这是母系制婚姻的典型特点，以此可以证明母系制走婚形态并非仅泸沽湖摩梭人一例，道孚县扎坝区是迄今发现的继泸沽湖摩梭人走婚以来的第二个母系文化区，是人类社会进化的另一个活标本。从地域分布上看，扎巴母系制婚姻家庭主要分布于上扎坝，形态保留比较完整；父系制婚姻家庭主要分布在下扎坝，也只具有父系制初期婚姻家庭的特征。扎坝地区的母系制对偶家庭的各种新生态式样，父系制初期家庭的各种样貌与特征，比古典的母系制与父系制初期家庭更加丰富和复杂。

扎巴母系制最有特点、最具代表性的是他们的"走婚"。学术上和媒体上所讲的"走婚"，都是外人对扎巴人这种原始婚媾关系的一种他称。在扎巴语中，"走婚"称为"热作衣兹"，"热"，意为女孩子；"作"，是"睡"的意思；"衣兹"，意为"去"，合起来的意思是"到女孩子那里去睡"。"作"，是专指发生性关系的偶居。走婚的双方互称"呷依"，"呷"意为"爱、喜欢"，"依"指对象，合起来即"所爱（喜欢）的人"。只有发展到性伙伴的关系，才能称呼对方为"呷依"。如果没有性关系，就不能这样称呼，这是有严格规定的。走婚不需要得到父母的同意，而完全出于当事者意愿，但走婚关系要公开，就需要得到父母和家人的认可。建立走婚关系，一般男方主动。其情感表达非常直接，走婚前即可表白"我喜欢你"，或"我要去你那儿，行吗？"，甚至说"我们一辈子'作'了吧"，意即希望彼此长期走婚。

扎巴人走婚挺有意思的，也有约定俗成的规矩。如果有男子和女子在一些社交场合认识了，在彼此中意又自愿的前提下，就可以建立"走婚关系"。但在建立"走婚关系"前，必须经过"抢东西"和"爬房子"两个程序。如果男子对女子萌生"走婚"意愿，就会通过抢夺这个女子身上的饰物来表达自己的感情；如果这个女子也有意，便假装追赶，到一个僻静处表白，约定好晚上相会的时间。在相约的这天深夜，男方就会从女子家的房屋外墙爬入中意女子的住处，然后两人交谈，觉得合适的话，当晚可以偶居。这种行为就称为"爬房子"。如果女方不喜欢这个男子，就会用吐口水等方式表示反感，并执意要回被抢的饰物，遇到这种情况，男子也会将所抢饰物退还。

高：您去扎坝的时候，他们还爬墙吗？为什么非得从墙上进去？

冯：早些时候，"爬房子"是扎巴人约定俗成的"走婚"程序，一般都要经过这一程序，扎巴语叫"银（房子）戈（爬）"或"东（墙）戈（爬）"。爬不上房楼的男子只能"望楼兴叹"，扫兴而归。我理解，"爬房子"其实是一种原始的求婚方式，它作为一种婚姻的必须手段，主要是要检验求婚者是否勇敢，是否体魄强健，这也是对"走婚"男人进行生理强弱"自然淘汰"的选择方式。第一次爬房子成功后，双方便开始正式"走婚"。不是所有的男子每次"走婚"都必须经过"爬墙"这一特殊方式。男方爬一两次房子后，如果得到父母认同，就可以不再爬房子，女方会在晚上开门让男方直接从大门进入，"走婚"关系正式建立了。倘若在女方不同意的情况下，小伙子强行爬墙进房，就会遭到女方全家姊妹起来泼水、砸石头、扔东西，那这个尴尬的小伙子就只好从大门狼狈逃走。

其实，扎巴人并不是爬房子后就马上建立走婚关系，有相对快与慢两种。快的话，男子在爬房子的当晚即可偶居，同时将所抢东西还给女方，标志着从此建立走婚的呷依关系；慢的呢，是男女双方需要经过一个月左右或更长时间的相互了解、培养感情，所以男子爬进房后，并不能马上与女子偶居，而是两人在一起说悄悄话，经过一段时间，双方都有偶居的意愿后，再"作"以建立走婚关系。

扎巴人建立走婚关系不重物质而重感情。走婚关系确定后，很少马上公开，大多数处于秘密状态，有的要一二年女方怀孕后才公开呷依关系。呷依有长呷依和短呷依之分。扎巴男子选择女长呷依的标准，主要是看女方是否健康、勤快、能干、会持家，这是建立长期呷依的重要条件，因为长呷依带有相对稳定的性质，不仅是性伙伴，还有成为"对偶家庭"成员的可能。女子选择男性长呷依的标准，主要是看男方是否健康、勤劳、老实，认为这样的男子靠得住，可以长期依靠。而短期呷依则是看双方的长相与身材如何。一个容貌漂亮、身材婀娜的女子能够获得数个男子的喜爱；同样，一个英俊健美的男子也会赢得众多女子的青睐。建立"呷依关系"

后，如果感情好，特别是有了孩子后，一般会保持长久的"走婚"关系，成为长呷依。当然，男女双方维持走婚关系的时间也有长有短，建立与解除"走婚"关系手续都十分简单。如果"走婚"后两人性格不合，或者由于其他原因导致两人感情关系破裂，双方即会解除走婚关系。感情出现裂缝的原因，主要是走婚双方产生矛盾，感情不和；或者家里人不喜欢这个呷依；或者走婚男女中双方或一方有了新"呷依"，或者男呷依懒惰，不帮助女呷依家干活等等，只要走婚期间没孩子，男呷依不再去女呷依家，或者女呷依拒绝接待男呷依，以关门、关窗表示，就标志着"走婚"自动解除，无须任何手续，也不涉及任何其他问题。呷依关系时间长短不一，最长几年、十几年，最短的一二天。有了孩子后，可以成为一辈子的长呷依。

在早期，一个男人可以同时有几个"女呷依"，一个女人也可以同时有几个"男呷依"，也有彼此约定只有对方一个的，但这种情况极少。随着社会的发展，也有些变化，比如两人感情稳定，特别是有了孩子以后，这个孩子母亲就成为"主要呷依"或长呷依，关系更长久。在我调查时，婚生子女基本上都明确自己的生父是谁，说明现在"走婚"双方的关系已经相对稳定了。

还有，男女长呷依在走婚过程中，基本上没有经济关系，也就是说，走婚双方没有经济瓜葛。一般来说，男方一般不送礼物给女方，男呷依想送礼物时就送点，没有时就不送。有经济能力的男呷依会给女方买点衣服、日常用品，特别是小孩的衣物。如果没有这个经济能力，女方也不会因为男呷依不买礼物而解除呷依关系。短呷依就更不送礼物，只是偶居关系。最重要的事只是男呷依要帮助女呷依家生产劳动，特别是女呷依家耕地多而又缺乏劳动力的情况下，比如春耕农忙下种时就必须去帮助干一些农活，平时也有帮助砍柴、修房子时去帮下工。一年中，男呷依到女方家干活的时间也不多，就几天或十来天。在这期间，男呷依会受到女方家热情接待，以最好的酒肉招待，男女双方晚上正式同居。而走婚女方一般不会到男方家干活，除非遇上农忙或男方家有婚丧嫁娶等特殊情况。

更为典型的是，即便是计划生育政策实施后，走婚呷依办理了结婚证，两人住在了一起，也可以没有经济联系，因为他们仍是走婚。扎巴人区分走婚或入居的对偶关系主要标志不是男女是否在对方家住，而是看男呷依与女方家有无经济联系，这是一条分水岭。如果男呷依的经济收入主要属于其母家，即使住在女家，双方的关系仍定性为走婚；相反，如果男呷依的经济收入主要用于女呷依家，而且还要有婚姻契约、举行了婚姻仪式并且称谓也发生了改变。婚姻契约中就有关于经济共享的内容。如果没有这三项，即便住在了一起，也不算结婚而是走婚。

其实，走婚呷依也有独占观念。表面看来，男女双方一般都可以有一到两个经常走婚的长呷依，同时有几个临时短呷依。实际上，无论男女都有排他的思想。表现在：在走婚时如果有男长呷依抛弃女方时，女方会生气地咒骂男方，或是去找男呷依评理，问："为什么要抛弃我？"有的则去找男呷依新交的女呷依说："他是我的呷依，你为啥要去找他？"有的甚至为此而争吵、打架。再如，如果女呷依的走婚对象多了，男呷依也会不高兴，从而产生矛盾，导致两人的关系恶化。而当女呷依抛弃男呷依时，有的男呷依会将女呷依打一顿，多数男呷依则是借酒浇愁，要过一段时间才去找正式的新呷依，这说明男女对呷依的感情也不是很随意的，也有失去感情的痛苦。这种痛苦反映了排他思想和对对偶的独占观念。

还有，在走婚过程中，男女双方通常都是在年轻时呷依比较多。当妇女有了孩子并步入中年之后，她的男呷依会逐渐减少。这时多数妇女会选择一个感情较深的男呷依作为长期走婚的对象，而拒绝与其他短呷依往来，同父母、姊妹、兄弟、儿女一起，抚育孩子长大成人。同样，多数男子在中年后，也是选择一个感情较深的女子，建立长期呷依关系。尤其是双方有了孩子后，呷依关系一般都会长久维持下去，感情都比较稳定。在调查中我感到，随着时代的进步，社会环境和社会风尚的改变，扎巴走婚的多偶性也在发生变化。虽然多偶，但数量较之过去大大减少，且独占观念随着计划生育政策的实施也越来越强烈，并且渴望建立小家庭。

（二）扎巴的"婚姻契约"

高："走婚关系"稳定后，他们是否会结束"走婚"成为正式夫妻呢？如何确认男女双方是"呷依关系"还是夫妻关系，有什么明确的界限吗？

冯：不是走婚关系稳定后就可以成立家庭，有的走婚关系就是一辈子，这在母系亲族家庭中很普遍。一旦结束走婚关系，男到女家居住，就上升到对偶关系了。从学术上说，走婚关系和对偶关系是两个婚姻形态概念，对偶关系的双方也不称"夫妻"，叫"泽绒"，扎巴人都是这样称呼和介绍彼此的关系的，而且十分严格。扎巴人在讲述这种对偶婚时，男子谓之"上门"，女子也称"到某家上门"，而不叫"嫁到某家"。男子上门与女子"上门"无区别。反映在语言上，扎巴语都叫"格（女）依（去、走）"或"吉（男）依（去、走）"，"依"即上门之意。这里，只有男女之分，而无赘、嫁之别。"夫妻"是父系制的称呼，也有极少数扎巴男女从双方家庭分出来单独成家的,这样就成为一夫一妻的家庭,就可以称夫妻。当然,现在生活中一般都称配偶为夫妻。我在《扎巴藏族》一书中调查区分得比较详细,这里不可能几句话说清楚,只能简要地讲讲。

扎巴不是所有的走婚都会成为对偶婚,这要看男女双方的家庭构成情况,比较复杂,涉及婚姻与家庭形态的关联与变化。简要地说,对偶婚的特点就是在居住方式上,由昔日的男子走访女子的"走访婚"改为男子上女子家居住的"从妻居"。在扎巴,还有女子"从夫居"的。因此,扎巴对偶婚是指男女一方到另一方的家中偶居,配偶之间有了共同的经济生活,更加明确了亲子关系,就形成了夫妻关系。

男女双方走婚后,一般会因有孩子而保持长期的呷依关系,在可能的条件下,或上门为婿,或上门为媳,组成对偶家庭或脱离原生家庭而单独生活。这里所说的"可能",是与扎巴母系家庭的情况相关联的,我稍后再说。如果要组成对偶家庭,有严格的婚姻程序,就是必须经过三项重要的程序,分别是婚姻契约、婚姻仪式和改变男女双方的称谓,这是对偶婚的标志,与走婚有本质的不同。其中特别重要的一项,就是你说的"婚姻契约"。

举行婚礼仪式时,双方的亲友都要在场,进行"协议",内容是双方提出的要求。讨论好后,写成书面文字,男女双方各自按上手印,并当众宣读,男女双方的亲戚或专请的担保人做证担保,作为婚姻准则,这就是他们的"婚姻契约"。协议一式两份,男女双方亲戚各保存一份,是日后解决对偶双方发生矛盾时的重要"法律"依据,并由担保人负责处理。

婚礼上还要经过"披哈达"仪式。这一仪式在对偶婚中也十分重要,它是婚姻缔结的象征。举行仪式时,新娘、新郎双方要到经堂对坐,肩佩哈达,请喇嘛念经,由男伴或女伴将双方的哈达对换,就表示成为"正式夫妻"了,男女双方就要互相忠诚、互相关心、互相体贴,同时也有了习惯法的效用。如果没有经过这一程序,两人闹矛盾时,一方会说"我们又没有互换哈达",意为双方关系不具有约定俗成的约束力,分手就比较容易。

这时,在称谓上也要进行变换,以表示与走婚的本质区别。男女双方不再互称"呷依",而统称为"泽绒",意为"终身伴侣"。给别人介绍时,男方叫"布妥"(上门丈夫),女方叫"略若"(上门妻子)。"泽绒""略若""布妥"都是藏语借词。称谓的改变,标志着婚姻关系的质变,双方不能像走婚那样随意而无约束。我们可以清楚地看到:扎巴母语中反映婚姻关系不稳定的"性伙伴",是用"呷依"一词;而"上门"却使用了"泽绒"（终身伴侣）一词，它明确表达了夫妻关系的确定性，从而限制了多偶性。为表明这种质变，在称谓上进行区别，因扎巴母语没有专有词汇，才从藏语中借用"泽绒"一词作为对应之词。从词汇学的角度，也折射出扎巴人的婚姻状况的演进。

契约、哈达、称谓的三重作用，是扎巴人建立对偶家庭的重要举措，它标志着扎巴人的婚姻形态由多偶婚进入对偶婚，男女双方的关系发生了实质性变化，反映了对偶婚具有明显的排他性、独占性，夫妻之间有严格要求对方忠贞的权利与需要履行的义务，另寻新欢往往会引起对偶夫妻间的纠纷，甚至导致对偶关系的解除。而违约一方，将付出巨额的经济赔偿，这是有契约、哈达作为"凭证"和依据的。它们也是扎巴对偶家庭稳定的"保障机制"。因此，扎巴对偶家庭的离婚率极低，200多户中只有两三个离婚。

我在调查时，有一件最高兴的事，就是收集到了几份扎巴人的婚姻契约。这些婚姻契约都挺有意思的，可以据此了解扎巴母系对偶家庭建立的生动具体的内容。有一个较早的婚姻契约，是红项乡地入村俄古益寨的女子何西仁青"上门"本村阿尔克家，以两家的名义用藏文写的契约，记得时间是1999年。契约共有三条，由男女双方亲戚共同协商制定，按有手印，并签了当天的时间落款。

从契约的内容看，这是一个全是儿子没有女儿的亲族家庭，何西仁青到阿尔克家"上门"，当"坐家主妇"。契约有三个内容：第一，阿尔克家的房产、土地现在交给何西仁青管理；第二，阿尔克永都、何西仁青二人务必遵守条约，如果男女双方谁违反了条约，就"连用自己的饭碗的权利都没有"；三是具体的赔偿方法，若男方违约，则向女方赔偿18匹马；若女方违约，则向男方赔偿12头耕牛。我当时做了进一步了解，邓珠和肖军老师告诉我，当时阿尔克家有6口人，父母及4个儿子。大儿子是残废，其他儿子一个当喇嘛，一个走婚，一个未婚，家庭需要有一个女子上门管家。婚约内容是指仁青到了阿尔克家后，对阿尔克家的房产和土地拥有与阿尔克家的人一样的同等权利，并让她掌管这个家的最高权力。所谓违约是指男女双方不得有外遇、不尊重老人或闹不团结，或对其他家庭成员有不公平的行为等等。如果男女双方有一方违约，不仅要赔偿，还可以赶出这个家庭，离开时不能带走任何财物，甚至连拿走自己的饭碗的权利都没有。按扎巴习俗，每个人的饭碗是专用的，是生存的基本象征。用现代的话说就是"净身出户"，这算是扎巴社会婚姻家庭中最严厉的惩罚了。

高：扎巴社会"上门"的女性地位好高啊，能掌管家里的经济命脉，还有明确的高昂赔偿数额约束丈夫的行为。

冯：是的，因为母系亲族家庭是依靠女性生儿育女来传承的。我后来又收集到两份婚约。从这两份婚约能看出，随着时代的发展，扎巴的"婚姻契约"又注入了时代的色彩。第二份婚约是扎拖乡波洛塘村拿伍·洛布家的。他家有8口人，父母及四儿两女。除小儿子是干部在外，家中还有三个儿子。全家经过商量后，决定大儿子拿伍·戈戈克比娶一个媳妇掌管家，其他两个儿子走婚，两个女儿外嫁。这是扎巴的规矩，如果有一个儿子纳入一个媳妇，家里的女儿必须外嫁，而儿子也只能走婚，不可以再娶妻。

拿伍·戈戈克比和布他玉珠的婚姻协约有两份，一份是藏历2002年5月19日用藏文写的；一份是2002年6月29日用汉文写的，开头是：今日吉祥如意，今日充满阳光，今日红红火火，然后再进入正题：拿伍家和布他两家新联血缘，经过两家亲朋好友协商，立下了五条婚约。内容很简单，每条都只有一句话。内容除了"婚约按传统常规将家产权力交给上门媳妇"外，其他几条是：一是"男女两方作风

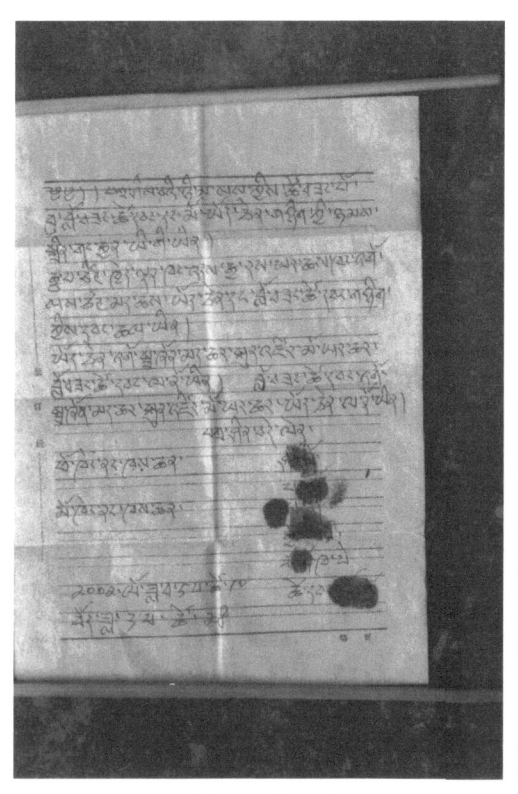

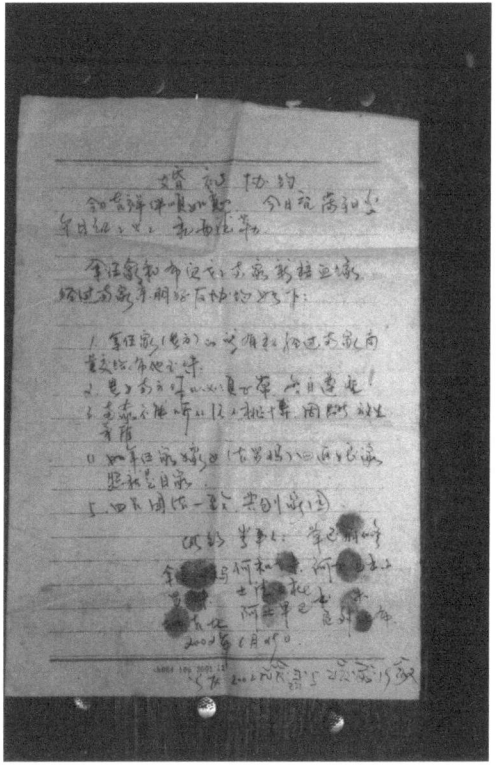

扎巴的婚姻契约（藏文）　　　　扎巴的婚姻契约（汉文）

必须正常,各自尊重",就是要求双方彼此忠诚;二是"两边的家庭应团结和睦,避免产生矛盾",主要是避免离婚分割家产;三是为出嫁的女儿留下后路,婚约说"如果拿伍家的外嫁女儿吉罗玛回返娘家,照旧是家庭的一员",就是说,如果外嫁的小女儿一旦离婚了,她也有返归母家的权利并享受家庭成员的权利;四是要求"四个兄弟团结一致,共创家园",就是共同创造财富,使家庭兴旺发达。这几条中,有两条都是围绕家庭的团结兴盛而定的。

高:扎巴社会很强调家庭内部的团结,婚约上还写了几个兄弟之间要团结。

冯:之所以要在婚约上强调家庭的团结兴旺,这点通过一系列调查后我能理解。扎巴人的一切行为准则,都是为了集体的生存和发展。我在这家访谈过,现在还记忆犹新,给我的感觉是这个家庭的母亲非常精明能干、思维超前,把这个家打理得的确兴旺发达、富裕和睦。她家存放的"臭猪肉"有好几头,说明家庭富裕。而且观念先进,在这个高山半坡房屋边仅有的狭小空地上种植着各种时新蔬菜,多个品种的果树,还栽培花草。她家的蔬菜畦地长得绿油水灵,我问她为什么长得这么好?她回答是用人肥,这可是调查中少有的,因为扎巴人原来是很忌讳上人肥的。她家的门院不宽,可是别致地搭建了一个拱形门架,门架顺势连接进出房屋旁窄小过道的围墙边的葡萄架。她说可以在门架上栽种葡萄。这可是我在扎坝地区第一次听到,在这深高山的旮旯中还有人想种植葡萄。当时我感觉太新奇了,她也太聪明能干了,既充分利用了窄小的空间,又美化了院落。我不知怎的就马上想象了一下,葡萄熟了时,这里的景象一定是深山中的世外桃源。可以说,这是我看到的扎巴家庭之最。还有一个印象,临走时,她在门外不远处的菜畦中拔起一个应季的大白萝卜,硕大水灵,我称赞她的菜种得好。我以为这是她做午饭用的,可她却说这是送给邻居的,可见她对邻里关系的重视,这也让我对她另眼相看。于是我更加理解了她家在婚约中强调内外团结、以保证家庭兴旺发达的意义。这个婚约除了传统的内容外,我们明显看到注入了富有时代气息的新内容。

还有一个给我印象深刻的是亚卓乡巴里村黎照龙纳媳的婚约。之所以深刻,是他们家是两代"偷婚"的特殊家庭。

高:"偷婚"?

冯:偷婚也是扎巴的一个婚俗。如果相好的两个男女,婚姻受到父母的阻拦,就用"偷婚"的形式达到目的。黎照龙是汉根扎巴,父亲是汉族,母亲是扎巴人。他和普伍·格让翁姆在"走婚"了一段时间后,由于黎照龙是独子,另有两个姐姐已远嫁汉区，黎家缺少劳动力，需要一个儿媳妇"上门"，但女方父母不同意，于是采取了"偷婚"的方式。但按照扎巴习俗，"婚姻契约"是组成家庭的条件之一，是必须定的。这个婚约是2004年4月立的，用汉文书写，有汉族的行文特点，也有时代特征。这个婚约叫"结婚协约书"。

婚约大概有这么几条内容：一是格让翁姆到黎家后，作为黎家的成员之一，应享有与黎家成员同等的所有权利，包括房屋、土地等财产，同时格让翁姆也要与家人共同维护家庭利益；二是双方要做到尊敬父母，互相关心，互相爱护，相亲相爱，白头到老；三是遵纪守法，注重生活作风；四是按国家婚姻法规定，完成法律手续，领取结婚证书。这份协议书也是两份，双方家庭各持一份，上面有新婚夫妻双方的姓名、两家担保人的姓名并按了手印。

高：这三份婚约都强调了女方享有家庭财产、夫妻双方要忠诚于对方和家庭要团结。

冯：对，从婚约的内容以及我调查的情况来看，婚约内容大致有几个要点：一是上门的女方要拥有上门家庭成员的财产权，以确保上门者在新的家庭中所享有的权利和应尽的义务；二是婚姻双方要彼此忠诚，以保证婚姻关系的持久；三是要孝敬老人；四是要搞好团结，家庭和睦。这几条都决定着婚姻是否稳定和一个家庭能不能兴旺发达的重要基础，反映出扎巴人的婚姻目的服务于家庭生存的特点。婚约协议以书面文字形成、男女双方各自按上手印，双方亲戚也按上手印做证担保，并当众宣读以示社会认可。协议一式两份，男女双方家各保存一份，是日后解决双方矛盾的重要"法律"依据，并由担保人负责处理。因此，扎巴人一旦确定了对偶婚关系都比较稳定，离婚的很少。

我再多说两句关于扎巴偷婚。一般大家都知道"抢婚"，但不太知道"偷婚"。其实，"偷婚"与"抢婚"是同一性质的婚姻缔结方式。只是"抢婚"是用"武"的形式，而"偷婚"则是用"文"的手段，目的都是婚配成功。"抢婚"也曾是扎巴的婚姻缔结形式，这在扎巴关于亚拉神山与古拉神山为抢妻与护妻打仗的传说中得到证明，它是扎巴过去曾经有过的婚姻缔结方式。后来，扎巴婚姻中的"抢婚"现象逐渐消失，代之以"偷婚"的演变形式。这种采取温和而非暴力的婚姻缔结方式，也与扎巴群体的生存发展，内部需要和睦团结、反对矛盾分裂相关。扎巴"偷婚"还保留着原始民主的色彩，父母反对，儿女"偷婚"，最终尊重儿女意愿，可以达到自由婚恋成家的目的。从现有的民族学资料看，在各民族的各种婚姻形式中，"抢婚"习俗更为普遍，而"偷婚"习俗则相对少见。随着社会的进步,"抢婚"与"偷婚"都基本消失了,现在已经很少发现原生态的"偷婚"现象了,而扎巴的"偷婚",仍旧鲜活地存留在民间。更有意义的是,扎巴人"偷婚",可以偷女子,也可以偷男子,这也是与扎巴母系制的婚姻家庭形态相对应的。从这一点讲,扎巴"偷婚"作为当今婚姻研究领域一种活的婚姻文化的标本,还是十分珍贵的。

我又通过深入的调查,了解到这些婚姻契约中的内容在生活中表现得更加丰富和具体,我对扎巴对偶婚特征的认识也逐渐清晰。扎巴对偶婚的双方男女,结为对偶后,不允许再过"多偶"生活,丈夫和妻子都要严格地忠于对方,否则会发生激烈纠纷,失约一方要赔偿巨额的经济损失,并牵连两方的家族,所以多数夫妻能相伴终身。婚约中的男女双方责任与义务,加强了两个人婚姻关系的牢固度,不会轻易撕破,这较之走婚随时可以破裂的"脆弱"呷依关系,无疑向前迈进了一大步。如果发生了不可调和的矛盾,离异后的上门男女一般都会回到母家,不会遭到母家的责难和社会的非议。在亲子关系上,由于对偶婚男女共同生活,生儿育女,子女从小生活在父母身边,对父亲的感情深厚,亲子关系更加明确,有了"父"的观念,较之走婚的舅舅亲于父亲的关系,无疑又是一个很大的改变。

(三)扎巴藏族家庭的特点

高: 您调查期间,扎巴社会的家庭形式主要有哪些,哪一种占主导呢?

冯: 当时我对道孚县扎坝区5个乡30个行政村818户家庭做了普查。就是说,整个扎坝区除了亚卓乡的容须卡村(半农半牧村)和盘龙村(牧区村)外,其余农业村的每户都作了普查梳理,覆盖面将近90%。其目的是摸清扎巴母系制婚姻家庭所占的比例,从而判定其保留程度。在父系制婚姻家庭调查方面,我对下扎坝区父系制婚姻家庭分布区的3个乡11个村作了普查和抽样调查,其中对扎坝区下拖全乡的7个村进行了普查;跨县对雅江县江北区(原扎麦区)的瓦多和木绒2个乡4个村进行了50户整体抽样,12户是随机抽样,总共是62户。

从普查统计看,在上扎坝,主要是亲族家庭和对偶家庭为主,占总户数的78%强,居首位;其中以亲族家庭比例更大,在我调查的4个乡23个村647户中,母系亲族家庭就占了46%点多,对偶家庭占32%点多,反映出母系家庭在扎巴家庭中占主导地位。其他还有几种家庭形式,如父系家庭、其他类型家庭。父系家庭所占比例不到11%,其他家庭比如只有姊妹俩、兄弟俩、孤寡户等,所以可以定义扎巴的家庭形态主要是母系婚姻家庭。

高：扎巴母系家庭的内部结构是怎么样的？

冯：亲族家庭是以女性祖母为轴线延续下来的纯血亲家庭。家庭中几代人的主要成员是祖母和兄弟姊妹，母亲和兄弟姊妹，子女和孙子、孙女等，没有女成员的男配偶和男成员的女配偶。它的婚姻形式是走婚。家庭关系以母女为轴心，世系按母系计算，财产沿母系传承，供养对象限于母系血亲范围。男不娶、女不嫁是走婚及母系亲族家庭的显著特点，在扎巴母系家庭中占相当大的比例，这就是原生态的亲族家庭形态。它是以母女为根骨轴线的四代、三代、二代的亲族家庭，另外还有姊妹亲族家庭（姊妹为长辈，各代以女儿为根骨传递血脉）、兄妹亲族家庭（由妹妹作为根骨）、舅甥亲族家庭（长辈为舅舅，以甥女为根骨延续后代）、收继亲族家庭（无儿家庭收养一个养女作为传承根骨）几种形式。

如果在母系亲族家庭中，引入一个异姓血缘的男子或女子到本家"上门"，这样就使母系亲族家庭内部出现了一个对偶婚，母系亲族家庭就演变为母系对偶家庭。这种情况主要发生在某代人缺儿或缺女的家庭中，这是因扎巴家庭分工的性别需求，缺一不可，以达到维持家庭生产、生活正常运转的目的。入居的男子或女子，多为"走婚"的"长期呷依"。入居者要改变原来的姓氏，换成"上门"这家的房名，成为母系亲族家庭的一员，但在这个家庭中，母系血亲关系仍居主位，入居的男子要从母姓，家庭关系仍以母女为主轴，世系亦按母系计算，财产按母系传承。也就是说，扎巴对偶家庭不管是"男上门"还是"女上门"，家庭的发展都依然按照母系的轨迹前行。但此后配偶双方的婚姻关系就发生了质变，一是由原来暮聚晨离的"走婚"转变为朝夕相处的入居婚；二是居住形式发生了质变，由男到女家"走婚"转变为男到女家定居；三是经济关系发生了质变，由婚姻双方无经济联系到有共同的生产生活；四是子女养育形式发生了质变，由子女是母亲养育到父母共同养育。

这些都是最简要的归纳，其实扎巴的母系对偶家庭具有多样性，它不是单纯的某一种模式，而是有多种生态式样，说来也挺有意思的。比如有的是无子招婿对偶家庭。这种情况是如果一个家庭只有一个独女或者全是女儿，会根据家庭需要，招一个男子"上门"，多女也只能招一个男子，一般是由长女招入，对象也多是"走婚"的"长呷依"。其他的兄弟姊妹呢，或走婚或"上门"。"上门"男子要改成女方家的姓，血脉由女方传承，子女随母姓。如果连续两代都是全女或独女，每代都可以招一个男子"上门"。再如，有的是无女纳媳的对偶家庭。这种情况是，如果一个母系亲族家庭某代只有一个儿子或全是儿子，就需要招一个女子"上门"，生儿育女，延续血脉。一般情况是一个儿子纳妻后，其他的儿子就或"上门"或"走婚"，因为在扎巴家庭中不能同时有两对配偶，所以扎巴没有双系家庭。还有的是子女齐全、女儿招婿的。这种情况是如果一个家庭中有几个儿子和一个女儿，父母就愿意留女儿招婿"坐家"，作为"母系根骨"，而让家中的儿子或"走婚"，或当喇嘛，或"上门"。如果有几个女儿和一个儿子，也可以让一个女儿招婿，儿子和其他女儿"走婚"。另外还有一种情况是，子女齐全，儿子纳媳。一个母系家庭多儿多女，可以留一个儿子纳媳，其他儿子"走婚"，女儿出嫁，前面讲的第二个婚姻契约的拿伍家就是这种情况，但扎巴的这种家庭较少。扎巴人的传统观念是"有女不娶媳"，但在一些特殊情况下，也会做出特殊处理。这些家庭的由来和归纳，我在书中都有详细的案例作为实证支持。

　　高：也就是说扎巴的婚姻家庭形态是以母系家庭为主，有亲族家庭和对偶家庭，但具体状况是多种多样的。那扎巴的母系制家庭的特点主要是什么呢？

　　冯：扎巴母系亲族家庭和对偶家庭的状况刚才也谈到了一些，作为母系家庭的两种不同类型来说，它们有很多共同特征：这两种家庭都是以母系为轴干，世系从母系；家庭中所有妇女所生的子女为家庭成员共有，由母亲、舅舅及全体成员抚养。早前时，亲族家庭中女子"走婚"的孩子，孩子的生父不承担子女抚养责任，只是有能力的随意尽一点义务，无能力的可以什么都不管，因此，孩子跟舅舅亲而跟生父不亲。后来，婚姻法和计划生育政策规定，一旦确立"呷依关系"，必须公开，全村都得知道。在我们调查时，"走婚呷依"生孩子，有的"男呷依"要去看望，送些小孩的衣服、产妇的营养品、补品等东西。所以一般来说，小孩都知道自己的生父，邻居也知道。但"走婚"所生子女长大后虽然也认父亲，但感到害羞、生疏，不认生父的也有。而对偶家庭的父子关系就很密切。

　　在扎巴母系制家庭中，家庭成员按性别、年龄进行自然的劳动分工。但妇女是家庭生产、生活的主要承担者，除犁地外，田间管理、收割等一系列农活基本上都是妇女承担，所以妇女十分辛苦。而男子的主要任务是犁地和对外交际，改革开放后，男子主要是搞副业或打工挣钱。

　　高：在扎巴母系家庭中，男子处在一个什么样的地位？

　　冯：在扎巴母系家庭中，坐家主妇通常是母亲，但舅舅也是家庭的重要人物，按照扎巴的家庭管理习惯，每家要有一个明确的当家人，多以能干的当家，其职责是安排生产，管理家庭开支和对外交往。当家人有男有女，现在以男性居多。一般多由母亲坐家，舅舅当家。当家人与坐家人是有区别的。坐家人是继承家庭血脉的人，扎巴语叫"以火美"，即"坐下"不走，意为"永远在家里，不到其他地方去"，也就是不上门，不出嫁，稳定在家。坐家主妇是家中血脉的主线人物，起延续代际的作用。当家人是家庭的管理者。当家舅舅受到全家人的尊重。但是，由谁掌权当家，要看母亲或舅舅的能力而定。如果舅舅精明能干，则多由舅舅当家；如果舅舅能力差，才由母亲当家。若舅舅当家，家庭的核心仍然是母亲。舅舅有家政大事决定权、处理权，并包揽一切事务，而家政事宜的计划安排则是母亲，因此在扎巴也有"舅舅做主，母亲当家"的俗语，并形容他们之间好比"书记与村主任"的关系。舅舅作为一家之长，家庭中内外大小事情均由舅舅掌管，小至生产生活方面的安排、对外社交事宜，诸如平时与亲友社交往来送礼与否，送礼的数量，大至副业收入、经济支出等，都由舅舅做主。另外，舅舅还要管外甥们的婚姻大事，如外甥的婚姻是"走婚"、入赘，或是娶媳"上门"，外甥女是"走婚"还是嫁出，如果是娶媳"上门"或嫁出，婚姻对象是否满意，入赘的甥儿、嫁出的甥女给多少财产等等，舅舅都是决定性人物。如果发生离婚的事，舅舅要到乡上协同政府处理离婚事宜。

高：家中的大事由舅舅做主，那对孩子们的教育呢？

冯：母家的小孩也由舅舅养育，扎巴家庭舅舅对男孩子的教育最多，其次才是父亲或母亲的教育。舅舅教男孩子如何狩猎，如何骑马、赶马，如何砍柴，如何犁地，如何找副业等。工匠人家则教孩子传统的手艺，如木工、制陶等。但对孩子的教育，舅舅会先和孩子的母亲商量，商量时一般都会以舅舅的意见为先。而女孩子的生产劳动技能，则主要是母亲、姨母"阿舍"们教导，从小训练她们背东西、打粮食、挤奶、制酥油、纺织、缝纫等扎巴妇女必须干的田间和家庭劳作技能。在扎巴家庭中，孩子一般都怕舅舅，不怕生父。

高：根据您的了解，母系家庭成员之间还有哪些义务呢？

冯：在扎巴母系家庭，家庭成员之间不仅彼此有相互供养与赡养的责任，而且母亲与子女、舅舅与外甥，都有相互供养与赡养的责任和义务，这被扎巴人祖祖辈辈认为是天经地义的事。在扎巴母系对偶家庭中，在引入异性配偶后，还可以容纳异性配偶的亲属，比如招婿男子的兄弟也可以作为家庭成员，他的身份与责任等同于舅舅，年轻时负起供养侄儿女的责任，年老时也受侄儿女的赡养。在扎巴语中，"叔叔"的称谓与舅舅相同，都称"阿乌"。

在家庭访谈时，我观察到一个颇为有趣的现象：舅权的象征，竟是当家舅舅饭碗的放置。舅舅的房屋，一般在楼上的经堂旁边，这是对舅舅的尊敬。而扎巴全家人进餐、会聚之所是二楼的宽大厅堂，厨房也在这里。按扎巴习俗，吃饭时男女座位有别，各在火塘的一侧。在男性成员座位右侧的角落上，有一个小木柜，当家舅舅的碗要固定放在里面，这是一种权力的象征，而其他人的碗则是放在公用的壁橱中。如果谁代替了舅舅的当家权，谁的碗就放在里边。因此，扎巴一些男性不愿结婚而愿意当舅舅。

我们在调查中，曾访谈了下拖乡上瓦寨村的一位男子，当时他32岁，是家中的大哥，一直没有找对象，对"走婚"也不感兴趣。我们访谈他时，他说："家中有一个妹妹走婚，有2个孩子。其他兄弟全都上门了。父母给我找了一个，没要。我想当舅舅。现在我抚养侄儿侄女，以后我老了，侄儿、侄女再供养我。现在父母还在，父母是当家人。"

扎巴母系家庭还有一个约定俗成的通则，就是在扎巴母系对偶家庭中，不能在同辈中同时容纳两对夫妻，如果出现这种情况，必须有一对夫妻从家庭中分出去，另立小家庭。用现在的话来比喻，如果有两兄妹，兄弟娶媳，姐妹就不能招婿；姐妹若招婿，则兄弟就不能娶媳。因此，一个家庭里只能娶一个媳妇，其他的成员就走婚或者上门。一个家庭也只能有一个上门女婿，其他的姊妹走婚或外嫁，其目的是保证家庭的和睦与限制人口的剧增。当然，扎巴家庭不叫娶媳和招婿，而是"男上门"或"女上门"。

扎巴母系家庭实行共产制家庭经济，生产资料共同占有，集体生产，共同消费。所有财产属于全家所有，例如土地、房屋、牲畜、农具、首饰、贵重衣物等均由全体成员集体继承。家庭成员对生产资料只有使用权，没有占有权和分配权，如果要出让、交换、买卖等，由全家协商决定。

扎巴人特别注重家庭和谐，这是扎巴家庭发展的凝聚力。掌权者克己奉公，尽心尽力，家庭成员个个怀着公心，尊老爱幼，全家团结合作，彼此和睦相处。在扎坝社区，和睦家庭被视为榜样，受到褒扬。而无子女的老人可以收继亲属养老送终，孤寡老人则由众邻救助供养，没有由此带来的社会问题。由于扎巴人对家庭重和睦，对老人讲孝敬，对邻里求团结，从而构成了扎坝社区的和谐共处。这些和谐使扎巴人战胜了自然灾害，战胜了贫困，战胜了外来的侵扰，在封闭的大峡谷中一直顽强地生活至今。

高：您说的这些母系制家庭的特点，随着社会的发展、外来影响的加强、对外交往的增多，有没有发生什么变化呢？

冯：有的，扎巴母系制家庭的确发生了一些变化。比如，母系亲族家庭的原生态是男不娶、女不嫁，但伴随着社会发展，扎巴亲族家庭出现了一种新现象，就是走婚前或走婚后与感情好的呷依决定从母系亲族大家庭中分离出来，建立一夫一妻的小家庭。这样，亲族家庭中就衍生出家庭成员有外嫁女的新结构，但还没有违反亲族家庭中没有外姓成员的根本原则，其他成员仍然按旧习延承血脉。这是其新生态的亲族家庭形式。扎巴这种新结构的母系亲族家庭，既体现了婚姻的自主性、符合时代的婚姻法规定，又保持了母系亲族家庭的正常运转。所以在我调查的当时，原生态的母系家庭结构仍然是主流。但是，原生态母系亲族家庭结构已被打破，产生了多种样式，反映出母系亲族家庭构成向多样性变迁。

母系家庭形态变迁的另一个原因，是适应社会变革的需要以及思想观念的转变。扎巴对偶家庭和一夫一妻家庭的增多与此密切相关。在20世纪中叶，扎巴农村是传统的农业模式，劳动力需求与性别分工并不迫切，同时也没有纳入一个新成员所花费的经济能力，因此当时走婚与母系亲族家庭十分普遍。20世纪80年代后期，农村实行联产承包责任制，家庭生产需要农牧副并举，家庭的性别分工功能需要紧迫，家庭更需要人手齐全，于是，母系亲族家庭没有儿子的招男子，没有女儿的纳入女子，就促使了母系对偶家庭的增多。随着经济改革的深入，扎坝外出打工、经商的村民增多，这些走出大峡谷的扎巴人接触到外面的世界，受到现代思想的影响，婚姻观念发生了变化，认为"走婚"落后、不光彩，自觉拒绝走婚，他们更加认同一夫一妻的小家庭生活，大多以嫁娶的婚姻形式组成了现代核心家庭。

经济变革促使母系家庭人口规模小型化，并向一夫一妻演进。在过去艰难的生存条件下，扎巴家庭经济基础薄弱，个人的生存依赖于大家庭的共同努力。扎巴母系家庭实行共产制经济，一切财富归全家集体所有，共同创造，共同使用，母系家庭成员团结和睦，扎巴人也以大家庭为重为荣。在贫困时期，扎巴母系家庭的主要财产就是土地、房屋、牲畜等最基本的生存条件，不允许分家而分割这些财产，以达到土地财产资源与家庭人口的平衡，维系家庭的平稳传承，因此家庭形态没怎么演变，家庭人口规模比较大。

随着改革开放的深入，扎巴家庭经济有了长足发展，特别是随着副业的发展，家庭财富较之过去有了大幅增加，而家庭收入来源主要依靠家中的男女青壮年，他们的婚姻观念也在社会环境的改变中逐渐改变，一些感情好的走婚男女萌生出从母系大家庭脱出，建立一夫一妻小家庭的想法，同时也有另立家庭的经济能力，因此不少走婚的男女呷依同时脱离原来各自的母系大家庭，成立了自己的核心小家庭。这样不仅促进了扎巴母系家庭的分化与演变，同时使母系大家庭的人口有所减少，家庭规模日趋小型化。

当然，这种情况还要契合其他条件才行。一种是家中的独子，他们很多都是家里的顶梁柱，他们如果与"呷依"感情非常好，当然会希望脱离大家庭、建立小家庭，但是，要么是他自己不敢打破扎巴的传统，或者觉得对母家有责任、担心自己走了家人缺乏指靠，或者分家的想法受到家人一致反对，于是只有维持现状，要等幼小的妹妹长大招婿坐家，自己才能抽身出来独建家庭。另一种是条件尚未完全成熟，于是先以上门的形式加入女家，等有条件了，再修屋建房成立小家庭。所以这些男子也有"身不由己"的情况。

还有另外一个重要原因是，计划生育的实施直接限制了多偶性与家庭人口规模的扩大。我在调查中也了解到，扎巴社会的现代化，特别是计划生育政策实施后，扎巴人的"走婚"形式正在发生着急剧变化。现代化像一把双刃剑，它在促进扎巴人社会进步的同时，也会破坏扎巴人的一些传统。比如，现代婚姻法的贯彻实施，是加速"走婚制"向一夫一妻过渡的主要因素。计划生育政策的执行，规定走婚的男女有了孩子后，必须登记结婚，表明夫妻关系，否则，将在经济上受到重罚，这无疑是对走婚的一种冲击。由于大多数家庭经济发展刚刚起步，扎巴村民为了避免经济损失，当走婚有了孩子后，一般都会到乡政府办理结婚手续，以证明夫妻的合法身份与孩子的合法诞生，而婚姻形式却沿袭传统，大多数夫妻仍旧过着夜聚晨离的走婚生活。这是扎巴人在现实政策下对婚姻家庭的一种调适，他们所履行的是对政策的服从，所遵照的仍是走婚和母系家庭的传统。计划生育政策同时也促进了扎巴村民婚育观的变迁。生子结婚使扎巴男女产生出一种心理变化和认识定位，他们认为一旦走婚生子，就标志着自己的走婚历史已经结束，今后应该专一地对待配偶，养育孩子，有的甚至上门或分出独过。同时，计划生育优生少生优越性的宣传，不断深入村民之中，特别是在经济发展较快的乡村，扎巴人也能感受到少生优生有利于提高下一代的素质，有利于增加收入，"少生快富"的新观念被接受，因此只要两个孩子的越来越多，有的还只生1个孩子，生3个的极少。道孚县计划生育办公室2007年的统计数据显示，截至当年3月，扎坝全区389对育龄夫妇都是两孩。这是扎巴人对外部形势变化的一种适应性选择，这种选择是自觉自愿，不是外力强迫所致。

这些变化，从某种意义上说，它所体现的是社会制度的制约和扎巴人思想观念的变化，这些都必将促使走婚形式发生演变。我认为，这是社会发展的必然趋势。随着社会的进步，扎巴母系制不可能定格在历史的某一时期，婚姻家庭是社会发展的产物，它有自己的发展规律和轨迹，无可阻挡。但它是人类社会婚姻史上的又一个活化石，扎巴母系制婚姻家庭在现代社会中的遗留之所以珍贵，原因也在于此。

（四）扎巴藏族的母系制亲属称谓

高： 婚姻家庭的特点，从亲属称谓上也能反映出来，您在书中也有关于亲属称谓的专门章节，我感觉扎巴的亲属称谓在有些地方比较模糊，有些地方又特别复杂。

冯： 亲属称谓是扎巴母系制的另一个鲜明特征。扎巴的亲属称谓主要使用自己的母语，同时也借用少量藏语和汉语。总的来说，扎巴的亲属称谓是比较简单的。扎巴亲属称谓有"对称称谓"与"关系称谓"或"引称称谓"两种。对称称谓就是家庭成员之间相互的称呼，关系称谓是我在第三者面前介绍自己是什么亲属时，或介绍某某是我的什么亲属时所使用的称谓。对称称谓相对简单，关系称谓相对复杂。亲族家庭的称谓相对简单，对偶家庭的关系称谓相对复杂。你说的模糊，我理解是这几种称谓有时会交叉，只要弄明白了，就清楚了。

在任何亲属关系系统中，父母和子女的关系以及兄弟姐妹间的关系是最基本的关系。在调查中，我感到扎巴人的亲属称谓也比较原始。他们的称谓很少，以我为坐标，往上有父母、祖辈、曾祖辈，往下有儿女、孙辈六代，但实际上基本只有四代的称谓：祖辈、父母辈、同辈和儿女辈的称谓，孙辈都直呼名字。关系称谓就相对比较复杂，因为涉及性别、血亲，扎巴人就要严格区分。

简要地说，在母系家庭的对称，如果以我为坐标，我母亲和父亲两边的曾祖辈和祖辈都是同一称谓，而且不分直系旁系，女的统称"阿孜、阿麦"，男的统称"阿布"或"阿翁"，比如，母亲的母亲的兄弟（舅祖父）与父亲的父亲的兄弟（叔祖父）都叫"阿翁"。除上辈外，平时同辈之间和对下辈儿孙多是直呼其名。当然，少数乡村略有一点地方差别。

父母辈中各有专称。子辈对父母的称谓多些，各地也略有差异。母亲一般叫"勒勒"，少数叫"阿加、妈妈"。父亲也有多种叫法，"阿甲、阿帕、阿百、阿达、爸爸",这些称呼的区别只是地方不同而习惯叫法不同。而对母亲的兄弟与父亲的兄弟基本上都称"阿乌"。在扎巴人简单的称呼中,却对母亲的称谓和对母亲和父亲的姊妹称呼有区别。母亲的姐妹统称为"阿吓",而父亲的姊妹却统称为"列列",母亲"勒勒"则是专称,有"乳房""奶水"之寓,又有为人妻母之意,还可以用在某某男人之后,即表示是某某男人的女人,比如扎西的女人,就称为"扎西勒勒"等等。而"阿吓"和"列列"仅为"母亲的姐妹""父亲的姐妹"的意思。

平辈的兄弟姐妹之间,一般均直呼名字。但是,他们却将性别与长幼、直系与旁系加以区别。比如,他们在异性的兄弟或姐妹之间是有专称的,举例来说,兄弟统称姐妹为"勒乌",姐妹称兄弟为"木"。哥哥给别人介绍妹妹,就说这是"勒乌";妹妹介绍哥哥,就说这是"木"。姐妹叫哥哥为"木切比"、叫弟弟为"木意比",兄弟称姐姐"勒乌切比"、称妹妹"勒乌意比"。在性别上,男性兄弟之间则互称"歪纽帕",女性姐妹之间互称"纽纽帕",同时又用"切比"表示大的意思,"意比"表示小的意思,以区分长幼。比如,"歪纽帕切比"即为哥哥,"歪纽帕意比"即为弟弟;同样,"纽纽帕切比"是姐姐,"纽纽帕意比"为妹妹,以表明彼此之间的近亲关系。而且,弟、妹对兄、姊也有专称。如弟、妹叫哥哥"甲加"、叫姐姐"阿吉",甲加、阿吉都是大的意思,呼叫时带有尊意与昵称。而对旁系的兄弟姐妹,无论是父亲还是母亲的兄弟的子女,一律都是直呼名字。

高:就像您说的,扎巴的亲属称谓在平辈中比较复杂,特别强调"男称女"或"女称男"的直系异性之间交叉称呼的区分,将直系与旁系加以区别,性别与年龄加以区别。在您看来,这是什么道理呢?是为了防止近亲婚配吗?

冯:是的。扎巴亲属称谓还特别强调主干家庭成员的区别。在主干家庭内部,家庭成员均各有专名,特别是同胞兄弟姊妹之间的关系称谓上,进行了详细的区分。"走婚"亲族家庭的称谓都是使用扎巴母语,没有借用的外来语。而在主干家庭以外,亲属称谓则是概括性的,父方的亲属与母方的亲属并无多大差异,就是你说的模糊的地方。这些都是扎巴严格的氏族外婚在亲属称谓制上的反映。亲属称谓也略有方言上的差别。这在上扎坝内部、上下扎坝之间都存在。但同一地方的同一称谓在各类家庭中基本相同,无大差异。

另外,你觉得复杂,还因为他们的"引称"是说明式的,听起来很复杂。虽然有些亲属关系在对称时都直呼名字,但在向外人介绍直系或旁系的下辈时,特别是姻亲亲属关系时,由于扎巴语词汇不多,一般复杂一些的身份就多用"说明式",这还挺有意思的。比如，父母介绍子女，儿子为"日钵觉"，女儿为"热次"；祖母介绍孙子辈，叫"钵觉钵觉"，意为"娃娃的娃娃"；或者说"日钵觉日钵觉"，解释性地说孙子是"儿子的儿子"，或"日钵觉若拨觉"，意思是"儿子的娃娃"。孙女是"热次若拨觉"，意思是"女儿的娃娃"。如果要说明几个姐妹的大小排列，大姐用"切比"，意思是"大"；二姐用"让你热"，三姐用"特让你热"，四姐用"伙特让你热"等等，"让你热"是"挨着"的意思，"特让你热"是"紧挨着上面的那个"的意思，一直到最后，就用"狄以培惹"，意思是"最小的"。

如果是平辈的同胞兄弟姊妹，在向外人介绍自己的兄弟姐妹时，哥哥介绍妹妹，就说这是"勒乌"；妹妹介绍哥哥，就说这是"木"。如果长辈介绍晚辈，由于父母的兄弟姐妹的儿女都统称为"查乌""查姆"，当用说明式时，比如侄儿就要说一长串："呷若（我的）水（丈夫）若（的）歪纽帕（兄弟的）日不觉（儿子）"，即我的丈夫的兄弟的儿子；侄女为："呷若（我的）水（丈夫）若（的）歪纽帕（兄弟的）热次（女儿）"，即我的丈夫的兄弟的女儿。同样，母亲姐妹的子辈、孙辈等等，都无相对应的专称，对呼时就叫名字，在介绍关系时，用说明方式加以解释。

另外，扎巴亲属称谓有一个明显的特点，由于扎巴人无论是母系还是父系，他们的姻亲亲属都没有专称，对姻亲亲属一律直呼名字，缺乏对父母双方亲属的区分。比如妻子的兄弟、兄弟的妻子、丈夫的兄弟等，平时都直呼其名，若有外人需要介绍彼此的关系时则用说明式予以解释。举个例子，兄弟介绍妹夫为"勒乌热舍"，"勒乌"是异姓兄弟姐妹之间的称谓，"热舍"是男人的意思，合起来就是"妹妹的男人"。

最有代表性的是婚姻形态变化而引起的称谓的改变。"走婚"关系的男女是"呷依"关系，男女双方都叫"呷依"。一旦呷依正式上门组建了对偶家庭，男女双方的称谓就必须改变，这是有严格区别的，即不能再称"呷依"，而要称为"泽绒"。"泽绒"表示男女双方是终身伴侣。在对外介绍时，上门男子称为"布妥"，上门女子称为"略若"。"略若"是上门的老婆；"布妥"是上门的男人，它们区别于走婚的男女"呷依"的称呼，标志着对偶婚不能像走婚那样随意而无约束。"略若""布妥"都是借用的藏语词汇。扎巴母语原来是没有这两个专用词的，而是使用说明式，介绍时母亲会说，这是"女儿的男人"。但是后来对偶家庭和父系家庭产生了，增多了，就借用藏语的"略若"和"布妥"作为称谓，听的人马上就明白了他们的身份。

女婿的身份又分为两种：一种是对偶家庭的上门女婿，一种是女儿外嫁的女婿。

在两种不同的婚姻性质下，为了准确地表达出母系家庭与父系家庭的不同特质，扎巴对上门女婿与非上门女婿一词又进行了区分，借用了藏语的"布妥"和"马布"加以差别，"布妥"是上门男人，"马布"是女儿外嫁的男人。这样，就可以区分出母系或父系家庭的不同身份的女婿。

我们从扎巴姻亲无专称这一特征可以看出，母系制婚姻占主导地位，父系家庭的发展则比较薄弱，这说明父系制刚从母系制分离出来，还没有建立起自己的亲属称谓系统，所以很多都是沿用母系制的亲属称谓，或借用藏语，诸如父亲"阿帕"、母亲"阿妈"、侄儿"查乌"、侄女"查姆"等称谓都是。在调查中清楚地显示，扎巴母系亲族家庭的称谓都是原生态的扎巴母语，没有外来语；而当引入了一个男子入赘或娶一个媳妇进门，对偶婚变为对偶家庭或父系家庭时，才构成了对偶亲属和父系亲属的称谓系统。20世纪80年代计划生育前，"走婚"的亲族家庭还占有相当比例，虽然也有对偶婚家庭，但它比较脆弱，隔代后有可能又回归到"走婚"形式和亲族家庭。而男娶媳的父系家族也处于父系制早期，不少家庭也隔代又演变为母系家庭。带有父系萌芽的对偶家庭与父系制早期的父系体系很不稳定，扎巴母语中还没能产生出单独的父系亲属称谓系统，所以沿用母系称谓或以说明式来表达，因为亲属称谓往往落后于它所反映的婚姻和家庭的实际关系。

高：现在扎巴社会已经没有那么封闭了，他们这种引称的复杂称谓会改用借来的叫法吗？

冯：现在学校和社会上的一些通常称谓对扎巴人影响较大，特别是扎巴的新生代，出现了比较普遍的汉语称谓，比如"爸爸""妈妈"，在介绍亲属关系时也用"哥哥""姐姐""侄儿""侄女"等汉语称谓，而不用以前的说明式称谓了。

（五）扎巴藏族母系制与摩梭母系制的比较

高：您之前提到过扎巴母系制和摩梭母系制之间存在区别，但这部分内容在书中没有，您后来深入研究过吗？

冯：我在调查扎巴母系制后，就当时他们的婚姻家庭的状态来说，感到扎巴母系制的婚姻家庭与摩梭母系制的婚姻家庭有不同之处，但也有很多相似之处。就"走婚"和家庭而言，扎巴"走婚"比摩梭可能更古老一些。

高：请您先说说两者的相似之处吧。

冯：第一，扎巴和摩梭的"走婚"都是以女子为主体，是女不嫁、男不娶的婚姻形态。"走婚"方式一样，都是男子夜至晨离，以达到偶居的目的。第二，他们都具有多偶性。走婚对象都分为三类：临时的、短期的和长期的。大多数男女一生都有多个"走婚"对象，只是随着年龄的增长，在多个"走婚"对象中会有一个较为固定的长对象。扎巴的男女"走婚"对象都叫"呷依"，摩梭的男女"走婚"对象都叫"肖波"，而且一般都是长对象在"走婚"中具有优先权。"走婚"双方完全出于自愿，不管是结交还是解除"走婚关系"都很自由。

建立"走婚关系"的男女双方之间没有任何经济关系，更没有共同的财产。在20世纪80年代前，只是男子对于长期固定的"走婚"对象，特别是有了孩子后，要给予经济上和生产上一定的帮助，比如农忙时去女家帮帮忙，给孩子买点衣服之类的物品，男方主要是供养姐妹家的孩子。但随着社会的发展，在我调查时，父子观念开始出现，已经产生了认子行为，"走婚"子女一般都知道自己的生父。女方产子、孩子上学，生父要给予一定的经济帮助。

在扎巴人和摩梭人的婚姻家庭形态中，都是以男不娶、女不嫁的血缘亲族家庭占据主导地位。这种家庭按女系传代，财产由母系成员集体继承。"走婚"子女由女方家庭养育，"走婚"的男方不承担责任。而母系家庭的男子才对姐妹的子女负有养育责任，因为这是舅舅应尽的义务。还有，扎巴和摩梭如果没有后代，都有接受养女、养子的习俗。

其次是扎巴和摩梭的对偶家庭都具有不稳定性。"摩梭"对偶家庭可以发展为父系，或父系母系同时并存的双系家庭；扎巴的"双系家庭"很少，只是一种过渡形式，它会转化为亲族家庭或对偶家庭，而不是真正意义上的双系家庭。

高： 也就是说，在婚姻形式和家庭结构上，扎巴人和摩梭人是相似的，那不同之处体现在哪里呢？

冯： 第一是摩梭人有成年仪式，只有成年以后才能走婚。而扎巴人没有成年仪式。

第二是确定关系的程序不同，主要体现在"走婚"前结交偶方的方式不同。比如扎巴人"走婚"，要经过男方抢女方"东西"和男方"爬房子"两个程序，而摩梭人"走婚"是互换"腰带"或互赠礼物。

第三是"走婚"中对经济因素的考量不同，扎巴人选择走婚对象是不考虑经济因素的，只有个别"男呷依"送给"女呷依"数量极少的礼物，"女呷依"却不送给"男呷依"礼物；而摩梭男女"肖波"要互送礼物，女子在选择"肖波"时，会把对方家庭经济优劣作为考虑的主要条件。

第四，摩梭妇女有自己接待"走婚"对象的客房，而扎巴妇女则没有。在摩梭母系制中，成年妇女各有自己的房间，以便接待"肖波"。而摩梭成年男子在自己的住宅中却没有专门的住房，他们入夜后就到女"肖波"家去过夜，如果不"走婚"，就随便在某个适当的地方睡觉。只有到了老年后，才在住宅中有自己的房间。

与摩梭妇女相反，扎巴妇女则没有自己专门接待"男呷依"的单独居室，只有交了"长呷依"的妇女才有比较固定的睡处。平时姊妹们都共居一室，如果其中一个有了"新呷依"，也不避开众姊妹另外找地方，只是"走婚"妇女的床铺离其他姊妹的床铺远一点，"走婚"时双方以暗号相通。这种现象反映出扎巴"走婚"的群婚迹象的残留。

高：这就是扎巴母系制要比摩梭母系制原始一些的地方？

冯：对。扎巴男子反而有自己的居室，主要原因是扎巴人居住分散，村与村之间相隔较远，如果双方不在一个乡，就更加远了。加上山路崎岖，一去一回都是在夜间，扎巴男子不可能每天晚上都"走婚"，而在时间上有间隔性，因此他们平时得有自己的居室。我在调查中就发现，扎巴"走婚"半径较小，对象多是同村的。二是由于舅舅对家庭贡献大，又受周边藏族环境影响，所以男子的家庭地位较高，有单独住所。

还有一个重要区别，就是扎巴母系家庭成员不如摩梭母系家庭成员多，家庭规模也较小。我调查的扎巴母系家庭最多的16人，一般的祖孙三代，不过10人左右，而摩梭家庭最多高达24人。摩梭双系家庭人口更多，可以达到20至30人。而扎巴没有母系、父系并存的双系家庭，所以人口不会很多。

扎巴有没有双系家庭，这也是与摩梭家庭重要的区别之一。因为扎巴对偶家庭的情况比较复杂，有很多类型，当时我就反复仔细琢磨，比较研究，最后得出了扎巴没有双系家庭这一结论。从扎巴对偶家庭的实际情况看，不仅没有兄娶妻、妹招婿的家庭，也没有兄弟同时娶妻或姐妹同时招婿的情况，因为扎巴人绝对严禁一个家庭的同代中有两个小家庭出现，这可以说是一个通则。纳媳家庭大多情况是在只有一个儿子或者全都是儿子的家庭中产生，而且众多儿子只能一个娶媳妇，其他儿子或是"走婚"，或是去寺庙当喇嘛。如果下一代有了女儿，就又回归到亲族家庭或对偶家庭，沿着母系家庭的轨道前行。也有极少数有兄弟姐妹出现男纳媳、女走婚并均有后代的家庭，属于扎巴家庭的特殊户。比如，姐妹因残疾而不能上门或出嫁，

2007年6月，与扎巴走婚大家庭合照

只能在家"走婚"，子女成人后，或全部上门出嫁，或分家另立。再比如，人口少的家庭，为了财产和劳动力不分散而男纳妻、女不嫁，虽然他们的下一代的婚姻形态具有不确定性，但基本上是回归母系制。另一个显著特征是，虽然他们的后代有姑表关系，但都认为都是血亲，彼此绝对不能通婚，因此扎巴没有姑舅表婚，这几种家庭都只是一种过渡形式。比较娶媳的家庭而言，父系应该是父亲是家长，父子关系是家庭的主要关系，财产主要由父系继承、以后父系子女应沿袭男婚女嫁等一系列父系制特征。但是在上述家庭中，这些要素都不存在。实际上，这几种家庭都只是一种过渡形式。这些家庭都依然按扎巴的传统，娶媳男子仍然作为母系的家庭成员，家庭中也仍然以母系成员为主体，其他兄妹仍在"走婚"，母亲或舅舅当权，财产按原来的母系继承等。

所以，这几种暂时看似"父系"的娶媳，实际上是为了延续母系家庭或基于母系家庭的某种具体需要的权宜之计，而不是男子为了承传后代，确立父系。男子虽然娶妻，但仍然是按照母系家庭的轨道运行，其他兄弟姐妹走婚也是母系家庭的特征。这是与父系制男子娶妻的本质区别。

高：这是扎巴母系制的一个重要特点，没有双系制家庭，"父系"只有萌芽，但并不稳定。

冯：从家庭权力来说，摩梭母权大于舅权，扎巴舅权相对大于母权。因此，扎巴母系家庭主妇不如摩梭主妇的权威大、地位高。摩梭家庭中的主妇"达布"，享有至高无上的权威，管理内外事务，必要时才由母亲的兄弟——舅舅协助治理家务和教养后辈子女。扎巴母系家庭虽然也有"坐家"主妇，但一般而言是舅舅比母亲在家庭中更有权威。当然也不绝对，如果舅舅能力差，则由母亲全权当家。扎巴家庭中的掌权舅舅，他的权威之所以要高于当家的母亲，其原因一是舅舅对母系家庭的贡献大，对家庭负有全权责任和义务；二是扎巴家庭的对外事务也全靠舅舅办理。

另外，摩梭母系氏族有自己的公共墓地，而扎巴母系氏族则没有。摩梭人普遍实行火葬，凡是同一母系血缘死者的骨灰罐，都要葬在同一坟山上。氏族中各母系亲族家庭的骨灰罐又相对单独集中放在一个地方，按辈分排列。配偶双方不葬在一起。这是摩梭母系氏族葬俗特征之一。而扎巴人受藏传佛教影响，葬式多种，有水葬、土葬、火葬、天葬等，用什么葬式，葬在什么地方，必须请喇嘛打卦决定，所以同一氏族的人由于葬式不同、葬地不同，无法集中安置。因此同一血缘的氏族不可能安葬在一起，从而打破了氏族家庭共有墓地的可能。

我通过比较扎巴人与摩梭人的母系制婚姻家庭的相同跟不同表现，认为扎巴在"走婚"和亲族家庭的延承上，比摩梭更古老；而在母系家庭的舅权上，摩梭比扎巴更原生态。扎巴所表现出的"舅权"比摩梭"突出"的原因，与他们所处的地域人文环境有关，主要是扎巴母系制在社会发展的长期过程中，受到了周边藏族社会文化特别是宗教的影响。这种影响我们在扎巴的婚姻家庭中都可以看到，比如，藏族社会男尊女卑、男子当家、男人对外社交等；再如，在婚礼上，哈达在婚姻仪式上有重要作用；又如，亲属称谓借用藏语词汇等等，母系家族无氏族公墓，同样是受藏传佛教多种丧葬方式影响的结果。

（六）经济因素对扎巴藏族和凉山彝族婚姻的不同影响

高：冯教授，您在彝区和藏区都做过婚姻家庭研究，他们都有本民族的婚姻规则，您在做团体和个人访谈的过程中，她们有没有表现出对您这个来自汉人社会的学者的婚姻状况的好奇呢？

冯：这个没有。她们都没有问过我的婚姻家庭情况，如果她们问我，我会如实回答她们。

高：现在回想起来，您觉得在开展彝族和扎巴藏族的婚姻家庭调查时，在研究过程、研究方法、研究感受等方面，存在差别吗？

冯：我在做妇女研究时，是从浅到深，随着不断的田野经验积累、思考琢磨而逐步深化成熟的。当初我做彝族婚姻研究的时候，是没有做扎巴的时候那么细的，当然，这与研究的问题、目的、对象、范围以及历史背景、地理环境等都有关系，她们的具体情况不同，调研方法也就不一样。对凉山彝族妇女，我主要是根据课题需要，指定研究她们的婚权状况，所以调研比较单一。而对扎巴藏族妇女，则目的是研究她们的母系制婚姻和家庭两个大的方面，涉及的范围很宽，就要复杂得多。在调查过程中，随着调查的深入，需要挖掘的内涵越来越多，所以做了很多个案访谈，非常有用。这些个案串联起来，就是一幅扎巴婚姻家庭的生动鲜活图景。

围绕凉山彝族妇女的婚权问题，这是从凉山奴隶制社会延续下来的，我采用的主要调查方法是问卷和座谈方法，这是当时社会学、民族学调查普遍采用的方法。我做了详细的问卷，所以得到了翔实的统计数据，而个案做得比较少。最主要就是血缘等级观念、家支的干预等核心问题，又辐射出她们的婚权、家庭地位、思想观念以及相关联的历史因素、现实原因等等，这些都是课题需要的答案。由于问卷内容比较详全，就能从数据中得到很多信息，得到需要的东西。问卷是从面上了解，个案是深入了解，从问卷上可以发现问题，如果某个问题不清楚或值得进一步挖掘，就召开座谈会，或在赶场天或在节日聚会人多时，临时召集一些妇女进行座谈，作为个案补充或集体补充。我了解凉山彝族妇女对人畜分居前后的感想，有一部分就是在赶场天召集了一些妇女，大家坐在一个空地上座谈，她们七嘴八舌，七八句、三两句，相互启发，彼此补充，通过这些朴实的话语，要了解的问题的基本答案就出来了。总的来说，当时那个研究就是以问卷调查为主，入户专访也做了，相对做得较少。

另一个是从妇联处收集资料，妇联主任对本区妇女的情况掌握得比较全面，特别是妇联的年终工作总结和专题报告，涵盖了全地区的整体数据和工作要点，面也广，特别是有一些典型事例，她们也都十分熟知，比如前面讲的凉山彝族妇女争取婚权自主的故事，这样，可以点面结合，对调查很有用。

我每次调查，除了自己调查的第一手资料，还要根据课题需要，找相关政府部门选要一些认为可能用到的资料，带回去再浏览取用。这些资料比什么都重要，必须随身携带，以防遗失。

高：我在拜读您的研究成果时有一种感觉，就是您对很多相关问题一直抱持着兴趣，不是课题完成了就放下了。

冯：的确是这样。由于我对凉山彝族和扎巴藏族的婚姻家庭调查的印象深刻，退休以后，对她们现在的婚姻家庭状况还念念不忘，特别是凉山彝族的"等级婚"，现在又过去了十几年了，是否已有所改进，总想作一些了解。虽然现在不搞研究了，但还是习惯性地调查一下。所以每当我看见彝族举行婚礼，我都会前去找人打听打听。前面已讲了一些，是彝族农村的婚姻状况。2021年，我去了西昌过冬，原来在博物馆一起工作的几个彝族朋友，知道我到西昌了，她们说："太高兴了！冯老师，我们一定要聚一聚。"聚会聊天时，我就问她们："我现在问你们一个问题，你们几个都是机关干部，孩子现在都长大了，你们认为你们子女的婚姻，是要和同等级的结婚还是无所谓了？你们希望子女找彝族呢，还是愿意找汉族呢？你们实话实说。"她们都挨个儿讲了。一个朋友说："我跟我女儿讲了，找汉族，不要找彝族，彝族爱喝酒。"她说她现在的朋友的子女好多都是找的汉族。另外一个彝族朋友说："我觉得汉族、彝族都可以，但是不要找农村的。"

高：您觉得机关干部的彝族女性择偶观完全发生变化了？

冯：对。另一个朋友说："我的女儿在重庆，我不管她找什么。"

高：不干涉的态度。

冯：嗯，还有一个朋友，是黑彝等级，她的两个女儿都在北京，她说："我也不管她们，反正她们愿意怎么样就怎么样。"

彝族很讲义气，她们说，要尽地主之谊，请我吃饭。我问她们："你们现在还吃洋芋坨坨吗？"他们都说："根本不吃了，我们家都找不着。"我跟她们开玩笑说："你们不要请我吃大鱼大肉，就请我吃洋芋坨坨，还有酸菜汤，我还挺想吃呢。"她们都笑着说："哎呀，我们这些人，现在家里都没有洋芋了。"其中一个还笑着打趣说："我现在比汉族还汉族。"于是，她们找了一家专门的现代彝族风味餐馆，格调高雅，有彝族的装饰风味，还有一个假火塘。她们特地点了彝族的传统饮食煮洋芋、荞麦粑和酸菜汤，其他还点了彝族的现代特色菜，是彝族地区的特产原料，但都是新的烹饪方法，味道已不地道了。还要了点酒，席间还遵循彝族待客的习惯，挨个儿给我敬酒。大家边吃边聊天，回忆在博物馆的趣事。刘晓红还提到了我和她下乡在甘洛乌斯河遇火车车难和在彝族乡下搞调查我遇到彝族酒疯子的事。回忆过去，像在昨天，大家都很感叹岁月匆匆，当年是那么年轻，现在也都退休了。离开前，还在餐馆的彝家火塘前合影留念。

高：她们的习惯也变了。

冯：不是。他们本来就是彝族的年青一代，他们父母在新中国成立后都是凉山州的彝族干部，她们是在县城的机关大院里长大的，虽然她一直生活在凉山，但却是在彝汉文化交融的氛围里成长起来的，在这样的环境中，她们安家立业、生儿育女，努力为孩子创造最好的学习条件，送孩子到成都上学，有能力的考研究生甚至出国深造，现在分别在西昌、成都、重庆、北京等地工作。我感到她们的思想观念已经非常现代化了，所以她们的婚姻观也就发生了根本的变化。当然，她们的民族情结仍然很牢固。

高：看来，随着社会的不断开放、文化的不断交流、人员的不断往来，彝族在很多方面都在发生变化。

冯：对。我觉得彝族文化的变迁，包括物质文化和思想观念，"层次感"很强。以前我一开始搞调查的时候就有一个很强烈的感觉，城镇、平坝、半山、高山，这样的地理区位、人文环境会带来很显著的变迁效应，表现出来一种对应的层次变化，从衣着、语言、习俗到思想观念，都存在比较明显的差距。高山地区一般是最传统、最保守的，半山次之，平坝受现代影响比较多，跟汉文化的融合就比较多。比如像我这些彝族朋友这一代，他们的父母多是民主改革以后出来的干部，他们的子女在城市长大，而且他们现在已经融入到现代主流社会中了，所以他们的观念基本上是属于现代的，传统的东西不多了。当然还是有民族的情怀，比如，他们会在某些场合说"我们是彝族人"。彝族姐妹有自己的网络信息、朋友圈。彝族农村由于相对封闭，当年调查时，我就看到，高山和半山与平坝之间的差距是很明显的，而且似乎越来越大。当然，这么多年过去了，这种差距应该有所缩小，但到什么程度就不了解了。但不管是城镇，还是农村，婚俗中的讲等级、要身价钱的影响还存在。我们在西昌有一个养老机构，有好几个彝族小伙子、小姑娘是我们的工作人员，我偶尔会和他们聊聊。有个小伙子跟我说，现在他们那边还是老样子，甚至还变本加厉了，"身价钱"要得比原来还高，他们认为你要是干部，就更应该多给。这说明他们的父母还生活在那个传统的世界中，对于彝族婚礼要花大量钱财的旧观念没有发生变化。还有一些人认为，现在经济越发达，这个（身价）钱花得就应该越多。前面说了，彝区已大力推行过"婚改"，要改变以"身价钱"为名的买卖包办婚，也收到了一定的成效。可是为什么没有巩固，到现在还是这样？尽管年青一代出来上了大专、大学，工作了，他们的婚姻仍然不能完全自主，因为什么呢？我认为主要还是因为旧传统的强大影响力,如果两个人不同等级,父母就不同意;那为什么婚姻一定要依赖父母?自己不能做主吗?因为年轻人还没有足以独立成家的经济实力,而年轻人成家的标准是受时代风气影响的,要有房,要有一整套电气化家庭用品,要办婚礼请客,刚工作的年轻人那点工资是远远不够的。由于经济成本高,大量的钱基本上要靠父母资助,如果父母没那么多钱,靠什么?仍然要靠家支支持。城市、年青一代都摆脱不了旧习俗的束缚,农村更不用说了。旧的婚姻习俗之所以还在当代大行其道,原因可能就在这里了。

高：听您这一分析，真是茅塞顿开啊！

冯：现在我没有做全面深入调查，只是根据对一些个人的随机调查了解的情况，有些思考和分析也只是管中窥豹。我想，从总体上讲，其程度和比例应该有变化。比如，城市中的年青一代虽然不能完全摆脱旧的婚姻规则束缚，但在等级、身价钱、家支三大束缚因素上，家支直接干涉婚姻自主上应该很少了，而等级婚、婚权自主的比例上与程度上，应该是进步了很多。因为这一部分人的总量应该越来越大。

高：婚嫁的彩礼对年轻人、对家庭既是一个沉重的负担，同时也是一个沉重的话题。

张：这个不只发生在少数民族地区，我在安徽做过一些调查，安徽更甚。经济发展了两步，可是婚礼花费要走四步，还要攀比。咱们这儿还有家支帮衬，他那儿没有，父母就是借钱，也得把这些事办了。

黄诗云（摄像）：我有个同学认识一个女孩，她说她们家要50万彩礼，他好奇为什么要给那么高，那个女孩儿说是因为等他弟弟娶媳妇的时候也得给对方家50万，这种习俗到现在还有。

冯：原来我调查的时候也有这样的情况，以前，彝族农村家庭穷的较多，一个家庭有儿有女，就用收嫁女的身价钱去付娶媳妇的身价钱，对于付不起身价钱的家庭就只好用这种办法解决。也有两个贫穷的家庭如果都有儿有女，那么你家儿子娶我家的女儿，我家的女儿嫁给你家的儿子，就都不给身价钱了。

现在结婚索要身价钱的情况依然存在。我所在的养老机构有些彝族工作人员，为了弄清楚这种情况，我又作了点新调查，问了她的同村彝族好友，她也是我们的小伙伴。她说：现在都叫"彩礼"了（她家是汉彝杂居区），彩礼各家收的都不一样，像有些自己耍朋友，嫁给汉族的，父母也比较开明的，觉得两个人相爱的话，少点就少点，或稍微少点的也有，也就是十万、七八万都有可能，这个要看女儿的对像是咋样的。但是嫁给彝族人自己，一般情况下最少都是 15 万，多的就是根据学历、长相这些，学历高的、长得好看点的，二三十万、四五十万、七八十万的都有。

高：这跟您研究的扎巴"走婚"不一样，他们就不需要给女方这个。

冯：因为婚姻的形态、性质不同，也就完全不一样。前面说了，扎巴走婚没有经济往来，所以根本没有经济瓜葛。

高：现在扎巴人有钱了，也不会给女方家里送一些东西或者给一些钱吗？

冯：经济发展了，家庭富裕了，有的也会给一些东西或钱，但仅仅是表示性的。这跟刚刚谈到的彝族地区的情况是两回事。一个是自愿，一个是规定；一个是数量很少、不存在经济负担，一个是数量很大、存在压力。扎巴送钱送礼品很随意，比如我经济好一点，我会给"女呷依"买一点儿吃的啊，首饰啊，小礼品啊，那也花不了多少钱，如果经济不好，一点都不买也可以。而存在索要身价钱的彝族地方，身价钱是必须给的，而且一般是得到当地社会舆论支持的。

（七）《婚姻法》、婚姻契约与经济关系

高：《婚姻法》在扎坝地区实施，一定程度上会和"走婚"习俗产生冲突，比如说如果不办结婚证，双方的孩子就成了"非婚生子"。您在书中说，面对这种情况，女方会先问问男方有没有钱交罚款，要是没钱交罚款，女方就会要求先办结婚证，然后再在一起。对于这种现象，您认为办理结婚证是形式上对《婚姻法》的一种应对，"走婚"的内核没有发生变化，因此他们的婚姻形式并不会受到很大冲击，是这样吗？现在已经过去十几年了，还是这样吗？

冯：是这样的。但是，这里包含有几个时间层次。你提的问题是我在《扎巴藏族》一书中写的，当时的情况的确是这样的。早在 2004 年，我对扎巴走婚就进行了调查，当时就有婚姻法对走婚的冲击，而且随着社会的发展，社会制度的建全，冲击也越来越大了。

由于计划生育政策是中国的国策，各民族都必须实施执行，扎坝地区也不例外。前面已讲过，为了统计和控制人口，规定走婚男女一旦有了孩子，必须进行结婚登记，以明确夫妻关系，否则就要在经济上处以重罚。当时还改革开放不久，村民的家庭经济还不是很富裕，为了避免罚款，当走婚有了孩子后，一般都会到乡政府办理结婚手续，以证明夫妻的合法身份与孩子的合法诞生，但婚姻形式却沿袭传统，大多数夫妻仍旧过着夜聚晨离的走婚生活。

另外，他们还有很多对应的方法。比如像你问的，走婚前，女方问男方是否有钱（交罚款），无钱则不走婚。因为双方想要较长时期走婚而不愿过早结婚，一旦女方怀上孩子，就要交超生罚款。如果以后双方感情淡化，也可以分手，这样可以保持走婚的自由。

还有就是走婚妇女保护自己的方法。她们在怀孕前就去领取了结婚证，来预防有了孩子后男方会离开而使孩子成为私生子。虽然扎巴走婚自由，但也有约定俗成的规定，有男呷依后生的孩子，被认为是合乎道德规范的"婚生子"，而没有明确呷依关系的女子生的孩子，则被称为"私生子"，扎巴语叫"德里"，以表示与"婚生子"的区别。这是对女性的性行为不符合婚姻规范的贬称，但孩子不会受到社会歧视。女子还有另一种自我保护方法，即采用现代医学手段——安环避孕。这样，他们也可以自由行走于政策与习俗之间。

而走婚男子也有自我"保护"的对策。有些不愿"从一而终"的男子只要短呷依，不要长呷依，因为走婚时间长了，女方容易怀孕而必须结婚。为了延续走婚时间长久，避免过早结婚，就以"短接触"来规避女方怀孕。

扎巴人扯了结婚证，从现在的法律上说就是正式夫妻了。但大多数夫妻并不组成新的家庭，仍然过着夜聚晨离的走婚生活。这是一种现实政策与传统婚俗的奇特结合。因为结婚证意味着正式成为夫妻，而婚姻形式却沿袭传统的走婚，我认为这就是扎巴人在现实政策下维持走婚习俗的一种应对或调适，这样，他们既不违反政策，又遵循了走婚的传统。

高：有结婚证都不算吗？

冯：有结婚证也不算，即使扯了结婚证、两人住在了一起，没有经济关系，他们的婚姻性质仍然是走婚，男方依旧只负责抚养他母家的孩子。但如果两个人有"婚姻契约"了，也就是正式"夫妻"了，那双方的经济关系就确立了。一般婚姻契约上面都写得清清楚楚，在对偶家庭，女方进门之后，上门媳妇和上门女婿都享受同家庭其他成员一样的权利和义务，包括财产所有权。如果这家没有女儿，那招来的媳妇就是当家的，家里的财产全部由她来掌管。这个上门的媳妇也会带来她在母家的那份财产。这就是扎巴人通过"婚姻契约"结为夫妻的重要依据，也就是双方经济关系的确立。在确立这种关系后，如果某一方犯了他们"婚姻契约"当中的某一条，那就要受到严惩，被赶出去。这时候就像我书里说的"连用自己的饭碗的权利都没有"，犯错的人在经济上会被完全剥夺，这是他们的原话。如果扯了结婚证，不管是单过,还是上门,只有男方对妻子、孩子负起了家庭责任,两人有了经济联系,才算结束了走婚关系。

高: 能不能这样理解,以前《婚姻法》没有特别严格地在扎坝地区实施的时候,不管领不领结婚证,只要不订立"婚姻契约",双方还是算"走婚";而《婚姻法》严格实施之后,一旦办了结婚证,双方财产关系在《婚姻法》的保护下确立了,所以就算"上门"了,就相当于过去确定了"婚姻契约"的情况。

冯: 嗯,对。现在办了结婚证以后,两个人就由"呷依关系"变成夫妻关系了,确立夫妻关系后最重要的一条就是你不能再走婚了。这个在扎巴社会是有明确分界的,称谓上都是不一样的,"呷依关系"就是"呷依关系",夫妻关系就是夫妻关系。这又回到了前面的问题上去了。

高: 现在来说,一旦办证结婚,有了孩子,肯定就不能继续"走婚"了,所以"走婚"的范围就缩小了,这种婚姻形式也就慢慢式微了。为什么说《婚姻法》在扎坝地区的实施是对走婚的巨大冲击呢?

冯: 婚姻法对扎巴走婚的冲击是肯定的。有两种原因,一种是外部原因,如婚姻法、户籍管理、生育政策、民族优惠政策对走婚的冲击,是限制走婚和多偶的最直接、最厉害的因素。还有一种是内在因素,就是扎巴人自身的思想观念的更新。由于社会的进步发展,走出大峡谷的扎巴人越来越多,如基层干部外出培训、旅游,年轻后辈到外面上学、经商、工作等等。再一个原因,电视的普及、耳濡目染的文化传播,都会把新观念、新事物传递给扎巴人,使他们的诸多传统观念,特别是婚姻观发生巨大变化,扎巴走婚的趋势是越来越式微。

高: 在您的田野观察中,这些影响有哪些具体体现呢?

冯: 首先,婚姻法限制了多偶性。在办理结婚手续后,男女双方就受到法律的制约,不能再自由走婚。记得一位当地干部对我说:"因为怕罚款,所以现在走婚的没过去那么多了。"这在一定程度上限制了走婚的自由性与随意性,逐渐削弱与淡化了走婚制。其次是,独占观念由内隐到外显。如果女方走婚已经怀孕,而男方又有了新的异性呷依,女方就会去告知男方自己已经怀孕,让他负责,并申明呷依关系必须保持下去。如果男方仍然坚持断绝走婚关系,那么男方就必须承认经济重罚,否则就不能断绝走婚关系。总之,计划生育的实施,在很大程度上削弱与淡化了走婚制。与以往不同的是,它是新式的走婚,而非传统式的走婚,有结婚证作为保障,这种情形促成了扎巴男女心理的变化和新的认识定位:扎巴男子只要走婚后有了孩子，就认为自己应该结束走婚了，要一心一意地对待老婆、疼爱孩子，有的甚至上门或分出去独过。因此，结婚证起到了淡化与削弱走婚的作用，限制了多偶性，加速了专偶婚的完成，为产生一夫一妻制创造了条件。

高： 现在已经过去十几年了，据您所知，情况还是这样吗？

冯： 有增无减。我在 2005 年调查时，就已见端倪，早就有一部分扎巴男子向往结婚和小家庭生活，当年只是开始。现在十多年过去了，扎巴人融入现代社会程度更深，受教育的人数和程度越来越高，他们的思想观念自然会发生很大变化，现在这种情况应该更多了。

我在 2018 年 4 月对这个问题又做了点调查，主要是通过肖军老师和茨珠老师了解扎巴走婚的新近变化。概括他们的答复，主要是国家出台的一些优惠政策有些冲击。在还没有什么优惠政策之前，主要是针对户籍制度健全而言，生了孩子不扯结婚证，就不办理孩子户口，算私生子。一些走婚而不想通过登记结婚被束缚的男女，就通过接受罚款的方式保持传统的走婚。当国家出台了对少数民族的一些优惠政策，享受优惠政策就必须确认你的民族身份。他们说：越是后来，有了小孩以后，扯结婚证就越有必要。扯结婚证就说明这个孩子是合法婚生子，否则就是没有户口的黑户，孩子就享受不到任何优惠待遇，什么福利都没有，上学都没办法解决，所以新生孩子的父母必须得扯结婚证。走婚的男女被要求在走婚前必须办结婚手续，领取结婚证，因为生小孩必须去医院生，才能出具出生证明，孩子才能享受国家的一系列优惠政策，比如独生子女、读书上学等优惠政策，而这一切，结婚证是前提。因此走婚的男女去补办也可以，对那些已经走婚而没有补办结婚证的，就要补办亲子鉴定。这些政策措施的规定，扎巴人觉得很麻烦，不如一开始就按国家政策办，所以都纷纷执行。

高： 扎巴人对婚姻家庭的这些新改变抱什么态度？

冯： 随着社会的发展进步，扎巴人的婚姻观念和教育观念有了极大的提高，他们越来越向往夫妻朝夕相处的家庭生活，分开独过的小家庭也日益增多。我离开扎巴以后，他们三位老师还跟我说过，现在通过领结婚证确立夫妻关系的情况多了。这也是一个渐进的过程。

早在我 2004 年第一次去扎坝时，就已经出现了不同层次的婚姻家庭观念的变化。据我当年在赶场天的随机调查，走婚的发展趋势，正在发生着微妙或明显的变化。那时有这么几种情况：

走婚仍是主流，大多数农村男青年仍然拥护走婚。他们仍然以走婚为理想婚姻，认为走婚单纯、负担轻，自己轻松；结婚要负责任，既要照顾女方，又要养育孩子，不仅责任大，也十分辛苦；结婚只能找一个，而走婚可以耍几个，自由自在，无人约束，所以认为走婚好。还说，走婚是个传统习俗，祖祖辈辈都这样过来了，改变不了了。此外，我还对当地一个初中班的毕业生的婚姻状况进行了调查，当时扎巴人的初中生还比较少，算是文化水平较高的群体。统计结果是走婚占绝对优势。这个班共有38人，毕业后当干部9人，除2个人未婚（意向性也是结婚）外，其他7人都是结婚；做生意4人，结婚的3人，走婚的1人；代课老师3人，全部走婚；其余回家当农民的22人，全部走婚。从这个调查中，我感到，社区人文环境对扎巴人婚姻形式的选择影响很大，而职业所处的小环境也很重要，当干部的受国家政策、现代婚姻观念的影响，基本上都是选择结婚，而身处农村的受传统观念影响，无一例外都选择了走婚，说明了人文环境的重要性。这就是我想要说的下一个原因。

受现代社会文化的影响，一部分扎巴青年男女当时已经开始拒绝走婚，这部分人主要是干部和走出农村到县城打工的人。我访谈了两个人，一个在扎巴区街上开商店的老板娘，下拖乡人。我问她赞同走婚还是结婚，她说：走婚不好，还是找一个结婚好。结婚可以互相照顾，两个人全天在一起，如果有了小孩，男的可以尽一份责任，照料、教育孩子。要是走婚，有了小孩，男的尽不到责任，生活各方面都恼火，女的太辛苦了，对小孩成长也不利。另一个是副乡长，毕业于康定中专。他说，结婚有负担，有义务，但我愿意承担责任。两口子互相关心、体贴，享受爱情，享受家庭温暖。而走婚是古老婚俗的传承，是落后、原始的东西，与现代生活不适应。当时的政策虽然允许乡干部走婚，他所在扎拖乡有9个本地干部，其中3个男干部，已有2个结婚，有1个走婚。后来，走婚的这位也与自己心仪的姑娘结了婚。

再有就是外出打工、经商的这部分青年。我2004年调查时，得知在2003年，仅仲尼乡一个乡到本县和外县打工、经商的就有120人，这些人接触到外面的世界，开阔了眼界，时代的影响改变了他们的一些观念，包括婚姻家庭观念。虽然那会儿才开始，并不多，但他们带回的现代信息以及观念的影响不可低估，他们也是率先建立独立家庭的最早一批人之一。还有，族际婚增多。也是在这批人中，多有扎巴男子与汉族女子结婚，或者是扎巴女子跟随汉族工匠外嫁他乡的。现在十几年过去了，随着社会的发展，可以预见，这部分人会越来越多，走婚的人就会越来越少。

（八）特殊的家庭结构与群体和谐

高： 您多次提到一个扎巴家庭里不准出现两个小家庭，如果儿子娶了媳妇，女儿就要走婚，或出去"上门"；如果女儿找一个"上门"的丈夫，那么儿子就要出去走婚或者"上门"。因此，您说他们的家庭关系很简单，没有又是婆媳又是岳母和女婿的。形成了这种习俗的原因是什么呢？是因为他们担心家庭复杂会带来冲突吗？

冯： 这是专指对偶家庭而言。亲族家庭和一夫一妻家庭都不存在这个问题。扎巴的家庭结构都不复杂，不复杂的原因有两个，就是家庭的生存传续，需要团结与平衡机制。

母系亲族家庭不存在这一问题，因为母系亲族家庭是男不娶、女不嫁，只有血亲成员，因此亲族家庭都十分和睦亲爱。母系对偶家庭主要是由于扎巴家庭性别角色的缺失，在一部分全是儿子没有女儿或者全是女儿没有儿子的家庭，就必须纳媳或招婿，因为扎巴家庭的生产生活需要性别分工，以保证家庭的正常运转，有儿有女的家庭，一般是不需要外姓进入的。如果一个扎巴家庭儿子多，只要有一个女儿，就可以各就其位，就不愿意纳媳，认为多此一举。他们的想法是："一家人父母所生的兄妹在一起更好，娶一个是外人。"而母系对偶家庭每一代也只能容纳一对夫妻，不能同时容纳两对以上的夫妻，这已成为扎巴婚姻家庭的通则。

扎巴人坚守的一个核心价值就是团结。扎巴人深信家庭的力量在于团结，强调家庭、群体内部的和睦稳定，重视家业昌盛，有儿有女，得以世世代代传承绵延。扎巴人认为，一个家庭富不富，关键在于和睦，这是扎巴家庭发展的凝聚力和驱动力。所以扎巴人都自觉遵行，家庭成员都同怀公心，尊老爱幼，团结合作，和睦相处，特别是当家人更是克己奉公，尽心尽力。用他们的话说，就是要看谁有本事，要会计划安排，把家管得好，不是败家子，老实（处处公心），家里不能"乱套"（不团结）。在扎坝社区，和睦家庭被视为榜样，受到褒扬。扎巴人也注重内部团结和生存发展，比如，没有子女的老人可以收继亲属来为他们续宗延代，养老送终；孤寡老人则由邻居们救助供养，在扎坝，没有乞丐，没有由此带来的社会问题。由于扎巴人对家庭重和睦，对邻里求团结，从而构成了扎坝社区的和谐共处。这些和谐使扎巴人战胜了自然灾害，战胜了贫困，战胜了外来的侵扰，在封闭的大峡谷中一直顽强地生活至今。

扎巴对偶家庭结构的规则，也在于保证一个家庭的团结和睦。扎巴人认为如果再有两个外姓人同时进来，对家庭威胁就更大，势必会产生矛盾，这种情况，家庭不可能长久和睦，总有分家的一天。"分家"二字在扎巴社会是贬义词。他们认为，家庭里边如果有两对夫妇，几个小孩，只要有一个人心怀不公，就难免发生摩擦、滋生矛盾，最终可能导致家庭不睦而分裂。各自分门立户，这是扎巴人最忌讳的。扎巴谚语说"两姊妹一个窗子不要看"，意为两姊妹如果同时招夫就不能住在一起，窗子小，只能伸出一个头，两个头容不下，暗喻会发生矛盾。所以，扎巴对偶家庭中各代均无兄弟同时娶妻或姐妹同时招婿的，儿子多也尽量不分家，让一个纳媳，其他的或当喇嘛（有的家庭三个喇嘛），或走婚。如此一来，亲族家庭内部的关系就很简单。他们崇尚这种简单的关系，为什么？就是没有外来人，外来人越少越好，能减少很多矛盾，家庭和睦，矛盾多了就不利于家庭的生存和发展了。我调查的时候，亲族家庭占到50%多，对偶婚家庭只占到20%多，相对少很多。

二是可以控制家庭人口无限膨胀。对于生产力不发达的扎巴社会而言，土地是生存之本，决定着群体的生存与发展。而扎巴土地资源有限，地少、缺水、自然灾害严重，严酷生态环境及薄弱的经济基础，使扎巴生计艰窘，也不允许一个家庭不断分支。如果一个家庭无限地分支繁衍，势必造成土地资源的紧缺，就像扎巴人所说"要是每个儿子都要娶媳分家，以后怕是连房基都找不到了"。于是，一个家庭只留一对夫妻，作为承继家业、繁衍后代的主干，这样就可以限制家庭人口的无限膨胀。因为一个人口众多的大家庭，要与它拥有的土地、财产、生产能力、生产产品等相匹配，才能够承载家庭人口的消费，如果人口超出自然资源的供养能力，家庭的生存便要发生危机。所以，扎巴各类家庭基本上都以二代或三代、人口规模6～8人居多，这是因为5人以下的小家庭劳动力太少，难以完成基本生产来维持生计，而8人以上的家庭人口又太多，生产所获难以养家糊口，两种家庭的人口都可能会受到贫困的威胁。而6～8人的家庭既能保证劳动力的自给，又能使生产所得基本自足，还能保证财产的积累和集中使用，因此是理想的家庭人口规模。对偶家庭虽然规模大一点，最多也只有10～12人左右，而上门的人也会带去属于自己的那份土地和财产。扎巴无论是对偶家庭，还是父系家庭，都是一代人中只容纳一对夫妻，就是为了可以动态地控制家庭人口的增长，平衡人口的增减，让土地集中合理使用，使扎巴人在艰难的环境下得以生存发展。

高：所以扎巴社会一直到现在还保存着母系亲族家庭，其实是有内在逻辑的。

冯：对。这是肯定的，一个弱小的群体，生存环境那么恶劣封闭，如果没有和谐的家庭关系、邻里关系、社会关系，很难维持下去，或者给生存增添诸多困难。所以扎巴人的生存之道的内核因素之一，就是和谐，不管是婚姻也好，其他方面也好，他们都特别强调团结，而且首先是强调家庭内部的团结，家庭、邻里团结了，整个群体也就团结了，我觉得这点很好。我在扎坝过安巴节的时候，就观察过一些细节。

高：您这是说的书中提到的喝水那件事吧？

冯：对对对，我记得很清楚，安巴节这天很热，有个我访谈过的家庭，坐家主妇的小孩正在喝着一瓶矿泉水，刚喝了一点，他小姨妈就把那瓶水抢过去，喝一些，看小孩一眼，小孩望着姨妈，几次伸手，可姨妈看着他，笑着咕噜咕噜全喝完了。我当时心想怎么不给孩子留一点。孩子的母亲是这个家庭的大姐，走婚，有两个孩子，同时也是坐家主妇和当家主妇。她只微笑着看这姨甥俩，没有一点生气的样子。

高：这里面，表面上似乎是姨甥之间的嬉闹，实则既有长辈从小就以各种方式提醒小辈要学会礼让、学会关心家人的示范，又有作为长辈的姐妹之间相互信任、彼此亲爱的表达，但一切都尽在不言中。这样的宽厚、温存和默契，才是他们保持团结和谐的奥妙所在吧。

冯：你的这番解读很到位。应该说，追求团结和谐更是扎巴人根深蒂固的核心思想，和谐调适是扎巴族群得以绵延的基石、生存发展的根本。从我讲的这些可以看出，扎巴人无论是过去还是现在，有利于生存发展的，就保持；不利于生存发展的，就变通、转换或淘汰。不管是走访婚，还是对偶婚，不管是母系亲族家庭，还是母系对偶家庭，不管是家庭结构，还是人口规模，都是扎巴母系制婚姻与家庭形式相对应的平衡发展机制，这种机制有效地控制了人口的无限增长，平衡了人口与资源的配置，维系了一个家庭创造财富的最好方式，有效地延递着扎巴族群的血脉。这种适应机制也在现代社会中发挥着调适作用。

高：冯教授从这么一个小的细节就能发现扎巴文化传统的根本精神特征，看到他们的生存发展与群体凝聚之间的关系。

冯：当时听邓珠老师给我讲了这么个谚语"娶媳不留女，留女不娶媳"，印象很深，后来有了这种感悟。扎巴婚姻家庭形态的细节好多都会融会在谚语故事当中的，在他们的文学、故事里都可以找到蛛丝马迹。

高：它是有内在的逻辑的。

冯：都是一些相辅相成的内容。研究的视角不要停留在一个单纯的婚姻家庭，它有很多外延的内容，但外延的东西都又有一个核心的归位，这就是母系制。

高：我看您这本书有500多页，但后来我也看了您当时写的笔记、思考和补充的研究内容,才知道您现在给我们介绍的内容其实只浓缩了您全部成果的五分之一左右。

冯: 是吗?书里的内容的确是丰富很多,特别是提供了很多实证个案,来支持提升论点。

高: 而且都是有力的支持。您背后的付出太大了。

冯: 应该的。

四、在扎坝做田野工作的经验、方法与思考

(一)田野调查的基本情况

高: 听完您对扎巴藏族母系制社会各方面的介绍后,接下来特别想听听您谈谈您的田野,我认为您的田野经验很有价值。您一共做了多长时间?去了多少地方?访谈了多少人?用了什么样的研究方法?能不能先请您总体介绍一下。

冯: 对扎巴的调查,我一共做了两次田野。第一次是 2004 年 7 月,做道孚县的旅游开发考察时,在上扎坝区对扎巴母系制社会婚姻家庭做了专题调查,只有 8 天时间,算是初步调查;其后于 2007 年 6 月,我又到了道孚县的上、下扎坝区和毗邻的雅江县扎麦区,对扎巴母系制社会婚姻家庭做了专题的田野调查,时间近三个月。

第二次调查,除了对扎巴的历史文化、社会经济、婚姻家庭、宗教习俗等方面进行全方位调查外,重点对扎巴母系制婚姻家庭主要分布区的上扎坝的婚姻形态与家庭类型进行了大面积普查,对婚姻家庭状况进行补充调查与跟踪调查。其后,在写作过程中,又用电话进行了一年多的补充调查。

我一共对道孚县扎坝区的 5 个乡 30 个行政村 818 户家庭做了普查,就是说整个扎坝区除了亚卓乡的容须卡村(半农半牧村)和盘龙村(牧区村)外,我对其余农业村的每户都作了普查梳理,覆盖面达到了 90% 以上。我做这么大面积的普查,目的是要摸清扎巴母系制婚姻家庭所占的比例,这样才能判定其保留程度。

在父系制婚姻家庭调查方面,我对下扎坝区父系制婚姻家庭分布区的 3 个乡 11 个村作了普查和抽样调查,具体包括扎坝区下拖全乡的 7 个村,跨县对雅江县江北区(原扎麦区)的瓦多和木绒 2 个乡 4 个村进行了 50 户整体抽样,12 户是随机抽样,一共是 62 户。我对父系制婚姻家庭的调查只是初步性的,目的在于对母系制婚

姻家庭发展的状态做一个了解。

算下来，这次我下田野总共对上下扎坝区的 7 个乡 34 个村 880 户的婚姻家庭作了普查与抽查，如果加上雅江县瓦多和木绒 2 个乡 4 个村 62 户的调查，应该一共是 9 个乡 38 个村 942 户，获得了一大批翔实的一手资料和数据。总的来说，应该是对整个扎巴地区的母系制婚姻家庭情况作了一个基本的廓定，对父系制婚姻家庭也作了初步的调查，并对母系制与父系制早期的婚姻家庭有了比较与认知。当然，重点在扎巴母系婚姻家庭。

高： 您在获得资料的过程中，都用过哪些调查方法呢？

冯： 在实地调查过程中，主要采用的就是民族学田野调查和社会学调查通常用的调查方法，观察、问卷、访谈和抽样调查。访谈是随时随地的，采取的社会学随机抽样的"整群抽样"方法与非随机抽样的"判断抽样"和"偶遇抽样"方法。访谈内容依据的是我的调查提纲，每一次都有重点。而且在这个过程中，我经常发现新火花、新线索，再循序渐进，追索询问，努力达到预期的调查目的。我还对扎坝区的区、乡、村干部以及扎巴知识分子进行了访谈。我一共访谈了 80 余人次，其中对婚姻家庭的深度访谈达 40 多人，对扎巴的"走婚"和家庭状况有了比较具体生动的

2007 年 6 月，在扎坝参加安巴节时进行田野访谈

"质"的了解。

高：在这次田野中，您觉得做得最漂亮、最出彩的地方是什么？

冯：嗯，应该是对扎巴婚姻家庭的快捷普查法和个案采集法。我这次下田野是退休后的单独作战，时间和经费都不宽裕，所以如何又省时又能比较全面、准确地进行普查，是一个大难题。要比较准确地定性扎巴婚姻家庭的性质，必须有相当数量的整体数据的支持。由于扎巴人居住很分散，一个乡的几个村散布在十数里的半山、高山上，挨门逐户普查非常困难，几乎不可能我一个人在这么短的时间内完成。一开始，我想借用"户口簿"作家庭普查，但当时老的户口统计已经很陈旧了，新户口统计还没出来，婚姻家庭状况不可能准确，这绝对不行。而且如果只是用"户口簿"，除了统计家庭人口与代际关系，那很难再了解到其他鲜活的东西。后来我左思右想，根据已经调查了几天的经验，突然想到了一个办法，就是找"活户口簿"，村主任或书记。因为他们都是本族本地人，对本村几十户村民的家庭状况了如指掌，比户口簿更翔实管用，我采用了这一方法后，果然非常理想，效果非常好，可以得到远比死的户口簿多得多的收获。我对我自己发现的这个办法特别满意。这个方法就叫"村寨首长调查法"或"村主任调查法"吧。

（二）访谈提纲

高：您的书，我看了，调查内容非常详细，您下田野前，做了很多准备吧？

冯：对。我拟的提纲非常详细，能够收集到的，能够问到的，能够想到的，我尽量详细地囊括到我准备的提纲里来。因为开始定的是志体，为了拟这个提纲，我也参考了很多书，看人家怎么做民族志，思考我应该从哪些方面入手。所以，扎巴的历史、社会、经济、婚姻家庭、宗教、文化、习俗等方面，我都设计了新的调查提纲，尽量不与《鲜水河》那本书重复。在婚姻家庭方面，因为有第一次调查的基础，我的第二次调查，必须在第一次调查的基础上有新观察、新发现与新分析，并对第一次调查母系制时缺失的部分进行补充和完善，针对不同年龄、不同性别、不同身份的扎巴人，从各个侧面、各个层次进行访谈。所以在婚姻家庭方面我特别用心。

高：把要观察什么、要问什么，全部都列出来了。

冯：全部都有。我下田野的时候，那些调查记录都是在调查提纲的空白处写的。现在想起来，我制作调查提纲时也动了动脑子，特意设计成只单面印字、背面留白，而且根据设想，正面列的问题也少而简单，多留空白以方便现场记录，这样在整理时就一目了然，比起记在笔记本上的混杂内容，可以省很多事，而且录入电脑时也方便。问一个提纲上的问题，我就在空白处写上人家是怎么回答的，写不下，我就翻背面写，还可以绘图。我觉得这也是一个小方法，回头比较好整理。另外，在田野访谈的时候，提纲上的问题问完，我还要和访谈对象核对一下，我做得比较细。

另外，我在调查心得里写过一条"村主任书记调查法"。

高：书记、村主任调查法，就是您开头说的那个？您详细讲讲。

冯：在农村，村主任和书记基本上都是本村选出来的，他们对村里的每个人、每一户的情况都了如指掌。我前面谈到过，在想出这个办法之前，我曾经走过一段弯路，就是在我做扎巴"走婚"调查的时候，一开始我考虑母系家庭的家庭关系比较复杂，有上门儿的，有的是妈妈当家，有的是舅舅当家，为了把这个做得细一点，我就挨家挨户调查，想靠一己之力把扎巴每一个村的每一户的婚姻家庭状况都理出来。后来发现时间、精力、经费根本不允许我这么做。于是，又想到是否借用"户口簿"做家庭普查，由于户口变动而无法从户口登记中了解家庭成员关系的诸多细节等原因，又否定了这个办法。于是据第一次调查的经验，每一个三四十户的行政村的村主任或书记，作为本地人和基层干部，对本村各户的家庭成员的婚姻形式与家庭状况了如指掌，除个别年龄小的孩子不知名字外，无一不清清楚楚，可谓"活户口簿"。这样就采用了"村主任访谈调查法"。调查时，他们一般是按自然村户主房屋的地理位置依序而下，逐一叙述，无一遗漏。这样，在较短的时间内，就梳理了818户家庭几代人的婚姻家庭形态，较之以往调查"死户口簿"的方法，效果事半功倍，取得了翔实的第一手资料，为扎巴婚姻家庭性质的分析提供了可靠的数据支持。而且，在梳理中还可以顺势增加需要了解的内容，如婚姻状况、走婚半径、家庭掌权人、谁家与谁家是交换婚等等。这样，不仅对每户的调查信息量大大增加，还为日后资料整理增添了许多新内容和统计项目。重要的是，这种询问调查，对于一个粗通汉语的扎巴基层干部来说，并非困难之事，而我也解决了暂时没有翻译协助的难题。以此，作为调查婚姻家庭的重要组成部分，普查和抽查梳理每户家庭的婚姻状况，便顺利地完成了。

高：这样的普查，工作量实在是太大了。

冯：是啊！一开始，我是借他们的户口本来抄，我觉得也行，但只是抄户口本的话，问不了问题也不行啊，这家的婚姻状况是怎么样的？他是走婚，还是上门儿？上门就是入赘。母系的入赘还分为男入赘和女入赘，都叫上门，还有家里当家的是谁？这些具体的婚姻家庭状况在户口本上都看不到啊。而且扎坝那个地方，村户之间太分散了，村子都在山上，远得很，不可能每个村都去，哪有那么多时间啊。所以，有一次他们有一个什么活动，我书里写了。

高：一个干部培训的活动。

冯：对对，是干部培训班，所有村主任和书记都要来区工委。哎呀，我那个高兴啊！我灵机一动，我说这真的是个好机会，因为我之前有一天去下拖乡乡政府做调查，不巧其他的人都下村了，只留有一个炊事员守家，我有些失望。不能白跑，一个人也调查，于是就跟他攀谈起来。让我喜出望外的是，这个炊事员原来是一个村的老书记，于是我请他给我介绍这个村的走婚情况。他一个家一个家地挨个儿说，在说的过程中，我发现他对每个人的情况都特别清楚，包括村里哪些人家生了小孩，哪些取名了，哪些没取名，他都知道。我又问了一些其他的问题，他都知道并且详细，当时这个事情给我留下了一个较深的印象，但当时我还没有这个想法，只是给了我一个启示：了解一个村的全面情况，村主任、书记是最好的人选。后来县里在区上办一个什么干部培训班的时候，一听全扎坝区各村村主任和书记都要来，我一下就蹦出这个想法了。我跟培训班的领导商量："能不能让他们每个人抽一点时间，我想做点调查。"没想到，他们都很配合，都挺支持的。我从每一个家庭的人口构成问起，根据所问情况，再追问坐家主妇、当家人是谁？每人的婚姻状况怎样，走婚对象是哪村的？联姻对象是哪里的，有几个儿子当喇嘛等等，都可以问得很清楚，为下一步统计分析奠定了翔实的基础，所以调查效果特别好。我后来做的婚姻形态数据统计表，以及定性分析，就是从这些排查的一家一家"活户口簿"中累计的，家庭形态的定性也就很有底气。

高：这真是一条很重要的经验，也是很有效的调查方法。

冯：确实，他们把村里每个家庭的人口构成啊，祖孙几代，家庭掌权人是谁以及每个人的姓名、婚姻状况、"走婚"半径、谁家与谁家是"交换婚"等等，就弄得一清二楚。这样，每户的调查信息量都大大增加了，我后来整理资料时增添了许多新内容和统计项目。而且可以此为基础，根据需要再作单家独户的深入访谈，深挖一些东西。

张：你们谈话的时候是用本地话吗？他们会不会汉话呢？

冯：村主任和书记都会汉话，这也是这个方法的一个优势。

张：对，提供了一个便利。

冯：没错，平时我去做访问，一般还要带翻译，因为有些地方的人不会汉话。可是翻译毕竟也不是专业出身的，有时候他听完了被访谈人的回答，加工一下，再翻译给你听，那就变味了。所以，这个问题我也是一再和翻译强调一定要原话翻译，不要加他们的理解。

高：要尽可能原汁原味、原原本本地翻译。

冯：我对他们说："对方怎么说，你们一定要如实翻译，不要变成你们自己的说法。"曾经有几天邓珠老师和茨珠老师都不在，是一个扎巴区女干部给我当翻译，我对她说："你要记住啊，不能用你的话或现代的话来给我翻译，他们的原话是怎么说的，你就怎么翻译。如果按照你的意思说了，你也要给我说明这句话扎巴语原话是什么样的。"所以我写书的时候经常不自觉地就用了他们扎巴话的说话方式，都是倒装句。

高：做完田野回来，都养成扎巴人的语言习惯了。

冯：对对。不自觉的会这样。但是我访谈村主任、书记，他们都会汉语，有语言上的便利，不用翻译，他们就能直接回答我的问题。他们的汉语水平虽然不是特别好，但我提的这些问题本来也都是简单的日常问题，他们都可以回答。所以，我总共也就花了一天多的时间坐在那里询问，就把一个村想要的资料搞得八九不离十了。

高：哦，您是拿一个小凳子当桌子，坐在一个更矮的凳子上记录？

冯：就是平常一个方方的、矮矮的小凳子，用来当桌子，再用一个更矮小的条形小凳子当坐凳，就是小孩坐着洗脚用的那种，经常一坐就是一天。

高：您这个小凳子坐一天腰酸背痛，还经常被人拿走，太辛苦了。当时看您日记上说"坐在那里两个小时都不动，就拼命地写"。

冯：小凳子都是借的，人家要用呀，我只有拼命地写快点，都记录下来。虽然辛苦，但是我也高兴，觉得特别有收获，像咱们搞民族学田野调查的，做调查就会去一些居住分散、山高路远的地方，就要跋山涉水、费时费力，收获还不确定是多是少。所以我觉得找村主任和书记协助调查这个方法很好，这样，分散的数据调查可以集中了解，用时少、效果好，事半功倍，甚至是"功 N 倍"。然后再根据活户口簿，能了解到很多鲜活的东西。再根据需要进行个案访谈，观察到位，见微知著，就能收到事半功倍的效果。

高：这个方法应该介绍给同学们。

冯：是，这个方法特别好。就是说他们在做田野的时候，如果有这种集中培训呀，学习呀，开会呀，都可以想办法利用起来。

高：把握住这种机会。

冯：对，这个机会太难得了，因为平时很难把他们集中在一块，可能专门去找某个村干部都不容易。我在培训班结束的那天下午，曾去等着访谈一个很远村子的村干部，人家也特别忙，这个当然要理解，来一趟区上不容易，要办的事也很多。后来，他说他吃完饭就来找我，但我不放心，就耐心地等待，还一直跟着他，看着他，等着他，我不能跟丢了，怕他可能随时有什么急事又跑了。他让我先去忙，我就说："我等你，没事。"然后我就等着他，访谈结束，天已擦黑，我才知道人家还要赶一二个小时的山路才能到家，人家要在天黑前赶路，村主任要摸黑走山路了，我心里很是歉疚。现在想起来，当时就是傻，也没想到以"一起去吃个饭"表示了一下感谢，就在那里傻跟傻等，当时真就没有这种概念。

高：这个我在您的田野日记上也看到了，当时把我笑的呀，觉得您特别可爱。

冯：是啊，这是没办法的事，记得他是最远一个村的村主任还是书记，如果他跑了，我要去他的村子，就太难了。而且那个时候我就只缺这一个村的普查了，一个缺了，那整个就缺了，资料是不能缺的。再后来，我虽然只去了两个村，但通过访谈各村的村主任和书记，资料我都补起来了。我现在唯一觉得可惜的就是，后来没有人继续做扎巴研究了，这个我也理解，毕竟我们这个是比较边缘的一个研究。但是我手头上扎巴各村的资料还是很全的，虽然是当时的，但应该说那个时候的扎巴社会更原生态一些。

但是在后来写书的过程中，仍然有个感受，调查结束时，觉得田野调查的内容满满当当的，感觉很丰富全面，然而真到用的时候就不是那样了，总是觉得：哎呀，这个问题怎么还没问到啊，那个问题应该再深入地询问一下啊……

张：这个时候就得想办法找补了。

冯：对，这又是一个经验之谈了。在一个语言不通的地方作民族学调查，必须找翻译和向导，找到或选好了翻译和向导，会使你的调查效果事半功倍。这次扎巴调查，对我帮助最大的三位老师，就是邓珠、次珠和肖军老师，没有他们的鼎力帮助，我的调查要困难得多，收获也不会这么丰富。三位老师都是扎巴的"文化人"，双语皆通，他们成长经历略有不同，但各有所长，都对我的调查内容在不同方面起到了不可或缺的作用。

高： 您介绍一下这三位老师的情况吧。

冯： 好。第一个是吴惹·罗让邓孜，也就是前面提到的"邓珠"老师，他当时也已经60多岁了，是扎坝区红顶乡地入村人。邓珠老师16岁就参加工作了，在上下扎坝区的多个乡村当过教师，还当过亚卓乡书记、扎坝区公所副区长、区委副书记。他作为扎巴原乡人和基层干部，熟知扎巴的历史文化和民俗风情，博闻广记，乡土知识非常丰厚。他是陪我在扎坝调查时间最长的老师，我随时可以向他请教，给工作带来了非常多的方便。我们第一次到道孚调查旅游资源时，县里给我们派了几个当地人陪同，除了一个是负责我们的生活安排的政府秘书外，另两个人就是邓珠和肖军老师，协助我们了解县上情况和扎坝情况。我第一次到扎坝做调查，就是通过他们做介绍、当翻译对扎巴母系制有了初步的了解。我第二次下扎坝，请邓珠和肖军老师陪同我前去，做向导兼翻译，当时是先通过州、县、区的行政渠道支持，然后向县宣传部提出请求，两位老师也乐意再陪同我下去作翻译和向导并协助我调查，我很高兴。遗憾的是肖军在临行前，因爬楼试相机，不慎摔伤了腿，只好由邓珠老师一人陪我下扎坝。否则，原始制陶调查还要快捷些。邓珠老师是本土干部，在乡村工作几十年，摸爬滚打，对扎巴乡土习俗了如指掌，记忆力强，很多扎巴的诗歌、故事、传说、习俗都是在他那儿知晓的，有的是在我们一起去调查的路上，比如看到房墙上的一个图案或一个装饰，我会问他这个图案或装饰是什么寓意，他就给我讲图案或装饰的寓意、故事或来龙去脉。以后每看到这样的图案和装饰，他会指给我看，并讲解一通，我也会乘机做深入提问。这样，扎巴建筑装饰这一块，我就比较清楚了。诸如此类，我从邓珠老师那里了解到很多很多知识，不管哪方面，邓珠老师都可以有问必答，有时还边比划边说，或者给你画个草图解释，不会让你失望。只有扎巴古老的族源史，他知之不多，很诚实地对我说"我就听说过这点点，就知道这么多"，然后让我去问寺庙的老喇嘛。邓珠老师还很手巧，有一次邓珠老师和我上山，看见我走不动了，还用树枝给我做了一根拐杖，我感到爬坡轻松多了，还把它带回来当纪念品了呢。没有邓珠老师的这次陪同，我的调查要困难得多。

第二个是帕戈·茨珠曲佩，当年50多岁，是亚卓乡呷拉村人。他是扎巴人的第一代大学生，曾就读于道孚县师资培训班，毕业后在亚卓乡小学教书。1976年被推荐到西南师范学院数学系学习，毕业后曾担任扎坝区小学教导主任、校长、区文教干事等职一直到退休。茨珠老师熟知本土的习俗惯制，他长年住在上扎坝，生活在扎巴人中，尤其是了解扎巴婚姻家庭的状况，对我在这方面的帮助也很大，邓珠老师回县城后，我主要依靠他当向导和翻译。他笃信藏传佛教，谦和近人。他就住在扎坝区小学，与我住的区委很近。邓珠老师回县城后，我就主要依靠他当翻译或向他了解，有问题时也向他请教补充，时间得到了有效的利用。在我调查当中，茨珠老师的妻子热戈、两个儿子邓孜罗布和让布都给予了我大力支持。大儿子邓孜罗布当时是扎拖乡书记，我跟着他去所在乡政府调查，惊喜地获得了两份扎巴人的婚姻契约，非常珍贵。小儿子让布在我调查扎巴原始制陶时，由于又要记录，又要录像，忙不过来，就请让布帮我录像，我做记录。因茨珠老师有腿疾，不能陪我上山去老陶匠家访谈，就让小儿子让布陪我去，帮我摄像。茨珠老师的父亲是扎坝地区最有名的能工巧匠、多面手，他的制陶当时在扎坝地区远近闻名，可惜去世较早。他的制陶工具做得非常精致，可惜后来水库搬迁时给弄丢了，十分可惜。在他父亲的影响下，他也会捏制一些简单的陶器。

第三个是肖军老师，他的扎巴名是学克·安都，当年他也50多岁，与邓珠老师都是红顶乡地入村人。他是四川师范学院数学系毕业的，退休前是道孚县中学的教师。肖老师除了解扎巴乡土知识外，还擅长绘画和摄影。他画得一手好素描，对我理解扎巴文化帮助很大，比如对特殊陶壶的内部构造、乐器的样貌、酿酒的过程等，有些口述讲不明白的地方，经他三下两下地绘出示意图来，再一解释，我就清楚了。后来我研究扎巴陶器的时候，一些已经消失的陶器，也是通过他和茨珠老师的绘画得到复原的。遗憾的是，在我第二次下扎坝区调查前，肖老师原本是和邓珠老师与我三人同行的，可惜在行前的头天下午，肖老师摔伤大腿而不能与我们前往扎坝，非常遗憾，但我调查完毕回到县上，肖老师的腿伤基本上好了，有些需要补充的调查，他们两位老师又协助我完成。比如对占卜师旺修的访谈，这一消息是肖老师告诉我，专门请旺修带着他的一套法具，从下扎坝赶车到县城，在肖老师家完成的。

当时我调查完毕回到县上后，得知扎巴有一位知名的民间占卜师是下拖乡下瓦然村的，叫茨珠旺修，他是扎巴人原始宗教的巫师，还保留有占卜时的服装和道具。据说藏族占卦中很多古老的东西，已在西藏地区散失，但它却在扎巴的占卜中有保留。我觉得机会难得，托人请他带上占卜时穿的服装和全部道具到县上来。他当天到的比较晚，我给他安排了住宿，第二天茨珠旺修到肖老师家讲述占卜过程、表演，还接受了访谈。我心想不能亏待人家，调查费也还有点余额，就给了他300元，这是我给的最高调查劳务费，旺修也很高兴。

总之，他们三位老师对我的帮助太大了，在调查过程中为我担任扎巴语翻译和介绍扎巴的历史与文化、婚姻和家庭，不厌其烦地回答我提出的各种各样的问题，让我受益匪浅。可是我给他们的劳务费很低，因为当时我的调查经费也很少。那时科研经费紧张，我已退休，是用所里的一笔科研经费，不好意思多借支。加上我也没有单独出过差，不知道借支多少合适，所以在所里预支了6000元调查费，怕不够，自己又带了2000元。后来临近调查结束，钱果然不够了，所长也出差了，让我们工会主席梁馨紧急给我寄来1000元结账。这9000元包括我在扎坝近三个月的食宿费、交通费、租车费，主要是给几十位被访谈人的误工费。给误工费的大概标准，我是向别人了解过的。不过当时的生活水平比较低，我参照了解的标准，一般按访谈时间长短付给被访谈人的劳务费，大多数是给20元，少数访谈时间长的给40或50元。而我给三位老师的报酬很少，每天劳务费是40元，特别是邓珠老师，在扎坝时每天陪着我调查，何止8个小时，特别辛苦。有时在茨珠老师家访谈加吃饭，也没付给人家餐费；肖军老师为准备下扎坝摔伤了腿住医院，当时走得急，因忙于行前准备，买了礼品请邓珠老师带去医院，也没有亲自去慰问，可是他们毫不计较，以帮助我完成书稿为乐，认为我也是为他们扎巴人做事。所以对这三位扎巴老师，我怀着深深的感谢和敬意。我们成了很好的朋友，一直都保持着联系，还分别见过几次面，都特别亲切和高兴。

高：冯教授回答第一个问题的过程中，把我想问的第二个问题也给回答出来了。咱们学校对学生的田野要求一直比较高，对于博士要求至少要做一个完整周期的田野调查，也就是至少要有一年的时间在田野点上。即便访谈提纲都列得很详细了，资料也尽可能地从田野点带回来了，但最终写作的时候，肯定还是会觉得少东少西，这时候再返回田野继续补充调查，其实对一些学生来说是比较困难的。所以我第二个想问的问题就是，如果您从田野点回来，发现资料有缺漏，您怎么解决这个问题？

冯：我觉得还是应该再进行田野补充调查。

高：您觉得最好还是再下一次田野？

冯：嗯，理想是这样的，也应该这么做。但像我当时做扎巴研究，就没有下一次田野了，这里面有很多客观上不好克服的问题。这就是我的第三个调查感悟的总结。

一个是我年龄大了，我2007年去的时候就已经60多岁了，那个地方海拔很高，我身体已经受不了了；另外，因为我已经退休了，搞调查又需要经费，单位没有那么多调查经费给退休人员。

其实我事先也想到这个问题了，这也是我田野调查的一个经验：每到一个田野点调查的时候，所有相关的单位必须走完。每个章节的内容可能涉及的单位，全部都要去。比如我当时做"彝族妇女健康与发展"研究的时候，需要一些妇女疾病方面的数据，那么当地的卫生医疗单位就一定要去。有些资料当时你可能觉得好像没有什么用，不一定，还是要把它略作选择后收回来。有的资料，当时你收了，以后没准儿能用上，如果错过了，也不好找，很费劲。总之就是别怕麻烦，材料尽量多收、收细，回来后再做取舍。这是第一个。

第二个是田野调查完后，一定要留下几个重要人的电话号码，比如陪同你调查的本土的知识分子、知情人、被访谈人，当然前提是会汉语，不要和他们断了联系，当你有需要补充调查的内容时，他们是可以协助你补充资料的人，特别是陪同你的人，他们不一定读过很多书，但他们对本地、本民族的情况非常了解，这样的人，你要留他们的电话。之后当你觉得哪个地方是没有调查到的，或者是调查不足的、深入不够的，需要补充，如果问题很多，你可以做第二次补充调查，但如果你问题不多，就那么一两个问题，再去跑一趟多费事儿啊，那么就可以通过给他们打电话，请他们协助你进行补充调查，效果是一样的，不过电话调查也有局限性，因为你不能耽误人家太久，还要考虑到对方的时间。所以，在进行电话调查的时候，要挑主要的问题问，还得分几次让他们来回答你。

调研结束时，我把三位老师的电话都记下了。我跟他们说："以后如果我还需要补充调查，可不可以通过电话请你们补充？"他们就说："好的好的，冯老师，您什么时候都可以给我们打电话。"我说："到时候我就给你们三个打电话哟。"后来在写书稿时，还真的派上用场了。我在写这本书的过程中，做了不少电话询问，填缺补漏的问题，他们也都是不厌其烦地给我解答，比如说补充某一个问题没弄清楚的地方呀，核实一下扎巴语的翻译译音呀什么的，就用电话询问，他们马上就能回答我，能在写作过程中及时补充上。而且我还做了工作量较大的问卷补充调查。我先把我所有需要补充调查的问题像问卷一样，打印出来寄给三位老师，请他们在纸上的空白处回答我的问题，他们三个都有文化，能写字，就都用文字回答了，然后邮寄给我。包括我又专门做了一个扎巴的原始制陶研究，这个研究在制陶方面也很有学术价值，因当时调查这不是主要的，就没有测量扎拖乡老陶匠的陶窑的长、宽、深度，于是我就请肖军老师找人去帮我补充量了尺寸。当然了，有些量大的、费时费力多的补充调查,要给少量的报酬。因为他们平时都是家里的顶梁柱,各家都有自己的事,他们要抽出时间精力去帮我调查,已经是给我的鼎力帮助了,我事先给所长说好了,应该付给他们补充调查的车旅费用和劳务费,调查时给的劳务费就够少了,不能再亏待人家。所长通情达理,也同意我的这一请求。这部分费用由他们直接与所财务联系报销。

除了这三位老师,还有扎坝区工委的领导,是无条件地支持我,档案馆的工作人员,允许我根据需要查看资料,所以没有他们的帮助,特别是刚才说的三位老师,这本书的内容就不会是现在这样丰厚。

高:就没有那么完美了。

冯:完美说不上,就是相对来说调查内容还算翔实丰富。其实,囿于各种原因,有的资料还没用上。

(三)掌握调查对象语言的重要性

高:冯教授,我接下来问您第三个问题。我们在进入田野前,老师都会要求我们在一定程度上掌握调查对象的民族语言,能对话最好,至少也应该会说一些日常用语。那么您觉得现在做田野调查,掌握调查对象的语言还像以前那么重要吗?还是说重要性已经变轻一些了?因为像您说的,现在一是有翻译,二是即便在比较偏远的地方,领导干部们的汉语也没有问题了。而且我在您的书里看到,您会在每个访谈对象说的话后面,标出来他是用汉语说的还是用扎巴语说的,这一点特别棒,我看到您的很多访谈对象都能用汉语跟您交谈,也就是说,语言障碍现在已经不再是田野调查中不可克服的困难了。

冯:这个是有一个历史过程的,你说的这个,我也经历过。在20世纪五六十年代,少数民族地区普遍都还比较封闭,能比较流利地说汉语的人很少,我们这几届藏语专业当时培养的目标,主要就是翻译人才,包括口语。据说毕业后的分配方向是中央翻译局、出版社,或者是去西藏自治区的机关单位当翻译,以满足国家的民族工作需要。民族地区的藏族干部大多不会汉语,要学习。汉族干部也少,要学习民族语言。一些进藏的干部,都有一本简易的藏汉口语课本,以适应日常生活工作之需。作为民族地区来说,随着民族干部越来越多,一些民族干部到汉区学校培训、学习,掌握汉语,以利工作的开展,但这部分也是少数。

少数民族群众会说汉语的人逐渐增多,我认为是从改革开放以后才开始的。因为改革开放后，民族地区的交通有了极大的改善，与汉族地区的社会文化交流也开始频繁，加上双语教学的普及，会说汉语的人才从州、县、乡慢慢普及，在农村，是从平坝、半山到高山的顺序，村民由多到少，这是我在彝族地区调查的亲身体会。前面已经说了，不管是物质文化的变迁，还是思想观念的变化，包括汉语言即双语的普及，都存在一个垂直的不同层次，地理环境越高越偏僻，会汉语的人越少，特别是妇女。我们作民族学调查，对象多在乡村，而且大多在半山、高山，会汉语的村民就更少，所以调查时也要看具体情况。

如果你去的调查地很多人不会汉语，你的调查内容需要一定的深度，而且可借鉴的资料很少，这个时候我觉得去学习当地民族的语言就非常必要。因为有时候包括翻译对汉语都是粗通，不熟悉相对应的汉语，就可能在翻译的过程中出现偏差。如果你自己掌握了民族语言，不带翻译，那调查的自由度就大得多，调查内容也会更准确。还有一点，在调查地用母语进行交流，是拉近你和调查对象之间关系最快的方法，你能用他们的语言跟他们交流的话，他们心理上会感觉你很亲切。

高：哪怕只会说两句，都能起拉近距离的作用。

冯：对，哪怕是日常生活用语。拉近距离之后，就会消除你和他们的隔阂感，他们会尽已所能地给你讲你所要了解的事情，甚至还能了解到他们内心深处的一些想法，包括他们认为是秘密的东西。所以我觉得掌握对方的语言作为基本功还是非常必要的，特别是如果你是专门从事某一民族研究的，比如藏学或彝学。如果你能完全用他们的民族语言进行采访，这个是最好的、最棒的。但是对于做跨民族研究的学生来说，这个是比较难做到的，就像必须掌握一门外语一样，现在的学生一般没有那么多时间去掌握一门少数民族语言。但我觉得无论如何还是要学一些，比如日常生活用语，可以作平常交流，可以提简单的问题，可以听一些简单的回答。真到要深入村寨，了解一些更深层次的东西时，还是要靠翻译。当然，现在社会进步得很快，在城市，少数民族和汉族之间越来越没有交流上的障碍了，好多少数民族参加工作后都能说汉语。

高：还有收音机、电视机、手机、电脑这些东西的普及。

冯：对，所以现在少数民族群众会说汉话的越来越多，如果你田野中的谈话对象是完全会汉语的，你就可以用汉语做访谈。但如果你要深入乡村，可能还是有相当一部分人，他们只会简单的汉语，那么如果你要想做程度比较深的访谈、调查，还要在日常生活中进行观察、询问，我觉得你还是需要掌握一定程度的民族语言，这是很有必要的。

高：您在田野中跟研究对象交流的过程中，有没有遇到过因为自己听不懂对方的语言，感到特别着急的时候？

冯：我当时去扎巴乡村，想访谈村里的老年人，他们是绝对不会汉语的，这个时候一定得带翻译。有一次，我有机会访谈一位老喇嘛，但当时因为翻译不在，没有做成，我就感觉挺着急，生生错过了这次宝贵的访谈机会。

高：那就是说，根据您研究的这个群体，比如说我的研究对象都是年轻人或在外务工的群体，可能我语言上的不足，问题就不是太大，但是如果我的研究群体是一直居住在少数民族地区的老人，那语言方面就很重要了。

冯：对。另外，如果说你一定程度地掌握了对方的语言，第一，平时你做随机调查的时候，你可以不用带翻译，这样还是会少受很多限制，你可以去了解一些你想要的东西，你提纲上没有的东西，或者你发展的一个新的调查对象，这时候能进行简单的交流就挺好。第二，你掌握一定程度的语言以后，如果翻译翻得不正确或不准确，你多少还是可以听出来的，知道他可能给你翻译偏了或者是答非所问，就可以进行纠正性的再问。这也是我的体会或体悟。

（四）审慎对待田野资料及调查对象

高：您说到掌握调查对象的语言，可以避免被翻译误导，这一点实在是一个很重要的提醒。您是不是有这方面的一些教训？

冯：我在扎巴调查时，遭遇过一次调查中的"假事实"，这个我印象太深刻了！我在以往的调查中还没有出过这种差错，这是一个深刻的教训！在调查中，绝大部分的扎巴人非常纯朴，非常好，都非常诚实地配合你调查。但也有极个别人是迎合你调查，他知道你想调查的内容是什么，他就编造些"事实"告诉你一些你想了解的，或者说有些年轻人有时候爱跟你开个玩笑，逗着你玩，还没什么破绽。这件事是什么呢？也是在安巴节耍坝子期间，我做了一些男子的访谈，被访谈的人都很诚实地讲了他们的婚姻经历，我觉得很有收获。下午时，有一个30来岁的男子凑过来听，看我在问些什么。待我问完，他还没走，我微笑着问他："你是走婚，还是娶的媳妇？也可以跟我讲讲吗？"他跟我说，他是两兄弟娶一个老婆。当时没觉得他们是骗我的，因为"一妻多夫"和"一夫多妻"也是母系制婚姻家庭形态的一个类型，我还觉得这个很重要，还挺高兴，因为此前我问过扎巴有没有这种家庭，他们说有但不多，巴厘村曾有一对上一辈的就是这种家庭。所以我一点没起疑，我详细地问了他们家的经济状况、劳动分工、谁当家、有几个孩子等等，当然还问了一些他们夫妻如何相处的细节，他说得也很合情合理，与我了解的藏族的一妻多夫情况很相似，所以我没生疑。我还让他找来他的兄弟和媳妇，还有一个抱着的孩子，就给他们照了兄弟合影和"全家福"。一般来说，我调查的重要资料都要经过核实，本地人都很了解当地的各个家庭的情况。当我兴冲冲地把我的惊喜"收获"给茨珠老师讲了，还把照的照片给他看，并问"他们是不是两兄弟一个女人"？满怀希望地想佐证一下这是真的，没想到茨珠老师笑着说："假的。他们跟你开的玩笑！"我说："真的？他们说得那么有板有眼的。"这下我真是哭笑不得，怎么会一点破绽都没看出来？

高：没想到是跟您开这样的玩笑。

冯：幸好我调查的重要资料，一般都会核实一下，多询问两个人，不会只用孤证的材料，特别是这种稀少的、代表一个类型的内容。吓得我赶快把这个调查记录删掉了，在照片上的文字注释说明是假的，以免以后日久用错。因为我们的田野调查资料必须真实可靠，不能有半点虚假，否则你的立论就站不住脚，整个调查就失去意义。

这个调查中的"假资料"就是这样被发现的。这也是一个教训，所以重要论点的调查事实依据，一定要进行核实。这两张照片，我留下了，作为一个教训，没给毁掉。

我把扎巴一书写好后，为了书中调查资料的真实可靠，我特地请出版社印了两本样书寄给我，一本我自己审阅修改，另一本寄给了邓珠、茨珠和肖军老师，请他们三位老师一定分别仔仔细细地帮我审阅一遍，看有没有不实的调查资料或其他问题，请他们在书的空白处用笔写上批注，能直接点明或修改更好。当时肖军老师和邓珠老师住县城，他们相距很近，但茨珠老师一直住在扎巴乡下。我说："请你们一定要抽时间看，先各看各的，然后找个时间碰个头，各人把发现的问题全部提出来，比如表述不妥当或者有错误的地方，都请注明。一定要保证这本书不能有假的或错的东西。"三位老师非常认真，说他们分别看了后，又在一起讨论了，没大的问题，有点小问题，都写在书上了。所以，我真的从内心深处非常感谢和致敬这三位老师。

高：就是说田野调查成果在出版之前，让比较了解当地情况的人先读一遍，这个非常重要。

冯：对，有条件一定要请他们先看一遍。因为我们做少数民族研究，必须非常谨慎，要不就出问题了。你辛辛苦苦调查研究了半天，结果因为这些不是什么问题的问题，让你前功尽弃，多不值得和遗憾！我们做田野，一定要做得特别严谨，不能有一点虚假的东西，必须翔实，翔实就是要实实在在，这样拿出来，心里的底气就很足。后来，他们三位都帮我看了，他们觉得大的问题是没有的，还是有一点小问题，小问题能发现改正也是挺好的，我都一一进行了修改。通过了他们的把关，我才放心出版的。

高：出版时还顺利吧？

冯：不顺利。后来出版社在终审时卡壳了，理由是扎巴存留的走婚不符合现代的婚姻法。为了争取出版，我据理力争，强调这是学术著作，是学术记录和学术研究。走婚是历史遗留，作为历史上婚姻阶段的一种形态，把它记载下来，还是很有价值的。扎巴研究很有学术价值，不能用现代的观点去框历史的东西，等等。

我又做了很多取证工作，说明这仅仅是一本学术著作，不涉及政治问题，不影响民族团结，而且类似的学术著作已经出版了不少，国际学术会也通过了相关研究文章，并没有不良反映等等，而且陪同我调查的三个扎巴藏胞，是扎巴地区当时为数不多的最有文化的知名人士，他们对书稿进行了核实把关。书稿完成之后，我特地寄回扎坝，请三位扎巴老师审阅，如果有表述不妥或有错误的地方，都请他们注明，我一一进行了修改。最后，出版社让我请这三位老师写了一个意见书，证明书中调查属实，内容绝无问题，建议出版，出版社这才同意放行。书的最后，出版社编辑还专门写了篇"编后记"，对本书内容给予了肯定，说明扎巴人的婚姻遗俗，学术成果是积极引导其向现代婚姻迈进云云。经过这一番折腾后，这本书2010年才得以出版。这本来是为了第十六届国际民族学大会准备的，结果就没赶上。后来想了想，我也理解出版社的顾虑，因为涉及民族问题，必须很谨慎。

高：我第一次看这本书的时候挺感动的，因为内容做得特别细致，能感受到作者下了多少功夫。那么接下来就是我第四个问题了，很多第一次去做田野的学生，其实都面临一个如何进入田野的问题，或者说如何才能让调查对象尽快接受你，迅速展开后续工作。您在书中说，您有一次请了一个会计到区工委大院后面的长椅角落给您讲他的走婚经历，结果住在院子里的妇女们一直在笑，他就不好意思讲了，然后你们就换了一个位置，让会计背对着女士们继续聊。

冯：对，有这么回事。他是以为妇女们会听到他的讲述，特别是那些妇女中如果有他的亲戚，其实当时隔得比较远，妇女们只能看到他，听不到他讲话的。

高：对于那位男性被访者来说，谈这些内容确实是比较不好意思的事情，但他还是愿意告诉您。您是怎么让他们克服心理障碍，把这些比较私密甚至有些禁忌的男女话题谈出来的呢？

冯：这也是个很重要的问题，特别是"走婚"涉及一些敏感的话题，我自己也有保守的禁锢，不好意思问得太仔细，也不能问得太细，都是点到为止，比如一般说到"我们'作了'"（偶居）就行了，我不会再往下问，觉得没必要，因为前面的情节已经可以定性一些东西。还有你别看扎巴有"走婚"的习俗，但他们实际上有很严格的禁忌制度，比如兄妹之间要避讳，甚至忌讳在同一个场合询问哥哥或妹妹的婚姻状况。比如说你是妹妹，他是哥哥，我问你，你哥哥走婚吗？或者问他，你妹妹走婚吗？他们都会很不好意思。我在日志中就记录了我开始调查时的无意之失，事后茨珠老师就跟我讲："如果你是当着兄妹的面问，他们会很不好意思，马上就要走开。"所以说他们对这一话题还是有很多忌讳的，以后我访谈时都比较注意这一点。问得涉及色情，就不是学术性的了。我的访谈对象中女性多一些，也好交流一些。男性也有，但相对困难一些。

现在回想起来，我访谈时，一般先要做他们的思想工作，包括三位老师，我都跟他们做了工作的，我说："这是学术，你们的经历很有学术意义，不存在其他的，咱们就是实事求是地说出来，等于是记录人类婚姻史上的一段历史，你们的一段往事。"后来他们也就没思想顾虑了，把他们的婚姻经历都讲给我听了，包括当时当乡干部的邓孜罗布。当然，我也不会去问他们什么特别敏感的细节，只就一般的婚姻史与状况进行了解。

对于一般村民，主要就是"走婚""走了多少个"这个话题比较敏感，其他都不涉及什么敏感内容，所以我每次访谈前，都要先给他们做一下工作，开场白在说明我访谈的目的后，一般还会这么说："你（她）也别介意，我这是做学术调查，必须要问一些事情，你（她）可以放心地跟我讲，不用担心。以后我如果要用，都不会写你们的名字，会用符号代替。"他们之中多数是大方的，觉得没什么，会非常坦诚地回答你提的问题；但也有害羞的，对于走婚了多少个呷依，不好意思多讲，就说有几个呷依，除一个长呷依外，还有几个短的。

首先我要给他们做一个工作，他们一般都能接受，然后我就问：你什么时候开始走婚的？你爬房子是怎么爬进去的？这时候他们就会讲"我们先说悄悄话，然后建立感情"，有的是"等着他当晚就'作了'"，意思就是当晚就在一起了。

当时有个下拖乡的小伙子，是个理发师，走的呷依较多，记得有 18 个，他讲得较详细。

张：从事理发行业的是本地人，还是外乡来的？

冯：他是本地人，自己开了个理发店。这个理发师一共走了18个短呷依，当时他记得非常清楚，每一个"呷依"的姓名、住在哪儿、怎么走的，是为什么原因他就不愿意跟人家好了，怎么与前面的呷依分的手，然后又去跟下一个好。他讲了基本过程，就到"我们一起住了""就在一起了"为止，再讲下一个，没有什么其他细节。现在回想起来，作为访谈人的我，当时也没想到，有什么敏感问题需要去继续深问，也觉得到此为止就可以了。他连续讲了五六个以后，我觉得大概情况都差不多，我就说："好了，我知道了。谢谢你的支持！"我已经知道他一共走了多少个呷依了，因为下午还有事，就没继续往下听。后来我非常后悔，干吗不让他全部讲完，如果我把他18个走婚呷依的经历都排列出来的话，一比较，肯定可以比较出一些有价值的东西，这么好的机会，被我给主动放弃了。这也是我这次田野调查的一大遗憾。

高：这种资料后期就很难再补充了吧？

冯：那当然喽，当时他们有手机的很少，我不知道他有没有手机，也没留他电话，现在也不好找了。只是对他访谈的时间比一般人长，记得是一上午，我给了他50元误工补贴费。但当时访谈后，给他们填写了误工补贴的单子，上面有他的地址，但我报账的时候全交了。

张：没有留一个底。

冯：是呵，我应该留一个底的，所有访谈给了钱的人，上面都有记录，什么乡什么村的，名字、年龄。不过，我还有一个专门的访谈整理，我把每一个人的访谈都整理录入了，实际我这本书里面只用了其中的一部分，能够出版用的。这个理发师的访谈资料没有用。

像问这些敏感问题吧，只要你跟他们讲清楚了，实际上他们也不觉得有什么。对那些年轻人，我就说："我是你的长辈了，我主要是调查需要来问你一些问题，这都是你们的生活，没什么不好意思的，你不要有什么思想负担，想说的就说，不想说的就不说。"当他愿意说后，就很坦诚，没什么隐瞒。

高：嗯，就是说要尊重他们的禁忌，面对不同的访谈对象，要用不同的策略。

冯：还有一点很重要，不要在众人面前访谈这些，否则他们会很反感。找他们要避开众人单独谈，没事儿，你给他们做一下开导工作，他们还是很配合很支持的。

（五）关注田野中的各种细节

高： 您在田野期间，每天工作量非常大，可我看到您还花工夫在田野日志里记录了很多日常"小事"。我觉得您在专注扎巴婚姻家庭的调研外，也做了不少"非焦点观察"，还把您观察到的情况做了文化解释。您是刻意这样做的吗？

冯： 在做田野调查时，注意观察已经是我的一个习惯了。这是我开始到民族研究所时，向我的老师李绍明先生学习的，做田野要善于观察，开始可能是刻意的，后来就自觉或不自觉地形成了习惯。比如说在扎坝调查的某段山路上，我看到当地人在路边的某段路上拉了很多嘛呢旗，不知道是为什么，就问向导，向导告诉我因为这里出过车祸。我就想：这有什么意义呢？经过我自己分析，我觉得拉嘛呢旗一方面是为了祭奠死者，另一方面就是警示路过的人要小心。这是我观察到和想到的。

高： 对，您的日志里这类观察和思考很多。

冯： 再比如看到有很长的一根经幡旗绳悬挂在鲜水河的上空，两头固定在两岸。我一直都想不通这么又长又重的经幡绳，没有船只，他们是怎么拉过河和挂上去的。安巴节前一天，他们又要拉这种旗绳，我就跟着去看，发现他们挺聪明的。他们先在绳子上间隔着挂好旗子，然后抱着捆好的绳子，几个人留在桥这边，用大石头压拉住绳的一头，几个人托着一大捆绳子挨着桥边走，边走边放绳子，慢慢走过去，走到桥尽头，然后齐声喊"一、二、三"，一起从两边拉起绳子，中间的人将绳举越过桥栏杆，将绳放入河中，利用河水流向下游的冲力，河两边牵绳头的人往下游或走或小跑跟着，到了预先选好的位置停下，再把绳子拴在事先已固定好的木桩或大树上的高处，五颜六色的经幡旗就悬在鲜水河上空了，很好看，给扎巴人生活的空间增添了一道风景，创造了节日的喜庆气氛。在没有器械的时代，扎巴人就是用这种古老的方法征服自然，达到自己的生活目的。好像日志中没写这么细，但这次观察印象很深，现在都还记得起当时的场景。

还有邓珠老师陪我去下拖乡做调查，路上我观察到很多骑摩托车的人，当时扎巴人很多都有摩托车了，因为扎坝地广人稀，村与村之间相隔太远了，村子到镇上更远，摩托是他们最方便的交通工具。调查路上，看见这些摩托车主一个个脸上都洋溢着高兴、得意的神采，透露出他们对生活的满足，这表情一眼就看出来了。邓珠老师对我说，因为他们现在都有摩托车，觉得很光彩，像我们走路的话就很不好意思，意为不富裕、不先进。

高： 我还记得您日志里面说，您乘坐的私人大卡车，每次过了特别陡、特别弯的路时，司机还会念一遍经。

冯：对对，是这样。有次上比较远的高山村去访谈，山路全是很窄的羊肠小道，一边是陡壁，一边是深渊，而且急转弯还多，每到这些地点，司机都要念念叨叨地念经，反复念，可能是六字真经菩萨保佑之类的，过了这一险段，就不念了。我心里也紧张，非常理解。

高：冯教授真是太注重观察了，坐车的时候看到旁边座位的小伙子吃大葱，也会记录下来并把形成这种饮食习惯的原因解释出来。那么，您觉得对研究主题以外的事情做这么细致的观察和解释，对您的研究主题有没有用呢？

冯：我觉得还是有作用的，它可以作为一种补充手段。对这些旁枝的、枝枝节节的观察和思考，我一般简单地记述一下，没写那么细，但它们可以从一个侧面或者从某一个角度的细节来烘托你的研究主题，使你能够看到这个民族的社会生活的全貌，看到一些相辅相成而又容易被忽略的东西。

高：这可能就是文化整体论说的东西，一个文化内部的相互关联被您看到了，所以这种细微的观察在田野中还是很重要的，不应该忽视。

冯：是的，我认为写田野日志很重要，这也是一个经验。这些细节在书中囿于篇幅等局限，不能写或者说写不了，所以用日记的方式记录下来。日记本身也是田野调查应该有的部分，过去不怎么重视。当然，什么都可以记，每天的工作流水账、每天的所见所闻、心得体会，内容可简可繁，不受局限。在此之前，我有每天写工作日记的习惯，多是流水账。过去做田野调查没专写过日志，一是所有的田野所得，都在工作笔记里了，有时晚上做调查整理；二是还没认识到它单独存在的重要性，没有自觉性。比如说我到彝区、羌区去调查，也有一些有趣的事和惊险的事，但当时就没这个概念。后来我从读书中才醒悟到日志的用处，所以我在做扎巴调查的时候，就认真地写日志了。有些东西，你当时观察到了，如果当时不写下来，到后来就忘了或者只能记个大概，非常可惜。而且日志也是田野调查的辅助资料，可以补充和提供一些信息，丰富你的研究主题。

高：您经过观察，在古镇文化遗产的拆迁与保护问题上提过一个特别好的观点：文物保护是保护一个整体，不仅是保护一栋楼。

冯：是的，所以说我在扎巴也提出过整体搬迁的建议。我们搞民族学，细致的田野观察是非常重要的，细心观察，见微知著。很多东西你不观察，你就看不出问题，而且从观察当中你可以找线索，可以提出更深层次的思考啊，人家没看见的，你看见了，那么很可能这就是你研究中的闪光点。比如前面讲过的我到彝区考察生态环境与妇女健康，涉及扶贫问题，在进入彝区形象扶贫新居考察时，对一个家庭用的什么家具，墙上奖状的内容，家里是干净还是脏乱，厨房、院子、周围小环境整体卫生状况，里里外外，我全都会仔仔细细地看。后来我发现有不少彝族家庭，住在彝族新村的新房里，可是厨房一进去全是苍蝇，卧室里床铺上丢满脏衣服，鸡在屋里到处拉屎，与整齐有序的新村红瓦白墙、新打的水泥地、厨房洁白的厨台形成鲜明的反差，加上其他的调查，因此我才提出了"形象扶贫"一定要兼顾"文化扶贫"的观点。

（六）对于民族志写作的思考

高：您在前面介绍李绍明先生时，说过李绍明先生对扎巴藏族民族志写作曾给您进行了具体的指导，并强调应该注意些什么。我觉得您的这本书在民族志的写作上可以给后辈们提供一个可以参考的体例。同时，我也注意到，您在这本书里还谈到中国民族志在不同时期的差别，从把一般性知识传播出去，到去解释这个知识，然后再到对话、多声道，您说中国民族志应该有自己的特点。因此，我想问的第一个问题是，您在写这本民族志的时候，里面有非常详细的描述，您每一章后面也有对这些描述的解释，您对民族志写作有一些怎样的特别考虑？

冯：要说我有多么全面的思考，那也谈不上。那个时候，民族志还没有一个规范的体例，当时我也在探讨之中。记得当时李绍明先生建议我先做扎巴的全面调查时，我理解他是让我先写扎巴民族志。因为此前我完成过彝族志的写作，是属于方志学，因此也学习过地方志的写作规范，对方志有粗略的了解，虽然写的是地方少数民族。作为志体，当时我有一些感触，觉得是强调述而不作，就是资料性的，处在一个较低的层次。当时还没弄清楚地方志与民族志的区别，把两者混为一谈了。当然，作为"志"体，它们有相同之处，也应该有所区别。

在彝族志的写作过程当中，一开始我对民族志的认识也是很肤浅的，我觉得最开始写的那些志都是述而不作，当时这是一条原则，只让你叙述，不要你去评论和分析，这才符合志的体例，我写彝族志的时候就是这样，包括2004年帮助钟培全先生写那本乡村民族志。

当我准备写扎巴民族志时，已经到了2007年底，我首先是学习国内民族学专家学者的专著，如林惠祥先生的《文化人类学》、林耀华先生主编的《民族学通论》（初本和修订本）、李绍明先生的《民族学》等等，也阅读了一些当时认为是"新民族志"的国内著作，如《车轴》等，还看了一些国外的民族志，那个时候国内出版社出版了一批国外民族学的名著，包括《西太平洋的航海者》《努尔人》等等，我都认真地看了。

随着我不断学习相关知识，我感觉到民族志并不是述而不作，而是有分析、有立论的，有些总结性的论点成为民族学的著名理论。因此，我觉得国内的民族志也应该深化，不能够停留在只是叙事的层面上，作为一个作者，一个田野工作者，我们有责任去了解第一手资料，但把它忠实地描述出来的同时，还应该分析它的内在联系，分析它的原因，问一个为什么，再问一个为什么，然后加上我们思考的结论，我觉得这些都应该写出来，应该有一些理论总结。

高：不能停留于或者满足于述而不作，而应该有分析和思考，提出一些理论性的总结。

冯：是，应该有一些理论总结，否则这个层面就太表层了。

高：我觉得您说得对。

冯：但我的这个想法符不符合现在新的民族志的体例，我没有去深究过。但我的体会是，如果说没有基本的理论分析，那这个民族志是肤浅的，没有深度的。我觉得把我们做田野的一些思考写出来，就是说我们亲见亲闻的这个民族的人和事、社会现状以及他们的历史文化，他们的所做所想，我们研究这个群体的现状与发展，这个群体的内核是些什么，特征是什么，我觉得应该进行一个理论总结。比如说扎巴母系的特征，它为什么在那么艰苦、那么封闭的大峡谷里能延续到现在，保存了这么珍贵的、完整的母系制文化，原因是什么？我觉得这个必须回答，不是只将现象罗列出来，否则相对价值和意义就减少了很多。如果把我们的一些想法、我们的一些总结、我们的一些分析和结论写出来，不管这些结论是对是错，让后人来评判。也许我们的看法、总结是对的，也许是错的，但不管是对是错，也可以作为人家的一个借鉴；如果说是错的，也可以启示别人不要再错下去。所以说，我觉得民族志不应该停留在述而不作的层面，应该有分析，有理论，理论可深可浅，看你自己认识的广度、深度。

高：我理解您的意思，就是说民族志的作者也应该发声。

冯：对对，应该有独自的见解。但是我这本书，还是写得很小心的。

高：很多东西没放进去，包括您说的理论总结，那您有什么遗憾吗？

冯：这个是有一点，我还是受原来那个志的框架的影响，不敢多说，毕竟是"民族志"吧，我担心搞得不伦不类的。

高：我看书的时候，的确感觉有些地方您就是点到为止，就不往下面说了。

冯：对，没有展开说。因为不是研究扎巴母系制的专著，我担心说多了，突破了民族志的体例，别人不认可，所以只是尝试着做一点画龙点睛的努力。每一节后面的那个结论就是画龙点睛，做一点理论的分析。不过，当时我已经有了一些初步构想了，比如扎巴婚约的契约精神、婚姻形态与家庭结构的嬗变，包括扎巴父系制的初始状态等，都可以多层面铺开来分析。

我之所以有对扎巴母系制开展专题研究的夙愿，是因为扎巴婚姻家庭研究的学术价值很高，不仅在于扎巴社会保留了比较完整的母系制婚姻家庭，这是继永宁纳西族母系制文化之后迄今调查的第二个珍贵的人类学活样本，还在于它浓缩涵盖了人类婚姻家庭发展史的几个阶段。从氏族外婚到对偶婚、从对偶婚到专偶婚；从母系亲族到母系对偶家庭，再到父系制个体家庭，再到现代核心家庭，它们的层递、交错、发展都可以在他们的婚姻家庭及习俗中找到。可以说，现今的扎巴母系制婚姻家庭，既保存了古典母系制婚姻家庭的若干特征，又不完全相同于古典的母系制婚姻家庭，从而衍生出各类对偶家庭的新生态式样，它们较古典的母系制家庭更加丰富与复杂，给人类学领域婚姻家庭发展史提供了一个认识的新空间。人类家庭发展史上早期的母系制家庭过渡到父系制家庭，经历了一个漫长的过渡时期。这一中间环节是怎样一种状况，迄今为止，我们很少见到这样的实证，特别是父系制早期个体家庭的各种样貌与特征。

扎巴早期的父系制嫁娶婚与家庭类型承继了母系制对偶婚与对偶家庭的若干基本特征，又有父系制嫁娶婚与个体家庭的某些要素的衍生，这在以往的民族学资料中并不多见。[1] 扎巴年轻的父系制个体家庭的田野经验，使我们在为母系制婚姻家庭提供新的样本的同时，也为父系制早期的婚姻家庭提供了宝贵的实证个案，弥补了以往这方面的不足，这就对家庭发展史中的早期父系制的某些观点提供了补充与修正溯源，通过这些材料有助于对这一问题获得新的认识。

我还有一个强烈的感受，从扎巴母系制的田野经验看，扎巴母系制婚姻家庭的发展脉络，对摩尔根的"进化论"是支持的。我们知道，文化人类学有各种理论，有

---

[1] 林耀华主编：《民族学通论》(修订本)，中央民族大学出版社，2005年，第337—338页。

进化论和新进化论、文化传播论、结构—功能论等等。西方曾一度强烈否定进化论，但我根据从扎巴藏族的田野实践中得到的资料，认为摩尔根的进化论与扎巴的母系制社会最接近，无论是亲属称谓，还是母系社会的家庭结构与变迁，特别是扎巴母系家庭到父系家庭的演变路径，是最为清楚明晰的进化脉络。这一点，也可以作为佐证或者说验证进化论的一个实证。

这本书在评审过程中，获得了一致的好评，也得了四川省社会科学优秀成果三等奖，有些老师就提议把这个研究"做大做强"。此后，我还有一些其他的事情需要继续完成，再后来又由于身体原因，这事就搁置下来了。但是我想完成扎巴母系制研究的心愿一直存在。

（七）今后研究的设想

高：您那时有没有想到培养后辈，把这项研究继续做下去呢？

冯：我们是研究所，不是大专院校，没有带学生。而且要再深入研究，一般没有这方面研究基础的人做起来难度较大，一切要从头熟悉、学习相关理论，再度调查等等，具备这个功力的人很难找。当然，也可以边学边研究，但是一定要对这个课题感兴趣，认识到它的研究价值，才会在社会热点研究的大局下甘于坐冷板凳。另外，这种基础研究不属于时代研究的热点，难以形成专项研究课题，这个研究可能只能边缘化。

当时有一位参加工作不久的中国社会科学院某研究所的北大博士研究生，正在寻找研究课题，意向性地选择了研究扎巴。在李绍明先生的引荐下，到我家里了解扎巴的情况，从交谈中，我感到他的学业和人品都让人看好，于是把所有的调查资料都给了他，并说明我年龄已大，自己不能再跑田野，希望辛苦调查积累的资料能派上用场，让扎巴研究能得以深化，其他对我来说都不重要。其后他利用在甘孜州调查其他课题的机会，完成了我尚未调查的两个畜牧村家庭人口及婚姻状况的补充，使上扎坝母系文化区的婚姻家庭得到完整的统计资料。后来，因为他承担研究单位的课题任务多而重，扎巴课题只能边缘化，最后因实在没有时间而放弃。虽然我很遗憾，但也理解年青一代学人奋斗的苦衷。

高：如果有人能继承您的衣钵，您觉得哪些方面还能继续深入呢？

冯：我对扎巴课题的专题研究，已是在退休后。由于种种原因，扎巴研究只停留在初级阶段，对扎巴母系制婚姻家庭的研究，还不够深入，还有不少的"敏感"而珍贵的资料没用上，使这些珍贵的田野资料被搁置。对与母系制家庭发展一脉延承的父系制家庭，也只是初步有所涉猎，看到了它的学术价值而无力去完成。扎巴母系制和父系制婚姻家庭都应该继续深入调查研究，特别是扎巴父系制婚姻家庭极易被忽视。如果未来有人做的话，扎巴父系制现在是一个空白。扎巴的父系制不同于一般意义上的父系制，它是刚从母系制演变下来的，从"走婚"、上门到结婚，脉络非常清晰，非常有价值。随着社会的飞速发展，这个脉络发生了变化，模糊了，就真的是非常可惜了。这一"父系制家庭初期发展阶段"的状貌也将快速消失，不能不说是一种让人焦虑的遗憾。

张：如果您提前十年去做，那可能是另一番光景了。

冯：如果提前十年，那我肯定要先花时间做扎巴母系制研究，再继续做扎巴父系制的研究，因为这是完整保留下来的，脉络非常清晰。如果有对扎巴母系制和父系制感兴趣并有志做这一课题的持续研究者，我愿意将所有调查材料奉送。如果没有的话，在身体条件允许的情况下，我准备把这些调查资料整理出来，作为一个学术资料，贡献出来，留给后人。

附录一：2007年田野日记（节选）

冯敏教授退休后，仍在积极进行扎巴藏族研究。2007年6至8月，冯教授再次深入扎坝地区进行资料收集，并留下了珍贵的田野日记。

6月8日（星期五）成都道孚县

这次是独自出差，到道孚县扎坝区做扎巴民族志的田野调查。由于没有成都直达道孚的班车，带的做田野的工具又多，我只好搭"野的"皮卡货车赶往道孚，否则，要乘好一点的"三菱"必须还要等两天。因担心雨季到来，增加调查难度，故只好做"拼命三郎"了。

原本的计划是凌晨4时出发，因大雨滂沱，等到5点10分，师傅才来电话，要我赶紧起床，其实我早就睡不着了，简单洗漱一下，提包上路。

一路上，风景依旧，但感觉比起2004年7月到道孚时的风光似乎一切都不那么强烈地吸引我了。可能是因为天气灰蒙，还不时下着小雨的缘故吧，草地泥泞，绿色也不那么鲜活了。

但今天最大的收获是对比了一下康定县与道孚县的民居，仔细观察果然不一样。初看上去，藏民居大概都是一个样，花木窗，红墙壁，黄外墙，一看就是藏风俗，但分不清细微之处的地方特色。今天仔细观察，康定县民居的最大特点有二：一是窗户装饰，外涂一道平行的白边框，上面两角吊一三角，窗户有木花；二是晾台多在楼体中间，使楼房呈"凹"字形，也有"L"形的，外墙颜色以当地石材本色为主，不见"崩空"。

进入道孚县境内，民居风格一变，房屋明显分为上、下两部分，下半部分为石墙，涂黄色，上半部分为绛红色一层或两层"崩空"式建筑，窗户无白色边框，而用墨绿蓝色镶一道线，用木花或布帘装饰。更具特色的是木房的外榫，涂以白色方块和饰花，与绛红色外墙形成鲜明对比。如果再看以前拍的照片，就能分清这两个县房屋各自的特色了。

这次下来，身体感觉也不一样了，翻越海拔4200多米（4298米）的折多山时，竟出现了头胀痛的高山反应。到了县城，走上坡路和上梯路也气短心跳，累得不行。年龄不饶人啊。

6月9日（星期六）道孚县城

县上活动。上午找到了原县志办的田永胜老师，答应下午去借阅原有的未用资料。于是到肖军老师、邓珠老师家去拜访。中午在邓珠家吃饭，饭后竟有意外收获，在与邓珠夫人的交谈中，得知她是早期扎坝区的教师，而且讲了很多当时有趣的活动。"教书生活"中的喜苦，不就是这次"教育"的内容吗？在拟提纲时，我还没想到能获得这么一段鲜活的故事，同时，也引出了更典型的一个教师代表人物——黄老师，外号"老黄牛"，明天去采访。

下午，田永胜回老家菜籽坡了，他说明日返回再联系我。于是我就去拜访了汪都老师，了解了他的个人经历，所谈印证了上午邓珠夫人薛老师的经历。有趣的是，谈到最后，竟对上了他的妻子就是2004年我们来道孚调查时，陪同我的泽仁志玛。这时，又来了一个藏胞，肖老师打断我的访谈，介绍说他就是扎坝现在陶器制作最好的匠人，我赶快站起来与他握手，待采访完汪都老师，便把笔头对准他[1]。由于没带这方面的调查提纲，只凭记忆中的内容问，顺势下来逐渐展开，令人一震的是，这位制陶名匠竟不是"传技世家"，而且传徒也非自家的亲戚，而是横向地传给愿意学技的人。这是扎坝的封闭生活需要和扎巴人的纯朴、无私等综合因素促成的。还有很多，更重要的是要去现场拍摄。

在应接不暇的访谈中，时间已过6点，我起身告辞。进门时天色还时阴时晴，出门时已雨声沥沥了。

6月10日（星期日）

上午去拜访了被称为"老黄牛"的黄为根先生。这是一个瘦小黑黝的老人，衣装

---

[1] 根据资料，此人应是2005年广泛报道的黑陶部落最后的传人让兄（让雄或让修）。《黑陶部落的最后传人》，《中国西部》，2006年第11期，第40—43页。——编者注

朴素，因人称"赤脚老师"，故我特意看了一下他的脚，脚上穿一双布鞋。他谈到自己的经历时，没有使用什么华丽的词藻，他的表述与他的人一样朴实无华，似乎表达不出什么，还不如我在他人口中听到的对他的赞美。但就在这样的叙述中，我也感觉到了他的高尚，捕捉到了闪光的词句——虽然仍是那么朴实。访谈完毕，我请他和肖老师去餐馆吃了一顿便饭，饭中，黄为根先生同样表达出从艰苦生活走过来的老人反对浪费和倡导节俭的好品德。他时时与过去比，认为今天的幸福生活已经十分可以了，但有些年轻人仍不满足，只讲究享受，不讲究贡献。这就是老一辈工作者的品德。

晚上，去邓孜罗布、翔秋家做客。2004年来时，他们正在谈恋爱；2005年去成都照过婚纱照，今天来时，他们已经有一个可爱漂亮的小女儿了，邓孜罗布也由扎拖乡的副乡长升为书记了。他很热情，和我又讲了些扎巴的事情，如臭猪肉的功能，增加了一个原不知的"保险"作用。每与扎巴人交谈一次，都会有收益。

6月11日（星期一）

世事难料。今天是喜忧参半。

本来，工作开始走向顺境，由于州委宣传部王怀林的一个电话，县宣传部曾部长十分热情，鼎力支持，专门开了一个"红头"文件下达扎坝区工委，请他们支持我的工作。这预示着有个好开端，我心里的担心也轻了一半，身体的不适也似乎好了许多。

正在我颇为高兴之时，曾部长又请我、肖、邓三人吃饭（共进午餐），谁知电话中却得知肖军老师摔伤住院！今早肖老师去晾台上试摄像机，因下雨梯滑，从楼上摔下，钢板梯子砸在他身上，腰部受伤，腿上被划破露骨，缝了7针。如此，扎坝之行，他是去不成了。失去了一个有力助手，意味着调查将增加困难，不免心中又增添一丝惆怅。车到山前必有路！前行吧！困难会一个个被克服的！田野工作本身就艰苦，无非再艰苦些，时间再拉长些。

下午去县志办查材料，待复印毕已是6点10分，县上是5点半下班，因着急，怕人家等待太久，于是忘了身在高原，就急冲冲地小跑了几步，这一下不得了，胸口立即像跳不动了，喘不过气，脚发软，真是人老了！比起三年前，大不一样，那时在县城奔走如同在成都，没什么。我赶忙放缓速度（不放缓也不行），拖着脚步上坡到县政府县志办把材料还了，连声谢谢正在等待的同志。

雨又下起来了。3点出门时太阳钻出来，还照得人火辣辣的，现在一下又小雨沥沥，幸好带了雨伞。

为了赶时间，连忙去医院看望肖老师，邓珠在，说好明天访谈肖洪和田永胜，然后再买些糖果、烟，后天下扎坝。

6月12日（星期二）

今天一天不怎么顺。好事多磨。上午联系田永胜，没有得到预想的资料。后赶紧联系车子，曾部长开会去了。又约扎巴干部、县人大常委会副主任肖洪，听错了地点，白等了一个小时。11点时，终于等到了，访谈之后，急忙赶回宿舍，小憩一会儿，开始打调查内容。下午5时许，突然觉得肚子饿，才想起还没吃午饭。接曾部长回电话说，县上的车子没找到。我们决定赶班车去扎坝。这时，人觉得不舒服，一阵阵发冷。吃了一碗盖浇饭，再去医院看肖老师，并与邓珠商量下去之事。从肖老师处背回摄像机，开始收拾行装，可又停电了。这时，感冒的症状全出来了。快支撑不住了，脸也没洗，匆忙吃了一颗"康泰克"睡下了。睡前，电话告知邓珠自己生病，不知明日能否成行。邓珠老师让好好休息，不行只能再等第三天的班车，也只能这样了。

6月13日（星期三）道孚县扎坝区

半夜醒来，发现自己好了许多，只是还有点发烧。看了几次表：2：30、4：00、5：00，在6：25时给邓珠家打电话，告知已好，可以去扎坝了。邓珠去转经了，其妻薛娘嬢接的电话，让不着急，好完了再去。

早上6：30起床，7：00到车站，邓珠老师给我要了一个前面的位置，以便我不晕车，他自己挤在了车中间。由于长途，吃了一片晕车药，一路上，睡了好些时候。后来睁眼看两旁风景，的确是峰峦叠嶂，拥绿叠翠，汽车沿奔流的鲜水河前行。我细细观察，如果没有这条路，以前真可谓关山阻隔，扎巴人要翻山越岭步行到县城，实为艰之艰、难之难了。所以扎巴人在封闭的地理条件下，才保留了独特的走婚文化，这是其原因之一，不容置疑。

路上，坐在我旁边的扎坝派出所的一个小伙子，用大葱拌馍，一口大葱一口馍，葱味浓郁，馍香扑鼻，联想到在肖军住院处，他的亲戚就餐时，用野韭菜下馒头，吃得津津有味，还说，野大葱、野韭菜香得很，我尝了尝，辛辣冲鼻，味道极浓。

或许，在过去艰苦的日子里，缺乏蔬菜的扎巴人就是用这些野生植物拌主食佐餐的吧！这一习俗延存下来，这些野生植物也就成为扎巴人喜爱的食物。

扎巴人纯朴，一路上扎巴人听说我是省民委来的干部，对我照顾有加，细心关怀。到了区上，人们用一种好奇的、友好的眼光看着我，还对我友好地笑笑，他们虽然皮肤黝黑、衣着脏乱，但给人质朴友善的感觉。到了区公所，离开时，我还下意识地要关门，邓珠老师说："不用关门，在这里，东西放在外面都没人要。"是的，扎巴人还保留着十分淳朴的民风。

6月14日（星期四）扎坝区

与邓珠老师去亚卓乡巴里村格让老人的家，访谈到下午3点。

一路上，鲜水河边的嘛呢旗、嘛呢巾或立河边，或横挂在几棵树之间。一经询问，原来是道路上出车祸死人后作的哀悼标志，也警示车辆路经此段时，应小心谨慎。这是扎巴人用特有的丧葬文化和宗教文化对交通安全的一种提醒！

回区工委后，区小的茨珠老师来，记录了一些传说。

6月15日（星期五）

全天移民问题反映专题。我是从自己学术的视角出发关注水库移民的，由于作了横断山生态移民的课题，对此较为敏感。村民们一听我了解水库移民问题，纷纷主动上门反映，反映后又连声感谢。我告诉他们，我只能代他们向上面有关单位反映，至于有何效果，我不敢保证。

今天落实了去17口之家的合影问题、摄像问题，心中的负担多少有些放下了。

晚饭后，隔壁原红顶乡书记罗布的小女儿陪我去河那边的区镇上买卷纸。两个小姑娘天真地问我，家里几口人，有没有农村的，我笑了。当我回答说"有4口人，都在工作"时，她们一齐"哇"地叫了起来，那神情既高兴又惊叹，可爱极了。

小姑娘向我悄悄说起她亲姐姐和小娘的婚姻现状，并叮嘱我不要告诉她爸爸，我允诺。她的小娘与一男朋友好上，已有一个孩子，现在离婚了。我很惊奇，问："那孩子谁在养着？"回答是小娘养着，可能是母系制的习惯。

又说起她亲姐姐，也是与前男友已有一小孩（生下即夭折），但不知为什么，这个男的经常打姐姐，以至于她姐姐十分害怕丈夫。但她姐姐忍受着，没有张扬，直至一次被打时，被小卓玛看见，告诉了妈妈，妈妈才问姐姐。他们现在已离婚。

晚上，电脑录入"移民意见反映"。

6月16日（星期六）

上午继续打"移民意见反映"，并开始进行调查。

这里的气候很奇怪，每天上午晴空白云，但到了下午3：30—4：00时都狂风大作，还不时伴有小雨滴，但一过4：00，则风平浪静，小雨滴逝去，太阳又露出笑脸，也许这就是让高原山区长菌子的气候。

6月17日（星期日）

与邓珠老师一起到下拖乡乡政府。原本是去索要户口簿，先行一步登记，待20日县组织部对村干部进行培训时，就只需要询问填写婚姻状态一项。谁知新户口尚未出来，户口簿已是十几年前老掉牙的了，当然不行。幸好无意中发现乡政府的炊事员是下拖乡一个村的村主任。村主任最熟悉本村情况，是活的户口簿，于是坐下来搞了2个多小时的梳理，35户终于落在本上。

从下拖乡走回，路上一辆摩托车风驰电掣而过，扬起一股灰尘。坐在车上的扎巴娃虽不认识，也笑着和我们打招呼。路上很少见到我们这样步行的人了。邓珠老师说，现在走路的人很少了，没车坐，不好意思（意味穷困，不能干）。一辆辆摩托，搭的或是伴侣、朋友，或是年龄大的妇女，他们看见我们时，从那颇为自豪和得意的表情中，能够理解从贫困走向富裕的扎巴人的心灵之光。

走在路上，真后悔没带照相机，沿途的山岩上贴着或密或稀的经文，一问邓珠老师，才知道这多是为孩子免灾求康所贴，又是一道风俗景观。以后，相机应随身携带才是。

回来之时，下午2点，骄阳高照。我们为了赶时间，决定不再多待。此时，老天好像眷顾我们一样，突然阴了下来。太好了，我们赶快赶路，可还未走到二里路，太阳又骄矜地钻出来，火辣辣地射在脸上、身上，烫皮灼肉，没想到高原的太阳是如此的灼热。好不容易路边有岩阴处，我们站在那里，邓珠老师让我面对回来的方向，果然凉风飕飕，顿解酷热。离扎坝区已不远了，赶紧回去，一进区工委大门就不热了，再进屋，更加凉快。

奇怪，今天下午4时左右，竟没刮风，我不解地问院内邻居，他们说："刮风，说明要下雨。"啊，原来如此！

晚上抄录亚玛子村的新登记（计生）户口簿，以备用。

6月18日（星期一）

工作条件艰苦只是吃苦，但并不可怕，最使我惧怕的，却是这里特有的一种白色小蚊子。它似蚂蚁，白色翅膀，叮人时无感觉，但叮后毒性极大。一觉醒来，满脸是包，皮肤红硬一片，而且奇痒难忍。带去的防蚊药不起作用。才两天，左边的脸就成为"脸无完肤"了。我试着蒙头睡觉，但睡不着。为了不"全脸覆没"，晚上只好将被子拉至下颌，右侧睡，"牺牲"左脸，保护右脸，但额头不能幸免，真可气又没办法。

今天来访卓格，她被称为"扎巴第一美人""女能人"。见面访谈，大美人说不上，但她气质较好，具有扎巴人的质朴和诚实，也具有经商的头脑。卓格在外面闯荡多年，对故乡的感情依然非常深厚。她现在正在修房，准备搞歌舞厅、餐饮业、旅游业出租，看来可行。扎坝区上太脏，水库移民面临种种难题，不知未来命运如何。

县组织部要扎坝区搞为期5天的村乡干部培训，今天他们还未到。如果来，我将忙于对各村的婚姻家庭进行一次梳理。

6月19日（星期二）

一早，等待亚卓乡莫洛村一个母系对偶大家庭的女儿带路到她家去访谈，观察了她的外祖母、祖爷爷要去拉萨朝拜前的仪式过程。下午方回。山路艰险，坐着小型货车去亚卓乡莫洛村[①]，山道弯陡，坐在副驾上提心吊胆。在窄窄的、路况极烂的羊肠小道上颠簸行进，爬上半山、高山，往下望去，悬深万丈，顿觉危险时时都可能发生，用手紧紧抓住扶手。司机在行进于险要处，口中不停地念经，也是在祈神保佑平安吧。我也在心中念道："佛在心中，时时平安！"

每日调查，喜忧参半。把这个16口人的对偶婚大家庭集合拢来非常不易，照了几张"全家福"，但他们忙着完成行前礼仪，时间紧迫，照相时排列不理想。总算有了"无缺口"合影，但忙乱之中，竟忘了另一张重要照片：全家座次及访谈照！遗憾！

---

① 2020年，莫洛村与各布村、巴里村合并，改名为扎西岭村。

无意中又获一喜：在寨子正对面有两座山，左边是古拉神山，传说是女神山；右边是罗曼神山，竟是一座男神山。以前尚未听到过男女神山的传说，而且是夫妻，这就与泸沽湖的传说很相似了，对母系的东西又有了进一步了解的线索。

我发现，扎巴人有卷曲头发者颇多。

下午，做了下拖乡托比、左谷两村的家庭梳理。

今天是端午节，在山乡中忘记了传统节日。工作组送来一盘粽子，算是过了节。

6月20日（星期三）初六

早上吃韭菜包子。扎巴人用麸面做皮，韭菜做馅，馅中加些腊肉粒，算较好的食品。

县培训班9点上课，提前去医院（卫生站）培训地等着，仲尼[①]的人来了，刚做了几番梳理，却上课了。

与亚卓乡呷拉村[②]老村主任谈，未完；11点过，桑珠寺老喇嘛又到了。打挤！真要命！

联系的访谈对象桑珠寺的雍忠旺杰主持来区上，他是位70多岁的老喇嘛，原想他会提供许多原始信仰方面的东西，但实际上不行，很多内容他也要看书才能说出来。待明天再问吧，不知是否会有所收获。不过，老人挺讲信用，今早从仲尼乡徒步走来，也有好几十公里路，中午时分才到，也难为他了。

晚上县培训班放电影及宣传片，平时空寂的大院忽然人声嘈杂、人头浮动。放映的内容是道孚农耕文化节，我也看了一会儿，借此了解道孚文化。

6月21日（星期四）初七

全天在区上访谈。上午继续昨日对喇嘛的访谈。中午刚躺上不到10分钟，亚卓乡最远的亚马子村的村主任和会计到，赶快起身拿出前几天写好的"名单"进行家庭成员婚姻状态登记。毕，继续访谈会计的走婚经历。我们在区委大院台檐上的长廊椅上，他背对宿舍坐在椅子左角，给我讲了他的走婚经历。在此过程中，左边第一间是原区委干部家属亚玛的房间，里面不时传来几位女人的朗朗笑声。这位年轻的会计似乎以为她们偷听到了我们的谈话，很不安地有些羞涩地东张西望，我安慰他

---

① 2020年由乡升为仲尼镇。——编者注
② 2020年，呷拉村与卡六村合并为呷拉坎村。——编者注

说："他们听不到我们的谈话，没关系，继续谈。"他换了一个坐姿，坐到长廊椅背上，如此便可以观察到整个大院的动静。谈完他的走婚经历后，他也谈了对今后的打算。从他的言谈中，一定程度地反映出扎巴人对走婚态度与自我意识的变化。我付了他误工补贴，得到了一份比较完整的访谈材料。

4点过，下拖乡义乌村[①]的村主任来，又登记户口和婚姻状态，一直到7点。又算完成了一个调查任务。

晚，工作组组长县委组织部崔副部长，一个很能干的女同志，让我与他们一起吃晚餐，这是出差半月以来第一次吃这么可口的饭菜。

今天，邓珠老师回县城去了。没有了翻译和向导，这意味着，我将面临着更加艰苦的调查任务。

6月22日（星期五）初八

上午登记仲尼乡两个村。一早幸好去问了一下，仲尼乡的两个村主任来，得到了县组织部崔部长支持，他们上午可以不参加学习班而来登记（村民的）婚姻状况，利用这个机会，全天紧张地普查访录了仲尼乡、红顶乡的各户人口的婚姻家庭情况，紧赶慢赶，收效不错。晚上仲尼乡的（村主任）来，我一一对照他们写的"户口簿"，更正错漏之处，直到10点，累得腰酸背痛、脖子发硬。

没有工作条件，只能坐在从邻居那里借的一块小方凳上弯腰书写，有时小凳还被他们拿去，连个坐的地方都没有，真是艰苦啊！

6月23日（星期六）初九

今天县培训班上半天即将结束，我抓紧时间把红顶乡几个村的事核查完，但仍留下一个尾巴未完成。下拖乡上瓦然村的干部来讲了一通，又梳理了一个村子。结束时已是午后2点，眼累得睁不开。

培训班的人走了，一时喧嚣的大院沉寂下来，雨淅淅沥沥下个不停，更增添了愁绪和冷寂。平时，生活在人群中，不觉得孤独的可怕，我反倒喜欢清静，来了这么久，每天忙忙碌碌，也未产生过孤独感。可是到今天，我突然觉得有个"伴"（甘孜人称朋友"伴"）多好，工作也不会因情绪而受到影响。

[①] 2020年，义乌村与托比（脱比）村与合并，改名德吉村。——编者注

区工委秘书银花是个漂亮的好姑娘。她要我去她那儿搭伙,我答应了。一是为了卫生,二是为了有个人说说话。平日,都在区上仅有的两个小饭馆吃饭,每日两餐二三样菜,顿顿重复。因无水源,蔬菜洗得很马虎。她住在区工委新修的单元房内,说是新房,其实只有两间,也很简陋,厕所没有,水管也没有,这就是基层!

下午去约了区小的茨珠老师,请他今晚到我的住处,我向他请教。他的家离区工委只500多米远,但晚上天很黑,伸手不见五指,一个人在黑暗中行走,只有一束手电筒的光亮随影移动,似乎周围山上、河边有无数双眼睛盯着我,令我毛骨悚然。走过两次,实在胆怯,只好劳烦他来区工委了。请教人家还让人家跑路,多不好意思。

下雨了,茨珠老师可能不会来了,今晚得做点什么才行。去访谈隔壁罗布吧,听说他的婚姻经历还有些曲折。

今天是宇田生日,中午去吃饭时连忙去公话处打了一个电话,祝他生日快乐、身体健康!

这几天观察到,扎巴人的老乡情,他们还是很注重相互往来的。他们会相互分享好食品,你来我往,但又有分寸。

6月24日(星期日)初十

今天正式去区工委彭措主任、银花处搭伙。工作之余,自己动手弄点吃的也是一种休闲与活动的方式,不过每天安排访谈,只要不闲着也是好事。在旧电脑中及时输入调查材料太费时间,相应调查的时间就少了。干脆抓紧时间调查,回去慢慢整理。尽量在调查时问清楚,回去后慢慢整理。

晚上去茨珠老师家访谈。毕,说明我怕走夜路,劳烦他送我回区工委,于是茨珠老师和他的妻子热戈一起送我回来。

6月25日(星期一)阴十一,雨

阴、雨,整天阴沉沉的,下午才出了一丝太阳。

找不到翻译泽仁,上午快10点钟才抓到一个下拖乡麦里村的小伙子,他还算懂些汉语,于是问起父系家庭情况。实际上,这是个又有走婚又准备娶媳的家庭,其情况与母系对偶家庭相差无几。下午去巴里村了解妇女生育情况。到附近村民家中观察访谈。

没有专职翻译，工作进展慢了许多。

6月26日（星期二）阴十二

早上等红顶乡前书记卢友涛来谈沙冲乡的婚姻情况，结果早上10点才到。我抓紧时间去昨日的巴里村访谈的黎照龙家借结婚协议书，拍照安巴节民居房顶上插的白色嘛呢旗和白桦树枝杈。10时，卢到。了解到沙冲乡情况，结果不是扎巴人，而是丹巴人。此时，又来了一个老头，以为是土司的通信员，因无翻译，没有什么效果。后来，真正的土司通信员才到，了解了一些情况。事后，巴里村一位生双胞胎的妇女来，又做了深度访谈。这时，瞌睡得不行，只有使劲忍住。访谈毕，已下午3点多钟。翻译泽仁志玛因有事离开，再继续调查也不行了，于是把婚约和沙冲乡的情况整理录入电脑。

安巴节快到了，家家户户都在做准备，砍柏枝，插屋角，挖白泥抹墙壁表示吉祥，到镇上购物准备耍坝子时的吃喝，把一箱一箱的饮料背回去。扎坝区镇上人来人往，摩托云集，十分热闹。街上拉起绳子，挂着色彩缤纷样式各异的衣装，节日的气氛已悄然来临。

与之形成鲜明对照的是，区工委大院的干部都回家过安巴节了，平时清静的大院显得更加冷寂，整个偌大的前院只有亚玛母子和我三人，晚上不免有点害怕。

明天是安巴节，是扎巴人最重视的节日。虽然我时间宝贵，还是特意让茨珠老师休息三天，否则，就太自私、太不近人情了。

6月27日（星期三）阴历十三

今天开始过安巴节。去找亚卓乡陈书记，但他已回县上。原想请他在县派出所帮忙落实该乡户口的事，未及时，心中甚是遗憾。

扎巴人都回老家过安巴节了。泽仁志玛请我去她们村过安巴节，但不是今天。没法工作，也给自己放一天假。

平日喧嚣的街镇，一下变得清静起来。许多铺面关门，回村过节去了，只有几个小伙子在打台球。

区工委大院除了我这个客人和值班的区工委彭错主任及银花外，只剩下亚玛母子。亚玛的女儿读小学六年级，陪着孤苦的母亲，一个14岁的孩子，就承受着家庭的不幸，分担着母亲的苦痛，是何等的不幸！看着她们母女，不免一阵阵心酸。今天亚玛的妹妹来看她，又多了一个客人，我拿了一把糖果给她们，送了她女儿一个手珠，算是安巴节的礼物。

安巴节的第一天，男人们上神山熏烟烟。明天才是耍坝子。

晚上在区工委彭措主任家过节，下拖乡的何刚等乡干部也来了，钓的"石巴子"细甲鱼，肉嫩而鲜。但我不敢吃，因为我想起了水葬。在盛情之下，吃了几块。乡干部与主任互相罚酒，喝得何刚醉醺醺的，8点过，还未尽兴。我连忙撤退，回到住处，又打了点调查材料，今天算是没有白过一天。

6月28日（星期四）安巴节

过节休息，使我有时间闲下来整理一下思绪，回顾一下调查重点和注意事项。明天参加巴里村的耍坝子，今日准备要提的问题，晚上与区工委副主任罗布让布聊天，并作个人访谈。

蚊子把左脸叮得脸无完肤，全是一个个拇指大小的肿块，奇痒难忍。我去买了支"红霉素眼膏"敷在脸上，不知能否起到消毒和消肿的作用。我这一辈子脸上从未长出过这么多个"疱"来。

6月29日（星期五）

早上起来，脸上竟生出两个大小脓疱，挑破后痒稍止。但实在难看，像个出水豆的老妪。

今天跟泽仁志玛到她家的所在地巴里村过安巴节。上午在她家访谈了一小会儿，让他们全家照相，也照了调查访谈像。在泽仁志玛家，看到了她的大姐德吉玛和她的小儿子。

我问他："这身衣服是你舅舅买的，还是爸爸买的？"

他答："是舅舅。"

当我试探地问："（怎么不）让你爸爸给你买衣服？"

这孩子不情愿地避开了，显然，他不愿谈他的父亲。

中午去耍坝子。今天是男性主要在河坝，女性主要在大路边的寺庙两侧。中午烈日炎炎，坐在阳光下也挡不住热气烤背。细观之，耍坝子只不过是各家在帐篷或遮阳伞下吃各种食物和闲谈而已。我实在热得受不了，换了个位置到对面寺庙旁，一位男子与我打招呼，我趁机作了访谈。幸运，他是走了三个呷依的男子，连忙采访了整个走婚过程。其后，又幸运地遇到了兄弟共妻的一家3口人，采访并照了相。采访时，男伴们比（女）主人更大方，七嘴八舌地说开了。借此，又做了两个个人访谈。今天尚未虚过。

回来时，泽仁的妹弟执意让我坐他的摩托车，再三声明路熟，别怕。这是我生平第一次骑摩托，而且是在山道上。我提心吊胆地紧紧抓住他腰两边的衣服，一到路烂处或拐弯处，不免吓得叫出声来，心里不断地念"佛在心中，时时平安"！

回到区镇上，请泽仁在饭馆吃了饭。步行至区工委，想好好洗个脸，可是没有自来水了。亚玛也不知到什么地方去了，连口水都喝不上，洗脸、洗脚也成了泡影。

6月30日（星期六）

今天再去巴里村耍坝子，目的是补充调查。

早上泽仁很晚才来，结果到中午不中午的，干脆与泽仁在饭馆吃碗面当午饭再去。没想到烈日当头，走到河坝帐篷处，已汗流满面。到了那儿，帐篷里已有十多人，拥挤不堪。两边太阳曝晒，十分恼火。想问问题，但人太多，有些私密话，我都不好问，但扎巴人却认为没什么。泽仁找个借口就不见了，我坐在那里又热又闷，感觉中暑了，浑身还酸痛。

我坐在那里观察，小小的一幕，给我感触很深：德吉玛的小儿子10岁，因天特热，与已有一个孩子的二姨争一瓶水喝，二姨不让，笑着几乎把一瓶水抢先咕噜噜地喝完了才撒手，孩子很生气，噘嘴坐在那里。德吉玛在旁也不吱声，厚道地笑着看他们抢水喝。表面看来，这是姨甥俩在开玩笑斗劲，但二姨的行为，使我想起了一句扎巴谚语"俩姊妹一个窗户不要看"，意思是说一个家庭如果有两个以上的姊妹，就容易产生矛盾，家庭不睦。矛盾的主要诱因是为了孩子。据知，现在二姨的呷依先上门，以后他们准备搬出去单过。其原因也是顾及以后家里姊妹多，大家搞不好团结。

由此想到，扎巴人传统习俗是"娶媳不留女，留女不娶媳"，一个家庭只留一对夫妻，就是为了避免女人之间的矛盾。现在扎巴人的家庭规模越来越小型化，也是这个原因。

一旦抓到有资料价值的情景，就照相。下午6点，拖着疲惫不堪的身子回到区工委，觉得浑身疼痛，开始咳嗽，可能是热伤风感冒，吃了一点药，躺下休息。

7月1日（星期日）

下步的工作是下拖乡，但联系不上扎拖乡书记邓孜罗布，很着急。8点半出门，到区工委已是9时许，可街上还没有几个人，很多人还在睡懒觉。到处脏乱不堪，人们懒懒散散，没有时间概念，没有卫生意识。许多商店关门闭户，我又折回区工委，盘算着今天做些什么。把结婚协议还了，再访德吉玛，我知道她的身世比较有学术价值，她曾无意中说起她和儿媳都是"偷婚"偷来的，因此也具有一定的代表性。但没翻译，她的儿子忙去了，等了很久还没来。又去卫生院了解，因院长学习去了，只有一个医生，知道的情况残缺不全。

中午，下起小雨，在镇上吃罢饭，顺势到切梭家再了解。就这样，零零星星、点点滴滴地收集材料。但愿明天别下雨，我要去下拖乡调查。

鲜水河的河水变清了，由我刚来时的黄色变成了绿色，河水浸泡的石头也半透半暗，显示着河水的清凉。今天停水，把换下的脏衣服拿到附近的小河溪清洗。可能有几十年没有去河边洗衣了。河水清澈见底，我蹲在石上清洗衣服，回忆起小时候陪母亲去北门大河洗衣的情景。五六十年了，多么快的时光流逝！

7月2日（星期一）

到下拖乡调查。虽说只有2公里路，但在天气一天三变中，这也是一条难以爬涉的山路。

早上9点，没有约到下拖乡书记乃日（昨晚接到县里电话开会去了），便独自沿着鲜水河边的小路向乡政府前进。没走几步，天突然阴下来，眼看快下雨了，不觉加快了脚步。这时，听到身后传来摩托的声音，停下脚步，摩托也驶到面前。

扎巴娃问道："去哪里？"

我答："下拖乡政府。"

他让我搭他的摩托前往，我虽然仍有点害怕，但看着阴沉的天气，心想，如果不搭，定会挨雨，于是便说了声"谢谢"，跨了上去。走了不到一半路，雨滴就落下来了。幸好路不长，不一会儿便到了乡政府。这时雨已开始密密麻麻地落下。到乡政府后不久，雨便哗哗不停，山雾笼罩，心想可能要下一天了。

没想到，半天工夫，约莫中午11点，雨停雾散，太阳钻出来了，又热得把几层衣服一层层地脱下，只剩个薄线衣。可是，一二小时后，天又阴黑起来，雨又开始打在刚干的地上，一会儿便密密匝匝地牵着线，地上水流成沟。这时，是下午 4 点，时间还早，有了前些天的经验，我估计着，没准等会儿还会天晴。果然不出所料，5 点时，雨渐渐停了，微弱的太阳又射向山峦，我赶快收拾行李往回赶，谁知什么时候天又会变脸。

一路上，除了补拍几张岩上经书（据说是为孩子平安所贴）外，不敢有所懈怠。走了一半路时，又来了一辆摩托。

扎巴娃问我："娘娘，摩托搭不？"

我说："谢谢，不用了。"

只要不淋雨，还是步行安全。刚才在乡政府，方闻两个喇嘛骑摩托在山道转弯处碰撞，车主均伤。

在当今扎巴经济初好的情势下，摩托成为扎坝山区的主要交通工具，干部、村民、喇嘛、商人，无不以摩托代步，路上很少见到像我这样步行的人了，但随之而起的是车祸频频。扎坝山路狭窄，路况极差，转弯处多，且扎巴娃开起车来，风驰电掣，又不按喇叭，所以发生车祸的事时有所闻。

累了一天，脚拖不动了。要命的是人老了，尿多。因感冒咳嗽，口干舌燥，喝水多就尿多，路上无厕，又一个人，只好难受地强忍着回到镇区上。

7月3日（星期二）

感冒日久不愈，特难受。上午等梅里村[①]的书记来介绍本村各户情况，一直等到 10 点。昨天下拖乡副书记何刚说他会汉语，结果此人汉语只会说日常简单生活用语，与作为学术需要的解答相去甚远。急中，把区工委退休干部格让请来当翻译，才勉强解决了"通司"[②]问题。

下午去信用社了解，他们正在算利息，不便打扰。又去林业站聊了会儿，头昏，累，便和衣倒在床上睡了会儿，后又去区卫生院了解。

晚上，去区中心校访谈扎巴女教师泽仁邓吉。进校的旧房上，一个小男孩正在"爬墙"玩，这是意外的惊喜，赶忙返回住处（只有几百米远）取来相机，拍下这难得的镜头。之前调查中未得到的东西，却在无意中得到了。此后，对泽仁邓吉的访谈也颇有收获，了解到下拖乡下瓦然村也有交换婚的存在，需进一步调查。

---

① 现名为下拖乡麦里村。——编者注
② 少数民族地区对译员或译员兼向导的称呼（与通事略不同）。——编者注

鲜水河的河水又变为黄色。这两天雨并不大呀！

7月4日（星期三）

感冒日重，全身无力，发困。只勉强打起精神，做了亚卓乡呷拉村23户婚姻状态的清理，另外访谈了区小学一位扎巴女教师。走进这位在学校附近居住的教师的扎巴民居，除破旧的沙发不同于百姓家外，其他无显著区别。她的负担较重，因为家里供养她读了高中，所以她工作后要对家里的人进行"经济补偿"，侄儿女住、吃、穿全管，加上自己的一对儿女，压力也不轻。

7月5日（星期四）

晚上，参加了半截子区中心小学六年级的师生聚会，遗憾的是没能看见"献哈达"的情景，但当我踏进气氛热烈、男女毕业生高歌欢唱的教室，看到学生给老师献的哈达时，仍不免感动得有些泪润双眼。我想，如果参加了"献哈达"这样的场面，我会忍不住热泪喷涌。男女学生各在教室方桌的一头，唱着时髦的歌曲，喊着女生、男生"来一个"！但被点名的人，只需开个头，下面就是大家的合唱。

被邀请的是全校教师和为学生煮饭的炊事员。桌上摆满了从餐馆中买来的炒菜，已吃得差不多了。我进去后，一位学生在每位教师的耳后轻轻地问："要饭不？"结果是都不想吃饭了。收拾碗筷后，换上了糖果、瓜子、饮料、小食品等，大家又继续唱歌，同时，在电视上放起了藏歌的光盘，大家跟着音乐，和着节拍又快乐地唱着。据说明天将在一起再玩一天，跳舞。10点，我告辞了，晚会还在继续。

7月6日（星期五）

工作陷入低谷，越着急推进，越缓慢。两个关键人物——翻译邓珠、肖军老师，都在县上。想先将亚卓乡、扎拖乡的户口梳理，但找不到村主任和书记，一般人又理不清楚，且语言也是个障碍。感冒咳嗽又老不好，什么都不能吃，无法从饮食上获得营养，浑身无劲，让人心烦。

学校放假了，为儿子和孙子读书而住在区工委大院内的退休干部们，也携子带孙地走了，回到学生的母屋度假去了。大院又如安巴节时一样，只剩下一户长住户和我了，加上后院的区工委主任，一共也只有5个人，必须想办法加快进度，推进调查。

晚上给家里打电话，方知德格印经院的吉美活佛在找我，称有急事，可能是德格印经院申遗文本的事吧！我也着急，不知怎么办是好。

7月7日（星期六）

又是星期六了。搞民族乡村调查要有耐性，我是急性子，浪费时间等人真让人受不了。早上9点半去乡上找沙吉扎西，他正在漱口，让我先回区工委等，称"马上就来"。这一等，等了一个小时，我急得在区工委院内走来走去，到门口张望，好不容易才来了。梳理了乌拉村的家庭成员，又问了一些情况。毕，请他通知卡六村①的会计，这一等，又去掉二个多小时（中间吃饭半个小时）。会计走时，说他已通知各布村②的书记，竟如石沉大海。我决心今天要弄清三个村，都近5点了，仍跑到镇上去找，他正在饭馆吃面，有了教训，我先不回去，在饭馆等到他吃完后一起走。做毕，已6点过，累得腰酸背痛脖子酸，但心情愉快。三个村的普查任务完成了，只剩下莫洛一个村子了。

7月8日（星期日）

今天做了莫洛村18户婚姻状况摸底，访谈了一个下拖乡麦里村的小伙子。

到今天出来已一个月整。这次出差搞课题调查，是我学术生涯中最艰苦的一次，首先是孤军作战，我已普查了全区五个乡③，21个村④，访谈了40多人。其次是蚊虫叮咬。我这人天生怕叮咬，这次却被咬得甚惨。为了避免"全脸覆没"，晚上不敢正面躺睡，这样会左右脸都喂蚊子。我采取右侧睡，让一边脸被蚊咬，保护另一边脸。结果，左脸被咬得"脸无完肤"，数了一下，39个疱，原来柔软的皮肤成了一张硬壳；右脸只剩下中间一小块贴枕的"自留地"，周围也咬了好些疱，额头上要好些，只有一二个疱。早上起来一照镜子，像一个出水豆的老太婆，毒蚊叮后的肿块奇痒难忍，擦红霉素眼膏后变成一个个大大小小的黄色疱。我特地让银花给我照了一张相留作纪念。

---

① 2020年，卡六村与呷拉村合并为呷拉坎村。——编者注
② 2020年，各布村与莫洛村、巴里村合并为扎西岭村。——编者注
③ 亚卓乡（镇）、仲尼乡（镇）、红顶乡、下拖乡、扎拖乡。——编者注
④ 亚卓乡：巴里村、莫洛村、呷拉村、亚马子村、卡六村、各布村、盘龙村、乌拉村；下拖乡：一吾村、上瓦然村、梅里村（麦里村）、下瓦然村、左谷村（佐估村）、托比村、荣须荣恩村；扎拖乡：扎拖村；红顶乡：地入村、红顶村、俄古村、向秋村；仲尼乡的两个村。——编者注

再次，条件艰苦。没有桌凳，一个小方凳当桌子，一个小长凳当坐凳，每天弓腰屈膝在面积不到 0.25 平方米的小凳上记录、询问，梳理各村每户的家庭成员。一坐两个小时不起身，每当结束一个村的询问，合起笔记本站起来时，从专注到放松，如释重负，之后便真真切切地感受到了腰痛脖酸的味道。

搞田野调查，谁都艰苦，田野调查艰苦，民族地区的调查更艰苦。

咳嗽已半月，仍不愈，吃药、打针、输液均无作用，主要是气候多变，时冷时热，饮食无法忌口，故反复感冒，久病不愈。也不知要到何时方能痊愈。

7月9日（星期一）

工作推进慢，心中焦急。茨珠老师父子公务缠身，抽不出时间。我整天盘算着如何日有所获。白天个人访谈，晚上录入资料。今天只录入了扎拖村 15 户婚姻现状（共 36 户），因村主任有急事而被中断，茨珠老师进城开会因未赶上末班车未归。我期盼他早点回来。

每日行走于鲜水河两岸，观察区景、院景以及人们的卫生情况。总的印象是：扎巴人的卫生意识差。

镇上污泥成沟，遍地垃圾、纸屑、污物，从不打扫卫生。有垃圾，便往河边扔，导致鲜水河大桥旁垃圾成堆。整个区镇无一个厕所，街道租户就在屋后大小便。在区工委大院，亚玛隔三岔五地扫扫水泥路，厕所许久没打扫过，木板上的脏纸、树叶几乎铺了一层，我一边打手势一边用她略懂的简洁汉语让她把地扫干净，她照着做了，厕所方能下脚，也舒服了些。

7月10日（星期二）

在街上找一男子访谈，与男子相熟的妇女们都好奇地靠拢来听，我问的是关于走婚方面的事，她们一个个极不好意思地遮面而去。联想起那天在茨珠老师家，现已任扎拖乡书记的邓孜罗布谈及电视台在访谈他时，因不了解扎巴习俗，老是问他妹妹的走婚情况，他说："我简直坐不住了，头直冒汗，恨不得钻到地下去。"我当时还很惊诧，也很震动，没想到作为大专生、现已是乡书记的他，传统观念竟然如此的深。这种扎巴习俗——男女，特别是亲属男女之间严禁谈性方面的事——也在年青一代身上表现得如此强烈。这是扎巴氏族外婚观念浓厚的一个特点，我是亲身体会了。

7月11日（星期三）

雨淅淅沥沥地下个不停，真急人。别看一些小伙子年纪轻轻的，已走婚几个呷依，一旦被人说起，还脸红。我在访谈泽仁扎西时，他讲走婚过程，特不好意思，但很诚恳，经我做工作后，他把走婚的情景一一描述出来，很有价值。在问这些问题时，一点也不觉得"黄色"，这是特殊的婚姻事实，是学术探讨。因此与被访谈者也越谈越自然，从而引出很多直接询问问不出的细节。

下午随邓孜罗布到了扎拖乡政府，这是坐落在高山上的乡村，乡路曲曲弯弯，司机开得很小心。到了乡政府，对面是青翠的山峦，山峦中有一条小瀑布。偶到此，觉得风景不错，久待，便觉得地盘狭小了。

7月12日（星期四）

今天很累，但很高兴。下了几天的雨停了，艳阳高照，拍了若干张照片。接着，波洛塘、一地瓦孜、洛古村的村主任来乡上办事，一天做了三个村的家庭婚姻普查，到晚上7点过才搞完，虽然写得眼睛痛，但很有成就感。就只剩下一个"扎贡"村了！

扎巴人"不伤生"的观念是深入人心的。到扎拖乡的第一天饭后，炊事员收拾完碗筷，一切停当，便去饭锅里抓了把米饭丢在院坝中央，引来欢飞的麻雀。原来，他是在喂麻雀。难怪这里的麻雀不怕人，停在饭桌上、竹箕上与人"共食"，这也许是"人与自然"和谐的一个侧面吧。

7月13日（星期五）

又一个星期过去了。今天抓紧时间，把扎贡村村主任请来，因村大（55户），整整坐了一天才搞完。此前，与邓孜罗布去周围转了转，听他讲了些情况，拍了点照片。晚饭后，与邓孜罗布、煮饭师傅一起，核实、补充了扎巴的亲属称谓，扎巴人的对称极少，引称也不多。

乡政府的看家狗是一只黑毛小狗，双眼上有一撮黄色的眉毛。这狗特有意思，看见穿汉装的干部和汉人都不咬，但一见扎巴人，哪怕是穿汉装也要咬，而且准确无误，也不知它是怎么区分出的。一打听，它是凭"闻气味"来区分的。

我偶尔丢点肉到它面前，它一见我来就不停地摇尾巴。我特地观察了它的窝，草干干的，倒也干净。里面院子的狗则不同，一见生人就狂吠不停，还凶狠地扑过来，让人不敢越"雷池"半步，就看家护院来说，也算尽职尽责了。

7月14日（星期六）

上午在乡政府了解农业方面的情况。下午到来咪家去。她原说今日来，但因忙未来，故只好我去，但她无时间与我们交谈，且人多，也不好交谈。我们参观了她家的菜园和果园，这是一个富裕的扎巴家庭，关键是主妇能干。来咪已67岁了，菜园子她一人管理，在这一片村寨中，只有她使用人粪，蔬菜长得绿油肥大，品种丰富，几乎内地的时令菜都齐全。大门与菜园的棚栏围墙，只咫尺之距，被她种上了葡萄。后屋山坡上种了大片经济林木、苹果、核桃、杏子、花椒，都挂果枝头。她的儿子们都去新龙打工挣钱了，只有她和大儿媳在家忙碌，老头洛布住在乡政府旁边经营一个小卖部，一天清闲自得。这里的女人辛苦、男人闲，据说，这是扎巴地区的传统。昨天她来了，我正好搞了一天的家庭排查，眼睛累得不行，故没接着访谈。我只知自己很忙，哪知她与我一样忙，我没有尊重她的到来，总以为人家的时间充裕，自己才忙。殊不知各人有各人的工作，各人的情况，结果没做成她的个人专访，特别遗憾。以后应注意的访谈原则：不是要村民将就我，而是我要将就村民。好在，偶谈间，我了解到她家竟有两份结婚协议，算是一种补偿吧。

她家的臭猪肉用于喂奶牛、小牛，人不再食用。

7月15日（星期日）

今天在茨珠老师家见到了两个年轻人，他们在为寺庙拉柴火，准备下旬为去世的父亲念"大经"。届时，50名喇嘛将为两位逝者各念两天，在这4天中，喇嘛们的食、茶由信众供给，故先砍柴备上。粗计，4天需粮食160斤，早上吃糌粑、喝酥油茶，中午吃馍馍加炒菜（小荤[①]），晚上吃面。过去生活艰难，中午每个喇嘛一个馍，再加一块臭猪肉。现在一般不吃臭猪肉了，年轻喇嘛不吃了，故臭猪肉过去的主要功能就失去了。另外还要给劳务费。虽然花费较大，但凡是这种念"大经"的活动，亲戚都要捐钱、捐物。茨珠老师说，他2005年为其父、爷爷念大经，花了6000多元，亲朋送了2000多元；用了300多斤粮食，亲戚就送了1000多斤粮。这

[①] 指荤素搭配的炒菜。

样，主家也承受得起。

砍柴的小伙子是这家的儿子，开拖拉机的是这家的走婚女婿。老太太是专门给两人送吃的，五个大烧馍，几大块腊猪肉。

我问起他们的关系，小伙子是下拖乡梅里村的，该村走婚较多。从行政上看，梅里村属下拖乡，但因与亚卓乡共用一个寺庙，且往区上走与亚卓乡接触密切，而与下拖乡的其他村子相隔遥远，故在习俗上更接近亚卓乡，因而走婚也较多。

出于搞田野的习惯，想随便了解一下他的家庭情况，于是我问这个女婿，是否是当家舅舅，答"是"。我一时忘了扎巴的规矩，接着问："妹妹都走婚？"他很不好意思，不回答我的问题。茨珠老师连忙介绍他们之间的亲戚关系，茨珠妻子热戈的母亲和砍柴小伙子的父亲是亲兄妹。他们是表姐弟。当时，我才知道我犯了两个错误：其一，即兄妹之间的最明显、最外在的婚姻形式，也不能谈，它也属于避讳范围；其二，扎巴人隔几代都是忌讳的，哪怕是老头、老婆子，也不能说男女关系的人与事。扎巴人的这种禁忌如此强烈，反映出扎巴人氏族外婚观念的厚重。

7月16日（星期一）

这里的人起得特晚，10点开始工作是普遍的，八九点钟在室外露面会说"早啊！"，可见生活节奏之缓慢。去茨珠老师家拍其妻织腰带的情景。后又去烧陶师傅让雄处录像并访谈。可是因摄像机电不足而未录完，我只好用相机补照。

今天还采访了一个觉母，这里人称"觉母子"，才17岁，长得眉清目秀，长睫毛，可惜因小时候得了小儿麻痹症而成跛脚，走路有些困难。在访谈过程中，得知她现在是住家觉母，因家中劳力欠缺，还要做很多农活和放牛。她说，农活做重了，腿就疼得很，现在一心向往去塔公的一座觉母寺当出家觉母，这是她最大的理想和心愿。面对这个纯朴的少女，我从心底升起一股怜悯之情。当我付给她访谈费20元时，她用生硬的汉语说："谢谢您！"然后走到区工委大门时，把钱小心翼翼地塞在觉母裙腰里，并在外面摁了摁。人世间，多少令人叹息的事啊！

原打算晚上去茨珠老师家调查，又停电，没办法进行。

7月17日（星期二）

今天，我很感动，扎巴人那么善良友好。由于久咳不愈，以致在访谈时一说话就咳嗽，咳的时间比问话时间还长，当翻译的茨珠老师不时地等着我。访谈结束，茨珠老师说吃点"贝母熬梨"可能会好些。因咳得腹痛，也顾不得客气了，点头同意。茨珠老师连忙翻箱倒柜，找出了一个纸已发黄的包着的不知珍放了几年的贝母，打开后，大多已被虫蛀。茨珠老师挑出了一些完好的贝母，隔壁邻居热戈送来三个买来的梨，倒到瓷盅里放在陶火盆上熬煮。我喝着心里暖暖的，但愿咳嗽快点好。

早上至中午，又去看熏炉陶器的制作，录像。由于未录完电池就无电了，只好回区工委。庆幸的是，回区工委路上，又看见一个觉母，请人当翻译说服她随我去学校访谈，请茨珠老师当翻译。下午，因服"特咳灵"有安眠作用而睁不开眼，一觉睡到傍晚。晚上拟找卓格的儿子达瓦泽仁访谈，但突然下起雨来，赶紧小跑回家。

7月18日（星期三）藏历六月初四

茨珠老师说，今天是个好日子，是佛祖释迦牟尼开始传法的首日，故今天要去转经一天，不能随同给我当翻译。于是，我提出要随茨珠老师去亚卓乡佛塔转经，也了解一下扎巴的宗教活动和民俗情况。

在转经前，茨珠老师等人已把昨天做好的嘛呢旗横挂在鲜水河上，以示诚恳。之前，我看到有一条嘛呢经旗横跨鲜水河，但我不知他们是怎样挂的，还感叹其聪明。今日可以亲临观察，不觉有些兴奋。

刚下过雨的鲜水河奔腾咆哮，流速湍急。茨珠与其妻热戈及女伴背上转经的食品、嘛呢经书上路了。她们在鲜水河桥头分路，茨珠在桥这头，热戈和女伴继续往前走，并从桥头边走边将挂经书的嘛呢绳慢慢放下，这样，边走边延长，直到桥的对岸那头。这时，几个人将绳子的各段放下河，两边的人也同时下到河边，长长的经书绳已横跨于鲜水河两岸，但由于重力，经书绳中部不时地被浸没在奔腾的河水中。热戈与女伴奋力将经书绳拉直，但不行。茨珠老师忙过河来，去叫了三个小伙子前来帮忙，才慢慢将经书绳移向河的下游，在离转经塔不远处固定下来。

转经是在一个固定的地方，有一塔子，四周安有等距的转经筒。十多名信徒围绕塔子转圈。转经者有男有女、有老人、有年轻人，还有背小孩的老妇，他们有的手持佛珠，有的空手，但都十分虔诚。扎巴人的宗教心理十分浓厚，到塔子来转经的人很多，他们中大多有亲戚关系，也有一个自然村的，大家都带着上好的食品与糖果，转若干圈后，坐下稍稍休憩，又开始转。到中午时分，大家席地而坐，摊开带来的火烧馍馍、包子、酸奶、用开水瓶装的奶茶、洋芋烧肉、凉粉、泡菜、凉拌萝卜丝、袋装牛肉干、猪蹄等，开始午餐。大家互通有无，没有亲戚的自坐一旁，吃着自己带的食物。在茨珠介绍众人后，得知一位亚卓土百户[①]的后裔，喜出望外，告知要找她访谈。

午饭后，收拾停当，又开始转经。这时又来了些新的信众，有男女老幼众多人，手中拿着佛珠不停地数珠，嘴里不停地念着六字真经，脚步不断地行走，在行至经房时，以顺时针方向摇动经筒。我随众转了几圈，就坐下请茨珠老师当翻译，了解这位土百户后裔的父亲在新中国成立后的经历。下午，又问了两个小女孩，她们的理想幼稚并充满阳光。5时许，大家又席地晚餐，将就中午的剩余食品，开始就餐。我没有再吃，因为中午很饱。餐毕，我即回家。

晚上，再去茨珠住处准备问答提纲。茨珠也刚回，我等他烧茶喝。天阴沉下来，大滴大滴的雨点打落下来，一会儿工夫，瓢泼大雨倾盆而至，小学校操场一片汪洋，黄泥伴雨水横流，同时，雷电交加，吓得二个热戈捂住耳朵。我担心，今晚要踏泥蹚水回区工委了。但在8时左右，雨停了，院里的水倾流至鲜水河。待我9时半返回区工委时，操场沙土半干半湿，一点不觉得是刚下过大雨的汪洋之海。这就是扎坝，这就是扎坝的气候。

7月19日（星期四）

上午与茨珠老师一起调查，效果不错。不料中午成都中天行罗乐等人来，带来韩国SBS电视台的申台长，问了我一些问题，摆谈至下午近3点，他们去莫洛村采点，茨珠老师陪他们去，我只好回来。晚上再访茨珠老师。

7月20日（星期五）

在茨珠教师家搞了一天半问卷访谈。正值其妻热戈做织腰带前的准备工作，赶快摄影并记录。生活在扎巴人家中，可以经常看到平时看不到的东西。

7月21日（星期六）

在茨珠老家做访谈。晚上热戈做洋芋包子，我目睹了这一扎巴特色饮食的制作过程，并拍了照。所以，要了解一个民族，的确需半年以上的时间，方能较全面地观察，体悟到其文化及文化的真谛。

---

① 清代甘、川、藏等少数民族地区的世袭小土官，一般为正六品。——编者注

晚上，银珠、白呷来，帮我修电灯开关。我发现，藏族妇女的动手能力很强，小技术都会自己解决。前几天她们洗衣时，水龙头坏了，就自己修理，剪了皮圈套上，居然给修好了。可能是因为平时女人就是家庭生活的支柱的缘故吧。

7月22日（星期日）—7月24日（星期二）

继续在茨珠老师家做问卷访谈，内容是有关扎巴社会各个方面的问题，重点是婚姻家庭和亲属称谓。他家人较多，邻居和客人都是我的访谈对象。24日晚，去彭错主任家，了解用车情况，想借车去雅江瓦多乡做调查，但无车，那就先做宗教与制陶方面的调查。德格印经院吉美活佛打电话来，热情邀请去印经院，为难。

7月25日（星期三）

今天，二上美丽的呷拉村。为了调查宗教方面的内容，必须找到相关懂的人，加之区上已没大事可干（无车去瓦多乡，烧陶师傅又回老家了），故上呷拉调查。没有汽车，我们租借了两个摩托车，一个请茨珠的儿子让布当司机，搭茨珠老师，一个是下拖乡左谷村[①]的志玛，他的车，也由他当司机，搭我。这是一个高大的小伙子，是让布的朋友，他知道我害怕，一路上开得很慢、很稳，拐弯处用脚踏地慢转，还不时地问我："害怕不？这样子行不？"并安慰我说"别怕"。我从心里再次感谢扎巴人的质朴与善良。行走在狭窄弯曲的山道上，侧眼一望是万丈深渊，手不由自主地抓紧这位小伙子两腰的衣服。访谈归来是下坡路，更不好走，时常颠得我叫起来，他又放慢车速，其实快速比慢要好走得多，越障也容易些，但为了不使我害怕，他越是在路不好走的地方越放慢速度，致使摩托车几次停火重发。终于平安地回到了区上，我向他说谢谢，希望过几天能够采访他。

在呷拉村采访时，他坐在旁边，开始还饶有兴趣地听听，后来就打起瞌睡来，醒后，见我还在问，就对茨珠老师说："怎么她这么多话？"茨珠老师告诉我后，我不禁哈哈大笑。

7月26日（星期四）

今天主要做访谈，有茨珠老师、盘龙村村主任、亚卓乡副乡长沙吉扎西，还有

[①] 2020年，左谷（佐估）村与荣须荣恩村合并，改名杰荣村。——编者注

县水利局的勘查人员，并落实明天观察烧窑一事。

7月27日（星期五）

今天让雄烧窑。请让布拍摄全过程，我记录并照相。事后访谈了让雄。下午又遇一觉母，请茨珠老师作翻译做了访谈。

7月28日（星期六）

找去瓦多乡的车，没找到。核实、补充下拖乡左谷、托比村①的家庭情况。遇雅江县瓦多乡交吾村的两位村干部，登记、询问了瓦多乡交吾村30户人的婚姻情况。晚，访谈了扎西卓玛的个人经历及婚姻。

7月29日（星期日）

一早，去扎拖乡扎拖村访谈老陶匠泽仁内美。泽仁内美住在高半山上，路况极差，不能骑车，全是抄小路爬山。本来请茨珠老师陪同前去，但茨珠老师腿疼，由他的儿子让布陪我前去。中午在泽仁内美家吃饭。下山归来时已是下午，特累。

7月30日（星期一）

上午找去雅江瓦多乡车，无获，决定搭从雅江来扎坝收购松茸的车子到瓦多乡。去区干部吉科家找她摆谈，很有收获。

下午6点搭车收松茸的车去雅江瓦多乡，晚7:15到达。扎坝区离此22公里。我一路上观看着车外的风景，想看看下扎坝与上扎坝究竟有无区别。事实是，汽车沿鲜水河在峡谷崎岖的小路上颠簸，沿途高山由于火烧后都是灌木丛，极少高大树木，山上多有不长树的岩石外露，风景不算美。而且山高陡峭，走若干里难得看见几座扎巴房屋。汽车行进了许久，茨珠老师告诉我，才到下拖乡的下瓦然村，又过了许久，才到容须容恩村②、左谷村和托比村，更远的是乌拉村。在调查时，我对这些村已较熟悉，当这些村的人说要早点赶回去时，在我想像中，是较远，但没有今天看到的这么远，而且还要过吊桥，翻到山的另一边。沿途看到的扎巴房屋，多是零散的几幢，有的还独居于半高山或接近山顶的地方，在四周荒无人烟处，只孤零

---

① 2020年，托比（脱比）村与一吾村合并，改名德吉村。——编者注
② 2020年左谷（佐估）村与荣须荣恩村合并，改名杰荣村。——编者注

零地耸立着一座已经熟悉的碉楼。这些人祖祖辈辈就这么生活着，面对群山环抱，面对悬崖峭壁，自己的一家人日出而作、日落而息地生存。难怪走婚的一大特点是地理条件，位置要近便。

随着汽车向前行驶，高山深阻，河流悠长，我突然觉得"地广人稀"对扎巴人再适合不过了，而且，对地理的封闭有了新的感性认识。从进入扎坝的远的仲尼乡到瓦多乡，纵深不知多长的路程，纵横数百里，星星点点的村寨点缀在延绵数里的两岸山坡上，有时走几里甚至十几里才有一个村庄，对于外界来说，是很难进入的，也是望而生畏的。因此，走婚在这样一种自然地理条件下的保持，就十分合理了。

瓦多乡政府在大峡谷中公路边的一座大院内，这里也是雅江县江北区（原扎麦区）区工委的驻地，一楼一底二层楼房，装饰着藏风格的黄色墙面，绛红色柱与横梁，是现代建筑与传统藏式建筑的结合。院子里的水泥地颇干净。这两天，深入农户，访谈了几家，并在村主任处了解了全村面上的情况。其实，这里已无走婚，都是父系对偶家庭，但普遍先走婚，后娶媳。从家庭结构看，也属于父系对偶家庭，也有一夫一妻家庭。

7月31日（星期二）

上午到学优村村主任家访谈。下午去乌孜村做家庭考察并访谈。晚访杜米村年泽多吉。想去木绒乡调查，但一是无车，二是下雨天路非常危险，乡干部都极力劝阻我们。茨珠老师返扎坝。

8月1日（星期三）

上午访谈白龙村村主任安布罗布。晚找木绒乡干部原乡人阿布摆谈，了解该乡婚姻家庭情况。突然发现今天不咳嗽了，太高兴了！

8月2日（星期四）

这里，与上扎坝略有不同的是，村寨较集中，行政村特别大，学优村户民高达170户，最大的自然村可有40户，房屋较集中的村寨有21户，但仍是星罗棋布的布局，非常集中的寨子可能有十来户。我看到的民居外观上也与上扎坝略有不同，虽然仍是碉楼结合，但深白色外廊，且墙无竖条装饰。但墙上有白色石头砌的"牛头"，且比上扎坝更形象逼真。这是扎巴民居的标志性图案。

今天专门去杜米村拍摄极有特色的服饰照片，由于头饰特别复杂，下午2时左右才拍摄完毕返回乡上。拍照完毕，步行下山没走几步，这时主人家的房顶上突然响起"呜呼呼……"的声音，回头一望，是卓格的姐姐阿则在用口语与远处另一处房屋上的人交谈，仿佛是在吟唱，声音清脆尖细。这是我第一次听到远距离的"隔屋"交谈，挺有意思的。

4：30乡上用车把我送回扎坝区。

8月3日（星期五）

因是采挖松茸的季节，上山的人多，留在家里的人少了。下午访谈了一个年轻妇女和一位中年妇女。看材料。

8月4日（星期六）

白天观察、拍摄了擀毡的全过程。联系彭错主任，他在县上，要星期二才返扎坝。我赶忙联系班车，明日回道孚县。

明日即将离开扎坝，赶往县城，在这里住了近两个月，环境再艰苦也有了感情。下午给区工委彭措主任打电话后，追着给茨珠老师等人付劳务费、翻译费，请他们给我打收据。高原的骄阳晒得我嗓子眼冒烟，我不断地来往于鲜水河两岸，奔走在鲜水河桥上。终于把该了结的手续了了，把该送的东西送了。下午连忙收拾行装，一切停当，好像比平时调查还累。

晚上，通知茨珠老师将我买的陶器送来。亚玛也来了，说起要分开，亚玛几次泪湿眼眶，我也竭力忍住，最后，她还是忍不住用扎巴语给茨珠老师说，我走了，这排房子就只剩下她一家，她舍不得我走。茨珠老师翻译时，她已哭了起来，我也忍不住直掉眼泪。是啊！我也深有体会，有多少日子整个偌大的区工委大院只有我们"两家"三口人！真有点"相依为命"的感受。人是"从众"的动物，太孤寂的滋味不好受。而最让人感动的是亚玛的善良。下午，我付给她生活劳务费，每天10元，谢谢她每天为我烧开水，特别是在停电的日子里，用柴火烧水供应。高原的气候忽晴忽雨，我外出调查时，可以不担心晒晾的衣服被雨水打湿。有了亚玛，区工委大院就有了一个"主妇"，我在心里也特别踏实。在这依依惜别之时，我觉得这位有点失聪的扎巴中年妇女是这么朴实、善良，而她不幸的中年丧夫又令人十分同情，我不知该说什么，该用什么话来安慰她，我只能在心底祝福她：愿她能找到一个好丈夫，她毕竟还年轻啊！

8月5日（星期日）

一早就去赶从扎坝区上回道孚县城的班车。亚玛和她的女儿、从亲戚家回来的小儿子早早地起床来送我，帮我拿背包等物。到车站，师傅还未到，我们站在那儿等待。一会儿，茨珠老师和妻子热戈也来相送。我上车后，催他们回去，热戈转身抽泣，我也心里难过，强忍着眼泪向他们告别。

到县城后，抓紧时间，给邓珠、银花办完翻译、区工委食宿的付款手续。两个月没洗澡了，身上又脏又痒，忙去新月宾馆对外洗澡处洗澡。很累。

8月6日（星期一）

到宣传部汇报工作，到旅游局、计生委、林业局等单位补充调查。宣传部曾宏部长十分热情友好，对我这次的调查大力支持，我内心十分感谢。调查工作取得地方政府的支持是非常重要的，否则调查工作难以顺利进行。晚上肖老师来，补充调查了一些问题。

8月7日（星期二）

上午肖老师和邓珠老师都有事，我只好自己清理调查材料，找出要补充的问题，以便询问肖、邓进行补充。中午，两位老师到我住的客栈，我将原来（2004年）请肖老师帮忙照的照片中我没弄懂的内容进行询问，直到六七点钟。共进晚餐后，又一起去塔子坝找红顶乡地入村[①]的人核实本村各户当权人的情况。找到唱情歌的歌手。

8月8日（星期三）

补充调查一天，主要是询问邓珠老师和请肖老师画一些说明图。我发现，扎巴有知识者都会画草图，只是水平高低不同而已。肖老师从小喜欢画画，很有绘画天赋，图画得很好。晚上又去塔子询问亚马子村当权人的情况。调查毕，我想站起来就走，但主人说其电视坏了，请肖老师帮忙修一下，肖老师马上应允，并动手修理。

[①] 原红顶乡辖，2020年撤红顶乡，地入村归入亚卓镇（同年由乡升为镇）。

我心里着急，不想多待，但又不好说什么，就到外面去东看西看。在我们访谈的这排平房的前面，是一条乡村路，它通向不远处的马路。路的两边是宽阔的田野，房屋右前方是道孚县有名的白塔，不少老人都是从各乡村来此长年转经的。为了吃住方便，便自己修建简易平房以安居乐教。但大多是有经济实力的老人。因此，多半男性老人是国家退休干部，女性老人是家属，他们退休后有工资来源，衣食无忧地在此安度晚年。

肖老师人聪明，不一会儿，电视屏幕由显现图像到声音清晰，完全修好了。我们这才步行到公路上，他们散步回家，而我则"打的"回到客栈。

8月9日（星期四）

同昨。向邓、肖两位老师请教。一直谈到晚近9时，一问就是一整天。除了吃饭外出，基本上无活动，而且坐在床上问，腰疼脖酸。

8月10日（星期五）

上午继续做问题调查，补充询问婚姻家庭方面的事。这次在扎坝区调查的最大遗憾是没有请到占卦师。得知下拖乡下瓦然村有个占卦师茨珠旺修，还备有占卦时专门的服装，并有道具等，因此我前日托人带话去扎坝，请他到县上来表演录像，付给较高报酬。中午，下拖乡的卜卦师茨珠旺修来，我安排了他的住处。晚上访谈他，肖老师当翻译。

8月11日（星期六）

今天上午在肖老师家表演，请肖老师录像，我做记录。下午访谈茨珠旺修。扎巴人原来信奉本波教，后来藏传佛教传入后，分别信奉红、黄、白、花、黑各教，原始宗教的巫师已不存在。我怀疑占卜师就是原来的巫师，但是已戴上佛教教派的帽子。据说，占卦时用的很多东西，已在西藏地区散失，而扎巴占卜中至今仍有保留。对这一非物质文化遗产的记录，我想会有学术价值的。

8月12日（星期日）

应曾部长之邀，与他的另一些客人去玉科草原游玩。我向往美丽的草原已久，于是欣然应允。

这是道孚县七美区玉科乡，高原牧区。一路上，风景壮丽，美妙如画。有的是圆如锅状的绿色山原，没有树，只有一片茸茸的青草。一望无际的草坪开满了五彩小花，那景，那色，真是美不胜收。我美美地坐在草坪上留下了一张永久的纪念。一路观光而行，在路旁，在山坳平坦处，牧民的黑色帷幕点缀着绿色的草原；藏族小孩的彩色服装、喇嘛的绛红色袈裟，以及白色的羊群，都使草原别有一番情趣。一路美景，一路油画，我们来到了目的地。这里却是"复合型"景色：近景，开满五彩缤纷小花的原野；中景，一丛丛矮小的树木，潺潺清澈冰冷的流溪；远景，微微起伏的翠绿色山峦，山峦上耸立着墨绿色的塔松，蓝天白云，视野能伸展到很远，大有"极目楚天舒"之感。我如醉如痴地站在这大自然的怀抱中，不由得深深地吸了一口气，多么清新，多么舒适！天人合一，我似乎已融化其中。

　　可能是经常待客的缘故吧，很快，同去的小伙子搭好了帐篷，铺上了地毯，摆好了野餐的丰富食物。等我们尽情地照完相，也应是午餐之时了。边吃，边娱乐。大家传鼓唱歌，点歌，笑声不断。藏族小伙子唱起了藏歌，我讲了扎巴人的走婚习俗。

　　草原的气候多变。我第一次领略到它的变幻莫测。开始，我在太阳下兴致勃勃地捡菌子，马上，天阴下来，我钻进帐篷，须臾，便下起小雨，紧接着，雨夹着雪弹子滚落在我们脚边。第一次来的小男孩高兴地欢呼雀跃，顾不得母亲的阻拦，跑出帐篷外用小手接雪弹子。是啊，成都的孩子何时见过雪弹子呀，特别是近年全球性的气候变暖，别说雪弹子，就是雪也极少下了。这样的气候并不长久，还在下雨和雪弹子的同时，太阳又出来了，即形成这样一种奇观：在阳光照耀下，清晰地看见飘然而下的细雨与白色小雪弹。一会儿，雨过天晴，阳光明媚，好像刚才的这一幕从未发生过。一会儿，又如前时。这种反复的气候在不到两个小时的时间内反复出现了二三次。最大的雪弹子竟有小拇指大，打在手上还真疼。于是，我对平时看到的冰雹打死牲畜、砸烂房屋，也有了真切的感受，不再是虚幻的想象了。

　　回到县城，曾部长又请我们一行人吃"藏餐"。藏餐比较时新，特色是用本地特产牛肉、土豆、野生菌等烹饪，很美味可口。

8月13日（星期一）

　　到县文化馆、旅游局、档案馆、宗教局等单位补充调查。晚上，对邓、肖两位老师再做补充调查。

8月13日（星期一）补记

从道孚县回成都。没想到路上出了车祸。

早上4时起床，往成都赶路。不料在上午9时过，车行至折多塘时，出了车祸。三辆车"追尾"，我们是最后一辆。我坐在副驾位，由于早起，正在打瞌睡。我的头突然被什么东西一碰，往回一弹，震醒后，感到头上、脸上湿漉漉的，前面的挡风玻璃被头撞了一个深凹，快穿了！司机对我说："出事了！"才看到三辆车碰在了一起，前面的小车已钻到最前面的大卡车屁股里了，在外露了半截，司机忙扶我下车，这时，我已站不住，头昏，跌坐在地下。但我头脑还清醒，没有呕吐，说明没有撞成脑震荡。事后一想，挡风玻璃都快撞穿了，还不是脑震荡，是我的硬檐草帽立了一功！我觉得脸上痒痒的，用手往上摸，是血！把血抹下，往地上一摔，十几个血滴。司机吓坏了，忙问："冯老师、冯老师，有没有什么？"我说："没事！"他说："我给你吹一下脸上的玻璃。"在我脸上吹了几下。我坐在地上，后面的人都围了上来，关切地注视着我。我问："后面的小伙子伤了没有！"站在我身后的小伙子走上前来，说："我们没有伤。"说也奇怪，几个车相撞，就我一人受伤，后面的3个小伙子及司机都安然无恙。如果我不打瞌睡，也许也不会受伤。也真是，工作了一辈子，出差调查若干次，从未出过车祸。退休了，完成最后一次田野作业，回来还出车祸，可能此劫难逃。但我心里清楚，我的伤势不算重，只要头脑清醒，不影响回去的下一步工作，就算不幸中的大幸！不一会儿，120来了，医生小心翼翼地将我扶上救护车，让我躺下。伤不重，我没那么娇气，何况躺下更不舒服。这时，我关心的是清点资料包，从县档案馆带回的地图，借所里的手提电脑、摄像机等是否带上了救护车，可不能落下一样，这不仅事后再找麻烦，关键是这些调查资料是我这两个多月的辛勤与辛苦，万万不可丢失！

到了州医院门口，陈娜来接我。我让她把资料等先找一个地方放妥，然后陪我去检查。陈娜事后跟我说：当时怪吓人的，额上一个大血包，满脸是血。医生先给我包扎，碎玻璃还有些粘在脸上。我在陈娜家躺了一会儿，这时才感到全身疼痛，真是"绊倒不痛、爬起来痛"。我请陈娜帮忙买了下午康定至成都的班车，晚上10点才到成都。家人来接，见我额头缠着渗出血迹的纱布，惊愕嘘唏不已。

第二天，到成都市的三医院照CT检查，没什么大碍。三天后去医院重新包扎时，从脸上夹下几十粒小玻璃碎片，有的已嵌入肉里，往外掏时倒挺疼。以后一个星期，别处的伤开始显现出来。膝盖碰乌了一大块，两个手掌全变成乌色，额头中间的头骨凹进了几厘米，右臂、右手肿了好长时间才消肿和使上劲。但庆幸的是，这次车祸有小惊、无大险，满脸的玻璃碴子和无数划痕，却没缝一针；手臂乌肿，骨头却没折；前额骨撞凹，但无脑震荡，算是不幸中大幸！以这样的人生经历结束我的最后一次学术田野调查，独具意义，能让人自然而然地印记一生。特兹补记。

附录二：冯敏研究成果目录

一、著作及获奖情况

《四川少数民族服饰艺术》（合著）、《西南少数民族服饰图案开发与应用研究》（调研报告集），电子科技大学出版社，1992年，四川外向型经济文化丛书系列之一，省科委软科学基金资助。

《彝族》（"知识丛书"，合著），民族出版社，1993年。

严汝娴主编：《民族妇女：传统与发展》（合著，调研报告），中国社科基金资助项目，本人撰写"凉山彝族妇女婚权状况的考察"，云南人民出版社，1995年。

《四川省志·民族志》（志书，合著），本人撰写"彝族"部分，四川民族出版社，2000年。2007年荣获四川省第十次哲学社会科学优秀成果三等奖。

《千门万户入画图——巴蜀少数民族文化》（独著，"巴蜀文化系列丛书"之一），四川人民出版社，2000年。2007年荣获四川省第十次哲学社会科学优秀成果三等奖。

《中国衣经·民族篇·彝族服饰》（工具书），上海文化出版社，2000年。

《四川省·文物志》（志书），四川人民出版社，2000年，本人撰写"民族文物"部分条目。

《中国民族建筑·四川篇》（大型辞书），江苏科技出版社，2000年，本人任副主编，撰写"序"和部分词条。

《中国少数民族大辞典·彝族卷》（工具书），云南教育出版社，本人担任该卷编辑，并撰写风俗类、工艺美术类、古代科技类词条。

《中国少数民族大辞典·羌族卷》（工具书），四川出版集团·巴蜀书社，2004年，本人撰写"风俗类"词条。

《四川省散杂居民族工作调研报告集》(调研报告),2005 年荣获四川省第十一次哲学社会科学优秀成果三等奖。

《鲜水河畔的道孚藏族多元文化》(合著),四川民族出版社,2005 年。荣获四川省第十二次哲学社会科学优秀成果三等奖。

《成都东山客家研究(下)成都东山客家太平村》,(专著,合作),四川出版集团·天地出版社,2005 年。2006 年荣获四川省第十二次地方志优秀成果一等奖。

《长江上游四川横断山区生态移民研究》(国家社会基金课题成果,合著),民族出版社,2007 年。

《扎巴藏族——21 世纪人类学母系制社会田野调查》(独著),民族出版社,2010 年。荣获四川省第十五次哲学社会科学优秀成果三等奖。

《中国饮食文化史·西南地区卷》(合著),中国轻工业出版社,2013 年,执笔四川、西藏部分。赵荣光主编。

《立足田野　躬行探索——冯敏民族学民俗学论集》,民族出版社,2016 年。

二、论文及调研报告

《试从四川凉山彝族的图案纹义探几何图案的起源》,《民族论丛》1986 年第 4 辑。

《凉山彝族图案纹义探源》,《民族艺术》1988 年第 2 期。

《凉山彝族服饰艺术》,《民族研究》1990 年第 1 期。

《彝族服饰考》,《思想战线》1990 年第 1 期。

《凉山彝族文身考略》,《民族艺术》1990 年第 1 期。

《凉山彝族服饰的装饰手法》,《工艺美术参考》1990 年第 2 期。

《彝族服饰纹样的原始特征和民俗特征》,《中国纺织美术》1990 年第 4 期。

《凉山彝族漆器的装饰艺术》,《贵州民族研究》1990 年第 4 期。

《凉山彝族奴隶制民居的建筑艺术》(合作、执笔),《中央民族学院学报》1990 年第 6 期。

《试谈我国社会主义民族关系的发展态势》(合作),《西南民族学院院报》1990 年第 5 期。

《浅论土家族织锦和挑绣工艺的开发》,《民族论丛》1990 年第 8 辑。

《彝族服饰及图案开发应用》（调研报告），《西南少数民族服饰图案开发与应用研究》（调研报告集），1990年12月。

《四川土家族服饰调查及开发》（调研报告），《西南少数民族服饰图案开发与应用研究》（调研报告集），1990年12月。

《贵州蜡染工艺和四川扎染工艺》（调研报告），《西南少数民族服饰图案资源开发与应用研究》（调研报告集），1990年12月。

《凉山彝族传统文化与改革》，《民族学研究》1991年第10辑。

《凉山彝族古老的炼染艺术》，《中国纺织美术》1991年第1期。

《凉山彝族的酒俗与酒具》，《历史大观园》1991年第4期。

《川苗服饰艺术》，《民族论丛》1992年第10辑。

《土家织锦艺术》，《中国纺织美术》1992年第4期。

《西南少数民族的酒文化》，《贵州民族研究》1992年第4期。

《凉山彝族服饰资源的开发应用》（执笔），《凉山民族研究》创刊号1992年第1期。

《马长寿先生对中国西南民族研究的贡献》（合作），《马长寿纪念文集》，西北大学出版社，1993年。

《凉山彝族农村妇女的婚权及其实现的障碍——本世纪九十年代初的一则调查报告》（调查报告），1993年《民族论丛》第11辑。

《美的荟萃——评〈中国四川羌族装饰图案集〉》，《民族》1993年第4期。

《凉山彝族农村妇女的婚姻地位》，《民族学研究》1995年第11辑。

《中国少数民族茶文化论要》（合作，执笔），《贵州民族研究》1996年第1期。

《凉山彝族妇女婚育观的现代变迁》，《云南社会科学》1996年第2期。

《凉山彝族婚姻中的身价钱问题研究》，《西南民族学院学报（增刊）：中华彝学研究专辑》，1996年12月。

《重视民族经济发展与妇女问题》，《四川民族经济报》1996年8月15日。

《经济变革与羌族妇女地位》，《理论与改革：中国妇女发展的理论、现状与改革》1997年增刊。

《凉山彝族家支功能的现代承继与演变》（合作、执笔），彝学专刊1997年。

《凉山彝族家支功能的现代调适》（合作、执笔），《民族学研究》1998年第12辑。

《以环境促健康,以健康促发展——凉山彝族居住环境改革与妇女的健康发展》(调研报告,合作、执笔),《凉山民族研究》1999年刊。

《羌族传统民居改革与妇女的健康发展:羌族"人畜分居"情况调查》(调查报告,合作、执笔),中华海外妇女协会主编:《社会性别分析:贫困与农村发展》,四川人民出版社,2000年。

《藏族婚姻家庭形态与妇女贫困》,《天府新论》(民族研究论文集增刊),2000年。

《西南少数民族民居环境改革与妇女健康发展的调查与分析——以羌族为例》,《贵州民族研究》2001年第3期。

《从居住环境文化透视妇女的健康发展——以凉山彝族的田野考察为例》(合作、执笔),《妇女研究论丛》2001年第3期。

《成都市锦江区三圣乡客家调查》(调研报告),《四川客家历史与现状》,四川人民出版社,2001年。

《汉族"坐月子"习俗缘起的历史人类学探析》,《中华文化与海峡两岸汉民族研究》,中国社会科学出版社,2002年。

《巴蜀少数民族饮食文化略说》,《饮食文化研究》2002年第1期。

《走向21世纪的大山深处羌寨人》,《西羌文化》2002年第1期。

《巴蜀酒文化小史》,《饮食文化研究》2002年第4期。

《四川少数民族服饰文化论要》(合作、执笔),《黑龙江民族丛刊》2002年第2期。

《达州、巴中市散杂居城市少数民族工做调查》(调研报告,合作、执笔),四川省民族事务委员会编《四川省散杂居民族工作调研报告集》,2002年10月。

《宣汉县散杂居土家族工作应该重视——宣汉县樊哙区土家族调查》(调研报告,合作、执笔),四川省民族事务委员会编《四川省散杂居民族工作调研报告集》,2002年10月。

《传统生育观的性别偏好与妇女地位》(合作、执笔),国家人口和计划生育委员会宣传教育司编:《全国生育文化理论与实践研讨会论文集》,中国人口出版社,2003年。

《地域饮文化的典型:成都茶馆》,《饮食文化研究》2003年第2期。

《巴蜀茶与饮茶源流小史》,《饮食文化研究》2003年第4期。

《少数民族妇女文化与四川旅游》，四川民俗学会编：《四川旅游文化研究》（论文集），四川人民出版社，2004年。

《明清移民与四川饮食文化》，《四川烹饪高等专科学校学报》2004年第2期。

《清初移民对四川饮食文化的影响》，《四川烹饪高等专科学校学报》2004年第3期。

《从历史文物看两汉时期蜀都饮食文化的发达》，《南宁职业技术学院学报》2004年第4期。

《雪山下的文化宝库——德格印经院》，《民族》2005年第1期。

《成都市藏族经商流动人口对多元化城市的贡献》，《西藏研究》2005年第2期。

《饮食资源的旅游开发价值——以成都茶馆为例》（合作，执笔），《南宁职业技术学院学报》2005年第3期。

《古今客家坝坝宴》，《四川烹饪高等专科学校学报》2005年第4期。

《川西扎巴藏人亲属制度初探》，《康定民族师范高等专科学校学报》2005年第6期。

《城市民俗旅游资源开发利用设想——以茶馆民俗为底蕴，打造茶馆文化产业》（执笔），《四川民俗文化论》，四川出版集团·四川人民出版社，2005年。

《川西藏区的扎巴母系制走访婚》，《民族研究》2006年第1期。

《中国少数民族服饰研究发展历程及几点思考》，《贵州民族研究》2006年第2期。

《移民对四川饮食文化的影响——一个历史观察的视角》，《南宁职业技术学院学报》2006年第3期。

《城市化进程中的都市民族工作特点》（合作），《中南民族大学学报》2006年第5期。

《四川泸沽湖地区旅游发展与传统饮食文化的创新》（合作、执笔），《四川烹饪高等专科学校学报》2007年第2期。

《古镇文化遗产保护与旅游增长式发展》，四川省民俗学会编：《四川城镇民俗文化传承与创新》（论文集），四川大学出版社，2007年。

《生态和谐与社会和谐——四川少数民族的生态智慧实践》，《民族工作研究》2007年第1期。

《生态环境恶劣导致居住民贫困——四川横断山区生态贫困研究》，《康定民族师范高等专科学校学报》2008年第3期。

《推进泸沽湖地区旅游跨越式发展——四川摩梭历史文化应用研究》(四川省科委课题成果,调研报告),荣获2006年度四川省民委系统优秀调研成果二等奖。

《扎坝地区水库移民问题研究》,《民族工作研究》2009年第4期。

《论民族服饰与非物质文化遗产保护》(合作、执笔),《四川民族学院学报》2011年第5期。

《藏彝走廊扎巴藏人母系制家庭:见证人类文化多样性与和谐发展》,何星亮、郭宏珍主编:《文化多样性背景下的民族和谐》(第十六届国际人类学会议论文集),知识产权出版社,2012年。

《发掘"逝去"饮品资源,为四川美食旅游增光添彩——以汉地"咂酒"为例》,四川省民俗学会编:《川菜文化研究续集》,四川人民出版社,2013年。

三、其他成果

(一)一般文章

《凉山彝族少女的换裙仪式》(笔名:寒梅),《历史知识》1981年第5期。

《凉山彝族的"抢亲"习俗》(笔名:寒梅),《历史知识》1981年第6期。

《凉山彝族文物图谱·漆器》(说明文字),四川民族出版社1982年版。

《在凉山彝家做客》,《民族文化》1983年第5期。

《红军长征过凉山》,《凉山州文史资料》第一辑,1984年10月。

《凉山彝族文物图谱·服饰》(说明文字),四川民族出版社,1984年。

《凉山彝族奴隶社会博物馆巡礼》,《民族团结》1987年12月;《人民日报·海外版》同年12月24日转载。

《四川少数民族特色饮食》,《川菜天地》2002年第3期。

《苏东坡与菜羹》(笔名:美文),《川菜天地》2003年第3期。

《苏东坡的诗酒轶事》(笔名:美文),《川菜天地》2004年第1期。

《泸沽湖畔的民俗馆》,《中国民族报》2004年11月19日。

《德格印经院院:活态的宗教文化遗产》,《中国民族报》2004年10月19日。

《丹巴:石碉筑就的民俗景观》(笔名:梅文),《中国民族报》2004年3月

19日。

《雪山下的文化宝库：德格印经院》，《民族》2005年第1期。

《扎巴人的佳肴——臭猪肉》，《四川烹饪》2005年第1期。

（二）世界文化遗产申报文本

参加丹巴县"川西高碉"世界文化遗产申报课题，撰写文本（2007年）。

参加"德格印经院"世界文化遗产申报课题，撰写文本（2007年）。

完成《中国文物地图集分布图·四川少数民族建筑分布图简介》。